汽车电工快速入门

李 强　杨光明/主编

湖南科学技术出版社

Qiche Diangong KuaisuRumen

图书在版编目（CIP）数据

汽车电工快速入门 / 李强，杨光明主编. -- 长沙:湖南科学技术出版社，2015.8

ISBN 978-7-5357-8729-3

Ⅰ. ①汽… Ⅱ. ①李… ②杨… Ⅲ. ①汽车－电工Ⅳ. ①U463.6

中国版本图书馆 CIP 数据核字(2015)第 179631 号

汽车电工快速入门

主　　编：李　强　杨光明

责任编辑：杨　林

出版发行：湖南科学技术出版社

社　　址：长沙市湘雅路 276 号

http://www.hnstp.com

湖南科学技术出版社天猫旗舰店网址：

http://hnkjcbs.tmall.com

邮购联系：本社直销科 0731-84375808

印　　刷：衡阳顺地印务有限公司

（印装质量问题请直接与本厂联系）

厂　　址：湖南省衡阳市雁峰区园艺村 9 号

邮　　编：421008

出版日期：2015 年 9 月第 1 版第 1 次

开　　本：710mm×1020mm　1/16

印　　张：19.5

字　　数：320000

书　　号：ISBN 978-7-5357-8729-3

定　　价：58.00 元

前　言

随着汽车工业的发展和高新技术在汽车上的广泛应用，对汽车维修人员的技术水平要求也逐步提高，但是，由于从业人员的文化水平较低，造成了其素质和技术水平都较低。据中国汽车维修行业协会对831家企业的40834名从业人员的调查情况看，从事汽车维修的技术工人（主要是机修、电工、钣金和涂装工）有25874人，占63.3%。这些人中，初中及以下文化程度的占38.5%，高中文化程度的占51.5%，具有大专及以上文化程度的仅占10%。由于从业人员文化水平较低，特别是经过专业学习的比例很低，从而使从业人员的总体素质和技术水平较低。为了使汽车维修初学者及有关技术人员能更全面、系统地掌握有关汽车电气系统的结构原理与检修知识，为此，我们组织编写了《汽车电工快速入门》。

本书针对初学入门者的特点，避免大量的理论和文字阐述，采用了大量图片和实施流程图，使内容通俗易懂，可以有效增强实际操作能力。本书与已出版的同类书相比，主要有以下特点：

1. 本书在编写时，结合当前所需技能为主来精选内容，基本涵盖了维修企业85%的日常维修项目，较好地满足了初学者入门的需求。

2. 本书在内容的安排上遵照循序渐进的原则，文字和图片在分量上更加均衡，充分增强了培训者学习的主观能动性。

3. 本书在编写过程中，参考了大量汽车品牌的售后服务培训资料，内容、形式和体例都有创新，真正实现了与企业需求之间的并轨。

4. 本书在编写过程中，紧密结合汽车技术发展方向，对检修技术进行了更新，灌输了新的维修理念和维修思想。

本书结合现代汽车机修工作业的先进理念，并借鉴了企业员工培训的内容，书中内容既适合职业学校教学使用，又适合企业员工技术培训，还可用作广大私家车车主和汽车爱好者学习使用。其内容与实际结合紧密，并紧跟市场发展，适用面广，且通俗易懂。书中主要介绍了汽车电工作业的规范流程及技术要求，包括汽车维修电工基础、汽车蓄电池、交流发电机及电压调节器、启动机、汽车照明及信号系统、汽车空调系统、汽车仪表系统、汽车电动辅助系统及总线系统的检修等内容。

本书由郑州公交总公司魏金营、合肥职业技术学院杨光明主编，参加编写的有于占明、卢永胜、章宏、姚东伟、夏红民、戴胡斌、程国元、潘明明、徐峰、连昺等同志。全书最后由知名汽车维修教育专家李东江主审并提出了宝贵意见。本书在编写过程中得到江苏各汽车职业院校和同仁的大力支持和帮助，在此表示最诚挚的谢意！

希望本书的出版能给广大汽车维修企业从业人员和正在学习汽车维修的初学者带来一点帮助。由于作者水平有限，书中难免出现疏漏之处，恳请读者批评指正！

编　者

2015 年 7 月

目　录

第一章　汽车电工基础

第一节　汽车电气设备组成及特点

汽车电气设备作为汽车四大组成部分之一，在现代汽车上所占比例已越来越大。电气设备系统合理的结构、优良的性能、良好的技术状况，对汽车的动力性、经济性、安全性、可靠性、舒适性和排放水平正产生越来越重要的影响。随着汽车电子技术的发展，新型汽车电子产品和控制技术不断取代传统电气设备，使电子化的现代汽车电气设备已成为一种发展趋势。

一、汽车电气设备系统的组成

现代汽车电气设备系统的种类和数量繁多，但按照各电器的作用归纳起来主要有以下八个子系统。

1. 电源系统

主要由蓄电池、发电机、调节器及充电指示装置组成。其作用是给汽车各用电设备提供低压直流电，保证全车的用电需要。

2. 启动系统

主要由启动机、启动开关及控制装置组成。其作用是带动飞轮旋转启动发动机。

3. 点火系统

主要由点火开关、点火线圈、分电器、电子点火器和火花塞等组成，当采用电控单元进行点火控制时，可以不用分电器。该系统用于汽油发动机，其任务是产生高压电火花，点燃汽油发动机汽缸中的可燃混合气。

4. 照明与信号系统

主要由其前照灯、雾灯、转向灯、制动灯、倒车灯、电喇叭等组成。其中，汽车内外各种照明灯及其控制装置，用来保证夜间行车安全；音响和行车信号标识灯，用来为车辆安全运行提供必需的指示信号。

5. 仪表与报警系统

主要由各种电器仪表（电流表、电压表、机油压力表、水温表、燃油表、车速及里程表、发动机转速表等）组成。主要用来显示汽车的运行参数。

6. 空调系统

主要由制冷系统、暖风系统、通风系统、空气净化系统和控制系统等组成。其作用是保持车内适宜的温度和湿度，并使车内空气清洁、新鲜。

7. 辅助电器系统

主要由风窗清洁装置、电动车窗与后视镜、电动座椅、进气预热系统、中央门锁与防盗系统、安全气囊、低温启动预热装置等组成。其作用是为提高汽车行驶的安全性、舒适性、经济性，形成辅助保障。

8. 电子控制系统

主要由电控燃油喷射系统、动力传动控制、行驶状态控制、车身稳定控制、舒适性控制、信息与通讯控制等组成。随着现代汽车技术的发展，各控制系统由独立变成了相互联系，构成了汽车局域网络。电子控制系统的运用可以使汽车的各个系统均处于最佳工作状态，达到提高汽车行驶中动力性、经济性、安全性、舒适性，及其环保性能的目的。

电子控制系统在现代汽车上的运用越来越多，将电子控制与机械装置相结合，可根据不同需要而自成系统。

汽车电气设备在桑塔纳 2000 型轿车上的布置，如图 1-1 所示。

二、汽车电气设备系统的特点

汽车上的各种电气装置，通过不同直径和颜色的导线按一定规律连接起来，构成完整的全车电气系统。汽车电气设备与其他电气设备相比，具有以下特点：

1. 两个电源

汽车有蓄电池和发电机两个电源，汽车所有电气设备均与蓄电池、发电机并联。发电机为主电源，主要提供汽车运行时各用电设备的用电；蓄电池为辅助电源，主要供启动机和发电机不发电时全车电气设备的用电，以及储存电能。

2. 低压直流

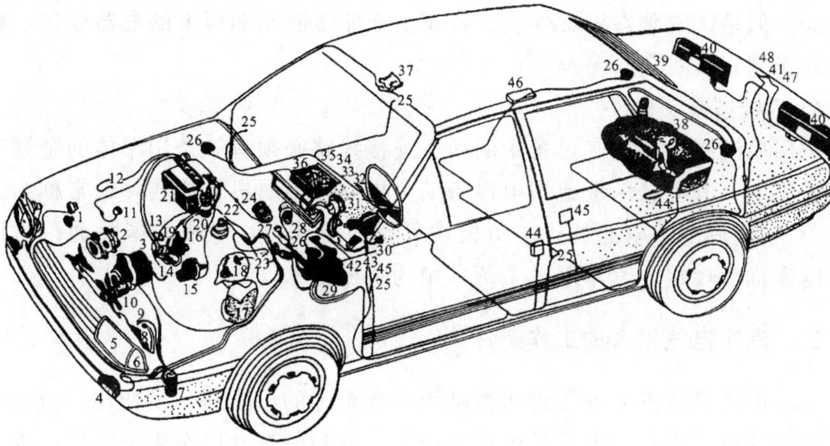

图 1-1　桑塔纳 2000 型轿车电气设备布置示意图

1. 双音喇叭；2. 空调压缩机；3. 硅整流发电机；4. 雾灯；5. 前照灯；6. 转向指示灯；7. 空调储液干燥器；8. 卸荷继电器；9. 电动风扇双速热敏开关；10. 风扇电动机；11. 进气电预热器；12. 化油器怠速电磁切断阀；13. 热敏开关；14. 机油油压开关；15. 启动机；16. 火花塞；17. 风窗清洗液电动泵；18. 冷却液液面传感器；19. 分电器；20. 点火线圈；21. 蓄电池；22. 制动液液面传感器；23. 倒车灯开关；24. 空调、暖风用鼓风机；25. 车门接触开关；26. 扬声器；27. 点火控制器；28. 风窗刮水器电动机；29. 中央接线盒；30. 前照灯变光开关；31. 组合开关；32. 空调及风量旋钮；33. 雾灯开关；34. 后窗电加热器开关；35. 危险信号报警灯开关；36. 收、放机；37. 顶灯；38. 油箱油面传感器；39. 后窗电加热器；40. 组合后灯；41. 牌照灯；42. 电动天线；43. 电动后视镜；44. 中控门锁；45. 电动车窗；46. 顶灯；47. 后盖集中控制锁；48. 行李箱灯

汽车用蓄电池是直流电源，放电后也需要直流电源对其充电。因此，汽车上的发电机也必须输出直流电。由于这一原因，汽车上采用的是直流电源。

现代汽油机用 12V，柴油机用 24V，随着汽车电气设备电子化程度的提高和设备的增多，汽车电源电压有提高的趋势，以满足不断增加的用电要求。传统的 14（12）V 电源已经不能满足需要，将逐步被 42V 电源系统所取代。欧洲的汽车公司已率先使用 42V 电源系统，目前已经制定了 42V 电源系统的相应标准。

3. 并联单线

汽车用电设备较多，均采用并联方式连接。从电源到用电设备只用一根导线，即“火线”；汽车车身、底盘和发动机等基本用金属制造，可作为一根共用导线，即“零线”。这样即可达到节约导线、线路连接简单，使用维修方便的目的，但是，安装在钣金件上、挂车上或非金属车厢板上的电器设备，则需采用双线制。

4. 负极搭铁

采用单线制时，电气设备中的两条连接线路必须有一条用车体的金属来代替。使用中，电源的一极或用电设备的一极要与金属机体相连，通常称为“搭铁”。对于直流电，电源的正、负极均可作为搭铁极，但按照国际通行做法和我国国家标准规定，汽车电气系统一定为负极搭铁。

三、汽车电气设备的工作条件

汽车电气设备的工作条件可概括为：大范围的温度和湿度变化，波动的电压及较强的脉冲干扰，电器件的相互干扰，剧烈的振动以及尘土的侵蚀等。

1. 温度与湿度的影响

温度的变化包括：外界环境温度和条件使用温度。在我国，外界环境温度变化范围大约是－40℃～＋50℃（阳光下）；条件使用温度与汽车工作时间的长短、电子线路布置的位置及其自身的发热、散热条件等有密切关联。就一般情况而言，发动机的温度可达100℃以上，仪表板内壁温度可达60℃以上，而排气管内温度可达600℃以上（排气含氧传感器即置于此）。这样高的使用温度往往是造成电子元件过热损坏的主要原因之一。另外，在寒冷地区工作的汽车，温度变化较大，如汽车在寒冷地区启动后立即行驶时，各部分温度发生急剧变化，冷却液温度从室外的－30℃到启动10min后升到＋80℃左右；发动机油温也在启动30min后升到80℃左右。所以电气设备特别是电子元器件的安装要考虑到所安装位置的温度环境。

湿度的增加则会增加水分子对电子元件的浸润作用，使电子元器件的绝缘性能减弱，加速其老化。

2. 电压的波动的影响

正常情况下，汽车电源是波动的。在发动机未启动前或转速低于某值时，由蓄电池供电；在发动机转速超过一定转速时，发电机给用电设备供电和给蓄电池充电。由于蓄电池放电程度不同，其输出电压变化较大，同时发电机调节器是用通、断的方式来控制发电机励磁电流的，输出电压在标准电压附近上下波动，这个波动范围应是在蓄电池端电压到调节器起作用的电压之间。例如使用12V电源的汽车，低温启动时其蓄电池端电压可低到6～8V，而发电机高速运转时，则可达14.5V。

汽车电器设备在使用过程中的开关过程、触点断合、点火脉冲等动作会由于电磁感应而在短时间内产生较高电压，称为脉冲电压，也称为瞬时过电压。瞬时过电压的峰值很高，但持续时间很短，对强电设备（如启动机、电喇叭等）危害不大，但对微电子设备及其元件危害较大。因此，在使用有电子控制装置的汽车时，需特别注意瞬时过电压的产生及其预防。

3. 无线电干扰的影响

现代汽车上的各个电器工作方式不同，它们之间会以不同的方式彼此干扰。点火、开关等工作产生的脉冲，即是一种干扰。通常所有汽车电器能在车上共同工作而不干扰其他电器的正常工作，也能抵抗其他电器干扰的能力称为汽车电器的相容性。

事实上，由于汽车电器间的相互干扰不可避免，因此，对汽车电子电路来说，重要的是电磁相容性。任何因素激发出的电路中的振荡，都会通过导线等以电磁波的形式发射出去，不仅干扰收音机、通信设备，而且对车上具有高频响应特点的电子系统也会产生电磁干扰。此外，由车外收发两用机之类的无线电设备、雷达、广播电台等发射的无线电波，也会干扰汽车上的仪器，使电子控制装置失控。因此，汽车上应用的计算机（控制器）、传感器、执行器等，应具有良好的电磁屏蔽措施，确保电气设备正常工作。

4. 其他环境的影响

振动和冲击是汽车行驶过程中不可避免的，对电子设备的破坏是机械性的，会造成脱线、脱焊、触点抖动、搭铁不良等故障。除此之外，电子设备还会受到水、盐、油及其他化学物质的危害。所以，电子元件应具备对水浸、冰冻的承受能力；对盐的耐腐蚀性；对沙尘的耐脏性；对机油、机油添加剂、汽油和防冻液的耐腐蚀性。

四、汽车电气设备的发展概况

汽车是当今社会最重要的交通工具之一，汽车工业是国民经济的支柱产业。从传统意义上讲，汽车由发动机、底盘、电气和车身四部分组成，在很长一段时间内其技术发展主要表现在机械方面。随着新兴技术的不断发展，尤其是计算机技术、电子控制技术、人工智能及网络通信技术在汽车上的广泛应用，每辆汽车消耗电子产品的费用占整车价格的比例在逐渐上升，为汽车向智能化、多功能机电一体化移动系统的方向发展创造了必要的条件。可见，电子技术在汽车电气设备中的广泛应用，是当今汽车工业发展的重要标志之一。

1. 汽车电气设备的发展过程

20世纪50年代以前，限于电子技术的发展，汽车的发展以机械设备为主，电气设备在汽车上的应用较少，只是一些必备的电源和用电设备。

20世纪60年代以后，随着电子技术的进步，汽车上也开始采用电子设备，主要标志是交流发电机，采用二极管整流技术，将交流电变为直流电，减少了发电机的重量和体积，提高了发电机的可靠性；之后，又用电子调节器替代了传统的触点式调节器，使发电机输出的电压更加稳定，并大大减少了维护工作量。

进入20世纪70年代，电子技术也应用在点火系统中，出现了电子控制高能点火系统，点火提前的电子控制系统，使点火能量大大提高，点火提前的控制更加精确，提高了汽车的动力性，降低了汽车的排放污染。为进一步降低汽车的排放污染和提高汽车的整体性能，随之又出现了电子控制燃油喷射系统（EFI）、电子控制自动变速器（ECT）、制动防抱死系统（ABS）等。

20世纪80年代以后，汽车用的电子装置越来越多，诸如驾驶辅助装置，安全警报装置，通信、娱乐装置等。特别是微机技术的发展，给汽车电子控制技术带来了一场技术革命，电子控制技术深入到汽车的各个部分，使汽车的整体性能得到了大幅度的提高。

2000年以前，汽车电子技术的研究主要围绕汽车各重要部件，解决其自动控制问题，包括控制系统的输入、输出、控制策略与实施方法，从控制理论与实践上，在低成本的前提下，研制高适时性、高可靠性和高精度的控制系统。

2. 汽车电子技术的发展方向

今后汽车电子技术将集中围绕如下几方面发展：

（1）满足用户需求，大幅度提高汽车的性能，使之更舒适、方便、安全、可靠；

（2）满足社会需求，保护环境，节省能源，节约资源。

（3）实现包括道路在内的交通系统智能化，将汽车和社会有机地联结起来。

在21世纪，汽车电子技术将在运用信息技术使汽车与社会联结方面获得较大的进展，包括广泛使用蜂窝电话与全球定位系统（GPS），以及采用多路总线分布式网络来集成所有汽车部件的电子控制模块，使整个系统具有数据融合、故障诊断和一定的自修复功能。运行在社会和经济结构中的汽车，将会发生更多变化。未来的先进安全的概念汽车（Advanced Safety Ve-hicle，简称ASV，如图1-2所示），通过应用电子技术，将显著提高人机系统（驾驶员与汽车）的安全性，预防事故的发生，减轻受伤害的程度。汽车安装着各种监控驾驶员、汽车、周围环境情况的传感器，以及微型计算机和执行机构等，这都将大幅度地提高汽车行驶的自动化和智能化水平，为解决交通拥堵和交通安全问题创造良好的条件。

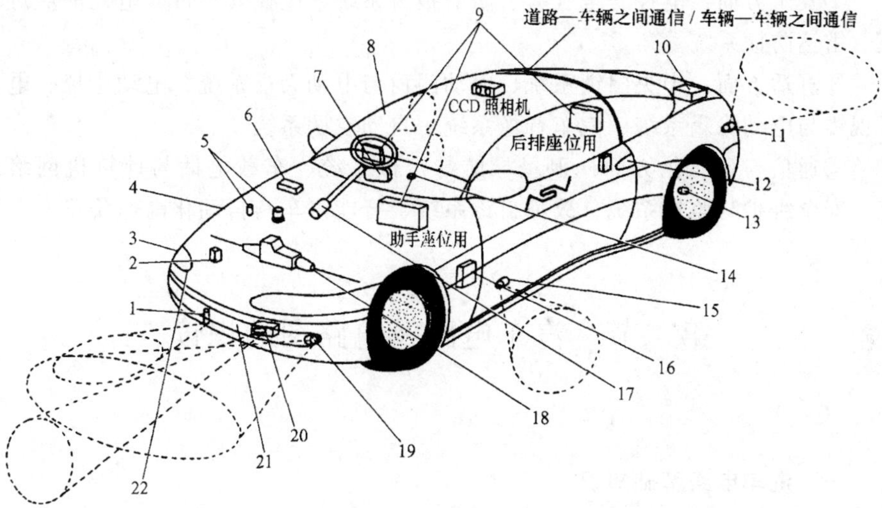

图 1－2　先进安全的概念汽车（ASV）电子装置布置

1. 路面传感器；2. 碰撞检测传感器；3. 吸收步行者冲击的车身结构；4. 吸收冲撞的车身结构；5. 车速传感器、加速度传感器；6. 火灾检测传感器；7. 各种信息显示板（导行系统）；8. 防水挡风玻璃；9. 安全气囊；10. 车辆位置传感器；11、15、19. 障碍物传感器（后方、侧边、前方）；12. 车门内侧锁定解除装置；13. 空气压力传感器；14. 驾驶员状态传感器；16. 驱动记录器；17. 转向角传感器；18. 自动操纵装置；20. 车辆之间距离传感器；21. 步行者保护及防止撞倒前部结构；22. 提高目视性和目视性的照明系统

3. 汽车电子技术的主要内容简介

当前汽车电子技术的内容，大致可分为发动机控制技术、底盘控制技术和车身电子技术。

（1）发动机控制技术：发动机控制技术用于实现低油耗、低污染，提高汽车的动力性、经济性。主要有汽油喷射发动机集中控制系统和电控柴油喷射系统。

（2）底盘控制技术：汽车底盘控制技术用于提高汽车的舒适性、安全性和动力性等。主要有自动变速器、主动/半主动悬架及车高自动调节系统、制动和防滑电子控制系统（ABS/ASR）、转向控制、牵引控制等。

（3）车身电子技术：车身电子技术包括汽车仪表、汽车安全、舒适性控制和通信与智能化系统。包括：

①仪表方面：电子转速表、电子车速里程表、电子燃油表、多功能综合屏幕显示。

②安全方面：电控安全气囊、防盗报警系统、电控安全带、电控前照灯系统、雷达防撞系统。

③舒适方面：中央门锁系统、电动门窗与电动天窗系统、电动座椅、电动后视镜与电动除霜系统、汽车音像系统、自动空调系统。

④通信与智能化方面：卫星导航与定位系统、车载电话与计算机网络系统、安全维护与监控系统、故障自诊系统、智能汽车与自动化高速公路。

第二节　汽车电路及电路图的识读

一、汽车电路基础知识

（一）汽车电路图中常见符号

1. 保险装置

当电路中流过超过规定的过大电流时，汽车电路保险装置能自动切断电路，从而防止烧坏电路连接导线和用电设备，并把故障限制在最小范围内。汽车上的保险装置主要有熔断器、易熔线和断路器。

（1）熔断器和易熔线符号，如图 1－3 所示。

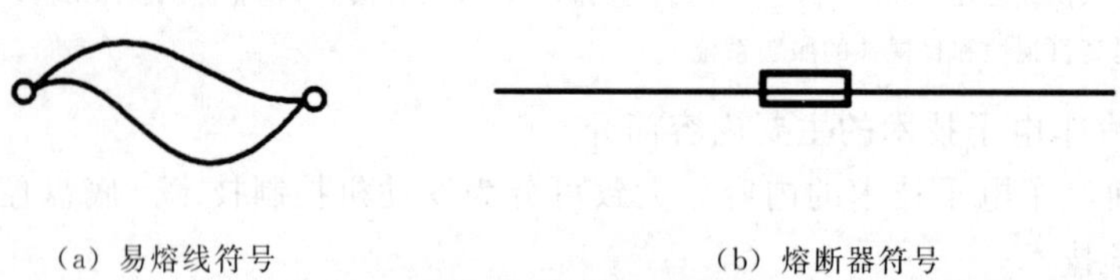

（a）易熔线符号　　（b）熔断器符号

图 1－3　熔断器和易熔线

（2）熔断器（保险丝）：熔断器在电路中起保护作用，如图 1－4 所示。当电路中流过超过规定的电流时，熔丝自身发热而熔断，切断电路，防止烧坏电路连接导线和用电设备，并把故障限制在最小范围内。熔断器一般安装在仪表盘附近或发动机罩下面的熔断器盒内，常与继电器组装在一起，构成全车电路的中央接线盒。熔断器外观与熔值标注如图 1－4 所示。

一般情况下，环境温度在 18℃～32℃时，流过熔断器的电流为额定电流的 1.1 倍时熔丝不熔断；达到 1.35 倍时，熔丝在 60s 内熔断；达到 1.5 倍时，20A 以内的熔丝在 15s 以内熔断，30A 的熔丝在 30s 以内熔断。

图 1－4　熔断器

熔断器在使用中应注意以下几点：

①熔断器熔断后，必须认真找到故障原因，彻底排除故障。

②更换熔断器时，一定要与原规格相同。

③熔断器支架与熔断器接触不良会产生电压降和发热现象，安装时要保证良好接触。

（3）易熔线：易熔线是一种大容量的熔断器，用于保护电源电路和大电流电路，如图 1－5 所示。

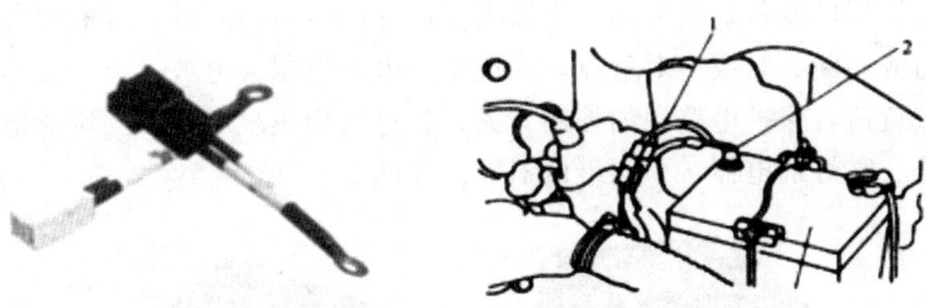

图 1－5　易熔线

1. 易熔线；2. 蓄电池正极

易熔线在使用中应注意以下几点：

①绝对不允许换用比规定容量大的易熔线。

②易熔线熔断，可能是主电路发生短路，因此需要仔细检查，彻底排除隐患。

③不能和其他导线绞合在一起。

(4) 断路器：断路器在电路中用于防止有害的过载（额外的电流）。断路器是机械装置，它利用两种不同金属（双金属）的热效应断开电路。如果额外的电流经过双金属带，双金属带弯曲，触点开路，阻止电流通过。当电路断路器冷却，触点再次闭合，电路导通。当无电流时，双金属带冷却而使电路重新闭合，电路断路器复位，如图 1－6 所示。

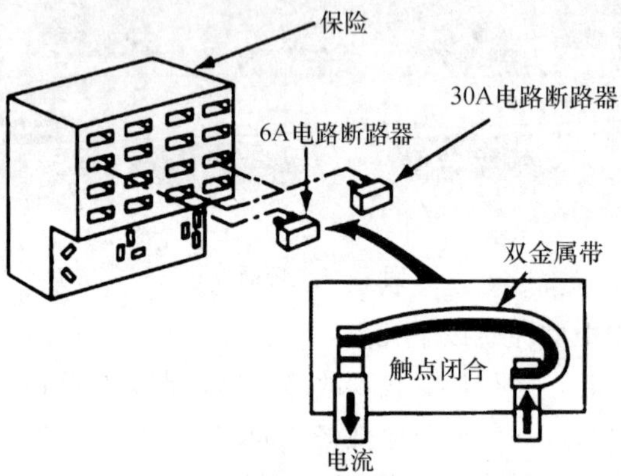

图 1－6　断路器

2. 继电器

一般情况下，汽车上使用的操纵开关的触点容量较小，不能直接控制工作电流较大的用电设备，常采用继电器来控制它的接通与断开。继电器可以实现自动接通或切断一对或多对触点，完成用小电流控制大电流，可以减小控制开关的电流负荷，保护电路中的控制开关，如进气预热继电器、空调继电器、喇叭继电器、雾灯继电器、中间继电器等，如图 1－7 所示。

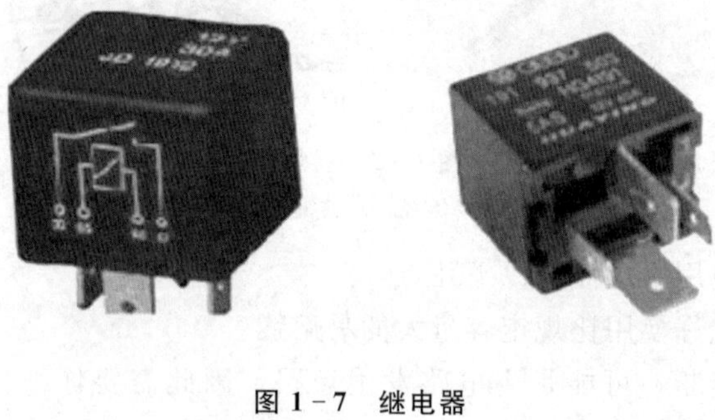

图 1－7　继电器

汽车上的继电器有很多，常见的有三类：常开继电器、常闭继电器和混合型继电器。继电器的每个插脚都有标号，与中央接线盒正面板的继电器插座的插孔标号相对应。如图 1－8 所示。

温馨提示：要想在原车上安装额外的电子附件，简单地接入已有的电路中可能会使保险装置或配线过载。采用继电器扩展可有效解决这一问题，如图 1－9 所示。

型号	外　型	电　脑	引线标号	颜　色
1T	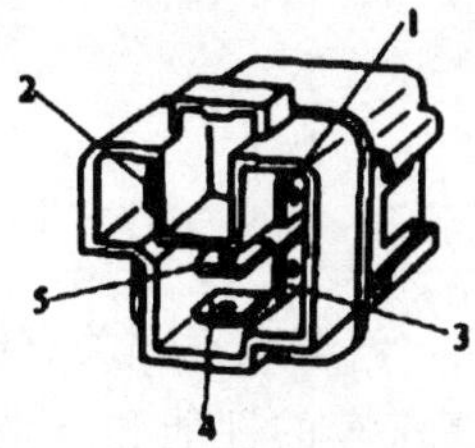	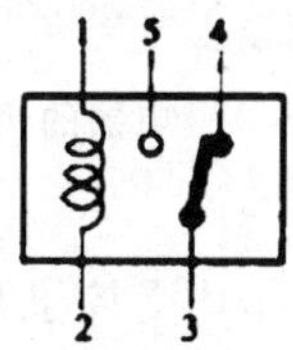	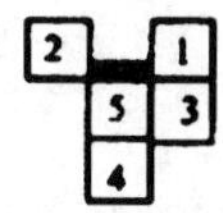	黑色
1M	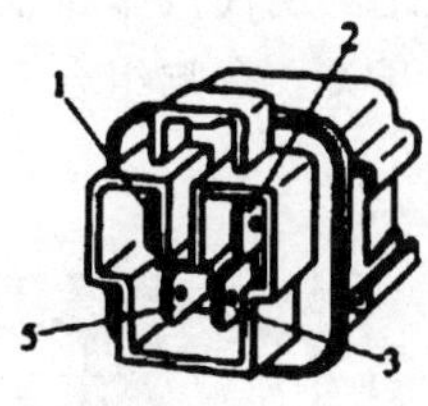	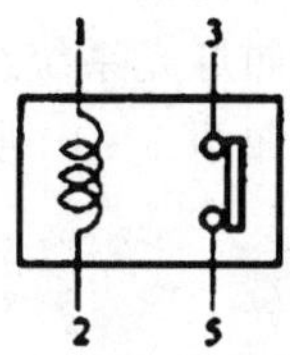	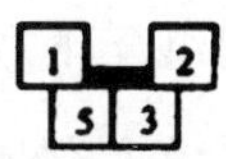	蓝色
2M	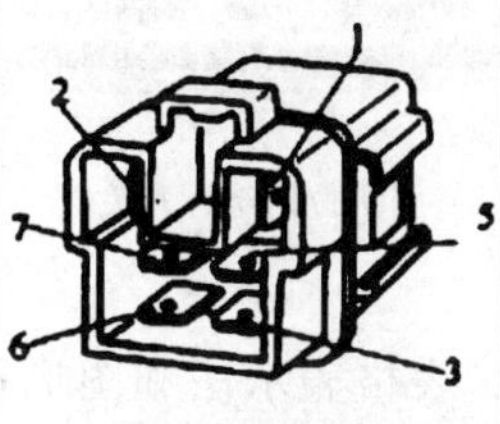	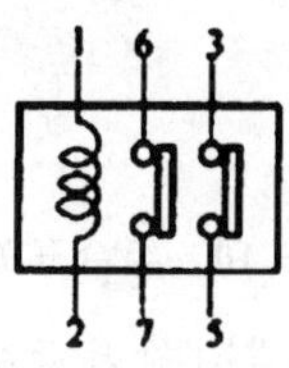		棕色
1M、1B	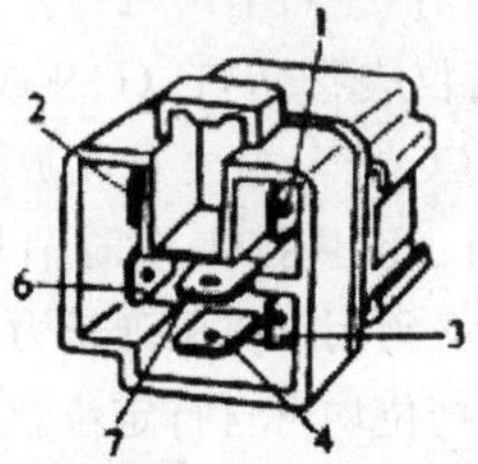	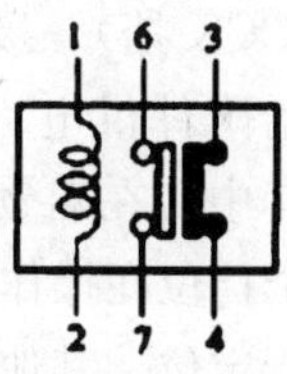		灰色

图 1－8　继电器常见类型

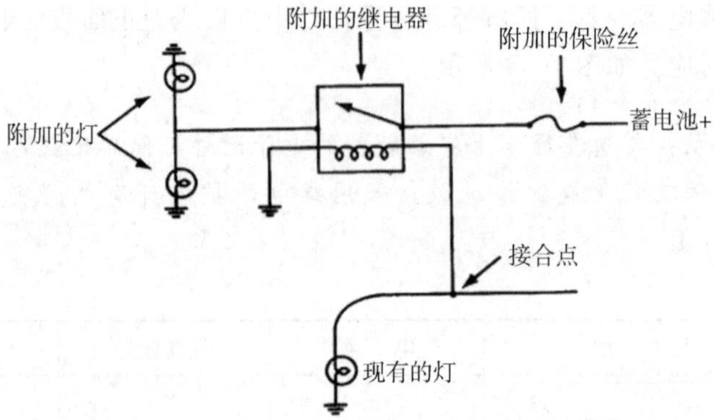

图 1－9　继电器的运用

3. 开关

汽车上各种电器控制系统的工作均受控于开关，汽车电气开关有组合开关和单体开关。现代小汽车多采用组合开关，以提高汽车的性能和乘坐舒适性。若采用较多的单体开关，汽车内部布置会很乱，因此，现代汽车将很多功能相近的控制系统的开关组合在一起，如灯光系统组合开关、音响组合开关、空调组合开关、司机位门组合开关等，如图 1－10 所示。

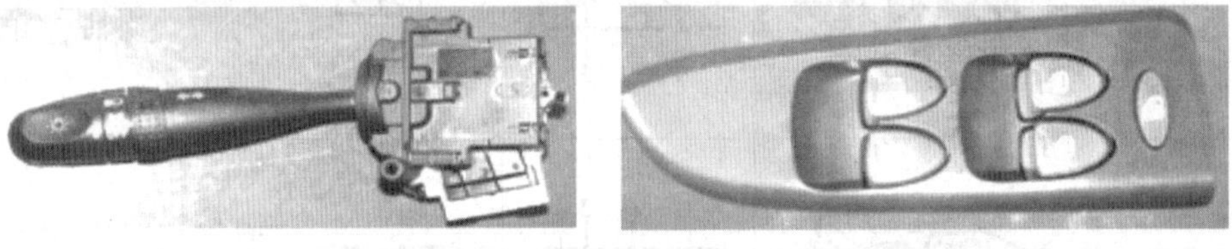

（a）灯光系统组合开关　　（b）司机位门组合开关

图 1－10　组合开关

开关在电路图中的表示方法有结构图表示法、表格表示法和图形符号表示法等。下以点火开关为例，介绍电路中开关的表示方法（图 1－11）。点火开关的功能主要有锁住转向盘转轴（LOCK 挡）、接通仪表指示灯（ON 或 IG 挡）、启动发动机（ST 或 START 挡）、给附件供电（ACC 挡，主要是收放机、点烟器）及发动机预热（HEAT 挡）。其中，在启动挡、预热挡工作时消耗电流很大，开关不宜接通过久，所以这两个挡位在操作时必须用手克服弹簧力，扳住钥匙，一松手就弹回点火挡，不能自行定位，其他各挡位均可自行定位。

4. 插接器

插接器就是通常所说的插头与插座，用于线束与线束或导线与导线间的相

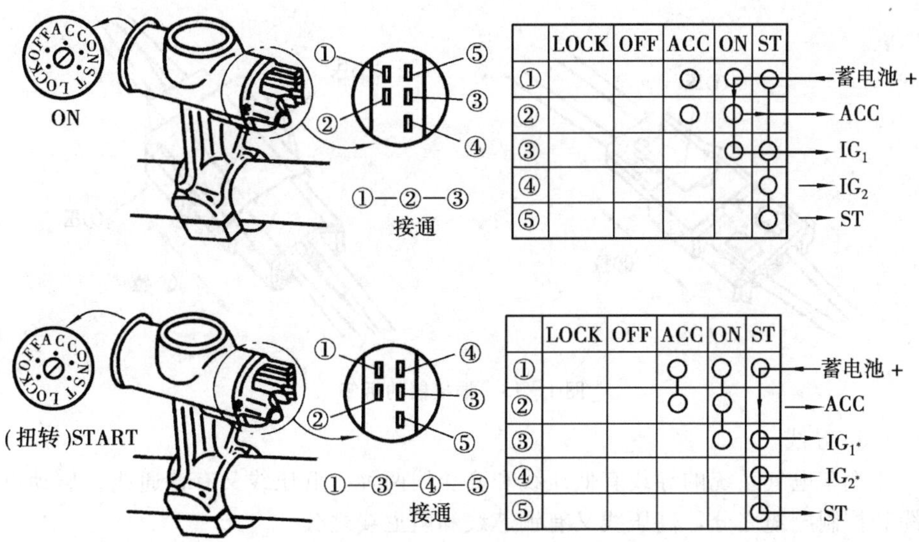

图 1-11　开关的表示方法

互连接。为了防止插接器在汽车行驶中脱开，所有的插接器均采用了闭锁装置。如图 1-12 所示为几种常见的插接器。

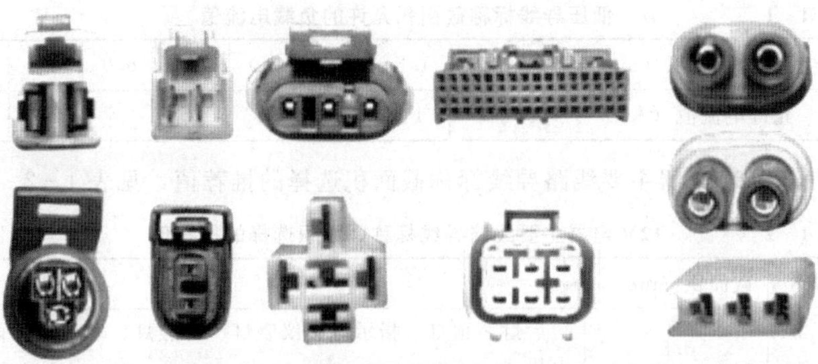

图 1-12　插接器

要拆开插接器时，首先要解除闭锁（图 1-13），然后把插接器拉开，不允许在未解除闭锁的情况下用力拉导线，这样会损坏闭锁装置或导线。有些插接器用钢丝扣锁止，取下钢丝扣后才能将插接器拔开。在插接器端子有接触不良或断线故障时，可将插接器分解，用小一字型螺丝刀或专用工具从壳体中取出导线及端子进行修理或更换。

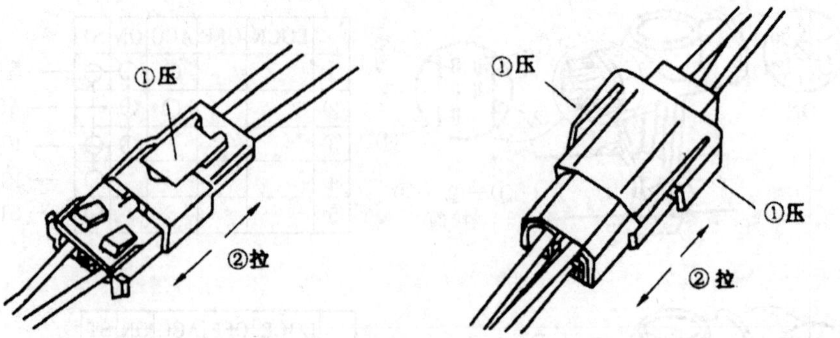

图 1－13　插接器的拆卸

5. 导线

汽车电气系统的导线有低压线和高压线两种。低压线又有普通线、启动电缆和控制电缆之分，高压线又有铜芯线和阻尼线之分。

（1）低压导线：

①导线的截面积：普通低压导线为铜质多丝导线，导线的截面主要根据用电设备的电流进行选择。但截面太小，机械强度差，易折断。一般汽车电气导线截面不小于 $0.5mm^2$。各种低压导线标称截面积允许的负载电流，见表 1－1。

表 1－1　　低压导线标称截面积允许的负载电流值

导线标称截面积（mm^2）	1.0	1.5	2.5	3.0	4.0	6.0	10	13
允许电流值（A）	11	14	20	22	25	35	50	60

汽车 12V 电器主要线路导线标称截面积选择的推荐值，见表 1－2

表 1－2　　12V 电器主要线路导线标称截面积选择的推荐值

汽车类型	截面积（mm^2）	用　途
轿车 货车 挂车	0.5	后灯、顶灯、指示灯、仪表灯、牌照灯、燃油表、雨刮器电机
	0.8	转向灯、制动灯、停车灯、分电器
	1.0	前照灯的单线（不接保险器）、电喇叭（3A 以下
	1.5	前照灯的电线束（接保险器）、电喇叭（3A 以上）
	1.5－4	其他连接导线
	4－6	电热塞
	4－25	电源线
	16－95	启动机电缆

②导线的颜色：为便于安装和检修，汽车采用双色导线，主色为基础色，辅色为环布导线的条色带或螺旋色带，且标注时主色在前，辅色在后。以双色为基础选用时，各用电系统的电源线为单色，其余为双色。双色线的主色，见表 1－3。

表 1－3　汽车电器各系统导线颜色代号

系统名称	电线主色	代号	系统名称	电线主色	代号
电气装置接地线	黑	B	仪表、报警指示和喇叭系统	棕	Br
点火启动系统	白	W	前照灯、雾灯等外部照明系统	蓝	Bl
电源系统	红	R	各种辅助电器及操纵系统	灰	Gr
灯光信号系统	绿	G	收放音机、点烟器等系统	紫	V
车身内部照明系统	黄	Y			

③线束：为使全车线路规整，安装方便及保护导线的绝缘，汽车上的全车线路除高压线、蓄电池电缆和启动机电缆外，一般将同区域的不同规格的导线用棉纱或薄聚氯乙烯带缠绕包扎成束，称为线束，如图 1－14 所示。

线束安装与检修的注意事项：

a. 线束应用卡簧或绊钉固定，以免松动磨坏。

b. 线束不可拉得过紧，尤其在拐弯处，在绕过锐角或穿过金属孔时，应用橡皮或套管保护，否则容易磨坏线束而发生短路、搭铁，以至烧毁全车线束。

c. 连接电器时，应根据插接器的规格及导线或插接头的颜色，分别接于电器上并插接到位。难以辨别时，一般可用试灯区分，而不要用刮火法。

（2）高压导线：高压导线使用于汽车点火线圈至火花塞之间的电路。高压导线分为普通铜芯高压导线和高压阻尼点火导线，带阻尼的高压导线可抑制和

图 1－14　汽车线束

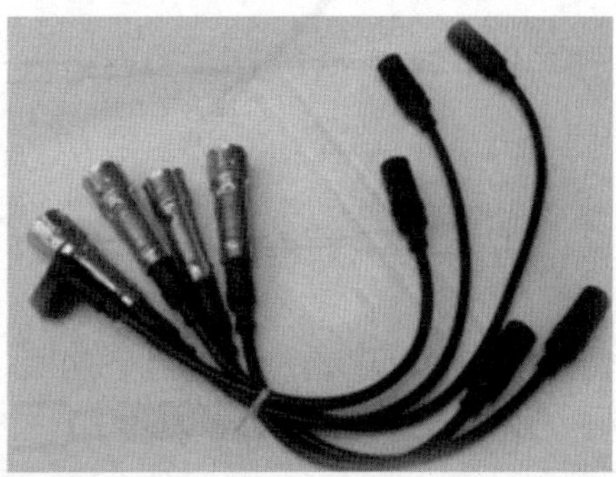

图 1－15　高压导线

衰减点火系产生的高频电磁波，降低对电控装置和无线设备的干扰。高压导线如图 1－15 所示。

(3) 汽车导线的连接：

①单股铜芯导线的直线连接。

a. 准备：先按图 1－16 中的 (a)、(b)、(c)、(d) 进行导线剥削。

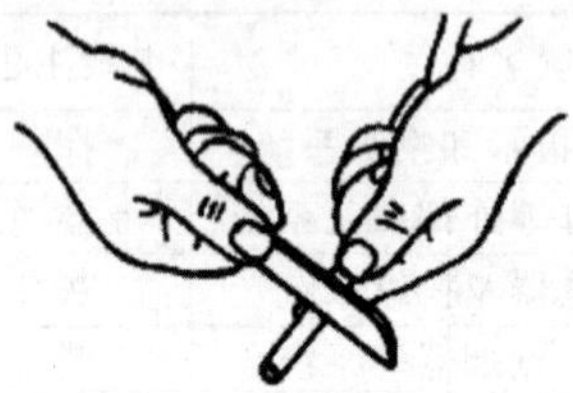

(a) 握刀姿势

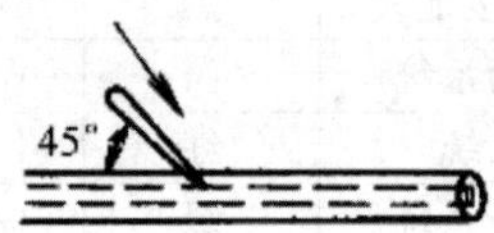

(b) 刀以 45°切入

(c) 刀以 25°倾斜推削

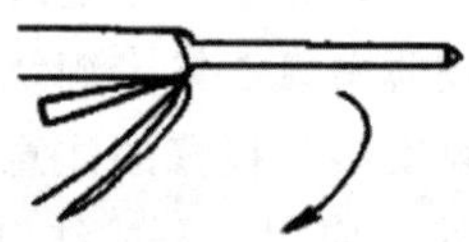

(d) 扳翻塑料层并在根部切去

图 1－16　单层导线绝缘层的剥削

b. 先将两导线芯线线头成 X 形相交，如图 1－17 (a) 所示；

c. 互相绞合 2～3 圈后，扳直两线头，如图 1－17 (b) 所示；

d. 将一个线头在另一芯线上紧贴并绕 5～6 圈，用钢丝钳切去余下的芯线，并钳平芯线末端，如图 1－17 (c) 所示。

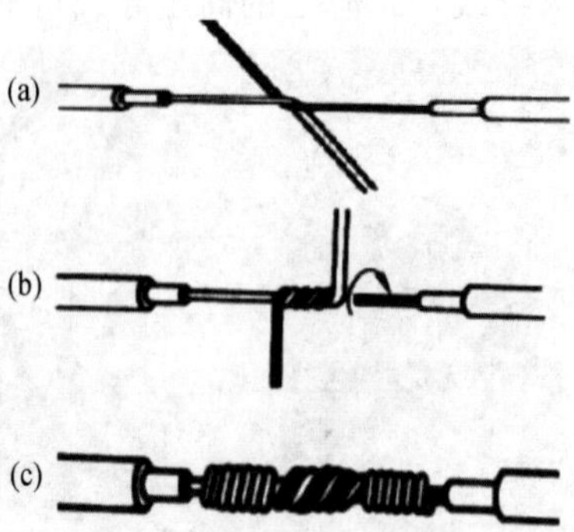

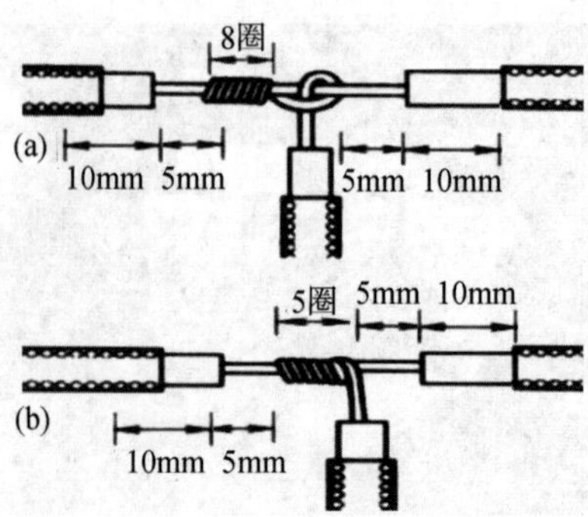

图 1－17　单股铜芯导线的直线连接　图 1－18　单股铜芯导线 T 字形连接

②单股铜芯导线的 T 字形连接，如图 1－18 所示。

a. 将支路芯线的线头与干线芯线十字相交，在支路芯线根部留出 5mm，然后顺时针方向缠绕 6～8 圈后，用钢丝钳切去余下的芯线，并钳平芯线末端。

b. 小截面的芯线可以不打结。

③双股导线的对接，如图 1－19 所示。将两根双芯线线头剖削成图中的形式。连接时，将两根待连接的线头中颜色一致的芯线按小截面直线连接方式连接。用相同的方法将另一颜色的芯线连接在一起。

④软线与单股硬导线的连接，如图 1－20 所示。先将软线拧成单股导线，再在单股硬导线上缠绕 7～8 圈，最后将单股硬导线向后弯曲，以防脱落。

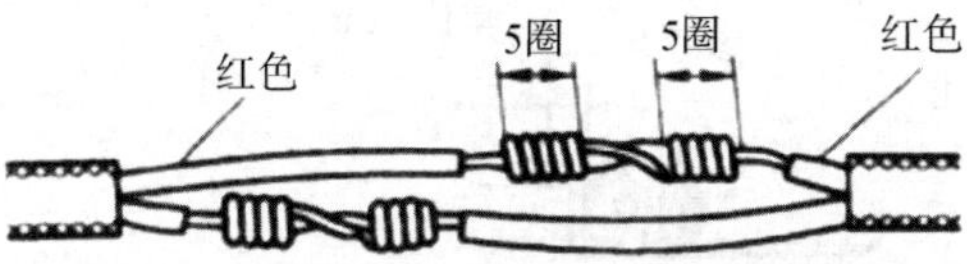

图 1－19　双股导线的对接

图 1－20　软线与单股硬导线的连接

⑤单股线与多股线的连接，如图 1－21 所示。

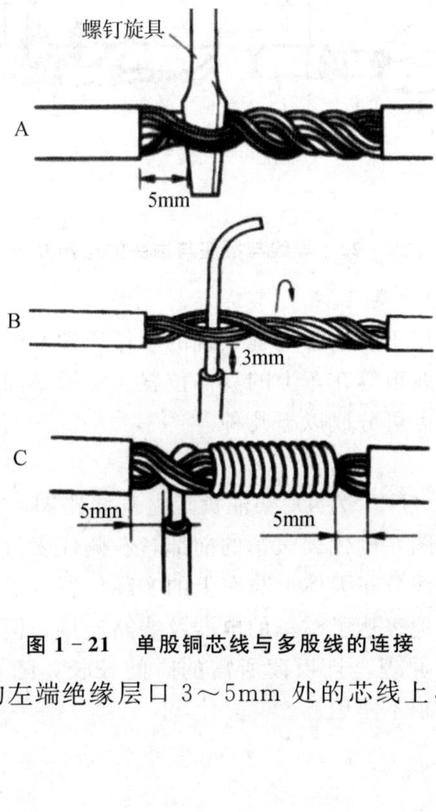

图 1－21　单股铜芯线与多股线的连接

a. 在离多股线的左端绝缘层口 3～5mm 处的芯线上，用螺丝刀把多股芯

线 分成较均匀的两组。

b. 把单股芯线插入多股芯线的两组芯线中间，但单股芯线不可插到底，应使绝缘层切口离多股芯线约 3 毫米距离。接着用钢丝钳把多股芯线的插缝钳平钳紧。

c. 把单股芯线按顺时针方向紧缠在多股芯线上，应使线圈紧挨密排，绕足 10 圈；然后切断余端，钳平切口毛刺。

d. 导线绝缘的恢复。用绝缘带包扎以恢复其绝缘。缠绕时应使绝缘带每圈的重叠部分为带宽的一半。接头两端为绝缘带的二倍。

⑥导线与插座、插头的连接，如图 1-22 所示。

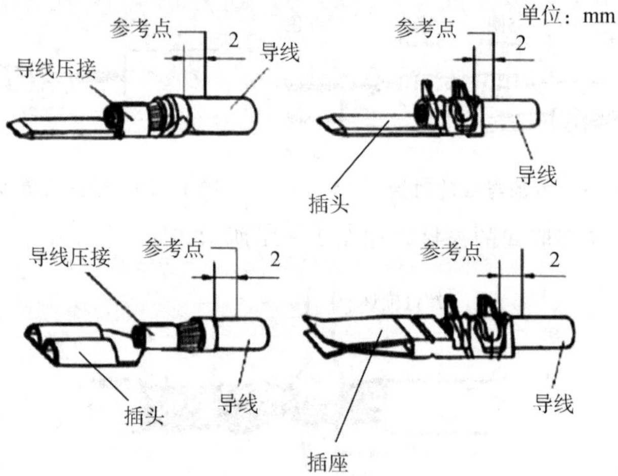

图 1-22　导线与插座与插头的连接方法

（二）汽车电路图分类

汽车电路图主要用于表达各电气系统的工作原理及电器间的连接关系，同时还可标示各电器、线束等在车上的具体位置。尽管不同车型的电路图风格各异，但根据各图的特点可分成以下几种。

1. 电气线路图

图 1-23 为日产（NISSAN）柴油货车电气线路图。该类图表达了各电器在车上的大致布局，图左侧代表汽车的前部，右侧代表汽车的尾部。各电器以实物轮廓图表示。导线分布大体上与车上的实际位置、走向相同。

电气线路图完整地表达了整车的电器及线路连接，但不能清晰、方便地反映各电器系统的工作原理，且识读所需的时间较长，随着汽车电路的日趋复杂，这类电路图越来越不实用。

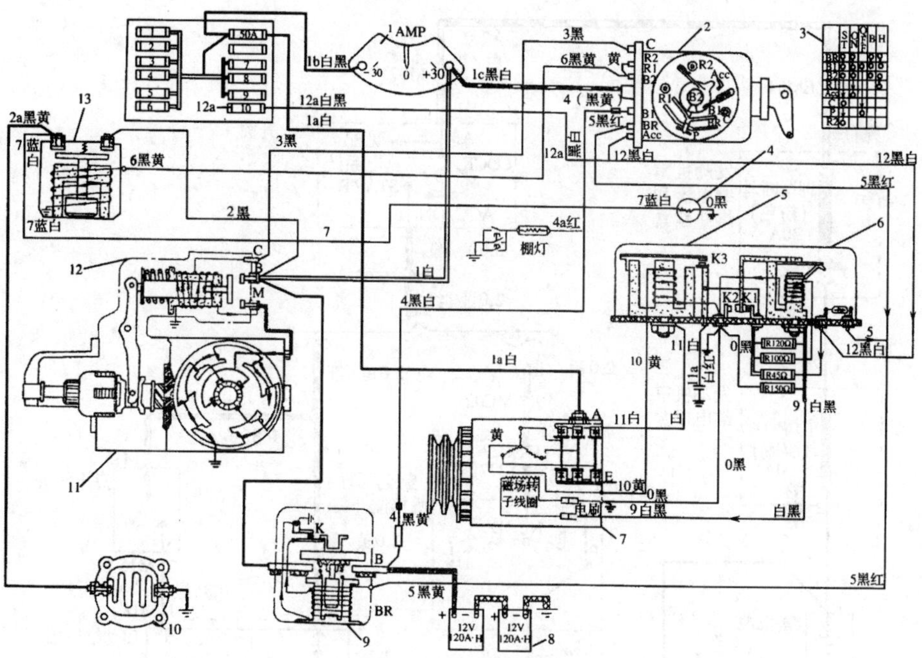

图 1－23　日产（NISSAN）柴油机及启动系统电气线路

1. 电流表；2. 启动开关；3. 启动开关位置；4. 预热批示灯；5. 磁场继电器；
6. 电压调节器；7. 硅整流交流发电机 8. 蓄电池；9. 蓄电池开关；
10. 空气预热器；11. 启动机；12. 启动开关；13. 电磁预热开关

2. 电路原理图

电路原理图重在表达各电气系统电路的工作原理，既可以是全车电路图，也可以是各系统电路原理图（图 1－24）。尽管各汽车制造公司的表达方式不一，但一般都具有以下的特点：

（1）通过电器符号表达各电器。一般通过这些符号可了解该电器的基本结构和作用。

（2）在大多数图中，电源线在图上方，接地线在图下方，电流方向自上而下。电路较少迂回曲折，电路图中电器串联、并联关系十分清楚，电路图易于识读。

（3）各电器不再按电器在车上的安装位置布局，而是依据工作原理，在图中合理布局，使各系统处于相对独立的位置，从而易于对各用电设备进行单独的电路分析。

（4）各电器旁边通常标注有电器名称及代码（如控制器件、继电器、过载

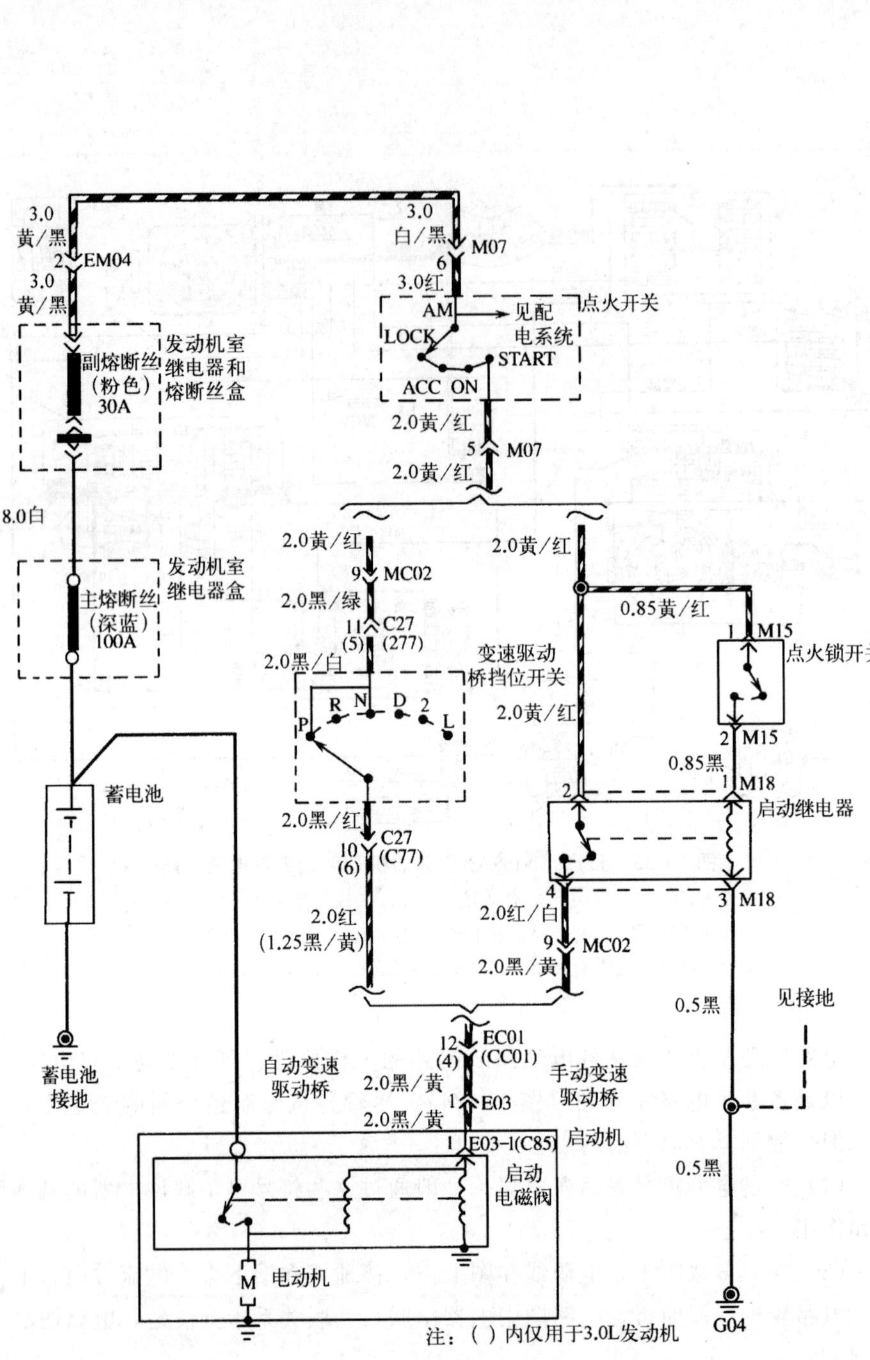

图 1－24　启动系统电路原理

保护器件、用电器、铰接点及接地点等）。

（5）电路原理图中所有开关及用电器均处于不工作的状态，例如点火开关是断开的，发动机不工作，车灯关闭等。

（6）导线一般标注有颜色和规格代码，有的车型还标注有该导线所属电器系统的代码。根据以上标注，易于对照定位图找到该电器或导线在车上的位置。

在电路原理图中，如果不标注出上述第（4）点中的各代码，则称为电路原理简图。图 1-25 为桑塔纳 GLS 空调电路原理简图，这类图仅用于说明工作原理。

总之，电路原理图是分析电气系统工作原理，以及维修电气系统的最基本、最实用的资料。

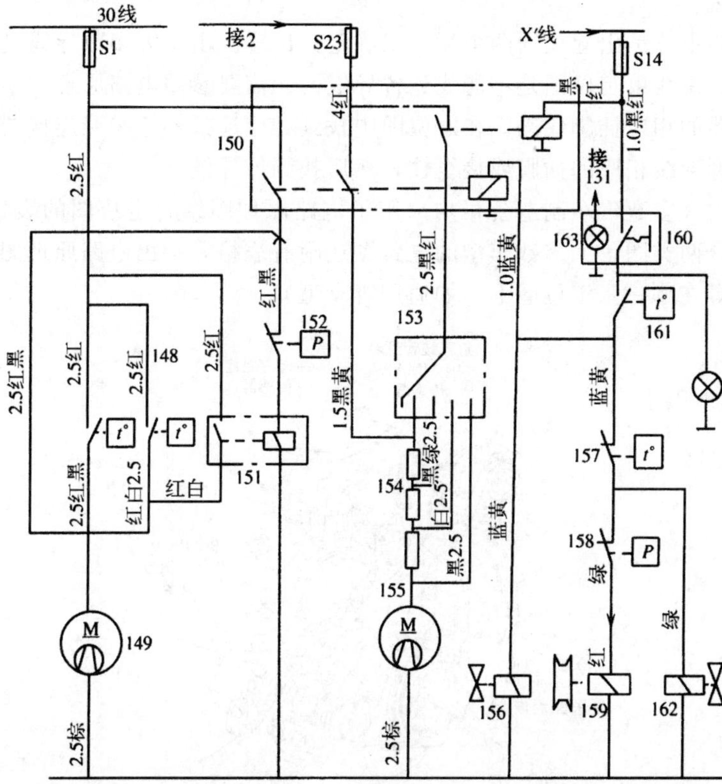

图 1-25　上海桑塔纳 2000GLS（化油器式发动机）空调电路原理简图

148. 热敏开关；149. 散热器与冷凝器电风扇；150. 空调继电器 151. 减荷继电器；
152. 制冷系统高压切断开关；153. 鼓风机 变速开关；154. 鼓风机换挡电阻；
155. 鼓风机；156. 进风门电磁阀；157. 制冷量控制开关；158. 压缩机工作开关
159. 压缩机电磁离合器；160. 空调启用开关；161. 室温控制开关；
162. 怠速升高电磁阀；163. 空调控制开关照明灯；166. 空调启用批示灯

3. 定位图

定位图用于指示各电器及导线在车上的具体位置。一般采用绘制的立体图或实物照片的形式，立体感强，能直观、清晰地反映电器在车上的实际位置（图 1-26），因此有很高的实用价值。

定位图在某些车型中还有进一步的分类：可分为用电器定位图，控制器件定位图，熔丝盒、继电器盒、接线盒定位图，连接器定位图以及接地点和铰接点定位图，诊断座定位图等，还有帮助确定熔丝具体安装位置的熔丝盒内部熔丝布局图（图 1-27），以及确定连接器内导线连接位置的连接器插脚接线图（图 1-28）。

导线的定位是由导线的两个端点来确定其位置。由于大多数导线是裹在线束中的，只用线束定位图是不能找到各导线的。需要参照电路原理图中该导线两端连接器的相应插脚代码，在定位图中找到相应连接器，参照连接器的插脚排列图找到导线相应的插脚或接线柱，然后找到该导线。

目前，大多数汽车制造公司均采用了电路原理图结合定位图的表达方式。为便于结合两类图，大多数车型的电路图还附有表格，指出电路原理图上的电器、导线等在哪一张定位图上（如通用等车型）。

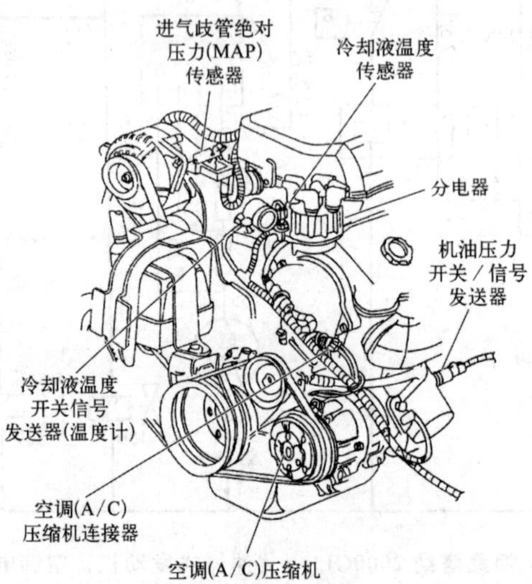

图 1-26　克莱斯勒发动机前部电器定位图

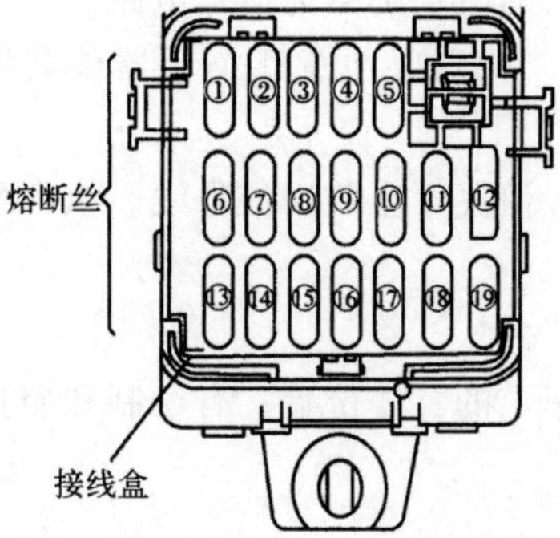

图 1－27　熔丝排列图

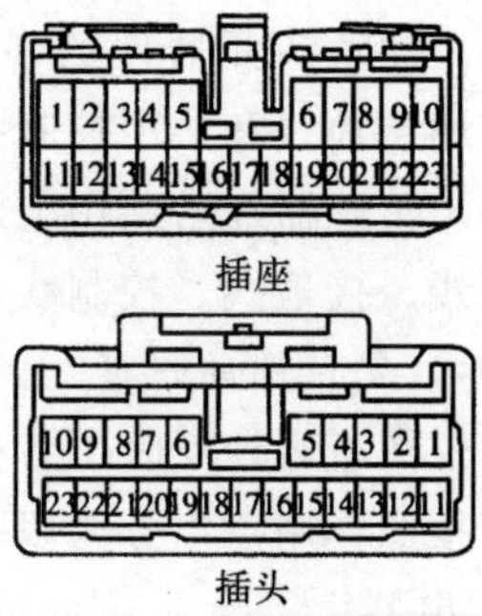

图 1－28　连接器内插脚排列

二、汽车电路图的识读

（一）电路原理图的识读

1. 电路原理图的识读方法

（1）判断该电气系统的控制方式。若属于电子控制系统，则要把该系统的线路分成三部分，即：电控单元与电源的连接电路；信号输入电路；执行器工作电路。若该用电器电路中使用了继电器，则要区分主电路及控制电路。注意，无论主电路还是控制电路，往往都不止一条。

（2）识图从用电器入手。在电路图中，从其他部分处入手，不利于掌握各电器的工作原理，而从用电器入手，很容易把与之相关的控制器件查找出来。

（3）运用回路原则。通过运用回路原则，找出用电器与电源正负极构成的回路。

2. 其他识读技巧

（1）电路按其作用来分，可分为电源电路、接地电路、信号电路、控制电路。

（2）直接连接在一起的导线（也可经由熔丝、铰接点连接）必具有一个共同的功能，如都为电源线、接地线、信号线、控制线等。即凡不经用电器而连接的一组导线若有一根接电源或接地，则该组导线都是电源线或接地线。与电源正极连接的导线在到达用电器之前是电源电路；与接地点连接的导线在到达用电器之前为接地电路。

（3）在分析各条电路（电源电路、信号电路、控制电路、接地电路等）的作用时，经常会用到排除法判断电路，即对不易判断功能的电路，通过排除其不可能的功能来确定其实际功能。如分析某一具有三根导线的传感器电路时，已经分析出其电源电路、接地电路，则剩余的电路必然为信号电路。

(4) 注意各元器件的串联、并联关系，特别要注意几个元器件共用电源线、共用接地线和共用控制线的情况。

(5) 传感器经常共用电源线、接地线，但决不会共用信号线。执行器会共用电源线、接地线、控制线。

(二) 定位图的识读

定位图直观地反映了各电器及线路在车上的具体位置。有绘制和照片两种形式。按照作用可以分为以下几类。

1. 电器定位图

显示用电器、控制器件（包括传感器、电控单元、开关、继电器等）、连接器、接线盒、熔丝盒、继电器盒等在车上的具体位置（图 1 - 29），可以帮助我们迅速准确地找到各电器元件在车上的安装位置。

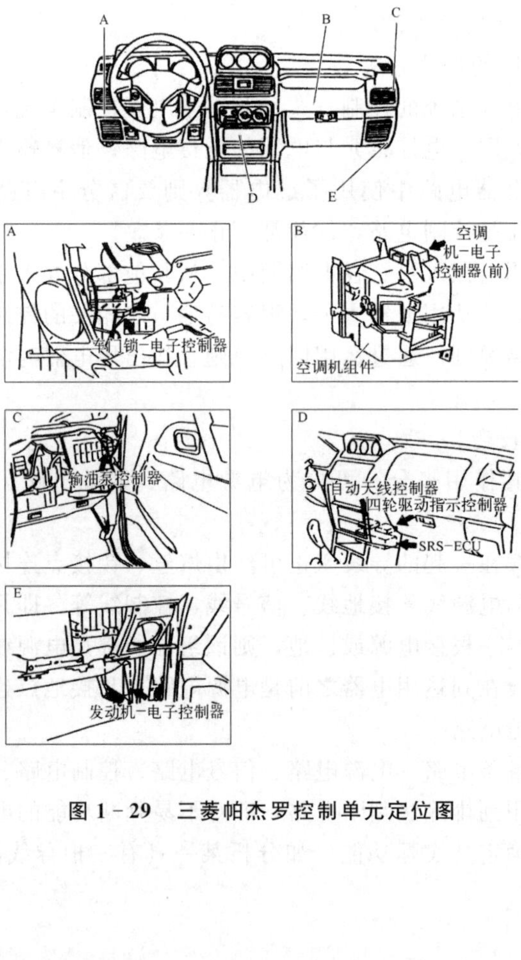

图 1 - 29 三菱帕杰罗控制单元定位图

2. 线束图

线束是电路的主干，通过连接器、铰接点与车内电器或车体连接（图 1－30），可从线束图中了解线束的走向及线束各部连接器的位置。

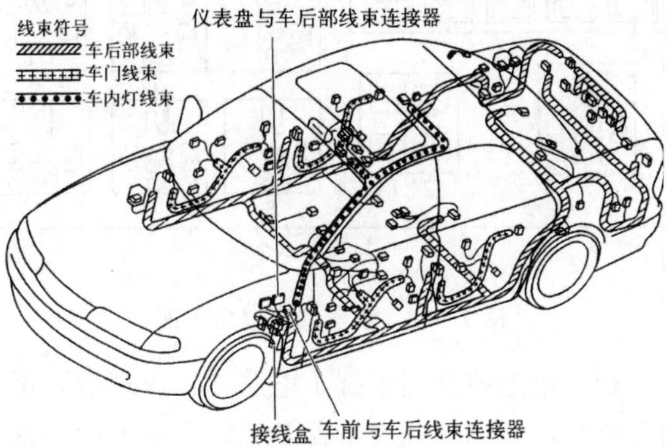

图 1－30　线束图

3. 连接器的插脚排列图

连接器是一个连有线束的插座，是电路中线束的中继站，对电路中导线连接的正确及可靠起着重要的作用。

电控单元与外部所有电器的连接都是通过 ECU 上的连接器，因此认识线路图上的连接器，了解各导线是如何与连接器连接的是识读电路图的重要前提。一般连接器用代码标注。标注内容有二：一是连接器的代码，可据此代码，从定位图上找到其安装位置；二是连接器上的端子代码，它与连接器的平面图上各端子对应。

连接器上往往有多个插脚，所以必须通过插脚排列图来明确各插脚的连接（图 1－31），从而追踪各条进入该连接器的导线。丰田、马自达、克莱斯勒等车型常将连接插脚排列图附在原理图上。

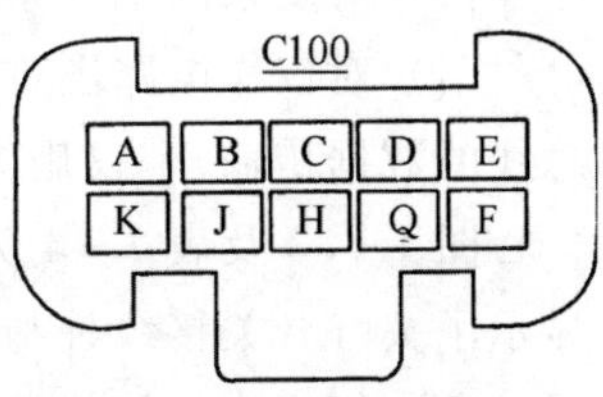

图 1－31　代码 C100 的连接器插脚排列图

4. 熔丝盒、继电器盒及接线盒的内部线路图

为便于检修，熔丝、继电器及导线的铰接点往往集中安装在熔丝盒、继电器盒及接线盒中。在读图时先从电器定位图了解各盒在车上的安装位置，再通过各盒的内部线路图了解盒内的连接关系（图 1－32）。许多车上把这三种盒组合在一起成为熔丝/继电器盒、中央接线盒等。

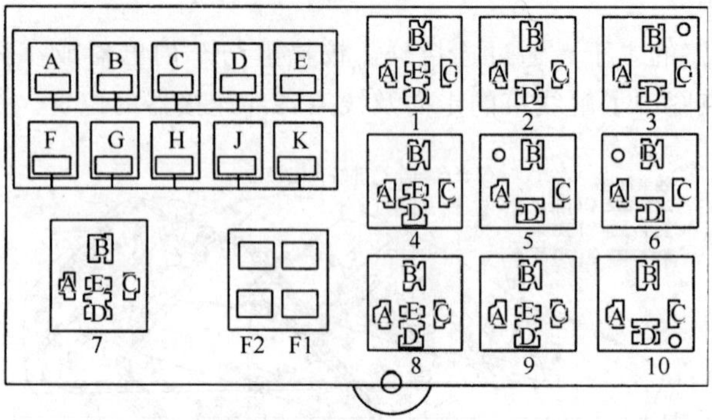

图 1－32　熔丝继电器盒平面

综上所述，在识读电路原理图掌握了电路工作原理后，再根据图上的电器代码，综合查阅各定位图，即可确定电器及导线在车上的位置。

（三）其他电路资料

通过电路原理图和定位图可以掌握电路原理并在车上找到各电器和导线。但在实际电路检修时，还需要其他的信息，所以在电路图后面还有文字说明及各种表格等辅助资料。常见的相关信息有：

(1) 在集中控制的电子控制系统中，一个电子控制单元同时连接多个信号输入装置，控制多个执行器，在维修时需要知道各执行器分别与哪些传感器有关，这在电路图中是看不出的，需要有相应的文字资料说明。

(2) 对电子控制系统，在检修时需要知道电控单元各插脚的检修条件及数据，这可以通过对插脚的说明来了解。

(3) 对复杂的电气系统，某些车系会提供检修流程图。

(4) 对仅靠电路图难以清晰表达的复杂工作原理（如电控单元之间的数据总线的数据传输)，仅用图无法说明，还需专门的文字来说明。

图 1－33 及表 1－4 为一组显示福特汽车头灯开关的资料。图 1－33 (a) 显示了头灯开关接线柱与外部导线的关系，每一导线的两侧分别标注着线路代码及颜色代码。如接线柱 2 上所接的导线的线路代码是 LC41，它的颜色代码是 O/BK。据此结合电路原理图即可了解原理图中与开关相连的导线具体接在开关的哪个接柱上。图 1－33 (b) 使我们了解到开关的内部线路，帮助我们分析开关的工作原理。而表 1－4 进一步使我们知道如何检查测试开关的工作。

要了解某个电气系统的工作或要检查某条线路时，要学会综合利用生产厂商提供的电路图及相关图表资料。首先通过电路原理图，了解电流的通路，即

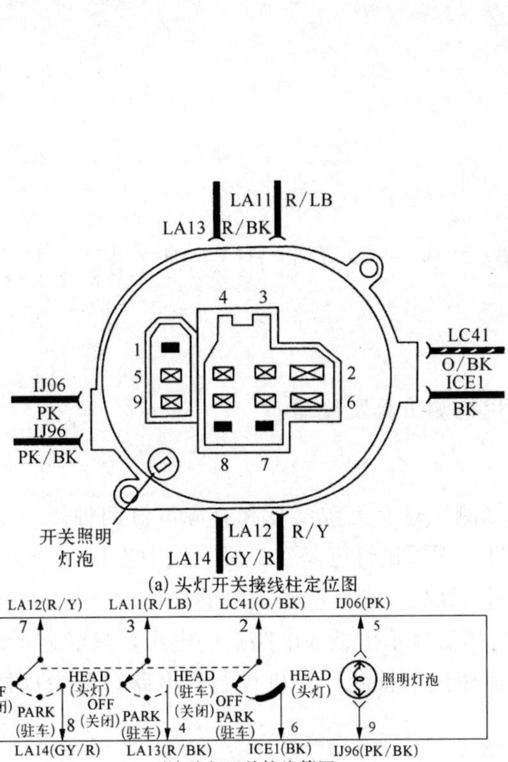

(a) 头灯开关接线柱定位图

(b) 头灯开关接线简图

图 1－33　福特汽车头灯开关电路图

电流流经的各类电器（如熔丝、开关、继电器电控单元及用电器等）、各电器间连接的导线、连接器及接地点等。然后根据电器的名称及代码找到电器在车上的安装位置，从线束图及连接器定位图上找到对应的导线（为便于查找，有的厂商还会在原理图后提供与之对应的定位图页码的表格或索引），这能帮助我们准确迅速地具体了解该系统。

表 1－4　福特汽车头灯开关测试步骤

测试项目	将欧姆表或带电试灯接到该接线柱	将开关转到下一位置	正常开关应指示
头灯线路	LA12（R/Y）以及 LA14（GY/R） LA11（R/LB）以及 LA13（R/BK）	Off（关闭） Park（驻车） Head（头灯）	开路 开路 通路
驻车灯线路	LC41（O/BL）以及 CE_1（BK）	Off Park Head	开路 通路 通路
指示灯线路	IJ06（PK）以及 IJ96（PK/BK）	将开关转到 Park（驻车）或 Head（头灯）位置	

第三节　汽车常用检测工具及其使用

一、汽车常用检测工具及仪器

1. 试灯

汽车电路的检测试灯有无源试灯和有源试灯两种。

（1）无源试灯：无源试灯就是在一段导线中连接一个 12V 灯泡，如图1－34所示，当试灯一端搭铁另一端接触到带电的导体时，灯泡就会点亮，如图 1－35所示。它不能像电压表显示出被检电路点的电压，只能显示是否有电压。

警告：不提倡用试灯检测计算机控制的电路，因为这样容易烧坏电脑的内部控制电路，

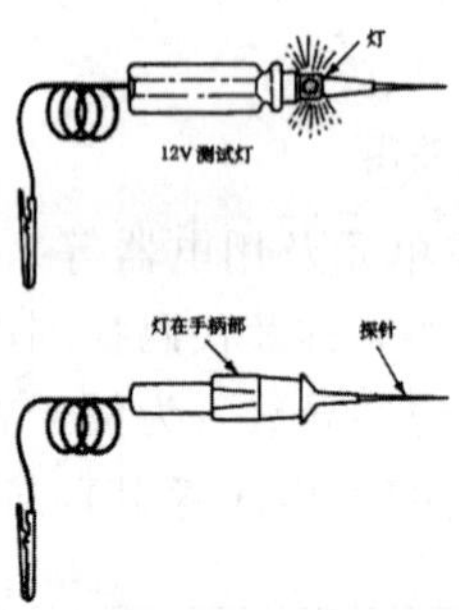

图 1－34　无源试灯

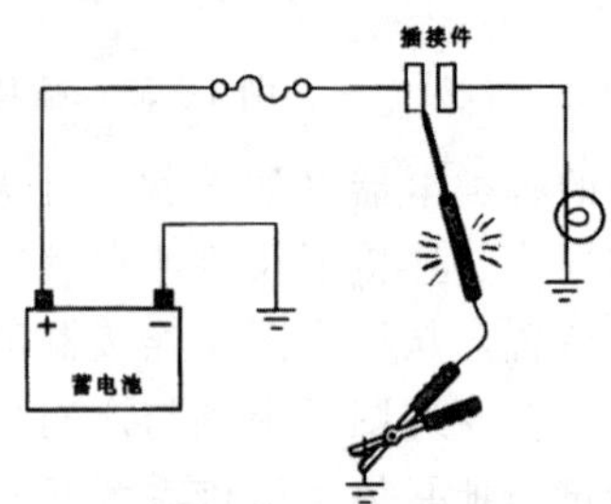

图 1－35　无源试灯的使用

（2）有源试灯：有源试灯同无源示灯类似，只是自带一个电池电源，连接到一条导线的两端上时，试灯内灯泡点亮，可用于测试线路的通、断，如图1－36所示。

警告：不能用有源示灯测试带电电路，否则会损坏试灯。

2. 跨接线

跨接导线有时可作为故障诊断的辅助工具，如图 1－37 所示，可用于跨过某段被怀疑已断开的导线，而直接向某一部件提供电的通路；也可用于不依赖于电路中的开关或导线而向电路中加上电池电压，如图 1－38 所示。它可配上与通导性测试笔相同的探针和夹子，也可设计为各种特殊形式。

警告：切勿将跨接线直接跨接在蓄电池的两端或蓄电池正极和搭铁之间。

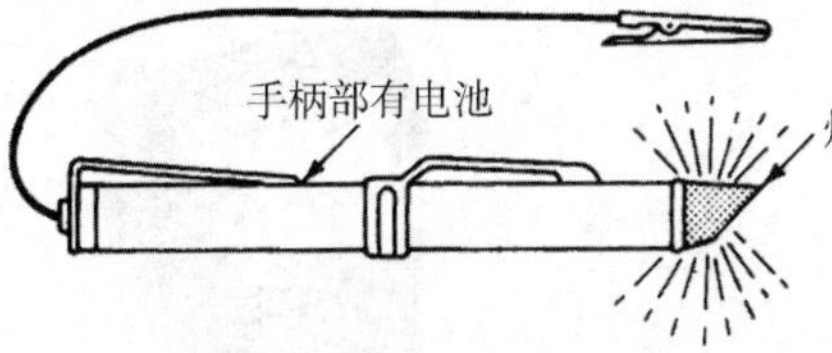

图 1-36　有源试灯

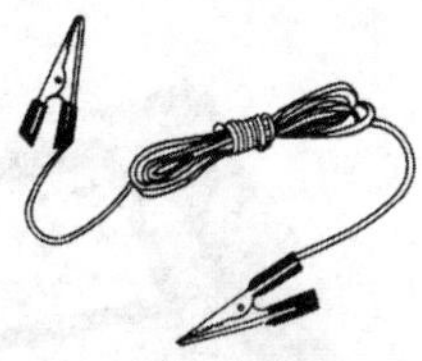

图 1-37　跨接线

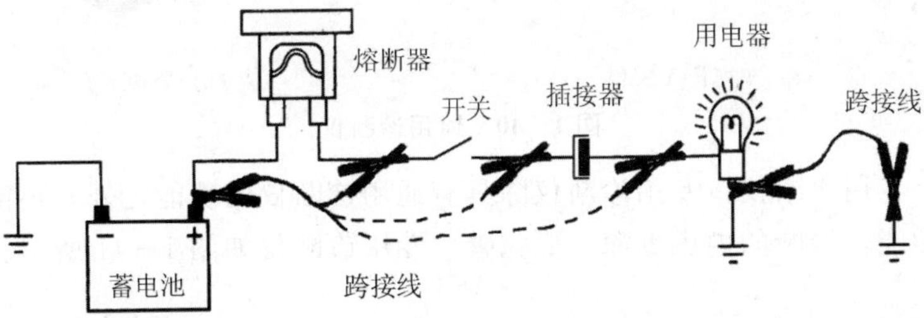

图 1-38　跨接线的使用

3. 数字式万用表

不同的汽车万用表功能及结构不尽相同，但基本都是由数字及模拟量显示屏、功能按钮、测试项目选择开关、温度测量插孔、公用插孔（用于测量电压、电阻、频率、闭合角、频宽比和转速等）、搭铁插孔、电流测量插孔、测试探针（或大电流钳）等全部或部分构成。普通汽车万用表如图 1-39 所示。

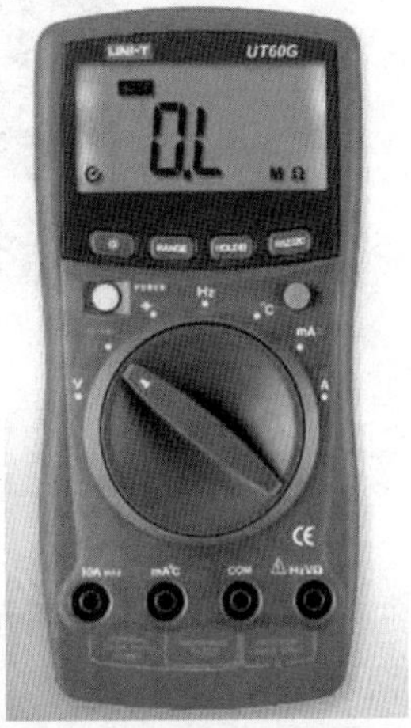

图 1-39　数字式万用表

4. 汽车故障诊断仪

故障诊断仪通过数据通信线以串行的方式获得控制电脑的实时数据参数，包括故障信息、实时运行参数、控制电脑与诊断仪之间的相互控制指令。故障诊断仪有两种：通用诊断仪和专用诊断仪。

（1）通用诊断仪：通用诊断仪的主要功能有：控制电脑版本的识别，故障码的读取和清除，动态数据参数显示，传感器和部分执行器的功能测试与调整，某些特殊参数的设定，维修资料及故障诊断提示，路试记录等。通用诊断仪可测试的车型较多，使用范围较宽，但它与专用诊断仪相比，无法完成某些特殊功能。通用诊断仪如图 1-40 所示。

(a) 车博仕 V-30

(b) 金德 KT600

图 1-40　通用诊断仪

(2) 专用诊断仪：专用诊断仪除具有通用诊断仪的功能之外，还能完成某些特殊功能，诊断的内容更深、更完善。专用诊断仪如图 1-41 所示。

(a) 大众 VAG1552 诊断仪

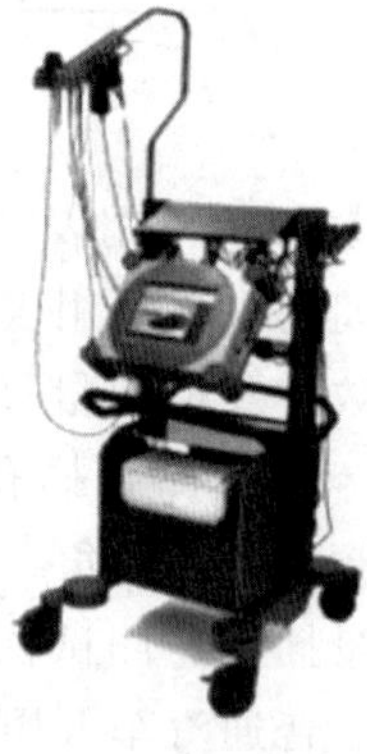

(b) 大众 VAG5051 诊断仪

图 1-41　专用诊断仪

5. 汽车示波器

常见的汽车专用示波器按功能一般可分为专用型示波器和综合型示波器两种。

(1) 专用型示波器：这类示波器专用性比较强，可以精确地显示各种变化的波形，如点火初级次级波形、各种传感器的输入输出电压波形、各种执行器的电流或电压波形、脉冲宽度和占空比等，其缺点是功能比较单一。专用型示波器如图 1-42 所示。

(2) 综合型示波器：它除了具有专用型示波器的一般功能外，通常还具有读取与消除故障码功能和动态数据分析功能等，部分诊断仪还具有发动机动力

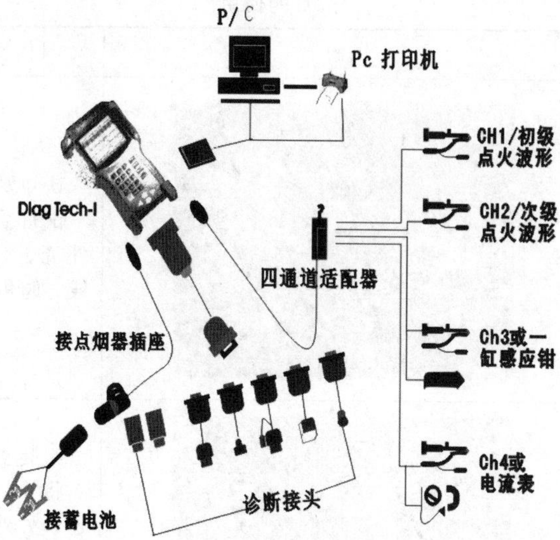

图 1－42　金奔腾 Diag Tech－I 汽车专用示波器

性能测试功能等，其缺点是系统稳定性及精度略低。综合型示波器如图 1－43 所示。

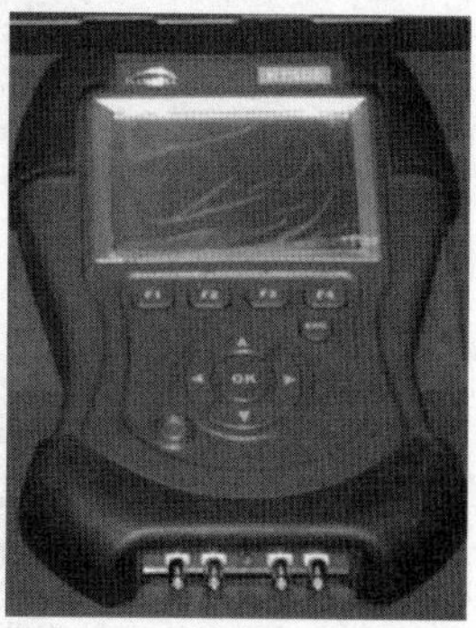

图 1－43　金德 KT600 综合型示波器

警告：

①测试点火高压线时，必须使用专用探头，不能将示波器探头直接接入点火次级电路。

②使用汽车专用示波器时，注意远离热源，如排气管、催化器等，温度过高会损坏仪器。

③汽车示波器在测试时，要注意尽量离开风扇叶片、皮带等转动部件。

④测试时先确认发动机盖支撑良好，防止发动机盖自动下降时伤及头部或示波器。

⑤路试时，不要将汽车专用示波器放在仪表台上方，最好是拿在手中测试。

二、汽车常用检测工具的正确使用

1. 试灯的使用

试灯的使用见表 1－5。

表 1-5　　试灯的使用

作业内容	图解	具体操作方法及要求
1. 试灯的认识	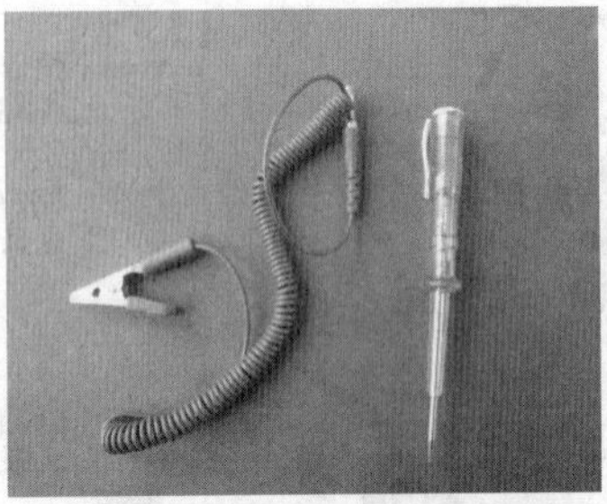	认知要求： 试灯由探针、绝缘透明外壳、12 伏小灯泡、导线、鳄鱼夹组成
2. 试灯的组装	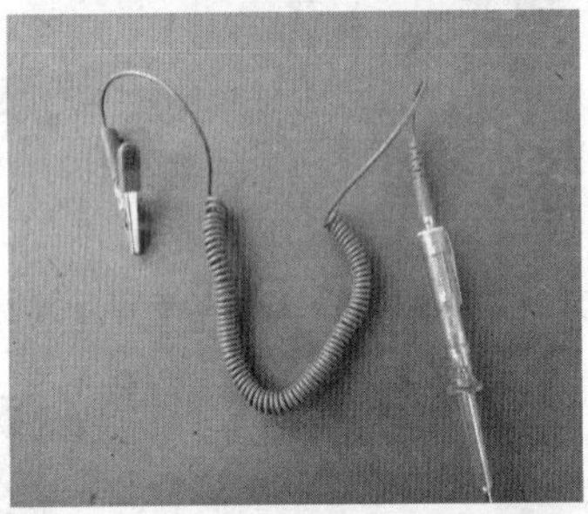	组装要求： 将导线一端与鳄鱼夹相连，另外一端连接绝缘透明外壳内 注意事项： 在组装过程中导线不要用力拉扯，防止导线损坏
3. 试灯的搭铁		操作要求： 将试灯的鳄鱼夹端夹住车身或发动机机体等搭铁部位
4. 试灯的检测		操作要求： 用一只手拿起胶皮电线，用中指抵住被测的线，另一只手握住试电笔将探针插入胶皮线中，如果被测线中有电流通过，则灯泡将亮起 注意事项： 在检测过程中，注意用力力度，保护用电设备

2. 万用表的使用

万用表的使用见表 1 - 6。

表 1 - 6　　万用表的使用

作业内容	图解	具体操作方法及要求
5. 万用表的认识		认知要求： 汽车万用表主要由数字及模拟量显示屏、功能按钮、测试项目选择开关、温度测量座孔、公用座孔（用于测量电压、电阻、频率、闭合角、频宽比和转速等）、搭铁座孔、电流测量座孔等组成。
6. 万用表的组装	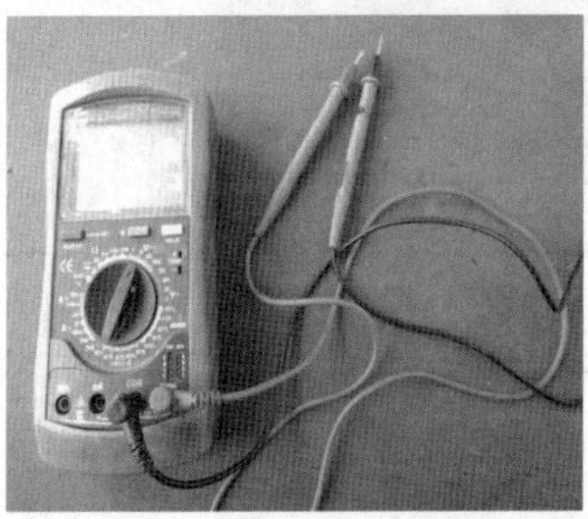	组装要求： 将红色试验导线插头连接正（+）输入插孔，将黑色导线连接负（-）输入插孔 注意事项： 在组装过程中导线不要用力拉扯，防止导线损坏
7. 万用表通电	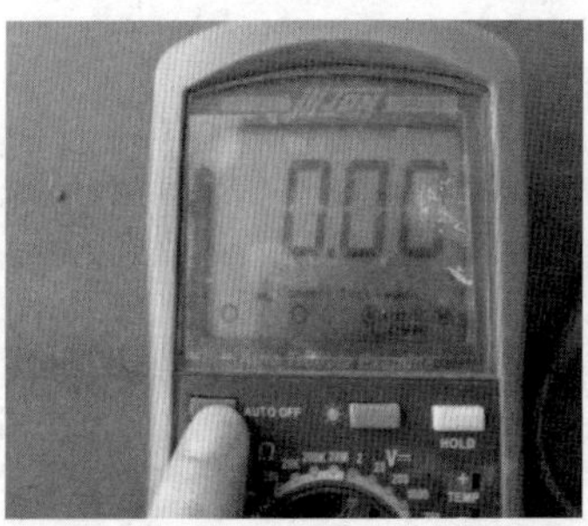	操作要求： 按下功能按钮“POWER”按钮，万用表通电

续表

作业内容	图解	具体操作方法及要求
8. 万用表校零	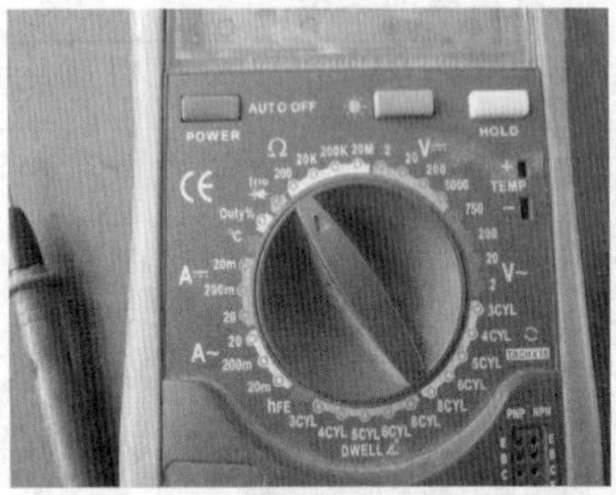	操作要求： 将万用表开关转到电阻挡的适当位置，把两根试验导线对接，屏幕显示为“1”，表明万用表正常，校零完毕 注意事项： 确认万用表的好坏，禁止使用蜂鸣挡
9. 万用表使用		操作要求： 万用表校零后，可以选择不同挡位进行直流、交流电压测量，直流、交流电流测量，二极管、三极管测试，电阻测试，转速测量，温度测量，频率测量等

3. 解码仪的使用

解码仪的使用见表 1-7。

表 1-7　　解码仪的使用

作业内容	图解	具体操作方法及要求
10. 解码仪的认识	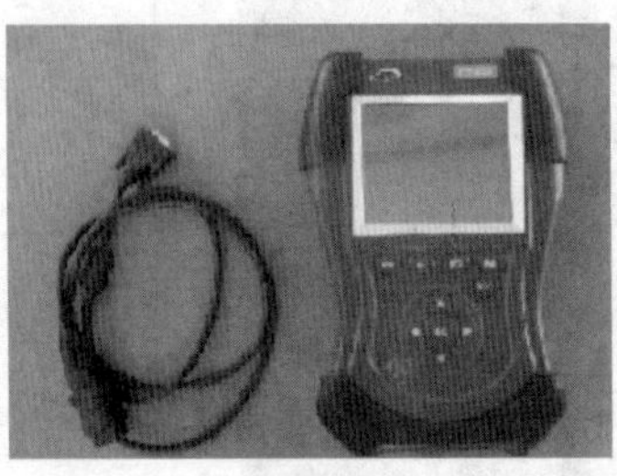	认知要求： BOSCH 博世金德 KT600 具有读取故障码、清除故障码、读取通道数据、动态数据流、元件测试及基本设定，ECU 编程及匹配等功能

续表 1

作业内容	图解	具体操作方法及要求
11. 解码仪的使用	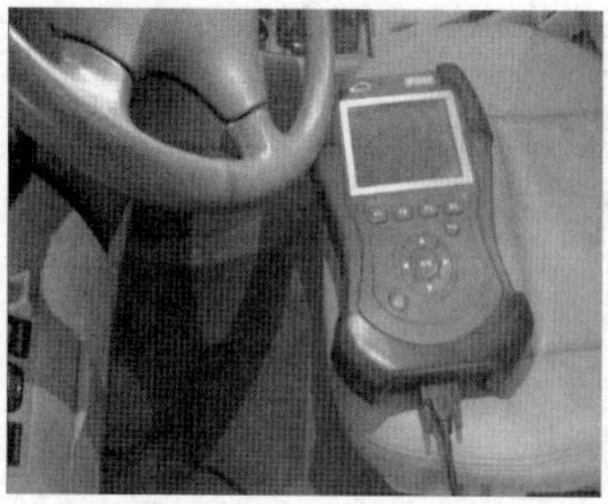	组装要求： 将数据线一端接入诊断仪诊断座上，另外一端接入车辆诊断插座上 注意事项： 连接过程中，点火开关应持关闭状态
12. 读取故障码	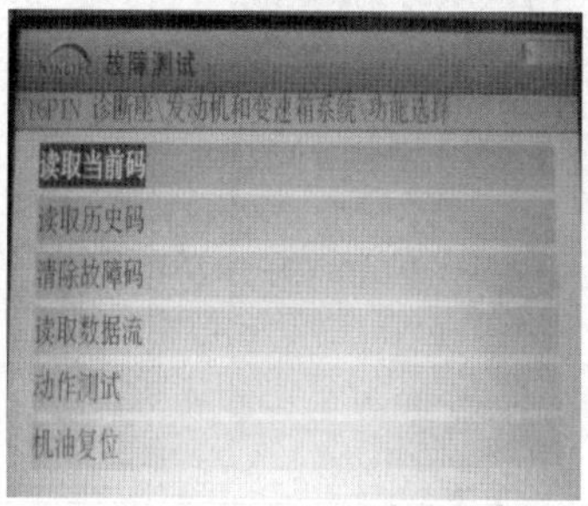	操作要求： 打开点火开关，接通电源，启动 KT600 进入主菜单，选择汽车诊断模块→选择车系→选择 16PIN 诊断座→选择汽车总成系统（诊断仪连接汽车电控单元）→功能选择界面，选择读取故障码
13. 确定故障码	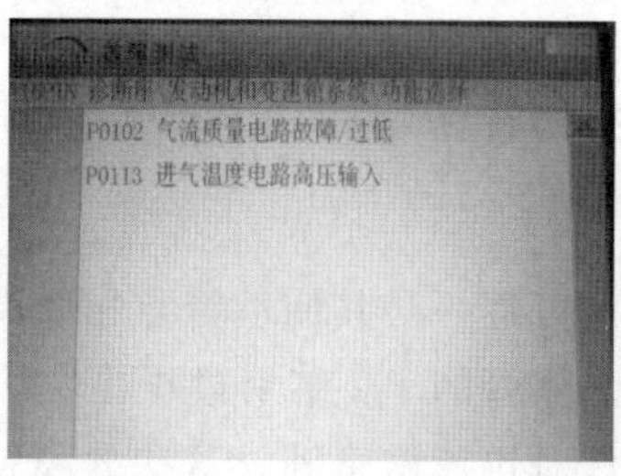	操作要求： 纪录屏幕显示电控单元存储的故障码并退回功能选择界面，选择清除故障码，再次退回功能选择界面，二次读取故障码，纪录屏幕显示数据 注意事项： 清除故障码后，如果故障码消除，说明是偶发故障，无须处理；如果故障码依然存在，则确定为实际存在故障码

续表 2

作业内容	图解	具体操作方法及要求
14. 读取数据流	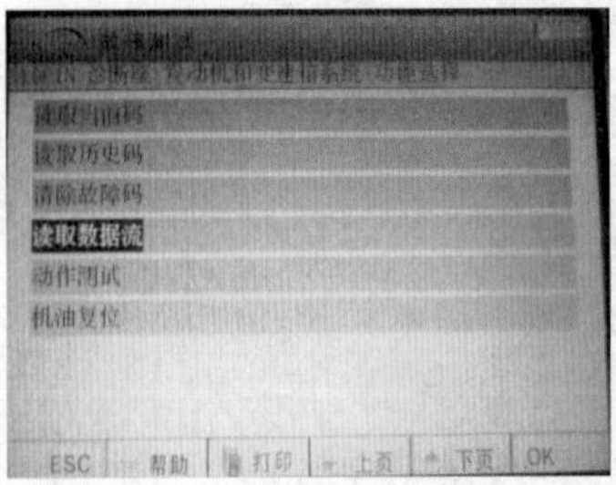	操作要求： 如果故障码不能被清除，要进一步分析，进入功能选择界面，读取静态数据流，并记录结果 注意事项： 读取静态数据流，发动机不启动
15. 分析数据流	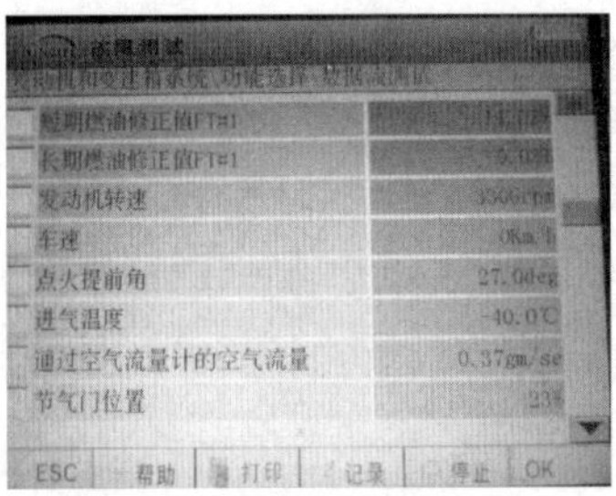	操作要求： 启动发动机，进入功能选择界面，读取动态数据流，并记录结果，对比静态数据，分析原因 注意事项： 读取动态数据流，发动机启动

第四节　现代汽车电气检修方法

一、汽车电气系统故障及检修特点

1. 故障特点

现代汽车上的电气故障特点可逐一与其使用特点相联系。一般电子元件对过电压、温度十分敏感，例如晶体管的 PN 结易过压击穿，电解电容器在温度升高时漏电亦增加，可控硅元件对过流敏感等。这些故障特点可归纳如下：

（1）元件击穿：击穿有过电压击穿或过流、过热引起的热击穿等。击穿有时表现为短路形式，有时表现为断路形式。由于电路故障引起的过压、过流击穿常常是不可恢复的。

据统计，汽车电容器的损坏大约85%是由于介质击穿造成的，而其中约有70%的击穿故障是发生在新车上，即工作的头几百个小时内，因为如果电容器有缺陷的话，在头几百个小时的使用中就会被击穿。电容器击穿时，又常常烧坏与其串联的电阻元件。

晶体管PN结的击穿是主要的故障现象。热稳定性差的故障，应视为元件质量问题，有些进口汽车上的电子元件，常常由于自身的热稳定性较差而导致类似于击穿故障的“热短路”（或称“热穿透”）现象。

（2）元件老化或性能退化：这包括许多方面，如电容器的容量减小，绝缘电阻下降，晶体管的漏电增加，电阻的阻值变化，可调电阻的阻值不能连续变化，继电器触点烧蚀等。像继电器这类元件，往往还存在由于绝缘老化、线圈烧断、匝间短路、触点抖动，甚至无法调整初始动作电流的故障。

（3）线路故障：这类故障包括接线松脱，接触不良，潮湿、腐蚀等导致的绝缘不良、短路、旁路等。这类故障一般与元器件无关。

2. 检修特点

（1）现代汽车电子电路的维修，目前突出的问题是资料缺乏，备件困难。一旦碰到不熟悉的车型和线路，常常要自己动手，分析电路原理，甚至测绘必要的电路图，以弄清总体电路及其联系，再做故障电路的分析。因此，进口汽车电子电路维修将涉及电路分析方法问题。

（2）现代汽车许多电子电路，出于性能要求和技术保护等多种原因，往往采用不可拆卸封装，如厚膜封装调节器、固封点火电路等。如若某一故障可能涉及它们内部时，则往往难以判断，需要先从外围逐一排出，最后确定它们是否损坏。

（3）一些现代汽车上的电子电路，虽然可拆可卸，但往往缺少同型号分立元件代换，故需要设法以国产或其他进口元件替代。这涉及到元件替换的可行性问题。

（4）在检修方法上，传统汽车电器故障，往往可以用“试火”的办法逐一判明故障部位与原因。尽管这种方法并不十分安全可靠，且对蓄电池有一定的危害，但在传统检修方法中还是可行的。在装有电子线路的进口汽车上，则不允许使用这些方法。因为“试火”产生的过电流，会给某些电路或元件带来意想不到的损害。因此维修进口汽车电器时必须借助一些仪表和工具，按一定的方法进行。

（5）不允许使用欧姆表及万用表的R×100以下低阻欧姆挡检测小功率晶体管，以免电流过载损坏。

（6）更换三极管时，应首先接入基极，拆卸时，应最后拆卸基极。对于金属氧化物半导体管（MOS），应当心静电击穿，焊接时，应从电源上拨下烙铁插头。

（7）拆卸和安装元件时，应切断电源。如无特殊说明，元件引脚距焊点应在10mm以上，以免烙铁烫坏元件，且宜使用恒温或功率小于75W的电烙铁。

（8）修理好以后，应保证有散热片的元件与其散热片之间的良好接触，确保传热良好。

（9）其他必要的维修经验。

所有以上这些特点，均应要求检修人员具有一定的电工电子学基础和分析电路原理及使用基本仪表工具的能力。

二、汽车电气系统故障检修一般程序

检修故障时，可以采用下面介绍的“五步法”。

第一步：验证用户的反映。将有问题线路中的各个元件都通上电试一试，看用户的反映是否属实，同时注意观察通电后的种种现象。在动手拆卸或测试之前应尽量缩小事故原因的设定范围。

第二步：分析线路原理图。在线路图上画出有问题的线路，分析一下电流由电源负载入地的路径，弄清线路的工作原理，如果对于线路原理还不太清楚，应仔细看电路说明及相关资料，直至弄清为止。对有问题线路的相关线路也应加以检查。每个电路图上都给出了共用一个保险、一个接地点或一个开关的相关线路的名称。对于在第一步程序中漏检的相关线路要试一下，如果相关线路工作正常，说明共用部分没问题，故障原因仅限于有问题的线路中。如果几条线路同时出故障，原因多半出在保险或接地线。

第三步：检查问题集中的线路/部件。测试线路，验证第二步中所做的推断。故障检修的快慢、成功与否关键在于排障程序简单、明了而有条理，将系统故障诊断表中最有可能的原因突出出来，先加以测试，且先测试最容易测试的地方。

第四步：进行修理。问题一经查明，便可着手进行必要的修理。

第五步：验试线路是否恢复正常。对线路再进行一次系统检查，看问题是否已经解决。如果故障是保险熔断，应对使用该保险的每条线路都进行测试。

对于汽车主要电气系统的检修，除明显的故障部位外，对于一时难以确认的故障，可以依照如图1-44所示的程序进行，并可根据具体情况灵活掌握。

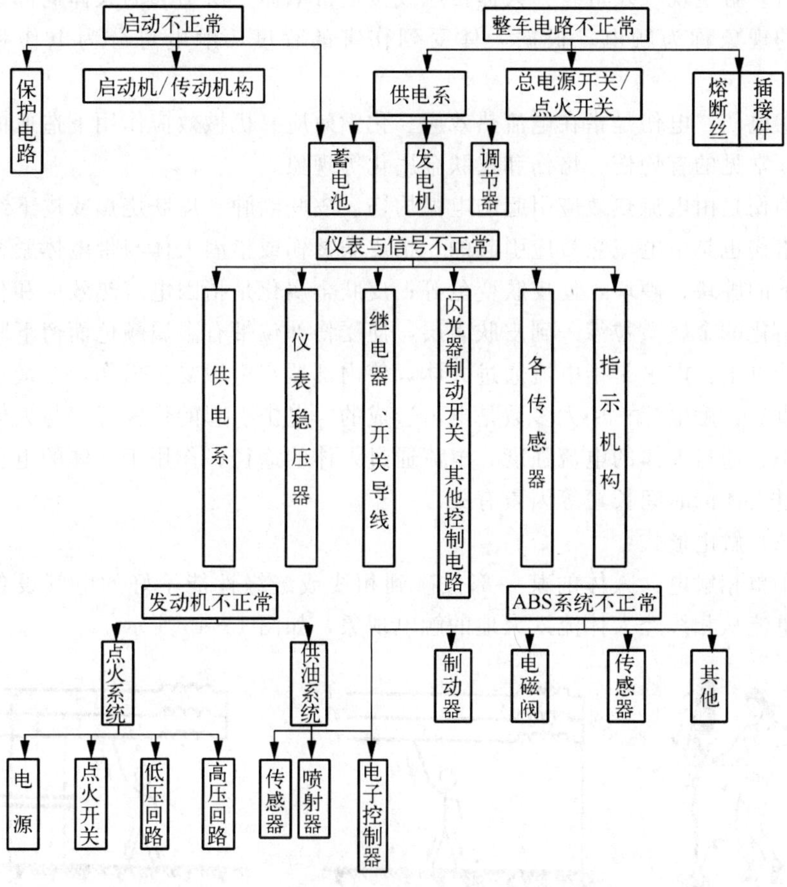

图 1-44 汽车电气的电子系统故障检修一般程序

三、汽车电气维修安全常识

安全用电是企业安全生产永恒的主题，是劳动保护教育和安全技术的主要内容之一。汽车电器设备、汽车维修与检测设备用电虽属低压电，但是如果不懂得安全用电的重要性，不遵守安全用电的规程，同样会导致人身的伤亡和设备的损坏。

1. 用电必备常识

在汽车的使用与维护中需经常与电及用电设备打交道，例如发动机的启动、车灯照明、汽车空调、汽车音响、举升机、电焊机、车轮动平衡仪、充电机等，因此必须了解安全用电常识。

(1) 触电现象及危害：人体接触或接近带电体，所引起的人体局部受伤或死亡的现象称为触电。根据人体受到伤害的程度，触电可分为电伤和电击两种。

①电伤：电伤是指在电流热效应、化学效应、机械效应作用下造成的人体损伤。常见的有灼伤、烙伤和皮肤金属化等现象。

灼伤是由电流热效应引起的电弧灼伤、皮肤红肿、皮肤烧焦或皮下组织受伤；烙伤也是由电流热效应引起的，指皮肤烫伤或指因人体与带电体紧密接触而留下的肿块、硬块，使皮肤变色等；皮肤金属化是指因电流热效应和化学效应而熔化的金属微粒渗入到皮肤表层，使受伤部位带有金属颜色而留下肿块。

②电击：电击是指电流通过人体，使内部器官组织受到损伤，是最危险的触电事故，触电死亡中大多数是电击造成的。电击引起的伤害程度与人体电阻的大小、通过人体的电流强度、电流通过人体的途径、作用于人体的电压及电流通过人体的时间长短等因素有关。

(2) 触电形式：

①单相触电：人体的某一部位碰到相线或绝缘性能不好的电气设备外壳时，电流从相线经人体流入大地的触电现象，如图 1-45 所示。

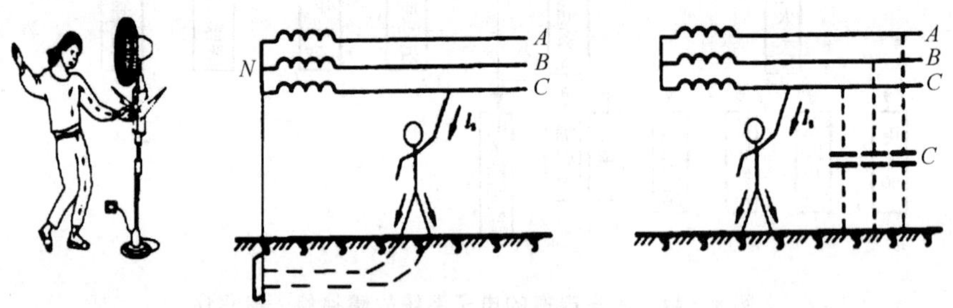

(a) 单相触电　　(b)　　(c)

图 1-45　单相触电

②两相触电：人体的不同部位分别接触到同一电源的两根不同相位的相线，电流从一根相线经人体流到另一根相线的触电现象，如图 1-46 所示。

③跨步电压触电：电气设备相线碰壳接地，或带电导线直接触地时，人体虽没有接触带电设备外壳或带电导线，但是跨步行走在电位分布曲线的范围内而造成的触电现象，如图 1-47 所示。

(3) 电火灾的原因与防范：

①原因：

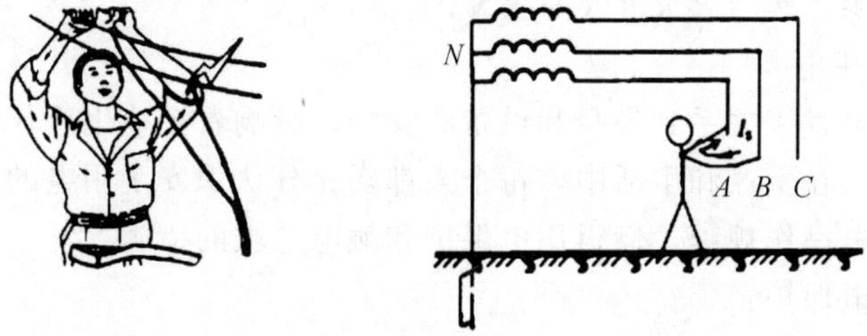

（a）两相触电　　　　　　　　　　　　（b）

图 1－46　两相触电

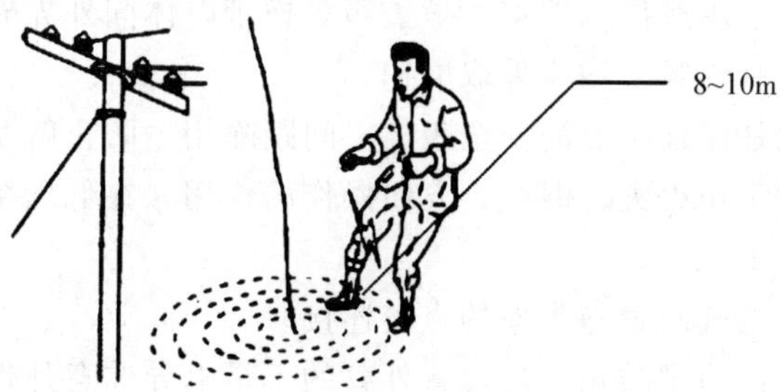

图 1－47　跨步电压触电

a. 漏电：电气设备或线路的绝缘性能下降，导致电气设备或线路电流的泄漏。

b. 短路：电路导线选择不当，绝缘老化和安装不当等原因，引起电路短路。

c. 过载：流过导线的电流大大超过导线的允许电流值，就会引起过载。

以上原因都有可能引起电流过大，使电气设备过热，产生损坏或火灾。汽车上的电火灾通常表现为“自燃”。

②防范：

a. 合理选取供电电压，使电气设备的额定电压与供电电压相配，供电电压应与环境状态、环境保护、安全因素等相配。

b. 合理选用导线截面，导线是传输电流的，不允许过热，所以导线的额定电流应比输送电流大些，以防线路过载。

c. 合理选用电气设备的类型，对于容易引起火灾或爆炸的场所，应选用防爆型、密封型等合适的电气设备。

d. 严格遵守安全操作规程和有关规定，万一出现电火灾或汽车自燃，首先要切断电源，然后灭火并及时报警。

2. 安全用电

安全用电直接关系到人身和设备的安全，影响着企业生产任务完成和经济效益的高低。在生产和生活中，每个人都要充分认识安全用电的重要性，自觉遵守安全用电操作规程，懂得用电保护和触电急救的措施。

（1）用电保护：

①绝缘：为防止人体触电，可采用绝缘物把带电体封闭起来。常用的绝缘材料有瓷、玻璃、云母、橡胶、木材、塑料等。

应当注意：很多绝缘材料在受潮后或强电场作用下，会丧失绝缘性能。

②屏护：即采用遮拦、护罩、护盖箱等把带电体同外界隔绝。尤其是高压设备，不论是否有绝缘，均应采取屏护。

③间距：就是保证必要的安全距离。间距除用于防止触及或过分接近带电体外，还能起到防止火灾、混线、方便操作的作用。在低压系统中，最小检修距离不应小于 0.1m。

④接地：指电气装置与大地的直接连接。

⑤保护接地：为了防止电气装置外露的不带电导体意外带电造成危险，将该电气设备经保护接地线与深埋在地下的接地体紧密连接起来的做法叫保护接地。电机、变压器、开关设备、照明电器等金属外壳都应予以接地。在低压系统中，保护接地电阻值应小于 4Ω。

⑥保护接零：就是把电气装置在正常情况下不带电的金属部分与电网的零线连接起来。在三相四线制的电力系统中，通常把电气装置的金属外壳同时接地、接零，这就是所谓的重复接地保护措施。但应注意：零线回路中不允许装设熔断器和开关。如图 1-48 所示。

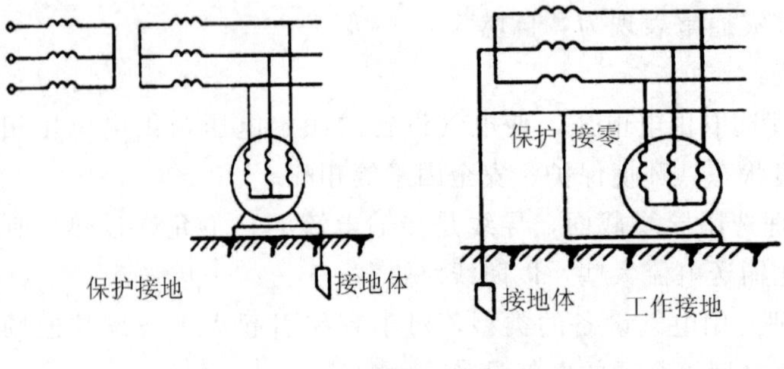

图 1-48　保护接地、保护接零

⑦装设漏电保护装置：为了保证在故障情况下的人身和设备安全，应尽量

装设漏电流动作保护器。这样当发生线路漏电时，能自动切断电源，起到保护作用。

⑧采用安全电压与电流：根据欧姆定律，电流与电压成正比，当我们把加于人身上的电压限制在某一范围内，这样通过人体的电流就不会超过允许范围，这一电压就叫作安全电压。人体的安全电压在36V以下。人体对电流有一定的阻碍作用，这种阻碍作用表现为人体电阻，人体电阻约在500～2000Ω，从安全的角度考虑应作500Ω计算。

实践证明，常见的50～60Hz工频电的危害性最大，高频电的危害性较小。人体通过工频电1mA时就会有麻木的感觉；10mA为摆脱电流；通过50mA的工频电流时，中枢神经会遭受损害，使心脏停止跳动而死亡。

⑨加强绝缘：加强绝缘就是采用双重绝缘或另加总体绝缘，即保护绝缘体以防止绝缘损坏后的触电。

(2) 电器事故防护：

①电器防火与防爆：电气设备使用过程中常见的事故是火灾和爆炸，归纳其原因主要是：其一，电气设备使用不当，例如不适当的过载、通风冷却条件差，引起电器过热，导体之间接触不良，接触电阻过大，造成局部高温；电烙铁、电熨斗之类高温设备使用不当，烤燃了周围物质等。其二，电气设备发生故障，例如绝缘损坏，引起短路而造成高温，因断路而引起火花或电弧等。

电器防火和防爆的主要措施如下：合理选用电气设备。在合理选择电气设备的容量和电压的同时，要根据工作环境的不同，选用合适的结构形式，尤其是在易燃易爆场所，必须选用合理的防爆型电气设备。我国的防爆型电气设备分为2类：I类是煤矿井下使用的电气设备；II类是工厂使用的电气设备。使用时应根据危险场所的等级、性质和使用条件来选择。

②静电的防护：静电是指在宏观范围内暂时失去平衡的相对静止的正、负电荷。静电现象非常普遍，极其容易产生，又容易被人们忽视。静电一方面被广泛应用（如静电复制、静电喷涂等），另一方面也会给人们带来危害。产生危险的原因是静电的不断积累，形成对地或两种带异性电荷之间的高电压，这些高电压有时可高达数万伏，这不仅会影响生产、危及人身安全，而且静电放电时的火花往往会造成火灾和爆炸。防止静电危害的基本方法有三种：

a. 限制静电的产生。限制静电产生的主要办法是控制工艺过程。例如降低液体、气体和粉尘的流速，在易燃、易爆场合不采用带轮传动等。

b. 防止静电的积累。防止静电积累的主要方法是给静电一条随时可以入地或与异性电荷中和的出路。例如增加空气的湿度，将容易产生静电的设备、管道采用金属等导电良好的材料制成，并可靠接地，添加抗静电剂和使用静电中和器等。

c. 控制危险的环境。在易燃易爆的环境中，加强通风尽量减少易燃易爆物的形成。

(3) 触电急救：在日常生产和生活中，要绝对避免触电是不可能的，一旦出现触电，要积极采取措施进行现场抢救。

①使触电者尽快脱离电源。发现有人触电，最首要的措施是使触电者尽快脱离电源，一般有三种应急方法：

a. 要迅速切断电源。如果不具备断电的条件，应使用绝缘材料（如干燥的木板、绳索等）将带电体从触电者身上转移走，千万不可触及带电人的皮肤。

b. 如果一时不能将触电者拉离电源，可用绝缘绳索将触电者拉离地面然后在人体与地面间塞入干燥木板，暂时切断人体中的电流，然后再想法切断电源。

c. 用带绝缘柄的工具（刀、斧、锄等），从电源的来电方向将电线切断，救护人不可接触电线的裸露部分和触电者。

②脱离电源后的急救。将触电者转移至安全处，应视伤害程度尽快采取施救方法。

a. 判断呼吸是否停止。把触电者转移至干燥、宽敞、通风的地方，解开其衣、裤，使其仰卧，观察其胸部或腹部有无因呼吸而产生的起伏动作。若不明显，可用手靠近触电者鼻孔，观察有无气流流动；用手放在触电者胸部，感觉有无呼吸动作，若无动作，说明呼吸已停止。

b. 判断脉搏是否搏动。用手检查触电者的颈部动脉或腹沟处的股动脉，看有无搏动。有则说明心脏还在工作，没有则说明心脏跳动已停止；也可用耳朵贴在触电者心脏附近，倾听有无心脏跳动的声音，如有，说明心脏还在工作。

c. 判断瞳孔是否放大。瞳孔是受大脑控制的一个能自动调节大小的光圈。如果大脑机能正常，瞳孔可随外界光线的强弱自动调节大小。处于死亡边缘或已经死亡的人，大脑失去对瞳孔的调节功能，瞳孔会自行放大，对外界光线不再作出任何反应。

根据上述简单判断的结果，对受伤害者程度不同、症状表现不同的触电者，应就近送到医院进行救治。

第二章　蓄电池

第一节　蓄电池的结构特点

一、蓄电池的作用

汽车上的电源有两个：蓄电池和发电机，其中蓄电池为辅助电源，发电机为主电源。这两个电源并联连接，全车的用电设备也均为并联连接，如图 2-1 所示。

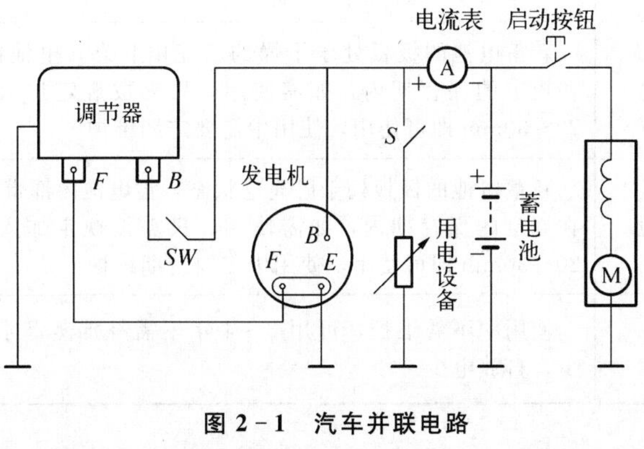

图 2-1　汽车并联电路

蓄电池是一种可逆直流电源，其作用是：

①启动发动机时，蓄电池向启动系和用电设备供电。

②当发电机发出电压低于蓄电池的电压时，由蓄电池向用电设备供电。

③当发电机发出电压高于蓄电池的电压时，蓄电池将发电机的剩余电能储存起来。

④当发电机过载时，蓄电池协助发电机向用电设备供电。

⑤蓄电池还相当于一个较大的电容器，能吸收电路中随时出现的瞬时过电压，以保护晶体管元件不被击穿损坏。

作为汽车的启动电源，蓄电池必须能满足启动发动机的需要，即在短时间内（5～10s）可供给启动机强大的电流，所以汽车用蓄电池又叫作启动型蓄电池。汽油发动机汽车一般为 200～600A，柴油发动机汽车一般为 800～1000A。

二、蓄电池的分类

蓄电池的种类很多，按使用的电解液的成分，可分为酸性蓄电池和碱性蓄电池；按电极材料可分为铅蓄电池和铁镍、铬镍蓄电池；按用途不同可分为汽车用蓄电池，电瓶车用蓄电池，电讯、航标用蓄电池等。目前，汽车上广泛采用的是铅酸蓄电池，这种蓄电池通常称为启动型蓄电池。后面如无特别说明，本书所指蓄电池都为铅酸蓄电池。表 2-1 列出了几种汽车常用蓄电池的特点。

表 2-1　几种铅蓄电池的特点

类　型	特　点
普通铅蓄电池	新蓄电池的极板不带电，使用前需按规定加注电解液并进行初充电，初充电的时间较长，使用中需要定期维护
干荷电铅蓄电池	新蓄电池的极板处于干燥的已充电状态，电池内部无电解液。在规定的保存期内，如需使用，只需按规定加入电解液，静置 20～30min 即可使用，使用中需要定期维护
湿荷电铅蓄电池	新蓄电池的极板处于已充电状态，蓄电池内部带有少量电解液。在规定的保存期内，如需使用，只需按规定加入电解液，静置 20～30min 即可使用，使用中需要定期维护
免维护蓄电池	使用中不需维护，可用 3～4 年不需补加蒸馏水，极桩腐蚀极少，自放电少

三、蓄电池的型号

按机械工业部 JB2599－85《铅蓄电池产品型号编制方法》标准规定，铅蓄电池的型号分为三部分（表 2-2）：如型号 6-QA-60 代表额定电压 12V、额定容量 60A·h 的启动型干荷电铅蓄电池。

表 2-2　　　　　　　　　　　　　蓄电池的型号

第一部分	第二部分		第三部分	
串联的单格电池数	蓄电池的类型	蓄电池的特征	蓄电池的额定容量	蓄电池的特殊性能
用阿拉伯数字表示	用大写的汉语拼音字母表示如： Q——启动用铅蓄电池 N——内燃机车用蓄电池 M——摩托车用蓄电池	用大写的汉语拼音字母表示，如： A——干荷电铅蓄电池 H——湿荷电铅蓄电池 W——免维护铅蓄电池 B——薄型极板 无字母——普通铅蓄电池	20h 率放电率的额定容量，单位为 A·h，单位略去不写	用大写的汉语拼音字母表示，如： G——高起动率 D——低温性能好 S——塑料槽蓄电池

四、普通蓄电池的结构

汽车上使用的铅蓄电池基本结构大致相同，本书以普通铅蓄电池为例介绍蓄电池的构造。启动型铅酸蓄电池外形与结构如图 2-2 所示。蓄电池一般由多个单格电池串联而成。每个单格电压为 2V，6V 蓄电池由 3 个单格串联而成，12V 蓄电池由 6 个单格电池串联而成。铅蓄电池主要由极板、隔板、电解液、外壳、联条、极桩等组成。

图 2-2　塑料槽蓄电池的构造

1. 塑料电池槽；2. 塑料电池盖；3. 正极柱；4. 负极柱；5. 加液孔螺塞；6. 穿臂联条；7. 汇流条；8. 负极板；9. 隔板；10. 正极板

1. 极板

极板是蓄电池的核心部件，由栅架与活性物质组成，如图 2－3 所示。在蓄电池充放电过程中电能与化学能的相互转换，依靠极板上的活性物质与电解液中的硫酸产生化学反应来实现。

栅架的作用是固结活性物质，由铅锑合金浇铸而成，具有良好的导电性、耐蚀性和一定的机械强度。为了改善蓄电池的启动性能，有些铅蓄电池采用了放射性栅架，如图 2－4 所示。

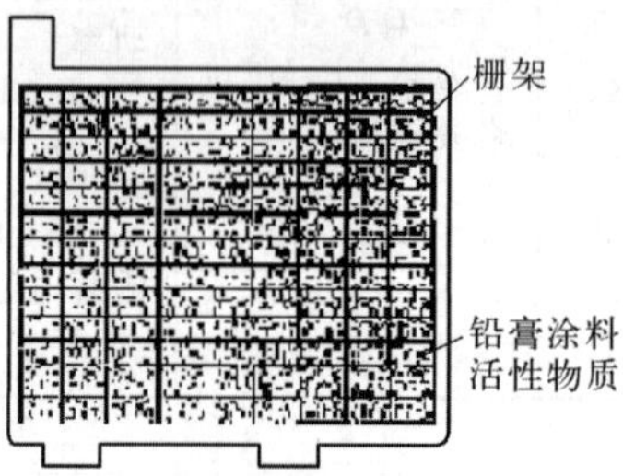

图 2－3　极板

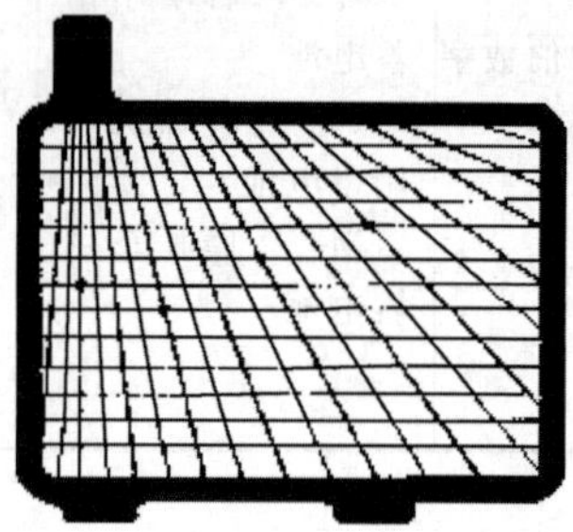

图 2－4　蓄电池放射性栅架

在栅架中添加金属锑的目的是提高栅架机械强度和改善浇铸性能，但是含锑过多也具有副作用，含锑过多能加速栅架的腐蚀，降低蓄电池的使用寿命。普通蓄电池栅架的含锑量为 5%～7%；为了降低或消除锑的副作用干荷电蓄电池栅架采用铅低锑合金，含锑量为 1.5%～2.3%；免维护蓄电池采用了耗水量小、导电性能好的铅钙锡合金，彻底消除了锑的副作用。

极板分为正极板和负极板两种。将涂上铅膏后的生极板先经热风干燥，再放入稀硫酸中进行充电便得到正极板和负极板。正极板上的活性物质为二氧化铅（PbO_2），呈深棕色；负极板上的活性物质为海绵状纯铅（Pb），呈深灰色。为了增大容量，将多片正、负极板分别并联，用汇流条焊接起来便分别组成正、负极板组。汇流条（横板）上联有极桩，各片间留有空隙。安装时各片正、负极板相互嵌合，中间插入隔板后装入蓄电池单格内，便形成单格电池，如图 2－5 所示。

在每个单格电池中，负极板总比正极板多一片。这是因为正极板上的化学反应比负极板上的化学反应剧烈，所以将正极板夹在负极板之间，可使其两侧放电均匀，防止活性物质体积变化不一致而造成极板拱曲变形。此外，正极板上的活性物质容易脱落，所以通常正极板的厚度比负极板大：正极板厚 2.2mm，负极板厚 1.8mm。

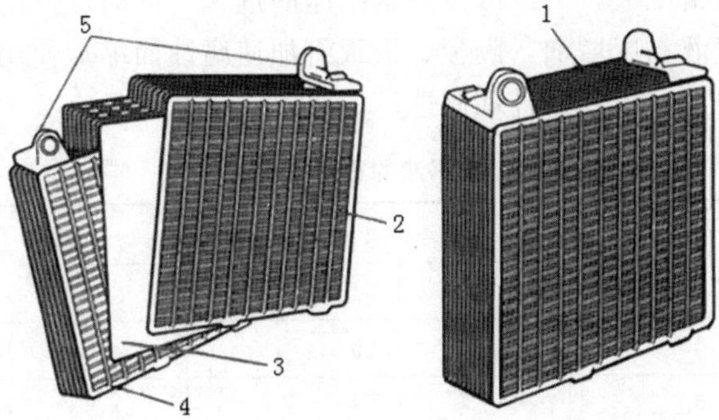

图 2-5

1. 极板组总成；2. 负极板；3. 隔板；4. 正极板；5. 极板联条

2. 隔板

为了减小蓄电池的内阻和尺寸，蓄电池的正负极板应尽可能靠近。为了防止相邻正、负极板彼此接触而短路，正、负极板之间要用隔板隔开。隔板的材料应具有多孔性，以便电解液渗透，且化学性能稳定，具有良好的耐酸性、耐腐蚀性和抗氧化性。

隔板的材料有木质、微孔橡胶、微孔塑料、玻璃纤维和纸板等。现代汽车多采用微孔塑料隔板。隔板的厚度一般不超过 1mm，隔板的一面带有沟槽，安装隔板时应将有沟槽的一面朝向正极板，这是因为正极板在充、放电过程中反应强烈，沟槽能使电解液上下流动通畅，正极板上脱落的活性物质顺利地掉入壳底槽中，反应中产生的气体能沿槽上升。

在新型蓄电池中，将微孔塑料隔板制成袋状，包在正极板外部。这样可进一步防止活性物质脱落，避免了极板内部短路，并使组装简化。

3. 电解液

电解液是蓄电池内部发生化学反应的主要物质，由相对密度为 1.84 的化学纯净硫酸和蒸馏水按一定的比例混合配置而成，其成分用相对密度表示，其相对密度为 1.24～1.30 之间。配置电解液需要用规定的汽车蓄电池专用硫酸，而且应采用耐酸耐热的陶瓷或玻璃容器进行。先将蒸馏水倒入容器内，然后再慢慢地加入硫酸，并用玻璃棒不断搅拌。目前市场上有专门销售的电解原液，相对密度为 1.28 左右。

电解液的纯度和密度对蓄电池寿命和性能影响极大，如用工业硫酸和非蒸馏水配制，将带进有害物质（如铁、盐酸、锰、硝酸、铜、砷、醋酸及有机化合物等）而引起蓄电池内部自行放电，减少蓄电池容量。电解液密度低，冬季易结冰；电解液密度大，可以减少冬季结冰的危害，同时可使电动势增高；但密度过大，电解液黏度增加，隔板、极板将加速腐蚀而缩短使用寿命。电解液的密度应根据地区，气候条件和制造厂的要求而定，详见表 2-3。

表 2-3　　电解液的相对密度

使用地区最低温度℃	冬季（g/cm³）	夏季（g/cm³）
＜ －40	1.31	1.27
－30 ～ －40	1.29	1.25
－20 ～ －30	1.28	1.25
0～20	1.27	1.24

4. 壳体

蓄电池的壳体是用来盛放电解液和极板组的。对它的要求是：耐酸、耐热、耐震、绝缘性好并具有一定的机械强度。早些年曾采用硬橡胶外壳，这种壳体虽然耐酸、耐热、绝缘性能好，但壳体壁厚（一般为 10mm），笨重。现代汽车用蓄电池一般用透明工程塑料制成外壳，不仅耐热、耐酸、耐震，而且强度好、韧性好，壳体可以做得很薄，其壁厚仅为 3.5mm，电解液的高度和极板组的大体状况从外面能清晰观察，非常便于对蓄电池的检查和维护。

壳体为整体式结构，壳内有 6 个互不相通的单格，底部有凸起的筋条以搁置极板组，筋条间的空隙可以存放脱落的活性物质，以防止极板间短路。每个单格的盖子中间有加液孔，可用来检查液面高度，测量电解液的密度和加注电解液。加液孔平时用加液孔盖拧紧。每个加液孔盖中心都有通气孔和大气相通，应经常使通气孔保持通畅，使电池化学反应放出的气体随时释放出来，以防止电池爆炸。在极板组上部装有护板，以防止测量电解液相对密度、液面高度或加液时，损坏极板。

5. 联条

蓄电池一般是由 3 个或 6 个单格电池组成的，联条的作用是将单格电池串联起来，以提高整个蓄电池的端电压。启动型铅酸蓄电池的联条用铅锑合金制成，有外露式（联条外露在蓄电池盖外面，这种蓄电池在现代汽车上已经很少看到）、跨接式（联条埋在盖下，联接部分跨接在单格电池的中间单间格上）和较先进的穿壁式（在蓄电池的中间格壁上打孔，使极板组柄直接穿过中间隔板而将单格电池相互串联起来如图 2-6 所示）3 种。前者用在硬橡胶外壳上，后两种用在塑料外壳上。采用穿壁式联条有许多优点，如体积比能量提高 20%左右，质量比能量提高 15%左右，联条功率消耗减少 80%，端电压提高

0.15～0.40V，节约铅锑合金50%，同时还能有效地避免氧化腐蚀，保证接触良好，提高技术性能。

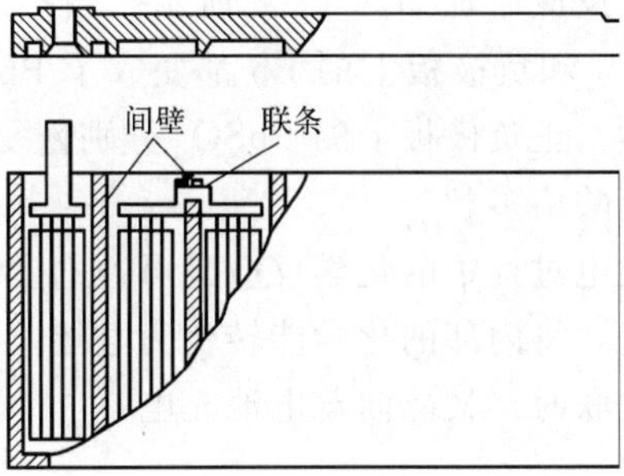

图2-6　单个电池间穿臂连接

6. 极桩

中间极桩便于将单格电池串联起来；首尾极桩则是电池对外的接线柱，它分为正极接线柱和负极接线柱。接线柱分锥形、L型、侧孔型3种，如图2-7所示。首尾极桩正负接线柱具有如下特征（可用于判断）：

①标号法——正极接线柱标有“十”，负极接线柱标有“一”。

②涂色法——正极接线柱涂有“红色”，负极接线柱涂有“黑色”或不涂色。

③尺寸法——正极接线柱直径较粗，负极接线柱直径较细。

④观察法——正极接线柱（充过电）呈棕色，负极接线柱呈褐灰色。；

⑤测量法——测量电压时与红表笔接触显示正电压的接线柱是正极桩，与黑表笔接触显示正电压的是负极桩。

蓄电池与充电、用电设备联接时，应正接正，负接负。

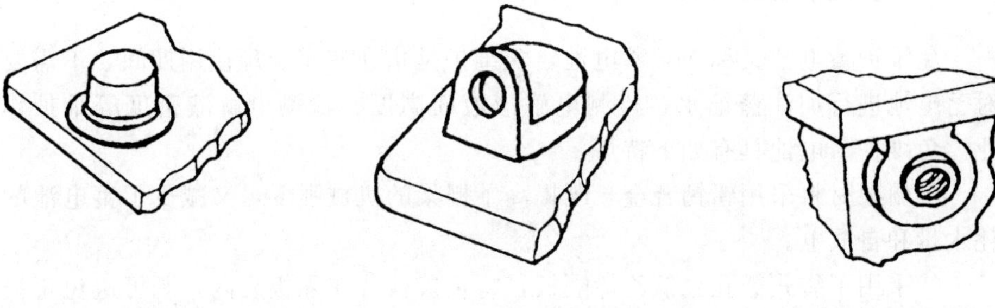

(a) 圆锥形　　(b) L形　　(c) 侧置式

图2-7　正负接线柱形状

五、蓄电池的基本工作原理

铅蓄电池充、放电反应原理如图 2-8 所示。当接通外电路负载蓄电池放电时，正极板上的 PbO_2 和负极板上的 Pb 都变成了 $PbSO_4$，电解液中的硫酸减少，水增多。充电时，正负极板上的 $PbSO_4$ 分别恢复成原来的 PbO_2 和 Pb，电解液中的水减少，硫酸增多。

铅蓄电池在充、放电过程中的化学反应是可逆的。在接通用电设备时，蓄电池作为电源向外供电，将内部的化学能转变为电能。当存电不足而又将蓄电池与充电机或发电机并联时，又能向蓄电池充电。

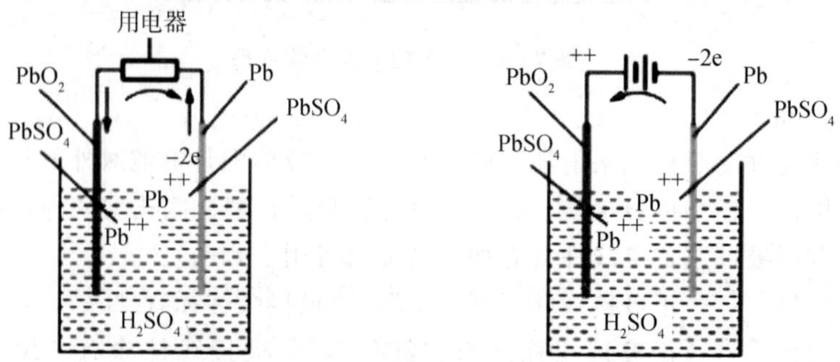

（a）放电过程　　　　（b）充电过程

图 2-8　蓄电池充放电现象

总的反应式如下：

$$PbO_2 + 2H_2SO_4 + Pb \underset{\text{充电}}{\overset{\text{放电}}{\rightleftharpoons}} 2PbSO_4 + 2H_2O$$

六、免维护蓄电池

免维护蓄电池又称 MF 蓄电池，免维护是指在汽车合理使用期间，不需要对蓄电池进行加注蒸馏水、检测电解液液面高度、检测电解液密度等维护作业。免维护蓄电池具有如下特点：

①栅架材料采用铅钙合金，既提高了栅架的机械强度，又减少了蓄电池的耗水量和自放电。

②采用了袋式微孔聚氯乙烯隔板，将正极板装在隔板袋内，既可避免正极板上的活性物质脱落，又能防止极板短路。因此壳体底部不需要凸起的肋条，降低了极板组的高度，增大了极板上方的容积，使电解液贮存量增多。

③蓄电池内部安装有电解液密度计，可自动显示蓄电池的存电状态和电解液液面的高低。如果密度计的观察窗呈绿色，表明蓄电池存电充足，可正常使用；若显示深绿色或黑色，表明蓄电池存电不足，需补充充电；若显示浅黄色，表明蓄电池已接近报废。

④采用了新型安全通气装置和气体收集器，在孔盖内部设置了一个氧化铝过滤器，可阻止水蒸气和硫酸气体通过，同时又可以使氢气和氧气顺利逸出。通气塞中装有催化剂钯，可促使氢、氧离子重新结合成水回到蓄电池中。

第二节　蓄电池的正确充电

一、蓄电池充电概述

（一）充电设备

蓄电池是直流电源，必须用直流电源对其进行充电。充电时，充电电源的正极接蓄电池的正极，充电电源的负极接蓄电池的负极。

汽车上的充电设备是由发动机驱动的交流发电机。充电间多采用硅整流充电机、晶闸管整流充电机和智能充电机等。

（二）充电方法

1. 恒压充电

恒压充电是指充电过程中，充电电源电压保持恒定的充电方法。

恒压充电的接线方法，见如图 2－9。若充电电压过高，将导致过充电；充电电压过低，将导致充电不足。一般单格电池充电电压选为 2.5V。在恒压充电初期，充电电流较大，4～5h 内即可达到额定容量的 90％～95％，因而充电时间较短，而且不需要照管和调整充电电流，适用于补充充电。由于充电电流不可调节，所以不适用于初充电和去硫化充电。

2. 恒流充电

恒流充电指充电电流保持恒定的充电方法。广泛用于初充电、补充充电和去硫化充电等。恒流充电的接线方法，见图 2－10。

为缩短充电时间，充电过程通常分为两个阶段。第一阶段采用较大的充电电流，使蓄电池的容量得到迅速恢复，当蓄电池电量基本充足，单格电池电压达到 2.4V，开始电解水产生气泡时，转入第二阶段，将充电电流减小一半，

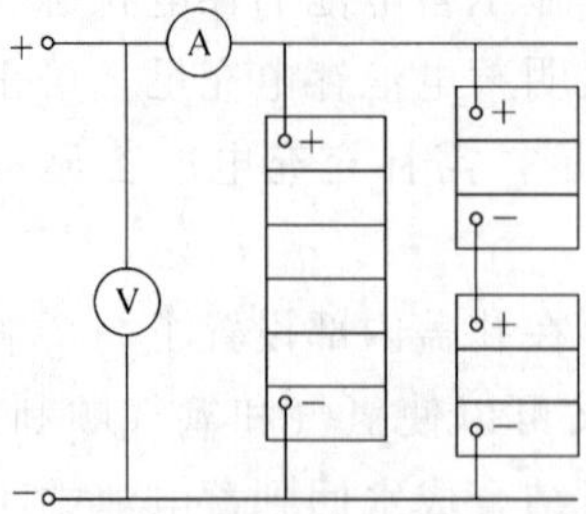

图 2－9　恒压充电接线图

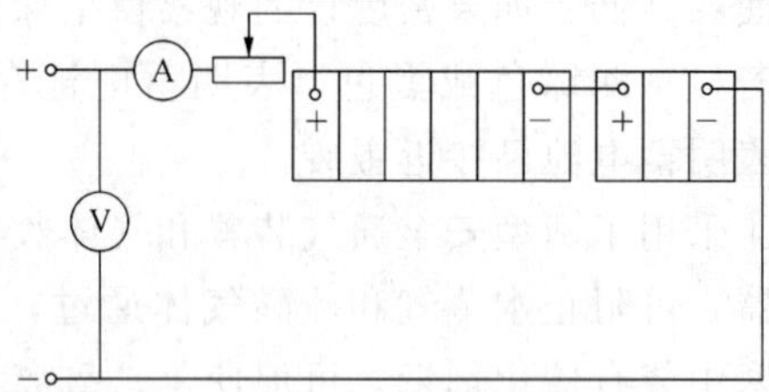

图 2－10　恒流充电接线圈

直到电解液密度和蓄电池端电压达到最大值且在 2～3h 内不再上升，蓄电池内部剧烈冒出气泡时为止。

恒流充电的适应性强，可任意选择和调整充电电流的大小，有利于保持蓄电池的技术性能和延长使用寿命，其缺点是充电时间长，要经常调节充电电流。

3. 脉冲快速充电

脉冲快速充电必须用脉冲快速充电机进行，其充电电流波形如图 2－11 所示。

脉冲快速充电的过程是：先用 0.8～1 倍额定容量的大电流进行恒流充电，使蓄电池在短时间内充至额定容量的 50%～60%，当单格电池电压升至 2.4V，开始冒气泡时，由充电机的控制电路自动控制，开始脉冲快速充电，然后再放电或反向充电，使蓄电池反向通过一个较大的脉冲电流（脉冲深度一般为充电电流的 1.5～3 倍，脉冲宽度为 150～1000μs），然后再停止充电 40ms（称为后停充），以后的过程为：正脉冲充电→前停充→负脉冲瞬间放电→后停充→正脉冲充电……循环进行，直至充足电。脉冲快速充电的优点是充电时间可大大缩短（新蓄电池充电仅需 5h，补充充电需 1h）。缺点是对蓄电池的寿命有一定的影响，并且脉冲快速充电机结构复杂，价格昂贵，适用于电池集中、充电频繁、要求应急的场合。

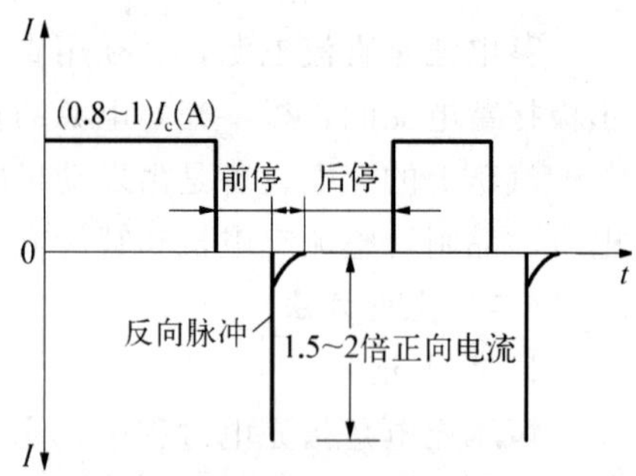

图 2－11　脉冲充电波形图

（三）充电种类

1. 初充电

初充电指对新的或更换极板后的蓄电池进行的第一次充电。其操作步骤是：

(1) 按蓄电池制造厂的规定和本地区的气温条件，加注一定密度的电解液(加注前，电解液温度不得超过30℃)，放置4～6h，使极板浸透，并调整液面高度至规定值。

(2) 将蓄电池的正、负极分别与充电机的正、负极相连。

(3) 采用两阶段恒流充电法充电时，第一阶段充电电流为额定容量的1/15，待电解液中有气泡冒出、单格电池电压达2.4V时，转入第二阶段，将电流减小一半，直至蓄电池充足电为止。

充电过程中应注意测量电解液的温度，当温度超过40℃时，应将电流减半，如温度继续上升达45℃时，应停止充电，待冷却至35℃以下时再充电。

(4) 充好电的蓄电池应检查电解液的密度，如不符合规定，应用蒸馏水或1.4g/cm^3的稀硫酸进行调整，并调整液面高度至规定值。调整后，再充电2h，直到电解液密度符合规定为止。

2. 补充充电

补充充电是指对使用中的蓄电池在无故障的前提下，为保持或恢复其额定容量而进行的正常的保养性充电。

一般汽车用蓄电池应每隔1～2个月从车上拆下来进行一次补充充电，使用中，如发现下列现象之一时，必须及时进行补充充电：

(1) 电解液相对密度降至1.15g/cm^3以下时；

(2) 冬季放电量超过25%，夏季超过50%时；

(3) 前照灯灯光比平时暗淡，启动无力时(无线路故障)；

(4) 单格电池电压降到1.70V以下时。

补充充电可采用恒压充电或两阶段恒流充电。

汽车上蓄电池的充电采用恒压充电法充电。充电间多采用两阶段恒流充电法充电。采用两阶段恒流充电法进行补充充电时，应先用C20/10的电流进行充电，当单格电池电压达到2.4V以上时，改用C20/20的电流充电至充足为止。

3. 间歇过充电

间歇过充电是为了避免使用中的铅蓄电池极板硫化的一种预防性充电，汽车用铅蓄电池应每隔3个月进行一次。

充电方法是：先按补充充电的方法将蓄电池充足电，停歇1h后，再以减半的充电电流值进行过充电至沸腾，再停歇1h后，重新接入充电，如此反复，直到蓄电池刚接入充电时，立即沸腾为止。

4. 循环锻炼充电

循环锻炼充电是铅蓄电池为防止极板钝化而进行的保养性充电。铅蓄电池使用中常处于部分放电的状况，参加化学反应的活性物质有限，为避免活性物质长期不工作而收缩，每隔 3 个月应进行一次循环锻炼充电。

充电方法是：先按照补充充电或间歇过充电方法将铅蓄电池充足电，再用 20h 率的电流连续放电至单格电池电压降为 1.75V 为止，其容量降低不得大于额定容量的 10%，否则，应进行充、放电循环，直至容量达到额定容量的 90%为止，方可使用。

5. 去硫化充电

去硫化充电是消除铅蓄电池极板轻度硫化的一种排故性充电。充电方法和步骤如下：

（1）将铅蓄电池按 20h 放电率，放电至单格电池电压降至 1.75V 为止。

（2）倒出电解液，用蒸馏水反复冲洗几次，然后加入蒸馏水至规定的液面高度，用初充电第二阶段充电电流进行充电，当电解液密度增大到 $1.15g/cm^3$ 时，再将电解液倒出，加入蒸馏水，继续充电，反复多次，直至电解液密度不再上升为止。

（3）换用正常密度的电解液，按初充电方法将蓄电池充足电。

（4）用 20h 放电率放电，检查容量，若其输出容量可达额定容量的 80%以上，则可装车使用，若达不到，应更换蓄电池或修理。

二、蓄电池充电方法

蓄电池的正确充电具体操作实施步骤，见表 2-4。

表 2-4　　蓄电池的使用

作业内容	图解	具体操作方法及要求
1. 准备工作		技术要求： 准备完好的充电机、待充电蓄电池

续表 1

作业内容	图解	具体操作方法及要求
2. 检查蓄电池电压	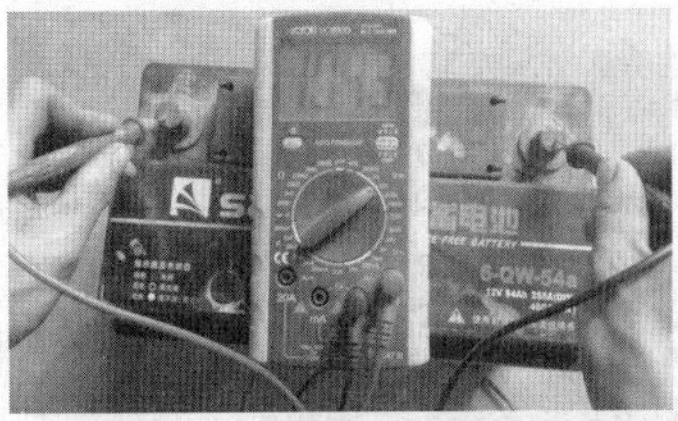	技术要求： 检测蓄电池电压，如果电压低于 12V，则需要充电 安全警告： 注意防止正负极间短路
3. 检查蓄电池电解液液面高度	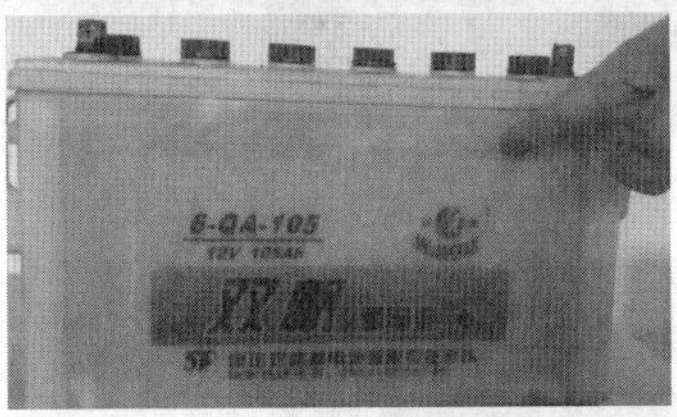	技术要求： 检查蓄电池电解液液面高度，如果低于规定值，则应添加蒸馏水（免维护蓄电池不需要） 安全警告： 防止液体溅到皮肤上
4. 熟悉充电机开关设置	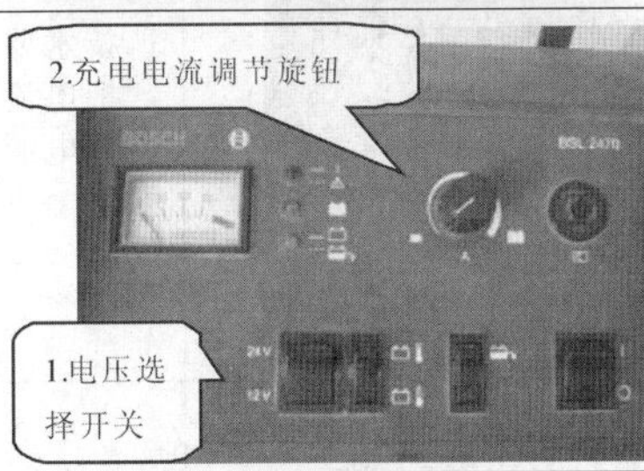	技术要求： ①正确使用蓄电池电压选择开关 汽油车选择 12V；柴油车选择 24V ②正确使用充电电流调节旋钮
5. 连接蓄电池和充电机		技术要求： 先把电缆的正极（+）红色夹子与蓄电池接线柱的正极（+）相连，后把电缆的负极（−）黑色夹子与蓄电池接线柱的负极（−）相连 安全警告： 防止蓄电池正负接线柱与充电设备正负极接反
6. 给充电机通电	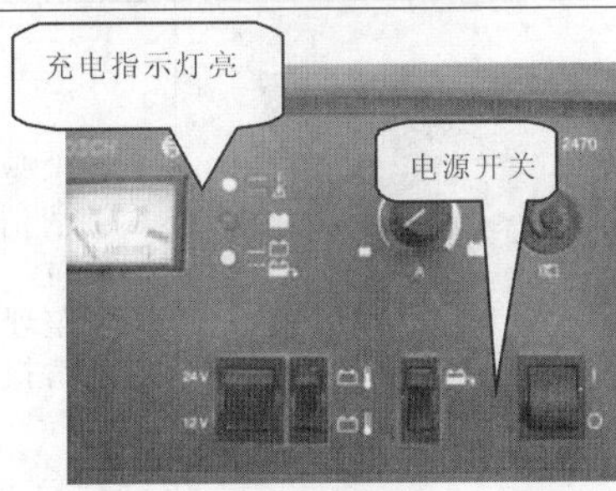 打开电源开关	技术要求： 先给充电机接上电源，然后再打开充电机电源开关，这时可观察到充电机上充电指示灯亮 安全警告： 防止先打开充电机电源

续表 2

作业内容	图解	具体操作方法及要求
7. 调节充电电流，给蓄电池充电		技术要求： 转动充电电流调节旋钮，设置充电电流，可观察电流表查看充电电流
8. 充电结束	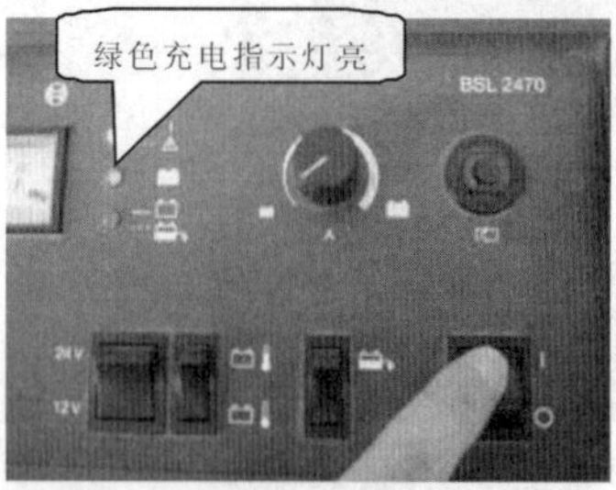 	技术要求： 把电流调节于“OFF”处，关闭电源
9. 拆卸蓄电池和充电机的连接导线		技术要求： 先拆下负极接线，再拆下正极接线
10. 5S 工作		技术要求： ①清洁工具和设备，并放回原位 ②整理场地 ③清扫场地

第三节 蓄电池的检查与维护

一、蓄电池的正确使用

1. 蓄电池的日常使用与维护

在蓄电池的日常使用和维护中应努力做到：

（1）放完电的蓄电池应在24h内送到充电室充电；蓄电池每两个月至少应补充充电一次。

（2）不连续使用启动机，每次启动的时间不得超过5s，如果一次未能启动发动机，应休息15s以上再作第二次启动，连续三次启动不成功，应查明原因，排除故障后再启动发动机。

（3）应经常清除蓄电池表面的灰尘污物，保持蓄电池表面清洁、干燥。

（4）经常检查电解液液面高度，必要时用蒸馏水或电解液进行调整使其保持在规定范围内。橡胶壳蓄电池电解液液面高度应高出极板10～15mm。塑料蓄电池外壳呈半透明状，液面应在厂方标明的上下刻线之间。电解液不足，应及时添加蒸馏水或“补充液”。若液面降低确系溅出倾倒造成，应补加相应相对密度的电解液并充电调整。

2. 拆卸、安装蓄电池应注意的事项

（1）从汽车上拆卸蓄电池时，应先拆搭铁电缆，后拆启动机电缆。拆卸时，若发现蓄电池接线柱螺栓锈蚀难以取出，切莫用锤或钳敲打，以避免极桩断裂、极板活性物质脱落。可用热水冲洗后，拧开螺栓，用桩头拉器拉出。

（2）往车上装蓄电池时，应认清正负极，保持负极搭铁。应先接启动机电缆，再接搭铁电缆，以防扳手搭铁引起强烈火花。

（3）安装电缆端子时，应先用细砂纸或专用清洁器清洁接线柱及电缆端子。连接接线柱夹头时，螺栓螺母的螺纹应先涂凡士林或润滑脂，以防氧化生锈，以便于以后拆卸。

（4）如接线柱小，夹头大，需要垫衬垫时，最好用铅皮或铜皮，并且只垫半圈。若整圈垫，易氧化腐蚀而接触不良。

（5）维修带故障自诊断功能的电脑系统，在拆蓄电池电缆前，应先读取故障代码，或在点烟器上插上专用辅助电源，并接通点火开关的“ACC”挡。

3. 蓄电池技术状况的检查

为了保证蓄电池合理使用和正确维护，及时检查电解液液面高度，确定蓄电池的充放电程度非常重要。

(1) 电解液液面高度的检查：对于塑料壳体的蓄电池，可以直接通过外壳上的液面线检查，电解液液面应保持在高、低水平线之间。对于橡胶壳体的蓄电池，可以用孔径为3～5mm的透明玻璃管测量电解液高出隔板的高度来检查，如图2-12所示。当电解液液面偏低时，应补充蒸馏水。除非确知液面降低是由电解液溅出或泄漏所致，否则不允许补充硫酸溶液。

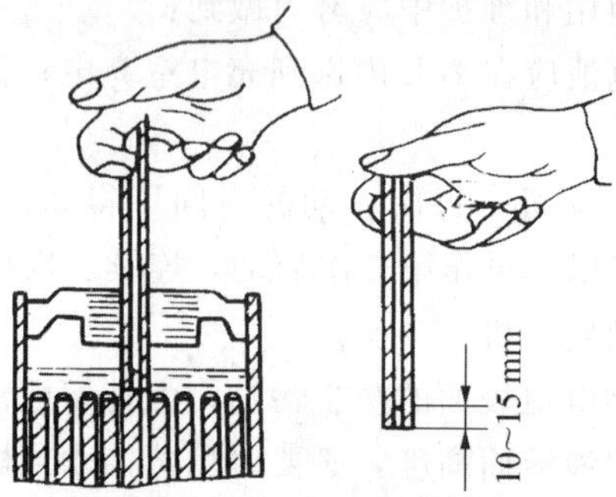

图2-12　测量电解液液面

(2) 蓄电池放电程度的检查：蓄电池的放电程度可根据电解液密度判断或用高率放电计检测。

①根据电解液密度判断。电解液密度可用吸式密度计或电解液密度检测仪检测。图2-13所示为使用吸式密度计测电解液密度。

根据实际经验，电解液密度每下降0.04g/cm^{3}约相当于蓄电池放电25%，所以从测得的电解液密度就可以粗略估算出蓄电池的放电程度。

测量电解液密度时，必须同时测量电解液温度，以便将测得的电解液密度按公式进行修正，得到对应25℃时的电解液密度；在大电流放电或加注蒸馏水后，不能立即测量电解液密度，应等电解液充分混合均匀后再测，一般在半小时以后即可。

②用高率放电计检查。高率放电计是模拟接入启动机负荷，通过测量单格电池在大电流（接近启动机启动电流）放电时的端电压，判断蓄电池的技术状况和启动能力。如图2-14所示。

蓄电池技术状况检查具体操作实施步骤，见表2-5。

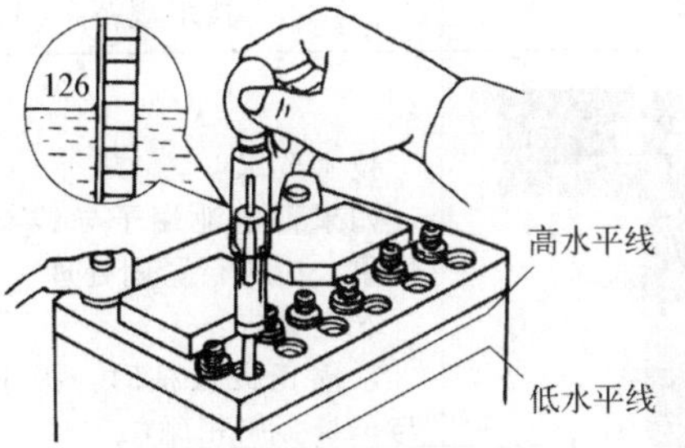

图 2－13　使用吸式密度计测电解液密度

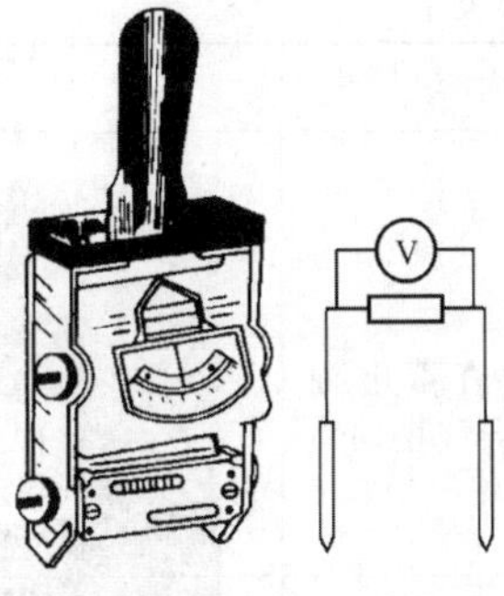

图 2－14　高率放电计测单格电池放电时的端电压

表 2－5　　蓄电池的技术状况检查

作业内容	图解	技术规范
1. 准备车辆		技术要求： 翼子板布和前格栅布应居中放置，与车身接触的一侧必须清洁无油污 安全警告： 放置时避免击打车身而损坏漆面
2. 安装翼子板布及前格栅布		技术要求： 翼子板布和前格栅布应居中放置，与车身接触的一侧必须清洁无油污

续表 1

作业内容	图解	技术规范
3. 检查蓄电池端子导线松动	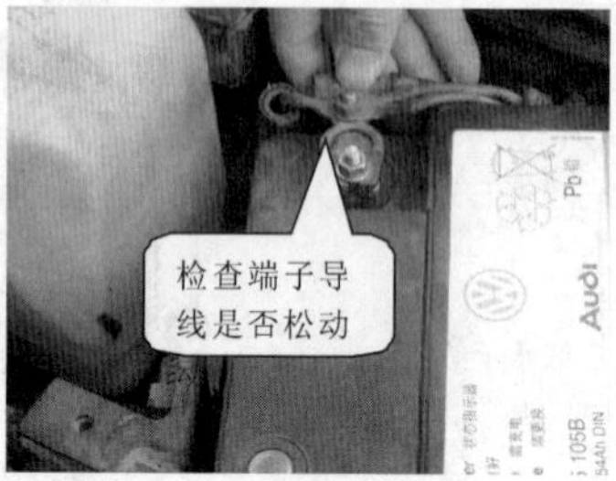	技术要求： 如果蓄电池端子导线有松动现象，应进行紧固处理 安全警告： 紧固正极极柱时，扳手严禁与车身金属相碰
4. 检查蓄电池桩头是否腐蚀		易发问题： 如果蓄电池桩头有氧化物或者腐蚀，应进行清理
5. 检查蓄电池盒		技术要求： 检查蓄电池盒是否损坏；检查蓄电池盒是否有裂纹或者渗漏，如有则更换 安全警告： 小心渗漏的电解液与皮肤接触，一旦接触要用大量清水冲洗
6. 检查蓄电池通风孔塞（注：如采用普通蓄电池的进行该项目）		检查通风孔是否损坏、通风孔上的孔是否堵塞（免维护蓄电池）

续表 2

作业内容	图解	技术规范
7. 检查蓄电池通风孔塞（注：如采用普通蓄电池的进行该项目）	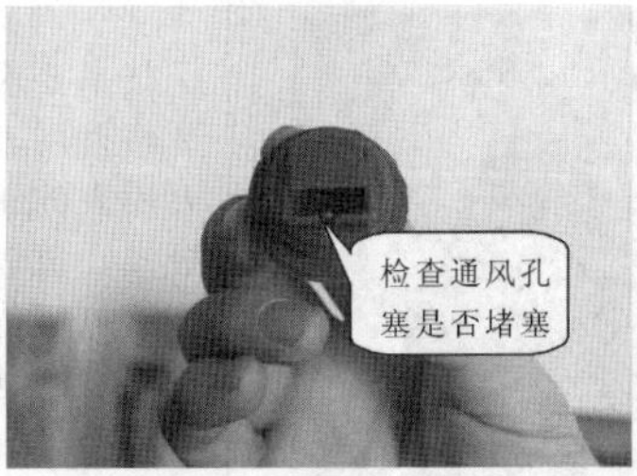	技术要求： 检查通风孔塞是否损坏、通风孔塞上的孔是否堵塞 安全警告： 如果蓄电池通风孔塞损坏，则需要更换；如果通风孔塞上的孔堵塞，则应进行疏通处理
8. 检查电解液液位（目视液位标线）		技术要求： 察看液位是否处于上线和下线之间 安全警告： 检查时要轻轻摇晃，不要用力过猛 必要时，加水一定要加蒸馏水，不许加已经配置好的电解液
9. 检查蓄电池电量（目视指示器）	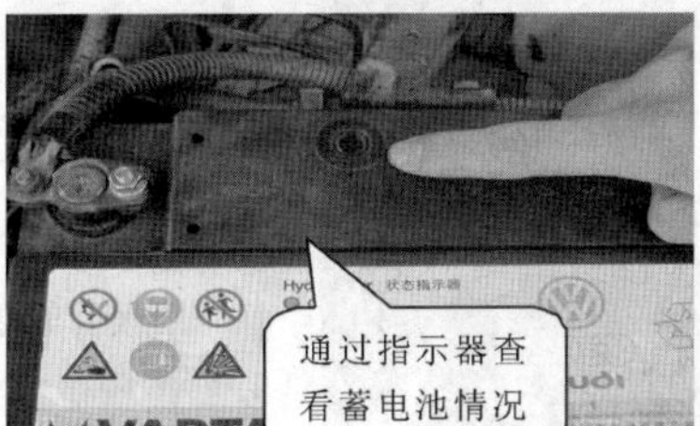	特别提醒： 某些类型的蓄电池可以通过蓄电池指示器查看液位和蓄电池状况
10. 检测蓄电池端电压	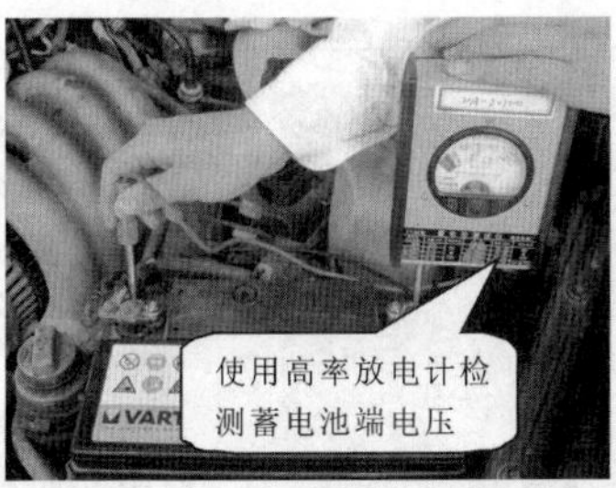	技术要求： 测量时将放电叉的两触针紧压在蓄电池的正负极桩上，观察指针所指的位置 指针指在白色区域，表明电已充足；指在绿色区域表明正常；指在黄色区域表明要重充电；指在红色区域表明电已放完 安全警告： 使用该仪器检查蓄电池的放电程度时，测量的时间不能超过 3s

续表 3

作业内容	图解	技术规范
11. 用万用表测量蓄电池的开路电压		技术要求： 将万用表置在直流适当挡位，万用表的正表笔接蓄电池的正极端，负表笔接负极端。读出指示电压值，12V 为正常值 易发问题： 万用表挡位和量程选择不正确
12. 清洗吸管		技术要求： 取出电解液密度检测仪，用吸管吸蒸馏水对电解液密度检测仪进行清洁，并对电解液密度检测仪进行校零
13. 吸出电解液	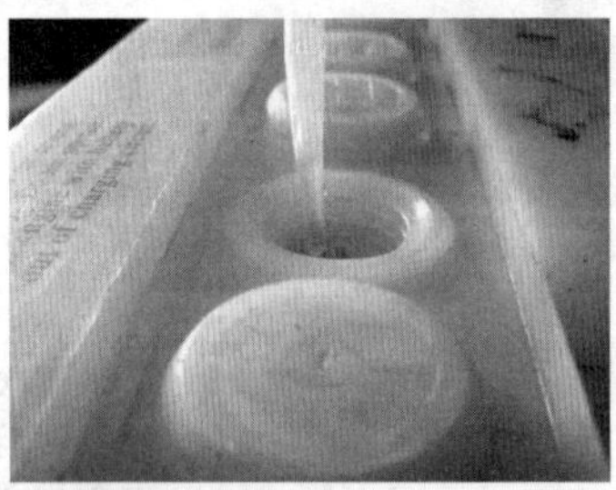	技术要求： 用吸管从蓄电池中吸出少量电解液 安全警告： 防止电解液黏附皮肤，如有应立刻用大量清水清洗
14. 滴在密度计上		技术要求： 将电解液滴在电解液密度检测仪的测试板上，盖上电解液密度检测仪的盖板 安全警告： 防止电解液黏附皮肤或溅入眼睛，如有应立刻用大量清水清洗并及时就医

续表 4

作业内容	图解	技术规范
15. 查看密度	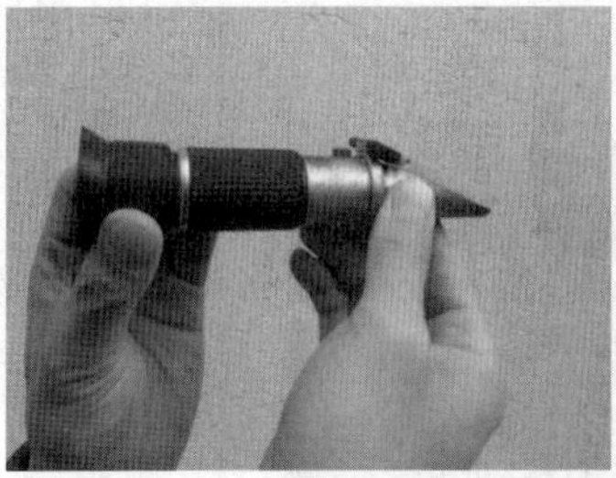	技术要求： 将电解液密度检测仪端平，对着光线良好的地方，观察蓄电池电解液的比重 安全警告： 蓄电池电解液的比重在 20℃（68°F）时应为 1.24～1.30g/cm^3
16. 清洁	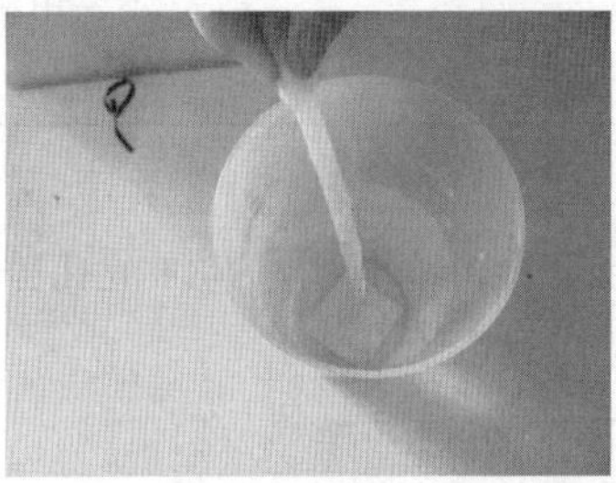	技术要求： 用吸管吸蒸馏水对电解液密度检测仪进行清洁
17. 归位	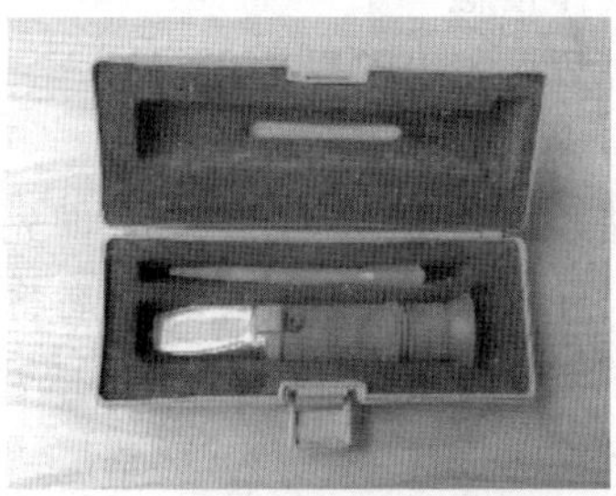	技术要求： 用干净的抹布清洁电解液密度检测仪并放回原位
18. 安装加注口盖		技术要求： 安装好电解液加注口盖 易发问题： 忘记将电解液加注口盖盖上

续表 5

作业内容	图解	技术规范
19.5S 工作		技术要求： (1) 整理、整顿、清洁、清扫、素养 (2) 车身上凡是作业过程中动过的部位均应用干净抹布清洁 (3) 所有工量具、物品必须归位 (4) 地面必须用拖把清洁 安全警告： 不要用潮湿的抹布清洁电器开关等

4. 蓄电池的储存

(1) 新蓄电池的储存。未启用的新蓄电池，其加液孔盖上的通气孔均已封闭，不要捅破。保管蓄电池时应注意以下几点：

①存放室温 5℃～30℃，干燥、清洁、通风。

②不要受阳光直射，离热源距离不小于 2m。

③避免与任何液体和有害气体接触。

④不得倒置或卧放，不得叠放，不得承受重压。

⑤新蓄电池的存放时间不得超过 2 年。

(2) 暂时不用的蓄电池的储存。采用湿储存方法，即先充足电，再把电解液密度调至 1.24～1.28g/cm^3，液面调至规定高度，然后将通气孔密封。存放期不得超过半年，期间应定期检查，如容量降低 25%，应立即补充充电，交付使用前也应先充足电。

(3) 长期停用的蓄电池的储存。采用干储存法，即先将充足电的蓄电池以 20h 放电率放完电，然后倒出电解液，用蒸馏水反复冲洗多次，直到水中无酸性，晾干后旋紧加液孔盖，并将通气孔密封，存放条件与新蓄电池相同。

二、蓄电池常见故障的诊断与排除

1. 极板硫化

因为某种原因（如长时间充电不足或放电后长时间没充足电等），极板上产生一层正常充电时无法去除的白色坚硬的粗晶粒硫酸铅的现象称为“硫酸铅硬化”，简称“硫化”。

（1）故障现象：蓄电池充电时，电解液温度和端电压上升很快，且沸腾早，电解液相对密度达不到规定值；放电时端电压迅速下降。硫化严重的蓄电池，可以通过加液孔看到极板上部的白色物质。

（2）产生原因：

①蓄电池完全放完电或半放完电状态下长期存放，由于昼夜温差大而使硫酸铅再结晶。

②蓄电池在使用期间，长期处于充电不足或放电后未及时充电，硫酸铅不断发生再结晶而产生硫化。

③长期过量放电和小电流深度放电，使极板深层活性物质转变为硫酸铅，充电时又得不到恢复，久而久之将导致硫化。

④电解液液面高度过低，暴露在空气中的极板由于氧化反应和汽车颠簸，液面以上的极板由于一会儿干一会儿湿而产生结晶而硫化。

⑤电解液相对密度过高，成分不纯，温度变化剧烈等。

（3）排除方法：对于已经硫化的铅蓄电池，轻度硫化的可用间歇过充电方法消除。硫化比较严重的则应采取去硫化充电方法排除。用快速充电机充电对于消除硫化有较显著的效果。硫化很严重时，只能更换极板或报废。

2. 活性物质脱落

（1）故障现象：充电时，电解液混浊，并伴有褐色物质自底部上浮，端电压上升很快，相对密度达不到规定值；放电时，电压迅速下降，容量不足。活性物质脱落多发生在正极板上。

（2）产生原因：

①充电电流过大，电解液温度高，使活性物质膨胀疏松而脱落。

②长时间过充电，水被电解，产生大量气泡，使极板空隙中气压过高，造成活性物质脱落。

③放电电流过大，接通启动机时间过长，导致极板弯曲，而引起活性物质脱落。

④蓄电池组装不良，极板松旷，或蓄电池在汽车上安装不牢固，汽车运动中受到剧烈的振动，都会引起活性物质脱落。

（3）排除方法：对于极板活性物质脱落的蓄电池，沉淀物少时，可以清除后继续使用，沉淀物多时，应更换极板。

3. 自行放电

完全充足电的蓄电池停放一个月，若每昼夜自行损失平均大于0.7%，称为自行放电。

（1）故障原因：

①蓄电池盖上有电解液、尘土等污物，使正负极导通。

②材料不纯，例如极板或电解液中有杂质，则杂质与杂质、杂质与极板之间产生电位差，以微电流的形式放电。

③隔板破裂、穿孔以及活性物质脱落太多，使极板短路。

④蓄电池组装过程操作不慎，铅液流入极板，造成正负极板短路。

⑤蓄电池长期存放，硫酸密度不均匀，使极板上下产生电位差。

（2）排除方法：发生自放电故障后，应倒出电解液，取出极板组，抽出隔板，再用蒸馏水冲洗极板和隔板，然后重新组装，加入新的电解液重新充电。

第三章　交流发电机及电压调节器

第一节　交流发电机的结构与检修

一、交流发电机的结构组成

发电机的作用是将来自发动机的机械能转变成电能。机械能通过皮带轮传给发电机。皮带轮带动发动机转子转动发出交流电来，然后经二极管整流器整流变成直流电。电压调节器对发电机的输出电压进行控制，使其保持基本恒定，以满足汽车用电设备的需求。

交流发电机的主要部件是：产生磁场的转子；产生交流电的定子以及整流用的二极管。此外，还有为了产生磁场而将电流提供给转子的电刷和滑环，使转子平滑转动的轴承，冷却转子、定子及二极管的风扇。所有这些部件均装在前后机架上。如图 3 - 1 所示。

1. 转子

转子是交流发电机的磁场部分，其功用是产生旋转磁场，它主要由转子轴、励磁绕组、两块爪形磁极、滑环等组成。图 3 - 2 所示为交流发电机转子的结构。

2. 定子

定子的功用是产生交流电，也称作电枢，由定子铁心和定子绕组组成。定子铁心一般由一组相互绝缘且内圆带有嵌线槽的圆环状硅钢片叠制而成。嵌线槽内嵌入三相对称的定子绕组。图 3 - 3 所示为交流发电机的定子结构。

3. 整流器

整流器的作用是将定子绕组产生的三相交流电变成直流电输出；其次，可

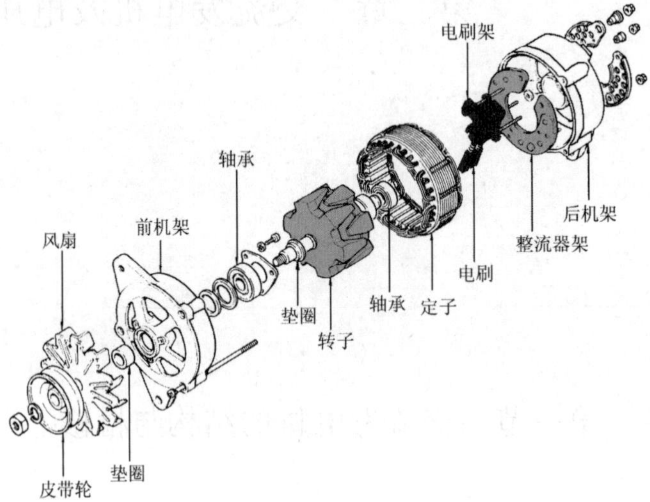

图 3-1　汽车交流发电机的结构

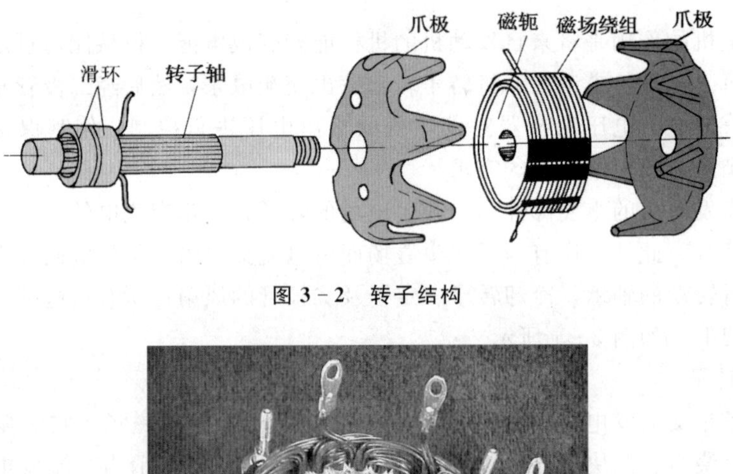

图 3-2　转子结构

图 3-3　定子结构

阻止蓄电池的电流向发电机倒流。它一般由6个硅二极管接成三相桥式全波整流电路。其整流二极管的特点是工作电流大、反向电压高。如图3-4所示为整流器的外形结构。

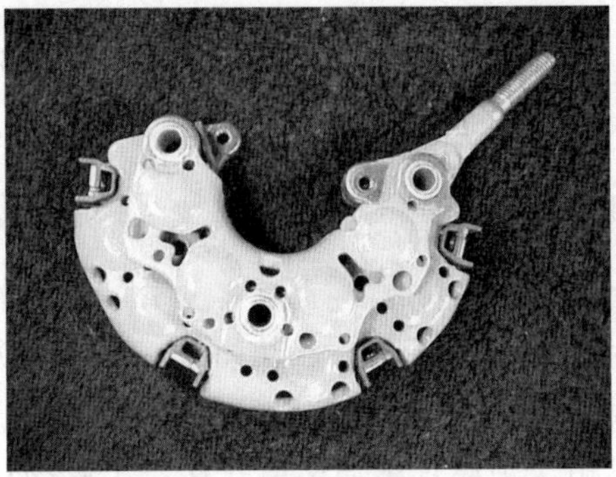

图3-4　整流器

注意：上海桑塔纳轿车用JFZ1813Z型交流发电机整流器安装在后端盖外侧，只要打开塑料防尘罩，即可取出，不需将交流发电机解体，维修方便。

4. 端盖

前后端盖用非导磁性材料铝合金制成，漏磁少，并具有轻便、散热性好等优点。在后端盖内装有电刷架和电刷。汽车上使用的发电机的前后端盖上通常设有通风口，当传动带轮和风扇一起旋转时，使空气高速流经发电机内部进行冷却。

5. 电刷组件

两只电刷装在电刷架的方孔内，利用弹簧的压力使其与集电环保持良好的接触。电刷与电刷架的结构有外装式和内装式两种，其构造如图3-5所示。

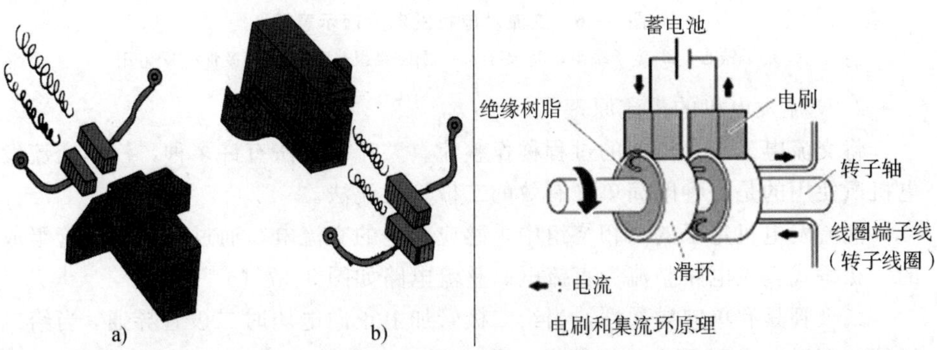

图3-5　电刷与电刷架

搭铁电刷的引出线用螺钉直接固定在后端盖上（标记“—”），此方式称为内搭铁；如果此碳刷的引出线与机壳绝缘，接到后端盖外部的接线柱上（标记F2），这种方式称为外搭铁。

6. 风扇

风扇一般用 1.5mm 厚的钢板冲制或用铝合金压铸而成，并用半圆键装在前端盖外侧的转轴上，发电机工作时，对发电机进行冷却。

二、交流发电机的工作原理

1. 发电原理

如图 3-6 所示，发电机定子的三相绕组按一定规律分布在发电机的定子槽中，内部有一个转子，转子上安装着爪极和励磁绕组。

当外电路通过电刷使励磁绕组通电时，便产生磁场，使爪极被磁化为 N 极和 S 极。当转子旋转时，磁通交替地在定子绕组中变化，根据电磁感应原理可知，定子的三相绕组中便产生交变的感应电动势。这就是交流发电机的发电原理。

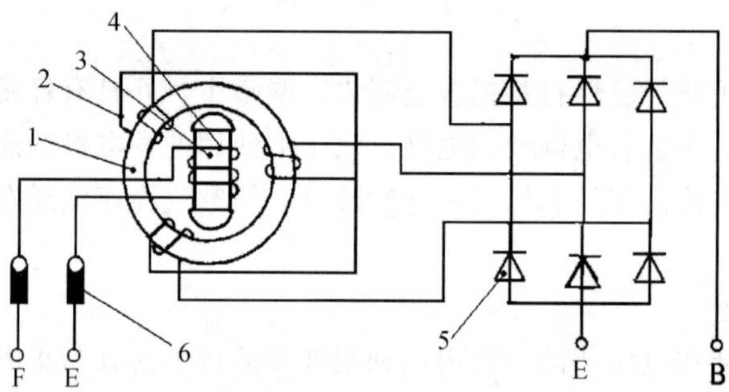

图 3-6　交流发电机发电原理示意图

1. 定子铁心；2. 定子绕组；3. 转子；4. 励磁绕组；5. 整流二极管；6. 电刷

2. 交流发电机的整流原理

将交流电变成直流电的过程称作整流。整流的方法有许多种，汽车交流发电机所使用的是一种既简单又有效的二极管整流法。

交流发电机定子的三相绕组中，感应产生的交流电，通过 6 只二极管组成的三相桥式整流电路整流为直流电。整流电路如图 3-7（a）所示。

二极管具有单向导通性，当给二极管加上正向电压时二极管导通，当给二极管加上反向电压时二极管截止。将定子的三相绕组和 6 只整流二极管按图

3-7（a）的电路连接，发电机的输出端 B、E 上就输出一个脉动直流电压，如图 3-7（c）所示，这就是发电机的整流原理。

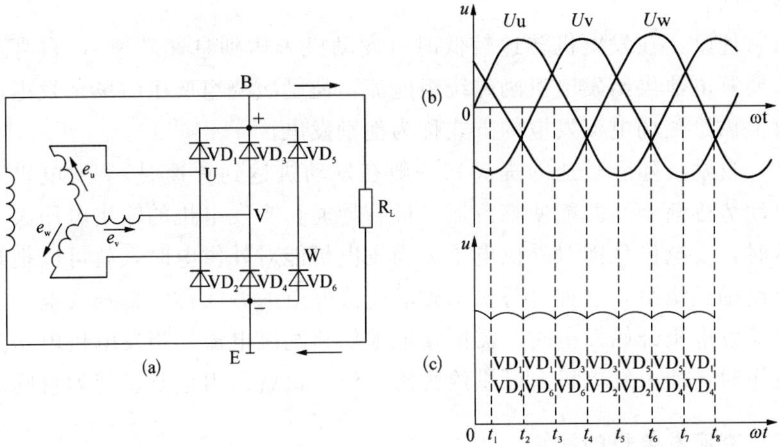

（a）整流电路图　　（b）三相绕组电压波形图　　（c）整流后发电机输出波形图

图 3-7　交流发电机整流原理

有些交流发电机的整流器采用 9 只二极管，增加的是 3 只小功率磁场二极管，专门用来供给励磁电流，这样可以提高发电机的电压调节精度。采用磁场二极管后，仅用简单的放电警告灯即可以指示发电机的发电情况，节省了一只放电警告灯继电器。

另外，有些发电机为了提高中性点电压，提高发电机输出功率，增加了 2 只二极管对中性点电压进行整流，汇入发电机的输出端。同时具备上述两种功能的发电机整流器共有 11 只硅二极管，图 3-8 为几种不同发电机整流器。

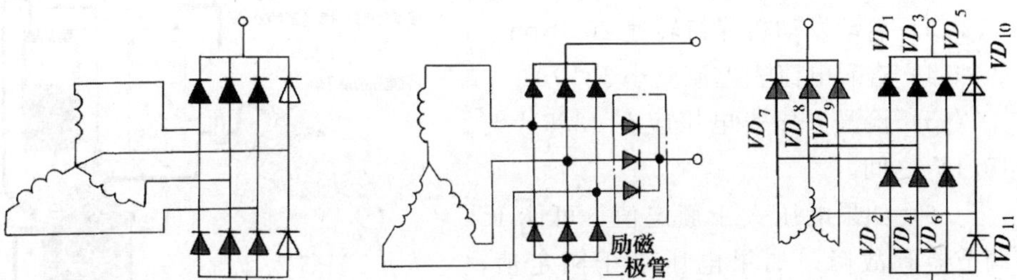

（a）　　（b）　　（c）

图 3-8　具有中性点和磁场二极管的整流器

3. 发电机的励磁方式

将电流引入到励磁绕组使之产生磁场称为励磁。交流发电机励磁方式有自励和他励两种。

（1）他励：在发电机转速较低时（发动机未达到怠速转速），自身不能发电，需要蓄电池供给发电机励磁绕组电流，使励磁绕组产生磁场来发电。这种由蓄电池供给磁场电流发电的方式称为他励发电。

（2）自励：随着转速的提高（一般在发动机达到怠速时），发电机定子绕组的电动势逐渐升高并能使整流器二极管导通，当发电机的输出电压大于蓄电池电压时，发电机就能对外供电了。当发电机能对外供电时，就可以把自身发的电供给励磁绕组，这种自身供给磁场电流发电的方式称为自励发电。

交流发电机开始发电时，需由蓄电池供给励磁电流。当发电机电压达到蓄电池电压时，即由发电机自己供给励磁电流，也就是由他励转变为自励。

三、交流发电机的检修

（一）发电机的就车检测

发电机就车检查主要通过发电机无负荷测试发电机电压是否保持在一恒定的水平、发电机带负荷测试发电机输入电流和功率。

温馨提示：在做发电机无负荷测试和发电机带负荷测试之前，先检查发电机皮带、蓄电池和充电电路。

1. 发电机无负载测试

（1）如图 3-9 连接电流表和电压表。

（2）关闭所有的用电设备。

（3）启动发动机保持转速 2000rpm。

（4）查看电流表电流应小于 10A。

（5）检测电压表电压应在 13.5V 与 15.1V 之间。

（6）如果电压大于额定值，可能 IC 调节器有故障；如果电压小于额定值，可能除 IC 调节器外发电机元件有故障。

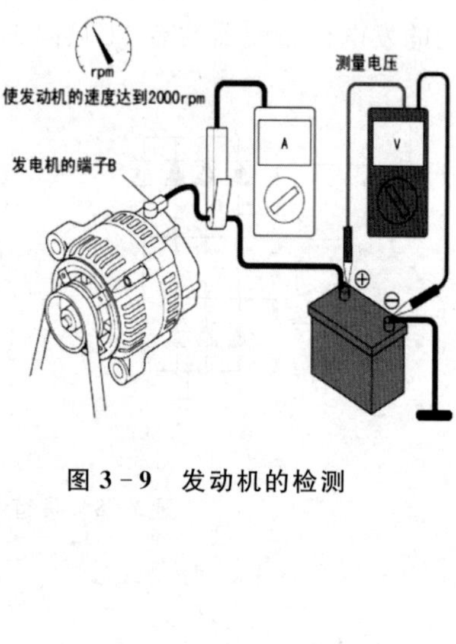

图 3-9　发动机的检测

2. 发电机满载测试

无负荷测试后继续进行发电机满载

测试。

(1) 打开用电设备，增大发电机负荷。

(2) 观察电流表电流。随着用电设备增多，发电机输出电流将逐步达到最大输出电流。达到最大输出电流后，电流基本不变（一般小轿车发电机最大输出电流为 30A)。

(3) 电流不能达到发电机最大输出电流，可能是发电机的发电和整流部分有故障。

温馨提示：如果打开用电设备少，发动机输出电流不会达到最大电流。

(二) 发电机的拆装与检修

交流发电机的维护可从五方面完成，即拆卸、分解、检查、组装、安装，见图 3－10。

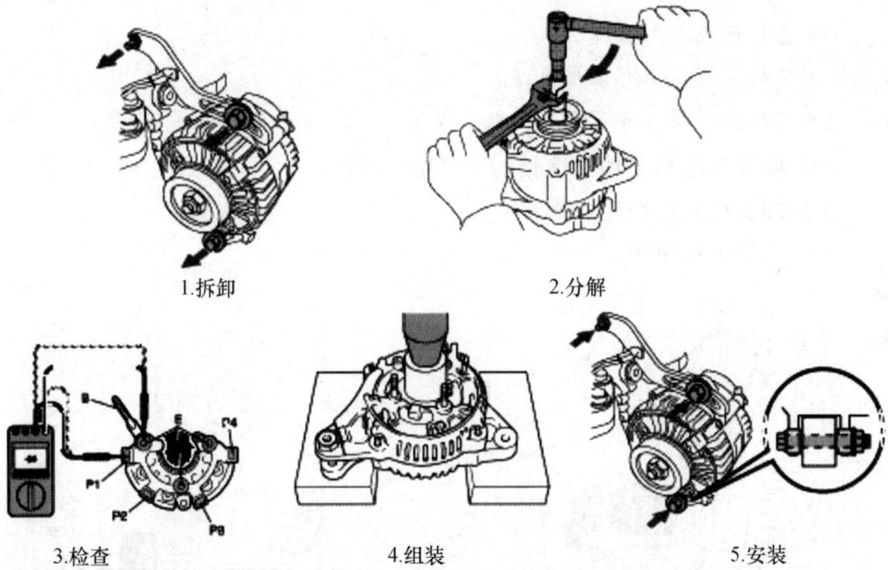

图 3－10　交流发电机的五步维护法

1. 拆卸

(1) 脱开蓄电池负极（—）端子电缆，如图 3－11 所示。

温馨提示：断开蓄电池负极（—）电缆之前，应对 ECU 等元件内保存的信息做一个记录，这些信息包括：

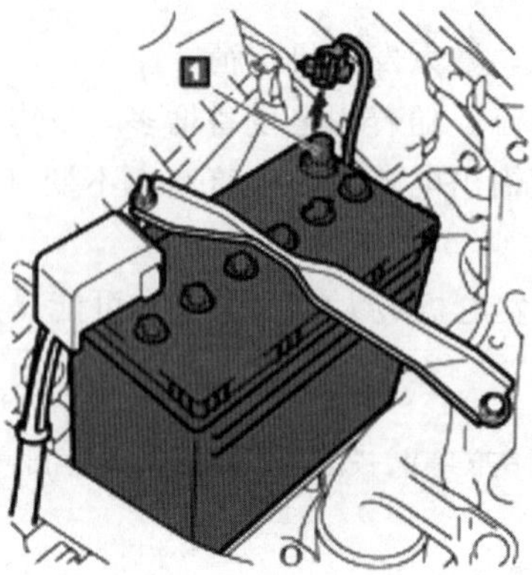

图 3-11 脱开蓄电池负极

• DTC（故障诊断码）。
• 选择的收音机频道 。
• 座椅位置（带有记忆系统）。
• 方向盘位置（带有记忆系统）等。

（2）脱开发电机电缆和连接器（图 3-12）。

①拆卸发电机电缆定位螺母。

②断开发电机电缆。

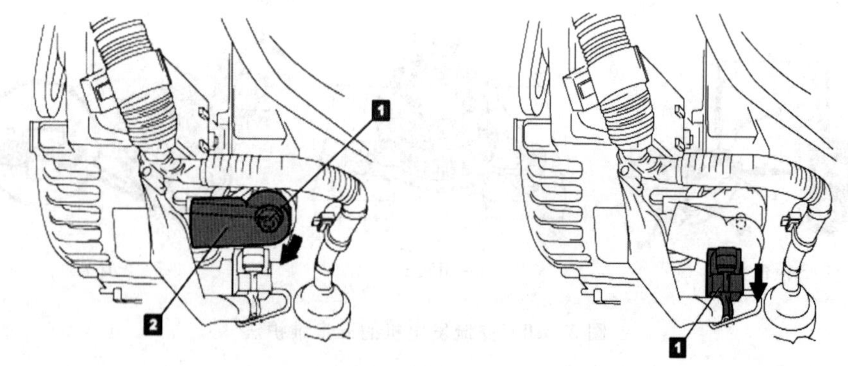

图 3-12 脱开发电机电缆和连接器

温馨提示： 发电机电缆是直接从蓄电池引出的，在端子上有一个防短路罩壳。断开连接器的卡爪，握住连接器，再断开连接器。

(3) 拆卸发电机，如图 3－13 所示。

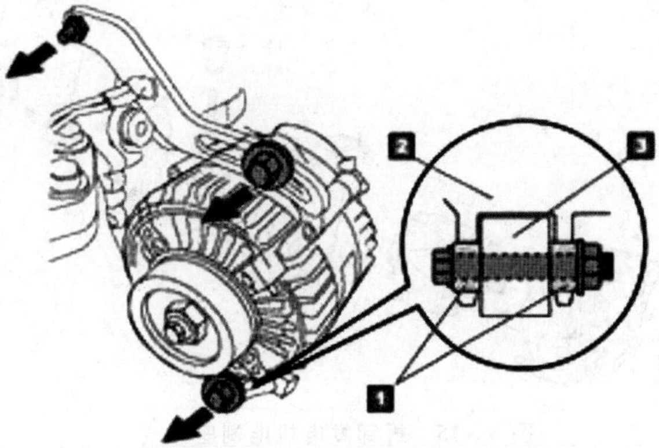

图 3－13　拆卸发电机

1. 传动皮带；2. 发电机；3. 支架

2. 分解

(1) 拆卸发电机皮带轮，如图 3－14 所示。

(2) 拆卸发电机电刷座总成，如图 3－15 所示。

(3) 拆卸发电机调节器总成，如图 3－16 所示。

(4) 拆卸整流器，如图 3－17 所示。

(5) 拆卸发电机转子总成，如图 3－18 所示。

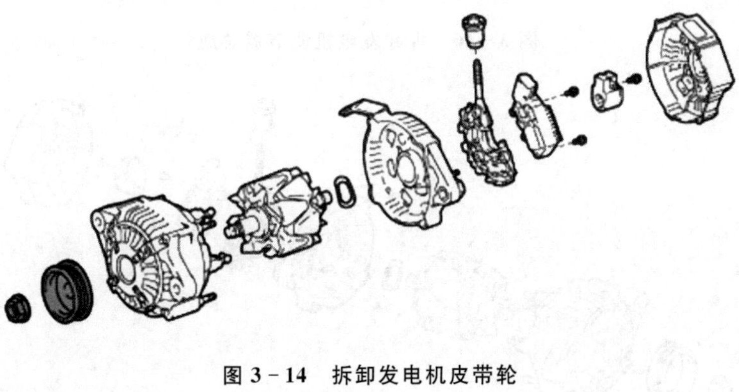

图 3－14　拆卸发电机皮带轮

3. 检查

(1) 检查发电机转子总成，目视检查。如图 3－19 所示。

①检查滑环变脏或烧蚀的程度。

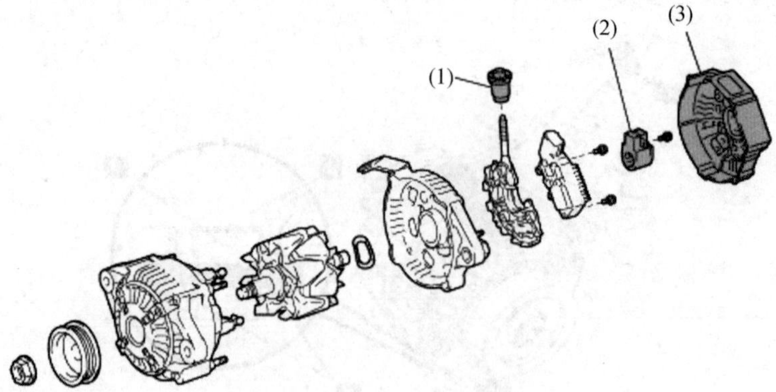

图 3-15　拆卸发电机电刷座总成

(1) 发电机端子绝缘体；(2) 电刷座；(3) 后端盖

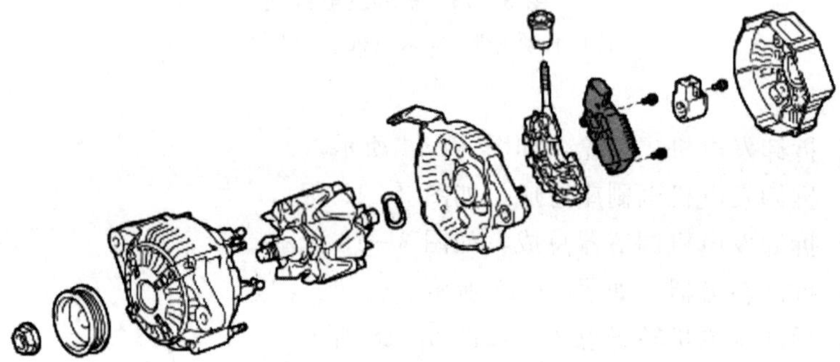

图 3-16　拆卸发电机调节器总成

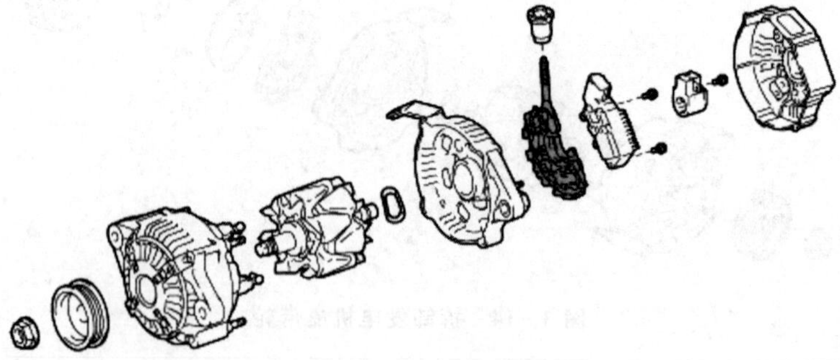

图 3-17　拆卸整流器

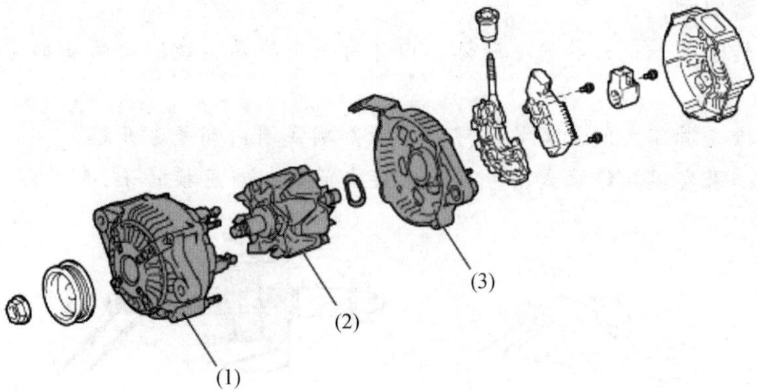

图 3－18　拆卸发电机转子总成

（1）驱动端盖；（2）转子；（3）整流器端盖

温馨提示：

- 旋转时滑环和电刷接触，使电流产生。
- 电流产生的火花会产生脏污和烧蚀。
- 脏污和烧蚀会影响电流，使发电机的性能降低。

图 3－19　检查发电机转子总成

②冲洗：用布料和毛刷，清洁滑环和转子。如果脏污和烧蚀明显，应更换转子总成。

③检查滑环之间是否导通：使用万用表，检查滑环之间是否导通，如图 3－20 所示。

温馨提示：

- 转子是一个旋转的电磁体，内部有一个线圈。线圈的两端都连接到滑环上。
- 检查滑环之间是否导通可以用于检测线圈内部是否开路。
- 如果发现在绝缘或者导通方面存在问题，应更换转子。

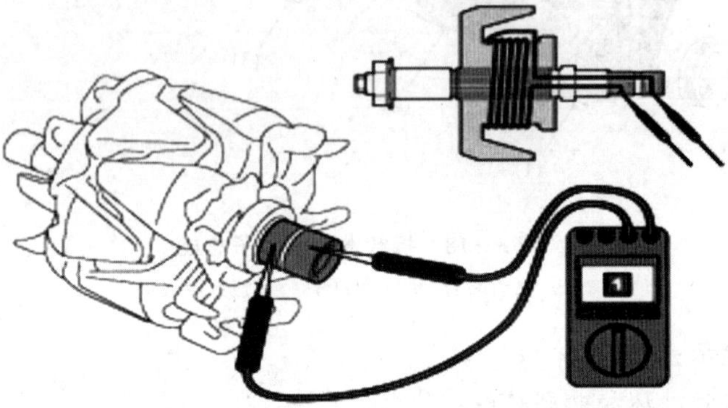

图 3-20　检查滑环之间是否导通

④检查滑环和转子之间的绝缘：用万用表，检查滑环和转子之间的绝缘。见图 3-21。

温馨提示：

- 在滑环和转子之间存在一个切断电流的绝缘状态。
- 如果转子线圈短路，电流会在线圈和转子之间流动。
- 检查滑环和转子之间的绝缘可以用来检测线圈内是否短路。
- 如果发现在绝缘或者导通方面存在问题，应更换转子。

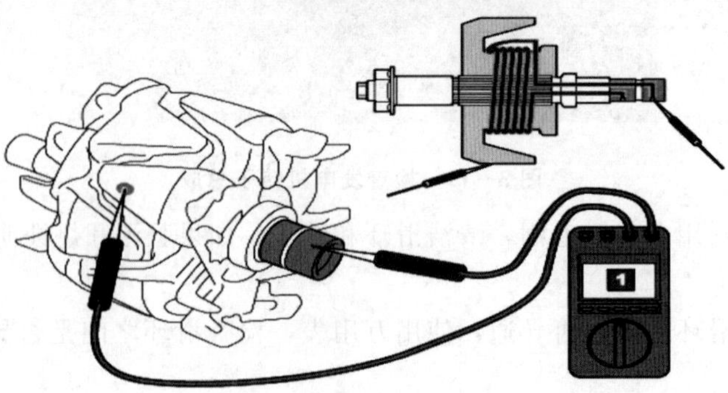

图 3-21　检查滑环和转子之间的绝缘

⑤测量滑环：用游标卡尺测量滑环的外径。如图 3－22 所示。

温馨提示：

• 当滑环的外径小于规定值时，滑环和电刷之间的接触不足，有可能影响电流环流的平稳。结果可能降低发电机的发电能力。

• 如果测量值超过规定的磨损极限，应更换转子。

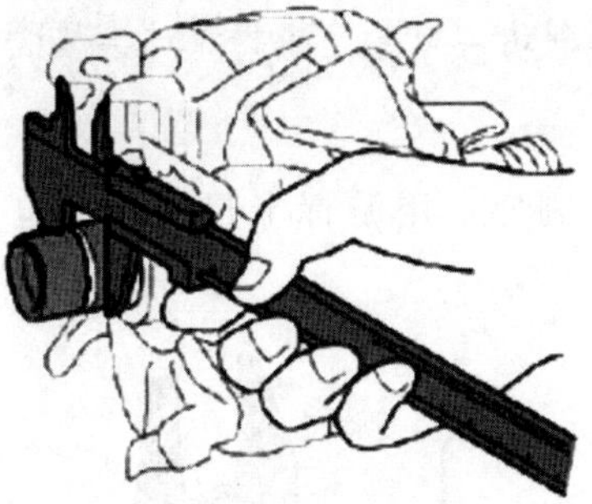

图 3－22　检查滑环外径

（2）检查带整流器的发电机座，如图 3－23 所示。

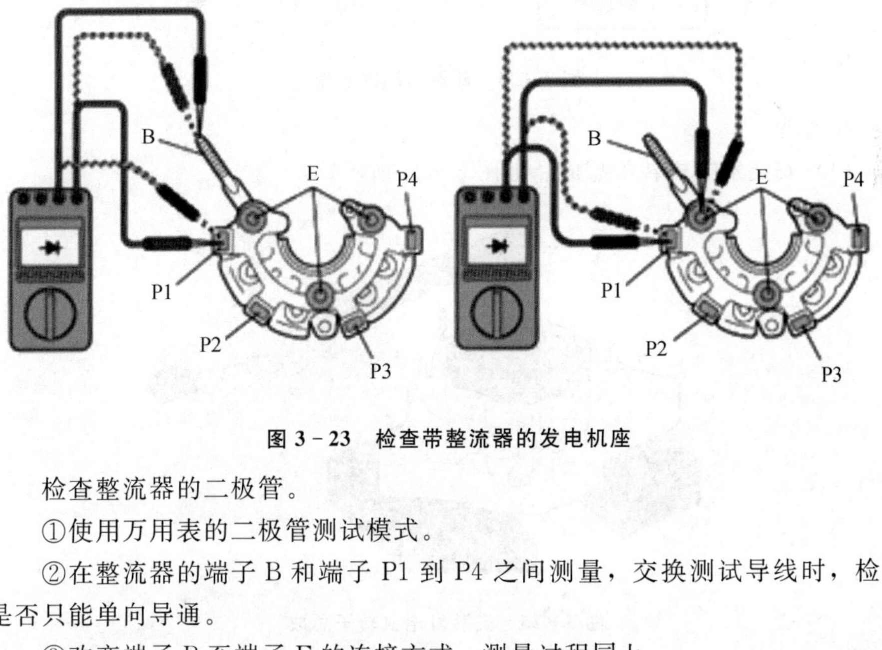

图 3－23　检查带整流器的发电机座

检查整流器的二极管。

①使用万用表的二极管测试模式。

②在整流器的端子 B 和端子 P1 到 P4 之间测量，交换测试导线时，检查是否只能单向导通。

③改变端子 B 至端子 E 的连接方式，测量过程同上。

温馨提示：

• 发电机产生交流电，但是由于汽车使用直流电，必须将交流电转换成直流电。

• 转换电流的装置就是整流器。

• 整流器使用二极管将交流电转换成直流电。

• 二极管单向导通电流。因此，用万用表或电路测试仪检查时，使电流通过测试仪的内部电池到达二极管，根据流过二极管的电流来检查二极管是否完好。

(3) 检查发电机电刷座：用游标卡尺，测量电刷的长度。如图 3 - 24 所示。

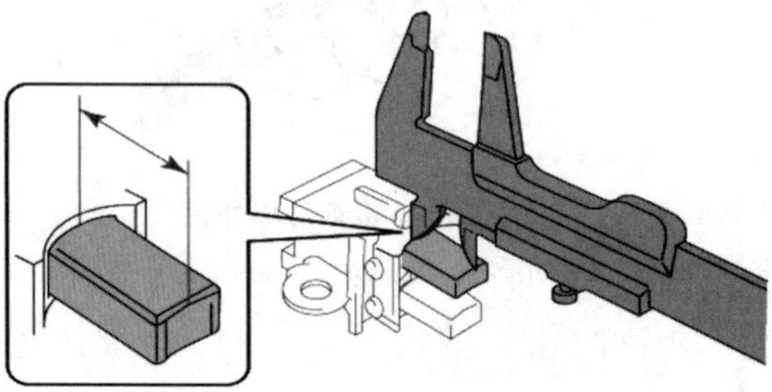

图 3 - 24　测量电刷的长度

4. 组装

(1) 安装发电机转子总成。如图 3 - 25 所示。

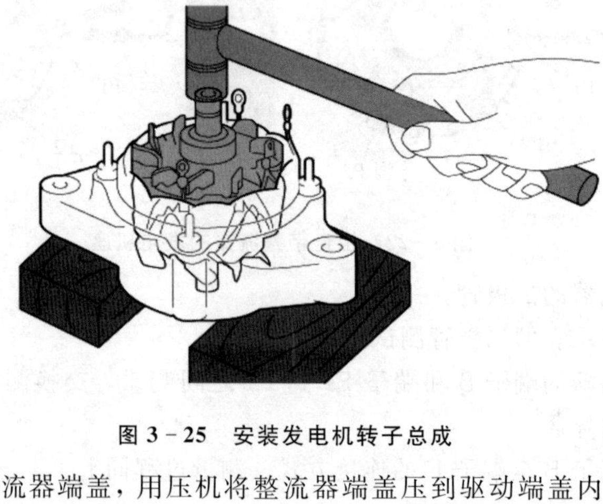

图 3 - 25　安装发电机转子总成

(2) 安装整流器端盖，用压机将整流器端盖压到驱动端盖内。如图 3 - 26

所示。

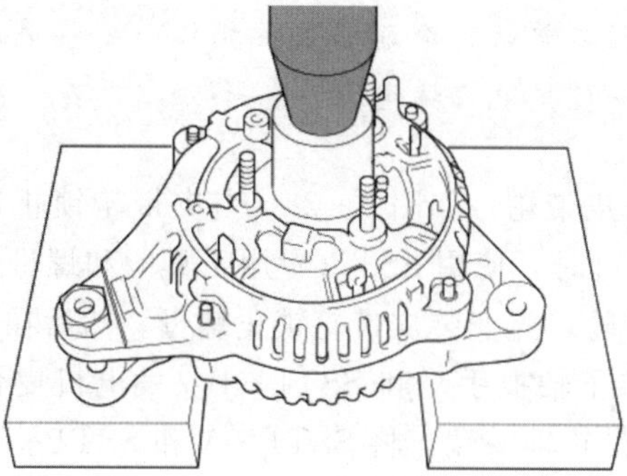

图 3-26 安装整流器端盖

温馨提示：

- 将 29 毫米套筒扳手放在端机座的中心，这样压机不会压到转子轴。
- 套筒扳手的尺寸随着发电机的类型不同而不同。

（3）安装发电机电刷座总成。如图 3-27 所示。

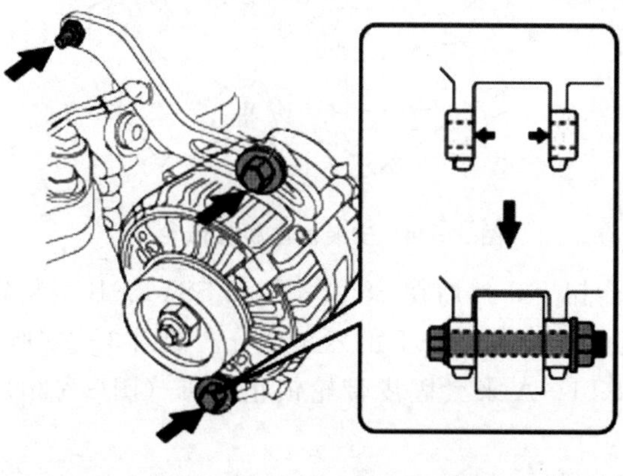

图 3-27 安装发电机电刷座总成

①安装发电机电刷座：尽可能使用最小的平头螺丝刀，将电刷压入电刷座，将电刷座安装到后端盖上。

②目视检查：拉出螺丝刀，目视检查电刷是否碰撞到滑环。

温馨提示：

由于电刷比螺丝刀柔软，电刷容易被损坏。安装电刷时，为防止损坏，在螺丝刀的末端包一些聚氯乙烯绝缘带。

(4) 安装发电机皮带轮，如图 3-28。当皮带轮锁止螺母拧紧后，它会随轴一起旋转。拧紧螺母时，使用 SST（专用工具）和螺母保持不动，转动轴。

安装发电机皮带轮，先安装皮带轮锁止螺母。然后在皮带轮轴的末端安装 SST1-A（发电机转子轴扳手）和 SST1-B（发电机皮带轮定位螺母扳手）。使用 SST1-A 在皮带轮轴一端，将 SST1-A 和 SST1-B 拧紧到指定的力矩。力矩：39.2N·m（400kgf·cm）

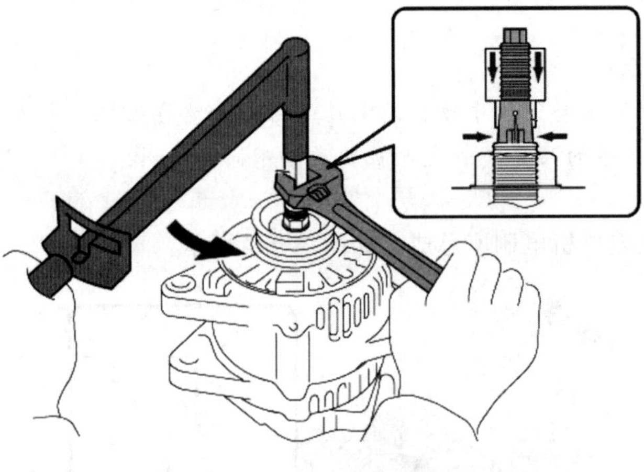

图 3-28　安装发电机皮带轮

将 SST2 卡到台钳上，然后在 SST1-A 和 SST1-B 安装到发电机上的情况下，将皮带轮锁止螺母装入 SST 的六角部分。如图 3-29 所示。

逆时针旋转 SST1-A 来紧固皮带轮锁止螺母（图 3-30），然后从 SST2 上拆卸发电机。

使 SSTI-B 保持不动的同时，顺时针旋转 SST1-A 来旋松它，然后从发电机上拆卸 SST1-A 和 SST1-B。如图 3-31 所示。确认皮带轮旋转平稳。

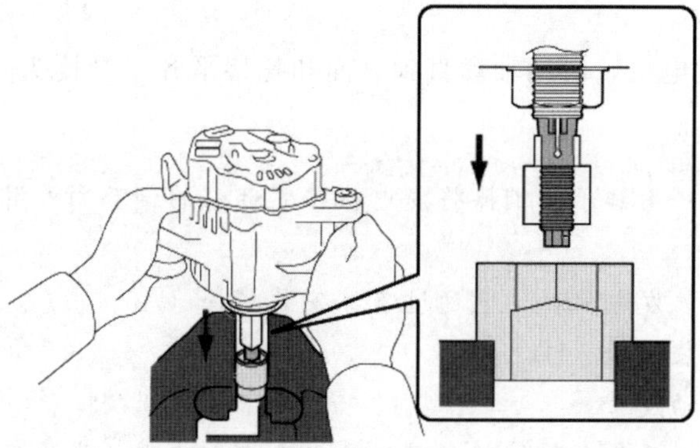

图 3-29　将皮带轮锁止螺母装入 SST 的六角部分

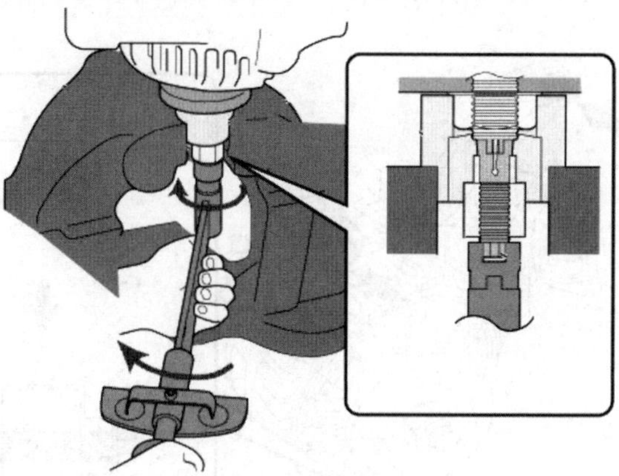

图 3-30　紧固皮带轮锁止螺母

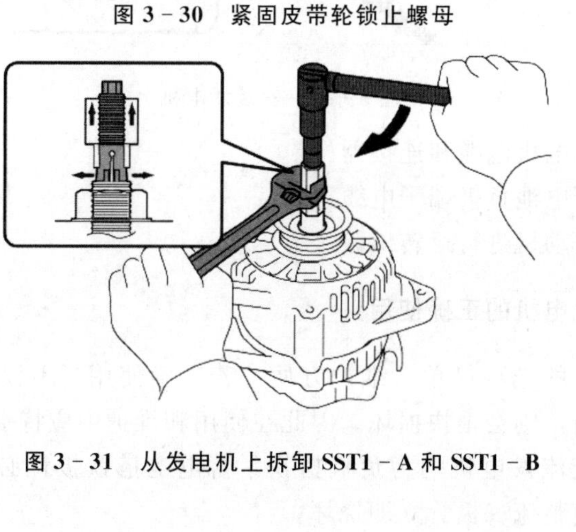

图 3-31　从发电机上拆卸 SST1-A 和 SST1-B

5. 安装

（1）安装发电机，滑动轴套直到表面和托架平齐（管接头一端），如图 3－32 所示。

温馨提示： 用锤子和铜棒将发电机安装部分的轴套向外滑动，以便安装发电机。

- 初步安装发电机，使它通过贯穿安装螺栓（A）。
- 初步安装螺栓（B）。
- 安装传动皮带。
- 通过用锤子的手柄等物移动发电机来调整皮带的张紧度。
- 拧紧安装螺栓（A）和螺栓（B）以牢固地安装发电机。

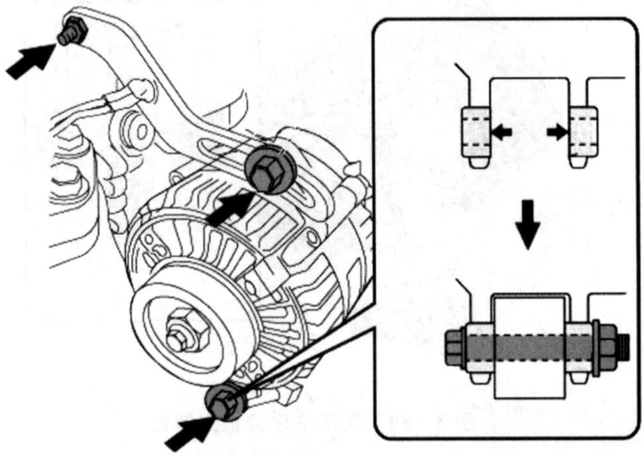

图 3－32　安装发电机

（2）连接发电机电缆和连接器。

（3）连接蓄电池负极端子电缆。

（4）启动发动机进行运转试验。

四、交流发电机的正确使用

交流发电机的结构简单，维护方便。若正确使用，不仅故障少而且寿命长；若使用不当，则会很快损坏。因此在使用和维护中应特别注意以下几点：

（1）汽车交流发电机均为负极搭铁，蓄电池搭铁极性必须与此相同，否则，蓄电池将使整流二极管立即烧坏。

（2）发电机运转时，不能用试火花的方法检查发电机是否发电，否则容易损坏二极管。

（3）一旦发现发电机不发电或充电电流很小时，应及时找出故障并予以排除，不应再长期继续运转。因为如果一只二极管短路，发电机就不能正常输出电压，并会导致其他二极管或定子绕组被烧坏。

（4）整流器的 6 只二极管与定子绕组连接时，绝对禁止用兆欧表（摇表）或 220V 交流发电机检查发电机的绝缘情况，否则将使二极管击穿而损坏。

（5）发电机熄火时，应将点火开关断开，否则蓄电池将长期经磁场绕组和调节器放电。

（6）发电机与蓄电池之间的导线要连接可靠，如突然断开，将会产生过电压，易损坏电子元器件。

五、交流发电机检修操作示范

下面以丰田 COROLLA1.6 为例，介绍交流发电机检修的具体操作规范及要求。

1. 发电机的就车检查

发电机的就车检查，见表 3－1。

表 3－1　　发电机的就车检查

作业内容	图　解	具体操作方法及要求	完成确认
1. 工具准备		工具：组合套筒一套，一字起子、十字起子各一把；清洗剂等 工具准备要齐全，摆放要整齐	
2. 检查蓄电池状况		（1）检查蓄电池是否有损坏、变形。如果有严重损坏、变形或泄漏，更换蓄电池 （2）检查各单格电解液量 （3）检查蓄电池端子有无松动、腐蚀 提示： 检查蓄电池电压之前，关闭所有的电气系统	

续表1

作业内容	图　解	具体操作方法及要求	完成确认
3. 检查多楔带		(1) 检查多楔带有无磨损、破裂和其他损坏痕迹 (2) 检查并确认皮带正确安装在楔形槽中 提示： 皮带磨损严重或皮带棱缺损严重，则更换	
4. 目视检查发电机配线		检查并确认配线情况良好。如果状态不正常，维修或更换发电机线束	
5. 检查发电机是否有异响		发动机正常运行时，发电机如果有异响，应更换皮带轮或发电机	
6. 检查充电警告灯电路		(1) 将点火开关置于 ON 位置，检查并确认充电警告灯点亮 (2) 启动发动机，检查确认充电警告灯已熄灭 如果警告灯工作情况不符合规定，则对充电警告灯电路进行故障排除	

续表 2

作业内容	图　解	具体操作方法及要求	完成确认
7. 发电机无负载测试	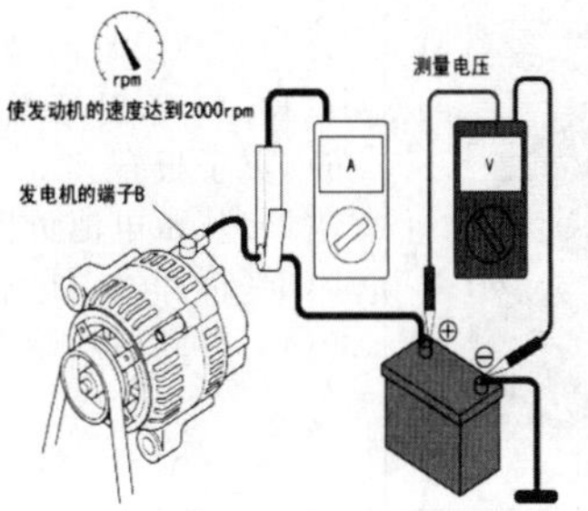	将电压表和电流表连接至充电电路，启动发动机保持转速 2000rpm，检查电流表、电压表读数 标准电流：10A 或更小 标准电压：13.2～14.8V 如果结果不符合规定，则更换发电机	
8. 检查带负载充电电路	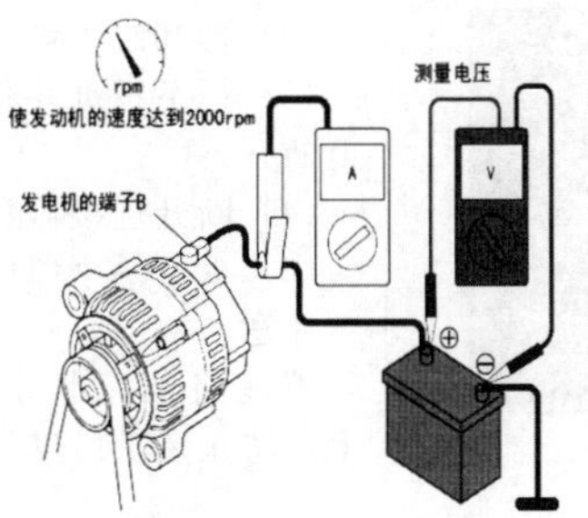	保持发动机转速在2000rpm，打开远光灯，并将加热器鼓风机开关转至 HI 位置，检查电流表读数 标准电流：30A 或更大 如果结果不符合规定，则更换发电机	

2. 拆卸

发电机的拆卸，见表 3－2。

表 3－2　　发电机的拆卸

作业内容	图　解	具体操作方法及要求
1. 工具准备		工具：组合套筒一套，一字起子、十字起子各一把，清洗剂等 工具准备要齐全，摆放要整齐

续表

作业内容	图 解	具体操作方法及要求
2. 打开前引擎盖		（1）打开引擎盖，安装前格栅布、翼子板布 （2）从蓄电池负极断开电缆 （3）拆卸发动机后部右侧底罩 （4）拆卸散热器上空气导流板
3. 拆卸发电机总成		（1）拆卸多楔带 （2）拆卸端子盖 （3）拆下螺母并将线束从端子B上断开 （4）断开连接器和线束卡夹 （5）拆下两个螺栓和发动机总成 注意： 不能将油、水等黏附在传动带上，防止装上后皮带打滑
4. 取出并安放好发电机		拆下螺栓和线束支架，并安放好发电机
5. 5S工作	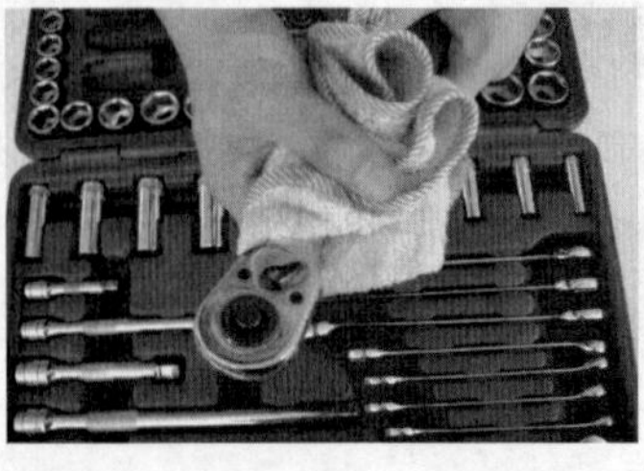	清洁工具和设备，并放回原位 整理场地 清扫场地

3. 分解

发动机的分解，见表 3－3。

表 3－3　　　　　　　　　　发动机的分解

作业内容	图　解	具体操作方法及要求
1. 拆卸发电机离合器皮带轮	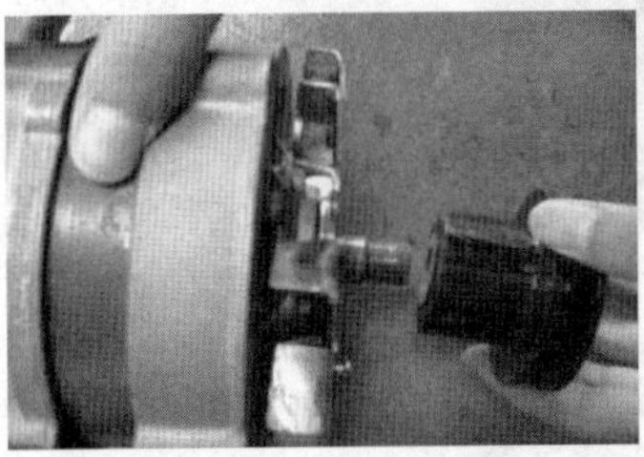	(1) 用螺丝刀拆下发电机皮带轮盖 (2) 用专用工具拆下锁紧螺母，取下皮带轮
2. 拆下电刷架总成	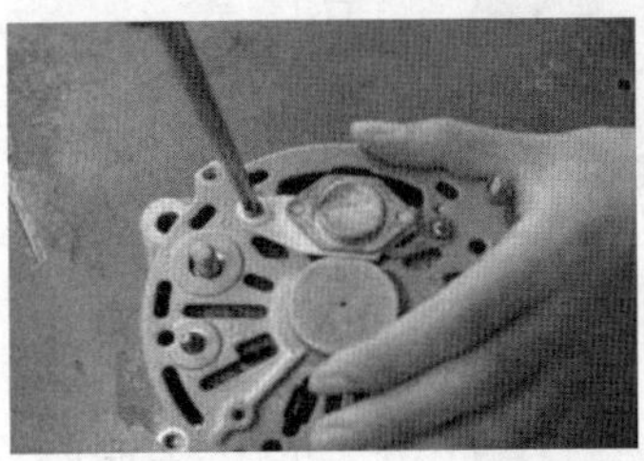	电刷架总成安装在交流发电机的后端盖上，用十字起拆下电刷架总成的固定螺栓 取出电刷架时应小心，防止电刷损坏
3. 取下风扇		注意安装方向，防止安装错误
4. 拆卸交流发电机的连接螺栓		依次拆下 4 个螺栓，按序放好

续表

作业内容	图　解	具体操作方法及要求
5. 取下前端盖		在取下前端盖时，注意定子与其的连接，防止定子总成被损坏
6. 拆卸发电机转子总成		取出转子总成，整齐摆放在工作台上
7. 拆下定子总成	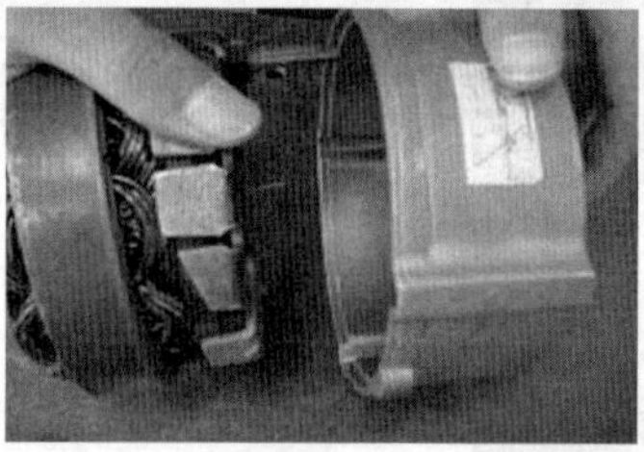	用一字起拆下定子总成的固定螺栓，取出定子总成

4. 检查

发动机的检查，见表 3-4。

表 3-4　　发动机的检查

作业内容	图　解	具体操作方法及要求
1. 检查发电机离合器皮带轮	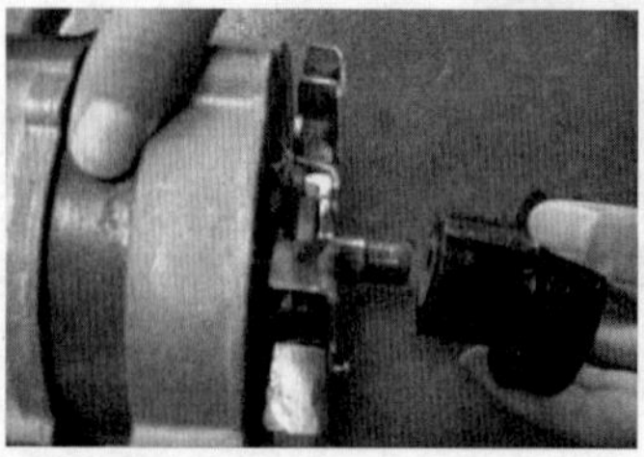	固定皮带轮中心，确认外锁环只能逆时针转动而不能顺时针转动 如果不符合规定，更换离合器皮带轮

续表 1

作业内容	图　解	具体操作方法及要求
2. 检查发电机电刷架总成	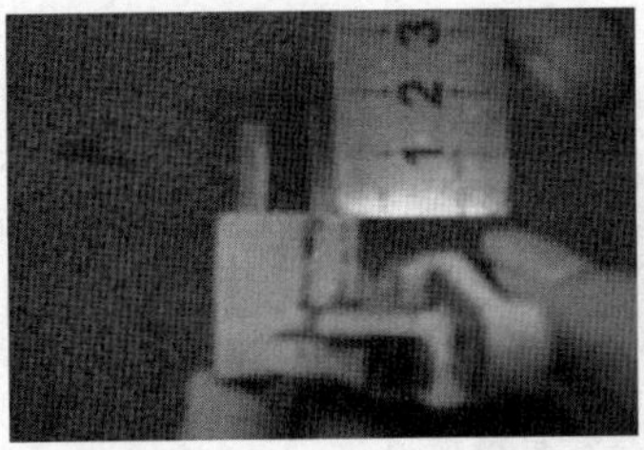	测量电刷的外露长度 标准长度：9.5～11.5mm 最小外露长度：4.5mm 如果外露长度小于最小值，更换电刷架总成
3. 检查发电机转子总成	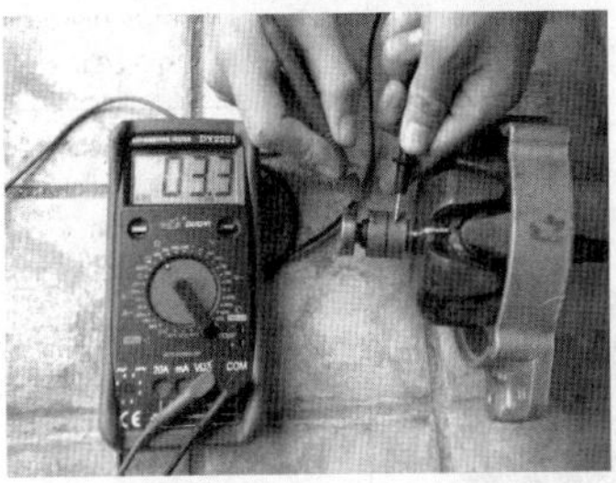	（1）检查发电机转子是否断路，用欧姆表测量滑环之间的电阻，规定状态为 2.3～2.7Ω。如果不符则更换转子总成
	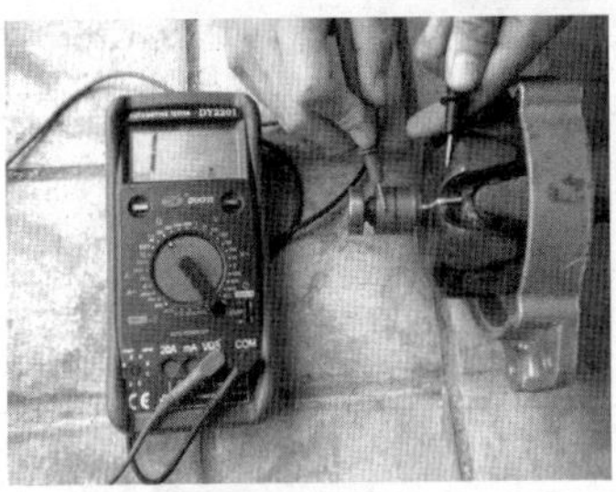	（2）检查转子是否对搭铁断路 使用欧姆表测量滑环与转子之间的电阻，标准值为 1MΩ 或更大。如不符则更换转子总成
		（3）检查发电机转子轴承没有变粗糙或磨损。如有必要更换发电机转子总成 （4）用游标卡尺测量滑环直径 标准直径：14.2～14.4mm 最小直径：14.0mm 如果直径小于最小直径，更换转子总成

续表 2

作业内容	图　解	具体操作方法及要求
4. 定子的检查		(1) 定子绕组断路检测 用万用表 Ω 挡检测定子绕组三个接线端，两两相测，阻值应小于 1Ω，若阻值为∞，说明断路。若不能修复，应更换定子绕组或定子总成 (2) 定子绕组短路检测。若短路，应更换定子绕组或定子总成
		定子绕组搭铁检测 用万用表电阻最大挡检测定子绕组接线端与定子铁心间的电阻，应为∞，否则说明有搭铁故障 有搭铁故障应更换定子绕组或定子总成

5. 组装

发动机的组装，见表 3－5。

表 3－5　　发动机的组装

作业内容	图　解	具体操作方法及要求
1. 安装发电机转子总成		(1) 将驱动端端盖放在离合器皮带轮上 (2) 将发电机转子总成安装到驱动端端盖上 (3) 将发电机垫圈放到发电机转子上

续表

作业内容	图　解	具体操作方法及要求
2. 安装前端盖		装配过程中，严禁硬敲硬砸，以防损伤发电机
3. 安装发电机电刷架总成	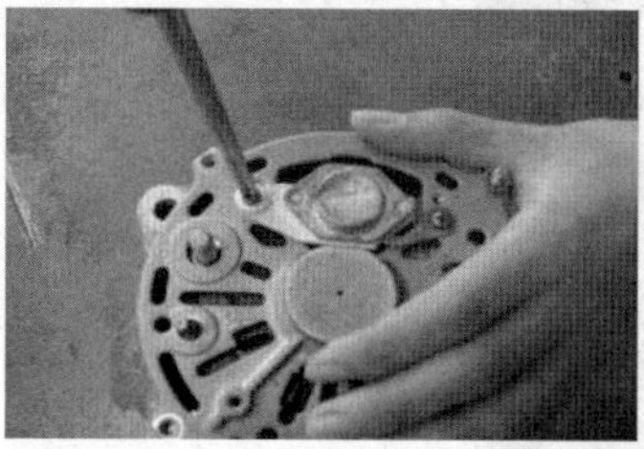	（1）将 2 个电刷推入发电机电刷架总成 （2）用 2 个螺钉将电刷架总成安装到发电机上
4. 安装发电机离合器皮带轮		（1）将端子绝缘垫安装到发电机线圈上 （2）用专用工具将皮带轮安装到转子轴上。检查并确认皮带轮旋转平稳

6. 安装

发动机的安装，见表 3－6。

表 3-6 发动机的安装

作业内容	图 解	具体操作方法及要求
1. 安装发电机导线	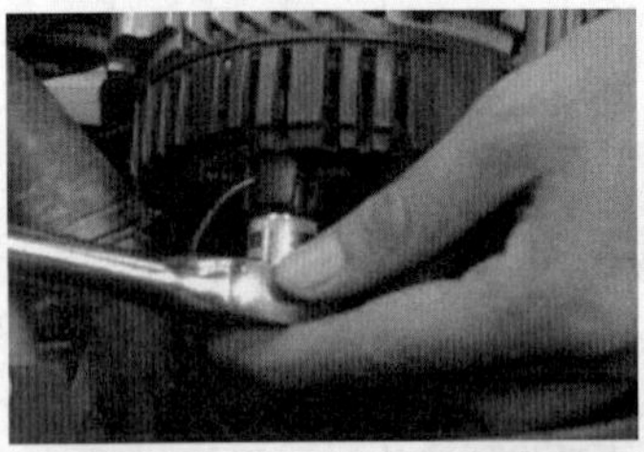	(1) 用螺栓安装线束卡夹支架 (2) 用 2 个螺栓暂时安装发电机总成 (3) 用螺母将线束安装到端子并安装端子盖 (4) 安装连接器和线束卡夹
2. 安装发动机		按照与拆卸相反的顺序安装发电机到指定位置
3. 安装发电机传动带		将传动皮带安装到位
4. 调整皮带松紧度		将传动皮带调整至规定张紧度
5. 5S工作		(1) 清洁工具和设备，并放归原位 (2) 整理场地 (3) 清扫场地

第二节　电压调节器的结构与检修

一、电压调节器的结构与原理

发电机在汽车上是按固定的传动比由发动机驱动旋转的，其转速随发动机转速变化而在很大范围内变化。

根据电磁感应原理，交流发电机发出的电压，随发电机速度和负载（输出电流）而变化。由于发动机的转速不断变化，交流发电机转速很难保持不变。因此，为了使发电机能提供稳定的电压，必须采用调节器来控制电压。一般充电系统使用发电机的电压调节器来保持充电系统的电压稳定。如图 3－33。

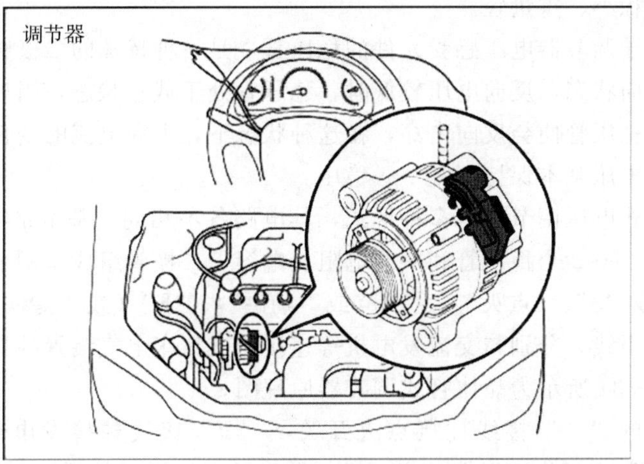

图 3－33　电压调节器

1. 电压调节器的功用

当发电机转速变化时，电压调节器自动对发电机的电压进行调节，使发电机的电压稳定，以满足汽车用电设备的要求。

2. 电压调节器的分类

（1）按工作原理可分为触点式电压调节器、晶体管式调节器、集成电路调节器和电脑控制调节器。

（2）按所匹配的交流发电机搭铁形式，可分为内搭铁型调节器、外搭铁型调节器。

3. 发电机电压调节器的工作原理

根据电磁感应原理，发电机的感应电动势为 $E\Phi=C_{e}n\Phi$（C_{e} 为电机常数），即感应电动势 $E\Phi$ 与发电机转速 n 和磁通 Φ 成正比；发电机的空载电压 $U=E\Phi=C_{e}n\Phi$，发电机在汽车上是按固定的传动比驱动旋转的，其转速 n 随发动机转速变化而在很大范围内变化。如果要在转速 n 变化时维持发电机电压恒定，就必须相应地改变磁极磁通 Φ。因为磁极磁通 Φ 取决于励磁电流 I_{f} 的大小，所以在发电机转速变化时，只要自动调节励磁电流 I_{f}，就能使发电机电压保持恒定。电压调节器就是利用自动调节励磁电流使磁极磁通改变这一原理来调节发电机电压的。

(1) 晶体管式电压调节器的工作原理：晶体管式调节器也称电子调节器，以稳压管作为电压感受元件，控制晶体三极管的通断来调节励磁电流 I_{f}，使发电机电压保持稳定。这种调节器没有触点，使用过程中无须保养和维护，结构简单、体积小、重量轻。

作为电子调节器电压感受元件的稳压管，是一种特殊的二极管，这种二极管工作在反向状态，反向电压较低时，稳压管处于截止状态，当反向电压达到一定值时，稳压管便会反向击穿，在这种状态下，击穿电流的变化范围可以很大，但击穿电压基本保持不变——稳压。

晶体管式电压调节器有多种形式，其电路各不相同，基本结构一般由 2～4 个晶体管、1～2 个稳压管和一些电阻、电容、二极管组成。调节器对外引出有“+”（或“S”、“点火”）、“F”（或“励磁”）、“E”（或“搭铁”、“−”）等的接线柱或引线，分别与交流发电机等连接构成汽车电气装置的充电系统。

如图 3-34 所示为晶体管式调节器原理图。

调节器的“+”接线柱接点火开关，“F”接线柱接发电机励磁绕组，“+”和“F”之间为三极管的集电极与发射极之间形成的开关电路，“+”与“−”之间有 2 个电阻 R_{1}、R_{2}组成的分压器，其 O 点电压正比于发电机电压，O 点与放大器之间接有稳压管 D_{w}，用来感受电压，其工作过程如下：

在发电机电压较低的情况下，分压器中间 O 点电压也较低，此时稳压管处于截止状态，此状态经放大器放大，给三极管的基极一个高电位信号，使三极管导通，励磁电流可以通过三极管流入发电机励磁绕组，使发电机电压上升；当电压上升到调节器电压调整值时，O 点电压升高至稳压管的击穿电压，稳压管被击穿，此信号经放大器放大后给三极管一个低电位信号，使三极管截止，切断了励磁电流，发电机无励磁电流，电压便下降，这样又使三极管导

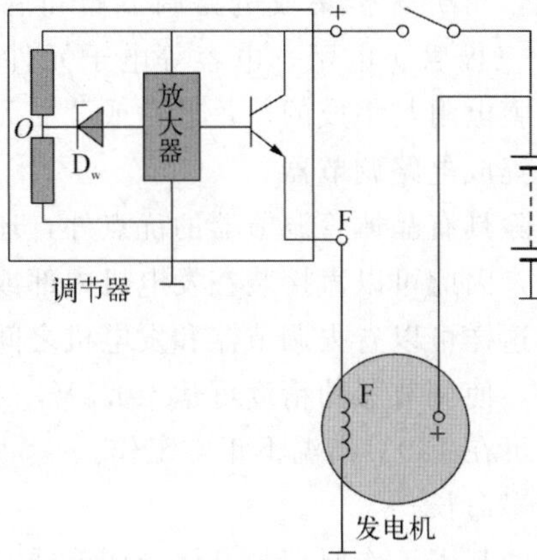

图 3-34 晶体管式调节器基本原理图

通，如此反复，使发电机的电压稳定在一调定值。

晶体管式电压调节器与内、外搭铁形式的交流发电机配套使用，并有内、外搭铁两种形式，使用前一定要判断其搭铁形式，并与发电机的相应接线柱正确连接。如图 3-35 为发电机和调节器的两种接线方式。

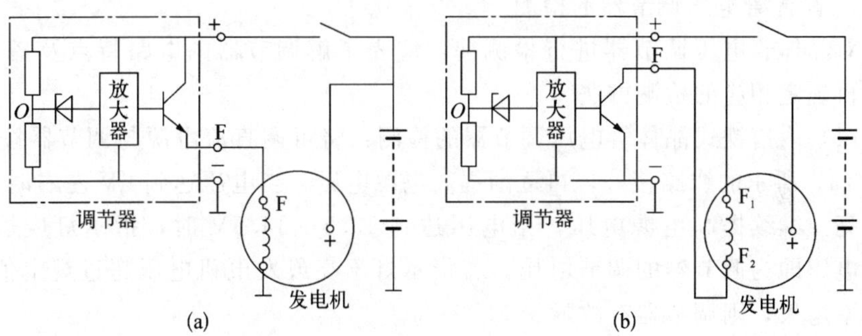

图 3-35 发电机和调节器的两种接线方式

①内搭铁式：调节器装在发电机与点火开关之间，发电机励磁绕组有一端搭铁。

②外搭铁式：调节器装在发电机励磁绕组与搭铁之间，发电机励磁绕组无搭铁端，调节器控制励磁绕组搭铁。

这两种形式的发电机与调节器不能互换，否则将会造成发电机电压失调或不发电。

（2）集成电路式电压调节器的工作原理：集成电路式调节器是利用集成电

路（IC）组成的调节器，可分为全集成电路调节器和混合集成电路调节器两类。前者是将二极管、三极管、电阻、电容等电子元件同时制在一块硅基片上；后者是用厚膜或薄膜电阻与集成的单片芯片或分立元件组装而成，目前使用最广泛的是厚膜混合集成电路调节器。

集成电路式调节器除具有晶体管调节器的优点外，还有以下特点：

①体积小、重量轻，因此可以直接装在发电机内部或壳体上成为整体式交流发电机的一个零件，这样可以省去调节器和发电机之间的导线，减小了线路损失，减少了线路故障，使调节器的精度可达±0.3V，工作更为可靠。

②耐高温性能好，可在130℃高温下正常工作。

③更加耐振，使用寿命长。

集成电路式调节器的基本工作原理与晶体管调节器完全一样，都是利用晶体三极管的开关特性控制发电机磁场电流来达到稳定发电机输出电压的目的。它也有内搭铁和外搭铁之分，而且以外搭铁使用的较多。

目前轿车上已大量采用集成电路调节器。

二、电压调节器的检修

1. 晶体管电压调节器的检测

对晶体管电压调节器进行检测前，应先了解调节器的电路特点及搭铁极性，再确定相应的检测方法。

（1）内搭铁式晶体管电压调节器的检测：将可调直流电源与调节器按图3－36（a）所示的线路接好，再逐渐提高电源电压。当电压达到6V左右时，指示灯亮。继续提高电源电压，当电压达到13.5～14.5V时，指示灯应熄灭。此时电压即为调节器的调节电压，若指示灯不亮或发电机电压超过规定值后，灯仍不熄灭，则调节器有故障。

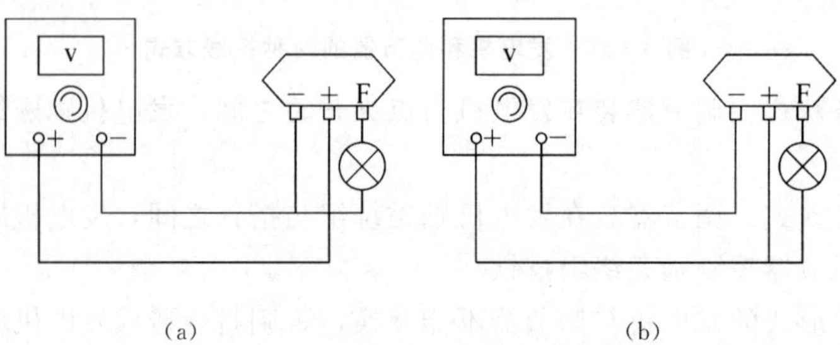

图3－36　晶体管电压调节器的测试

（2）外搭铁式晶体管电压调节器的检测：外搭铁式交流发电机工作时，磁场绕组通过调节器搭铁，具体检测线路连接如图 3－36（b）所示。由于其检测方法与内搭铁式晶体管电压调节器的检测方法完全相同，检测方法可参见内搭铁式晶体管电压调节器的检测方法。

2. 集成电路式电压调节器的检测

（1）发电机电压检测法：集成电路调节器直接在发电机上检测发电机的输出电压，称为发电机电压检测法，如图 3－37 所示。加在分压器 R_1 和 R_2 上的电压是励磁二极管输出端 L 的电压 U_L，$U_L=U_B$，因此，检测点 P 的电压加在稳压管 VZ_1 上，其电压与发电机的端电压 U_B 成正比，所以该检测法称为发电机电压检测法。

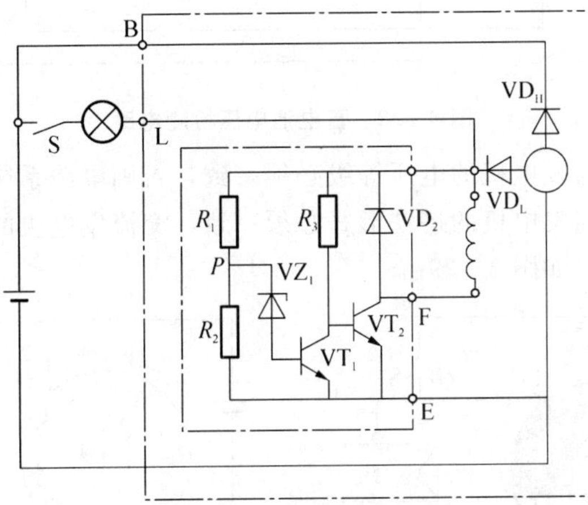

图 3－37 发电机电压检测电路

（2）蓄电池电压检测法：

如果用连接导线检测蓄电池的端电压来检测发电机的输出电压，称为蓄电池电压检测法，如图 3－38 所示。加在分压器 R_1 和 R_2 上的电压为蓄电池端电压，由于通过检测点 P 加到稳压管 VZ_1 上的反向电压与蓄电池成正比，所以该检测法称为蓄电池电压检测法。

在这两种基本检测法中，前者发电机的引线可以少一根，但是发电机 B 到蓄电池的接线柱之间的电压降较大时，蓄电池的充电电压将会降低，使蓄电池充电不足，因此一般大功率发电机宜采用蓄电池电压检测法。

三、电压调节器的正确使用

调节器在使用中应注意以下几点：

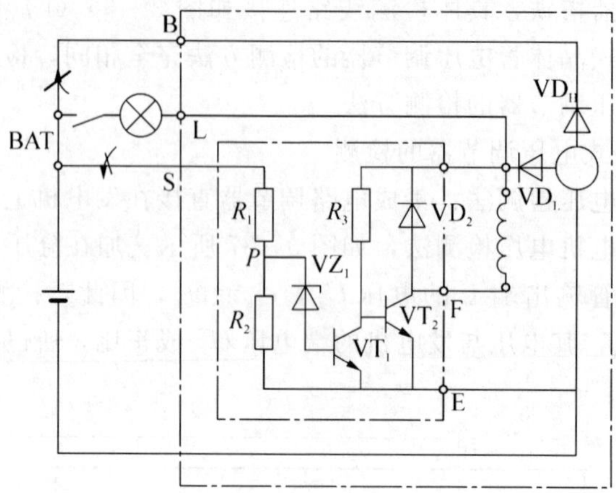

图 3-38　蓄电池电压检测电路

(1) 调节器与发电机的电压等级必须一致，否则电源系统不能正常工作。

(2) 调节器与发电机的搭铁形式必须一致，交流发电机的磁场电流在调节器中的流动方向，如图 3-39。

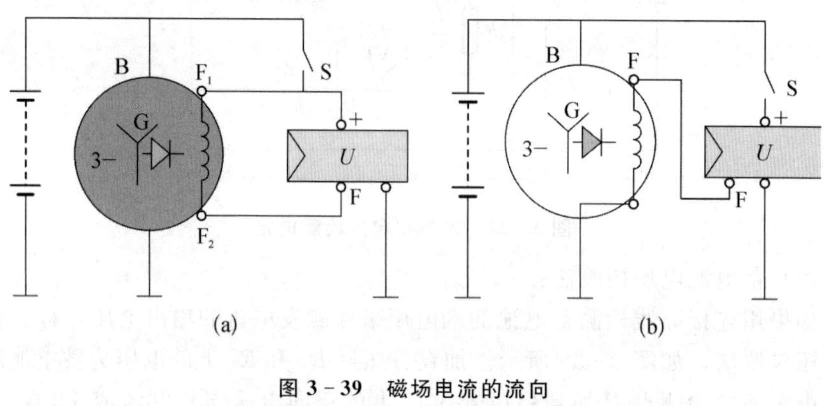

图 3-39　磁场电流的流向

(a) 外搭铁发电机与调节器；(b) 内搭铁发电机与调节器

由图 3-39 可见，对于外搭铁型发电机与外搭铁型调节器，磁场电流是由调节器的“磁场”端子（“F”）流入，经内部的大功率三极管（NPN 型三极管）后从调节器的“搭铁”（“—”）端子流出，再回到电源负极。对于内搭铁型发电机和内搭铁型调节器，磁场电流则是由调节器“+”端子流入，经内部的大功率三极管（PNP 型）后，从调节器“F”端子流出，再经发电机磁场绕组搭铁回到电源负极。由此可见，内搭铁型调节器只能与内搭铁型发电机配用；外搭铁型调节器只能与外搭铁型发电机配用，否则发电机无磁场电流而不能输出电压，蓄电池使用寿命会大大缩短。当调节器与发电机的搭铁型式不匹配而又急需使用时，只能通过改变发电机磁场绕组的搭铁形式，使发电机与调节器搭铁形式一致后方可配合使用。

(3) 交流发电机的功率不得超过调节器设计时所能配用的交流发电机的功率，因为交流发电机的功率愈大，磁场电流亦愈大（如 14V750W 交流发电机，其磁场电流为 3～4A，14V1000W 交流发电机，其磁场电流为 4～5A）。磁场电流越大，对调节器中控制磁场电流的大功率管（三极管、复合管或达林顿管）的技术要求就越高，成本也越高。大功率发电机的调节器，配小功率发电机，虽然可用，但成本较高，不经济。而小功率发电机的调节器则不能与大功率发电机配用，一方面是调节器会因超负荷工作而使用寿命大为缩短；另一方面是控制磁场电流三极管的管压降增大，磁场电流最大值减小，发电机的空载转速 n_A。和额定负载转速 n_R 都将增高，不仅会降低交流发电机的输出性能，而且还会影响充电系统正常工作。

(4) 线路连接必须正确。目前，国家对调节器的接线位置及方式等尚无统一规定。使用时，必须根据使用说明书所给出的接线图或有关说明，正确连接充电系统线路，否则充电系统不能正常工作，甚至会损坏调节器和发电机等电器部件。例如，当调节器正负极接反时，由调节器电路可知，此时任何一种电子调节器控制磁场电流的大功率三极管的发射结均为反偏，极易被击穿损坏，此外用作过压保护的稳压管相当于一只普通二极管并正向导通，极易被通过的大电流烧坏，故接线时要特别注意；内搭铁型调节器的“磁场”与“负极”接反或外搭铁型调节器的“磁场”与“正极”接反时，蓄电池电压在接通电源（或点火）开关后，全部加在大功率管的集电极与发射极，调节器亦容易被击穿损坏。

(5) 调节器必须受点火（或电源）开关控制，一旦接通电源，调节器中控制磁场电流的大功率管在发电机输出电压低于蓄电池充电电压时就始终导通。如果调节器不受开关控制，那么汽车停驶时，该功率管也始终导通工作，夜间停驶也是如此，且此时功率管工作负荷接近最大，这不但会使电子调节器使用寿命大为缩短，而且还会导致蓄电池亏电。试验证明，当电子调节器不受开关控制而直接与蓄电池连通时，使用 5～7 天，蓄电池就不能启动发动机了，调节器的使用寿命也只有 100 天左右。

(6) 汽车停驶时，应将点火（或电源）开关断开。

第四章　启动系统

第一节　启动机的结构与检修

一、启动机的结构组成与工作原理

（一）启动机的结构组成

启动系的作用是在正常使用条件下，通过启动机以足够高的转速运转，以便发动机顺利启动。发动机启动之后，启动机便立即停止工作。

目前，在汽车上采用的电力启动机主要有以下三种类型：

（1）常规启动机：磁极采用电磁铁，传动机构中一般只是由简单的驱动齿轮、单向离合器和拨叉等组成，无特殊结构和装置。

（2）永磁启动机：永磁启动机省去了传统启动机中的励磁绕组，电动机的磁极用永磁材料制成，可以使结构简化，体积小、质量轻。适于安装在空间较小的车辆上。

（3）减速启动机：减速启动机是在传动机构中设有减速装置（行星齿轮机构），采用高速、小型、低力矩电动机，其质量和体积比普通启动机可减小30%～35%，但结构和工艺比较复杂。其又分为外啮合减速式启动机、行星齿轮啮合式减速启动机。

启动机一般由直流电动机、传动机构（或称啮合机构）和控制装置（电磁开关）三部分组成。

1. 直流电动机

直流电动机的作用是产生力矩。串励直流电动机主要由机壳、磁极、电枢、换向器及电刷等组成，如图 4－1 所示。

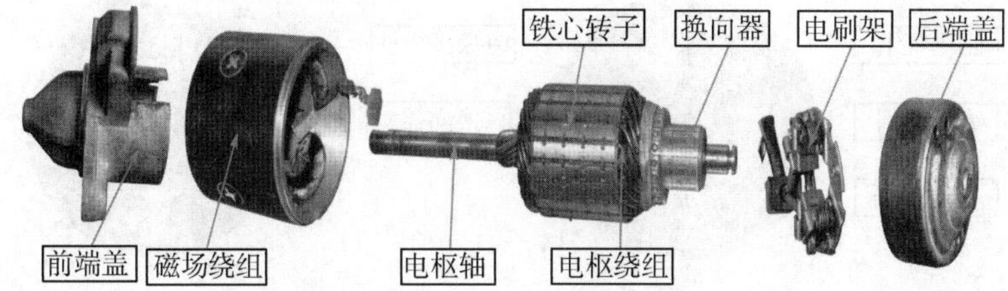

图 4－1　直流电动机的组成

（1）机壳：机壳的作用是安装磁极，固定机件。壳体是由低碳钢卷制而成，壳体上有 4 个检查窗口，中部只有一个电流输入接线柱，并在内部与激磁绕组的一端相连接，如图 4－2 所示。

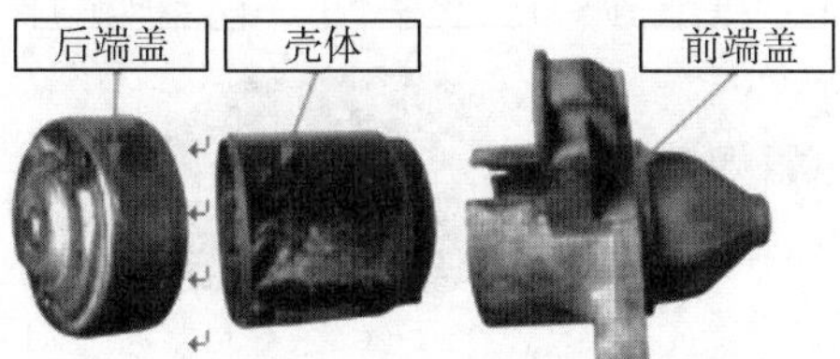

图 4－2　启动机机壳

（2）磁极：磁极的作用是产生磁场，它由固定在机壳上的磁极铁心和励磁绕组组成，一般是 4 个，两对磁极相对交错安装在电动机定子内壳上，如图 4－3（a）所示。4 个励磁线圈可互相串联后再与电枢绕组串联，也可两两串联后并联再与电枢绕绕组串联，如图 4－3（b）所示。

（3）电枢：电枢的作用是产生电磁转矩。电枢是直流电动机的转子部分，由铁心、绕组、换向器和电枢轴组成。电枢总成如图 4－4 所示。

（4）换向器：它由一定数量的燕尾形铜片组成，并用轴套和压环组装成一个整体，压装在电枢轴上，各铜片之间以及铜片与轴套、压环之间均用云母或硬塑料片绝缘。

（5）电刷及电刷架：电刷及电刷架的作用是将电流通过换向器引入电枢让其旋转。

电刷用铜与石墨粉压制而成，呈红棕色，加入铜可减小电阻并增加其耐磨性。一般含铜 80％～90％，石墨 10％～20％。

电刷架多制成框式，正极刷架与端盖绝缘地固装，负极刷架直接搭铁。刷架上装有弹力较大的盘形弹簧。如图 4－5 所示。

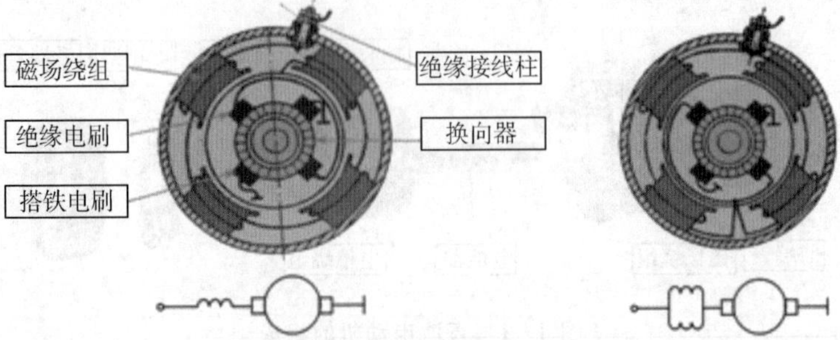

图 4-3　励磁绕组的接法

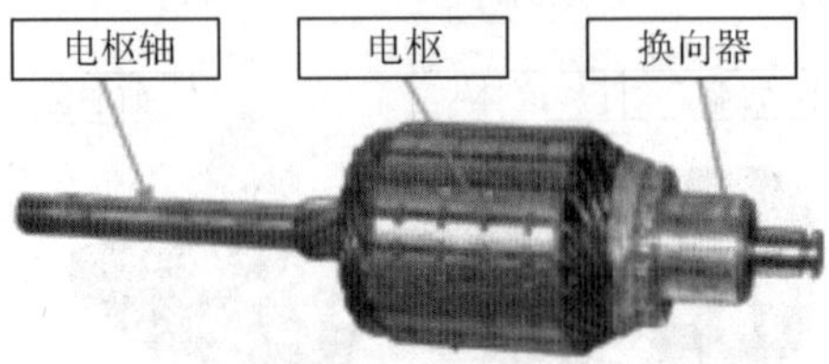

图 4-4　电枢的组成

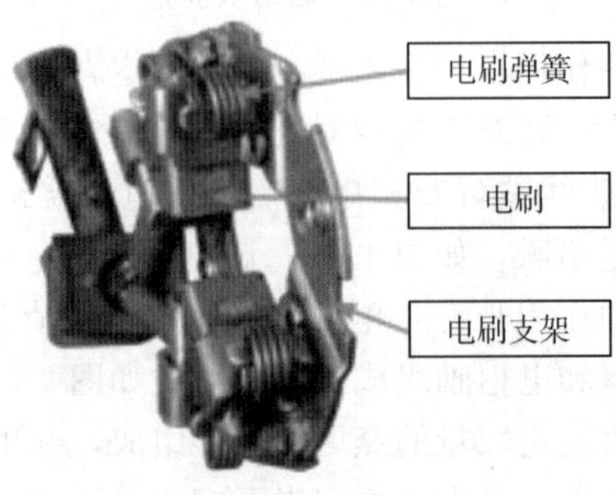

图 4-5　电刷及电刷架的组合

直流电动机一般有 4 个电刷及电刷架。电刷架固定在前端盖上，其中两个对置的电刷架与端盖绝缘，称为绝缘电刷架；另外两个对置的电刷架与端盖直接铆合而搭铁，称为搭铁电刷架。

（6）端盖：端盖有前、后之分。前端盖一般用钢板压制而成，其上装有 4 个电刷架，后端盖为灰铸铁浇铸而成。它们分别装在机壳的两端，靠两根长螺栓与启动机机壳紧固在一起。两端盖内均装有青铜石墨轴承套或铁基含油轴承套，以支承电枢轴。

2. 启动机的传动机构

传动机构的作用是把直流电动机产生的转矩传递给飞轮齿圈，再通过飞轮齿圈把转矩传递给发动机的曲轴，使发动机启动后，飞轮齿圈与驱动齿轮自动打滑脱离。传动机构一般由驱动齿轮、单向离合器、拨叉、啮合弹簧等组成，如图 4-6 所示。

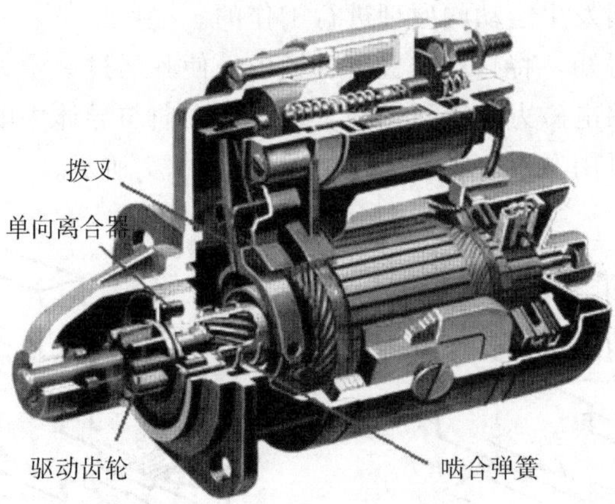

图 4-6　电刷及电刷架的组合

传动机构中，结构和工作情况比较复杂的是单向离合器，它的作用是传递电动机转矩，启动发动机，而在发动机启动后自动打滑，保护启动机电枢不致飞散。常用的单向离合器主要有滚柱式、摩擦片式和弹簧式等几种。

3. 启动机的控制装置

启动机的控制装置分为机械式和电磁式两种，通常称为启动开关。控制装置有机械式和电磁式两种。机械式控制装置是用脚踏或手拉的方式直接操纵离合器和控制电动机电路的。这种装置虽然结构简单、工作可靠，但要求启动机、蓄电池靠近驾驶室，而受安装布局的限制，且操纵不便，因此现已很少采用。现在启动机大都采用电磁式控制装置。

电磁式控制装置是利用电磁力来控制离合器的驱动齿轮与飞轮的啮合或分离，并同时控制电动机开或关。下面我们主要介绍电磁式控制装置的控制原则。

为了充分发挥启动机和蓄电池的性能，启动机控制装置应遵循如下基本原则：

(1)“先啮合后接通”的原则。即首先使驱动齿轮进入啮合，然后使主开关接通，以免驱动齿轮在高速旋转过程中进行啮合，引起打齿并且啮合困难。

(2)“高启动转速”原则。即启动机控制装置应尽量减少甚至不消耗蓄电池电能，以便使蓄电池的电能尽可能多的用于启动电机，提高启动转速。

(3) 切断主电路后，驱动齿轮能迅速脱离啮合。

(二) 直流串励式电动机的工作原理

直流电动机是将电能转变为机械能的设备，它是根据载流导体在磁场中将受到电磁力作用而发生运动的原理进行工作的。

由电磁理论得知，将直导体置于磁场中，使其通过一定方向的电流时，直导体就会受到定向电磁力作用而运动，且运动方向与导体中电流方向和磁场方向有一定关系，可用左手定则判断，如图所示 4-7 所示。

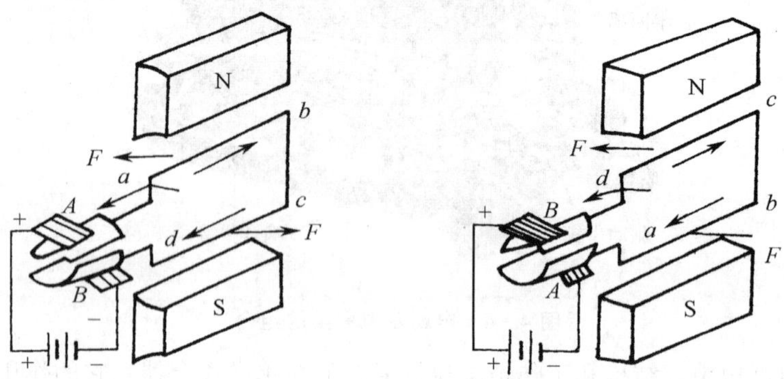

(a) 电流方向$a \to d$　　(b) 电流方向相反$d \to a$

图 4-7　直流电动机的工作原理

直流电动机的工作原理：电动机的电刷与直流电源相连，电流由正电刷和换向片 A 流入，从换向片 B 和负电刷流出，如图 4-7 (a) 所示，此时电流方向为：蓄电池正极→正电刷→换向片 A→线圈 $abcd$→换向片 B→负电刷→蓄电池负极。电流方向为 $a \to d$，由左手定则可以确定，线圈受到逆时针方向的转矩作用，电枢绕组及换向片在电磁力矩的作用下逆时针转动。

当电枢转过 180°以后，正电刷和换向片 B 相接触，负电刷和换向片 A 相接触，如图 4-7 (b) 所示，电流方向为：蓄电池正极→正电刷→换向片 B→线圈 $dcba$→换向片 A→负电刷→ 蓄电池负极。线圈中的电流方向为 $d \to a$，由左手定则可以确定，线圈仍然受到逆时针方向的转矩作用，电枢绕组及换向片在电磁力矩的作用下继续逆时针转动。

由于一个线圈所产生的力矩太小，转速又不稳，所以电动机的电枢绕组都是由很多匝线圈组成，因此换向片的片数也随线圈的增多而增加。

二、启动机的检修

（一）启动机各组成部件的检修

1. 电枢总成的检修

（1）电枢轴：电枢轴弯曲可用百分表检测，其径向跳动应不大于 0.10～0.15mm，否则应予以校正，如图 4-8 所示。用游标卡尺检测轴颈外径与衬套内径，配合间隙应为 0.035～0.077mm，最大不超过 0.15mm，间隙过大应更换衬套并重新铰配。

（2）换向器：换向器直径不小于标准值 1.10mm，换向片高出云母片 0.40～0.80mm，如图 4-9 所示。检查换向器表面有无烧蚀和圆度误差是否合格。轻微烧蚀用 00 号砂纸打磨，严重时应车削，换向器与电枢轴的同轴度误差不大于 0.03mm，否则应在车床上修整。

图 4-8 电枢轴的检查

图 4-9 换向器直径检查

（3）电枢：①电枢线圈搭铁的检查：用万用表检查时，其表笔分别搭在换向器和铁心（或电枢轴）上，阻值应为无穷大；若阻值为零，则为搭铁，应更换，如图 4-10 所示。

②电枢线圈短路的检修：把电枢放在万能试验台检验器上，接通电源，将锯片放在检验器上并转动电枢。锯片不振动表明电枢线圈无短路，否则为电枢线圈短路，应予以修理或更换，如图 4-11 所示。

③电枢线圈断路的检查：检视电枢线圈的导线是否甩出或脱焊的方法，可用万用表两表笔分别依次与相邻换向器接触，其读数应一致，否则说明电枢线圈断路，断路应更换，如图 4-12 所示。

图 4－10 电枢线圈搭铁的检查

图 4－11　电枢线圈短路的检查

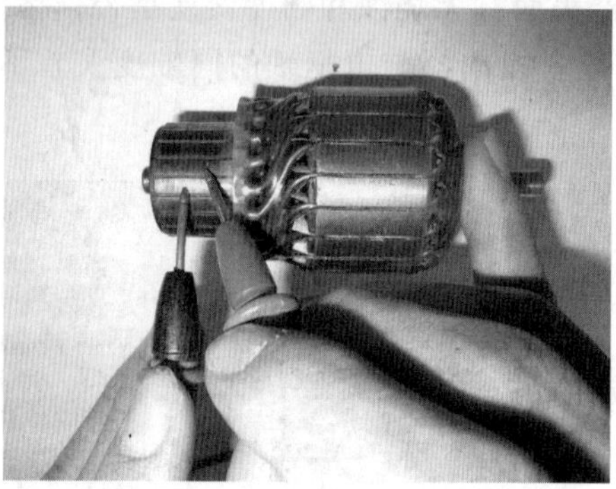

图 4－12　电枢线圈断路的检查

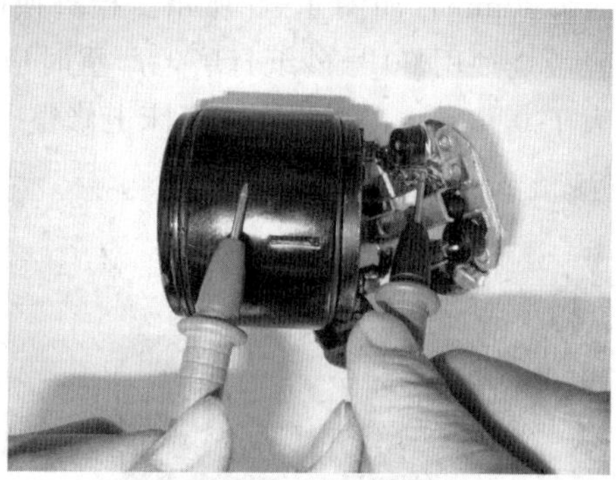

图 4－13　励磁线圈搭铁的检查

2. 定子绕组的检修

（1）励磁线圈搭铁的检修：用万用表的两表笔分别接励磁接线柱和外壳，若阻值为无穷大，则正常；若阻值为零，则说明有搭铁故障，如图4－13所示。

（2）定子绕组短路、断路的检修：蓄电池正极接启动机接线柱，负极接正电刷，将旋具放在每个磁极上迅速检查磁极对旋具的吸力，应相同。磁极吸力弱的为匝间短路，各磁极均无吸力为断路。若用万用表置于电阻挡，测接线柱与正电刷的导通情况，如不导通，说明断路，如图 4－14 所示。

图 4－14　励磁线圈短路、断路的检查

3. 电刷总成的检修

(1) 电刷高度的检查：电刷磨损后的高度不应小于电刷原高度的一半，不小于10mm。电刷在架内应活动自如，无卡滞，电刷与换向器的接触面积不低于80%。

(2) 电刷架的检查：用万用表的电阻挡位测两绝缘电刷架与电刷架座盖，阻值应为无穷大，否则说明绝缘体损坏；相同方法测两搭铁电刷架与电刷架座盖，阻值应为零，否则说明电刷架松动，搭铁不良。

(3) 电刷弹簧的检查：用弹簧秤检查弹簧的弹力，应为11.76～14.7N，如过弱应更换，如图4－15所示。

图4－15　电刷弹簧的检查图

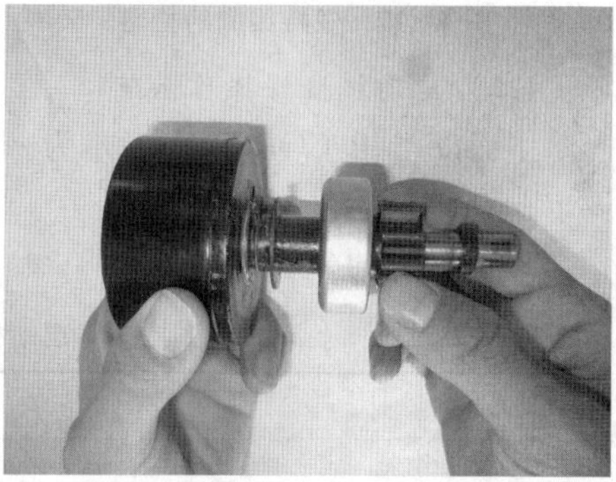

图4－16　单向离合器的检查

4. 单向离合器的检修

按顺时针转动驱动齿轮，应自由转动；逆时针转动时应该被锁住，如图4－16所示。

5. 电磁开关的检修

(1) 将两表笔分别接于励磁接线柱和电磁开关外壳，若有电阻，说明保持线圈良好；若电阻为零，则为短路；若电阻无穷大，则为断路，短路或断路都应更换，如图4－17所示。

(2) 两表笔分别接于励磁接线柱和启动机接线柱，若有电阻，说明吸拉线圈良好；若电阻为零，则为短路；若电阻无穷大，则为断路，短路或断路都应更换，如图4－18所示。

(3) 用手将接触盘铁心压住，让电磁开关上的电源接线柱与启动机接线柱连通，测量两接线柱间的电阻值应为零，否则为接触不良。

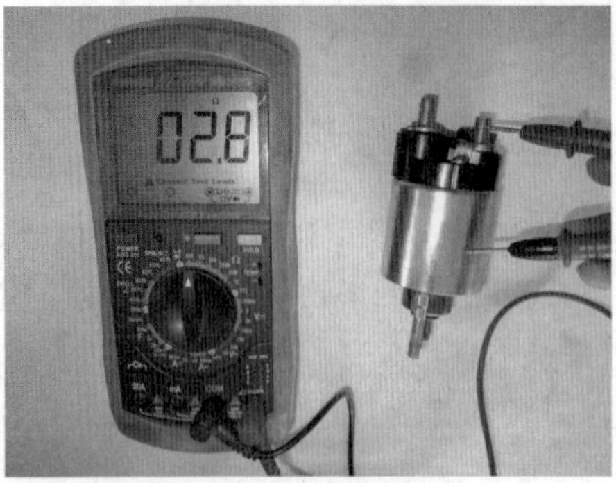

图 4-17　保持线圈的检查

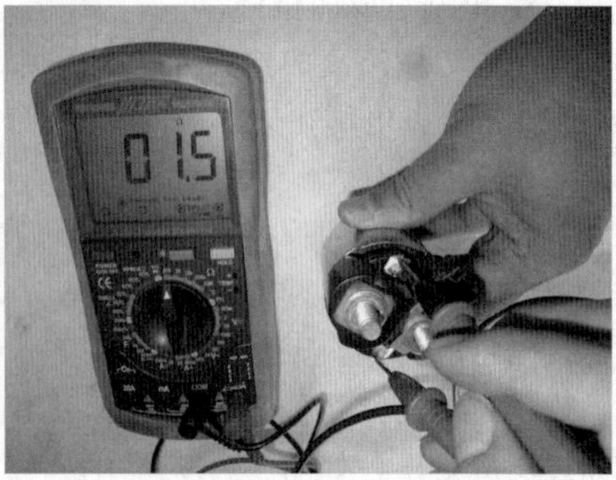

图 4-18　吸拉线圈的检查

（二）启动机检修操作示范

下面以丰田 COROLLA1.6 为例，介绍启动机的检修具体操作规范及要求。

1. 启动机的分解，见表 4-1。

表 4-1　启动机的分解

作业内容	图解	具体操作方法及要求
1. 清洁启动机	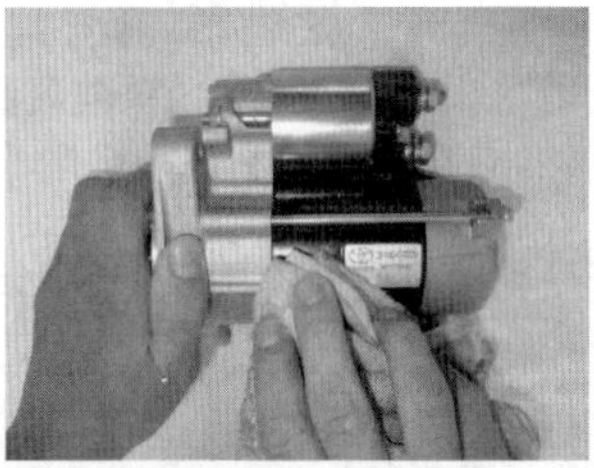	启动机解体前应清洁外部的油污和灰尘
2. 拆下直流电动机连接导线	 取下连接导线	拆卸要求： ①用相应规格的套筒拆下直流电动机连接导线的固定螺栓 ②取出连接导线端子 注意事项： 在拆卸连接导线时不要用力拉扯，防止导线损坏

续表 1

作业内容	图解	具体操作方法及要求
3. 拆下启动机前端盖	 取下前端盖	拆卸要求： 用相应规格的套筒旋出两个紧固穿心螺栓，取下前端盖
4. 取下电刷架总成	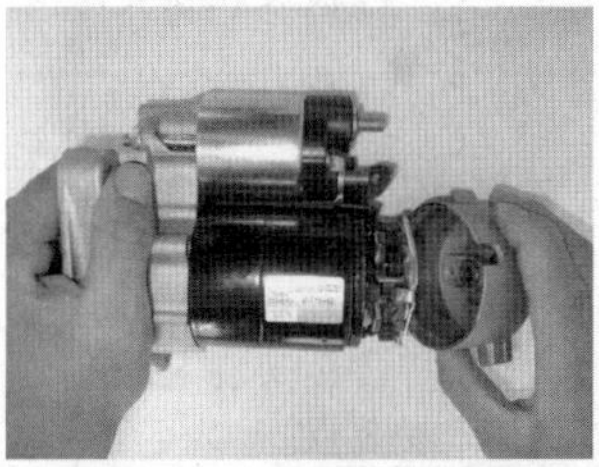	拆卸要求： 先拆下电刷架的橡胶卡扣，取出电刷架总成 注意事项： 在拆卸电刷架时需防止电刷架中的弹簧弹出
5. 拆下磁极	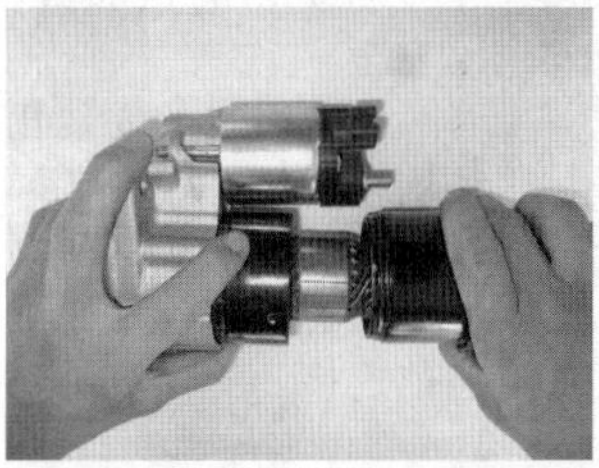	拆卸要求： 用手取下启动机磁极
6. 取下电枢	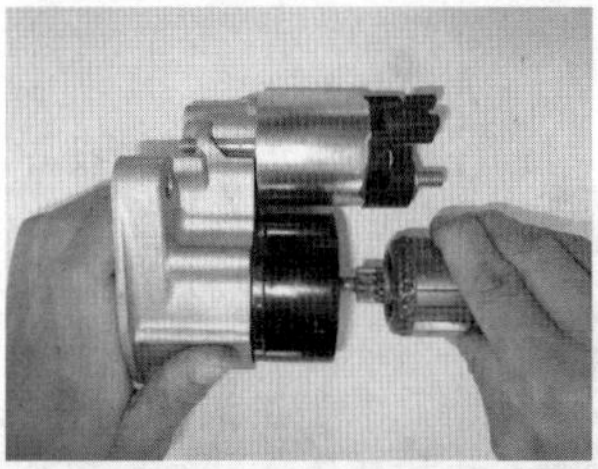	注意事项： 因为这是永磁式启动机，磁极里面有磁铁，取的时候需要使用较大的力气，但要防止电枢被磁铁吸回而弄伤手
7. 拆卸电磁开关	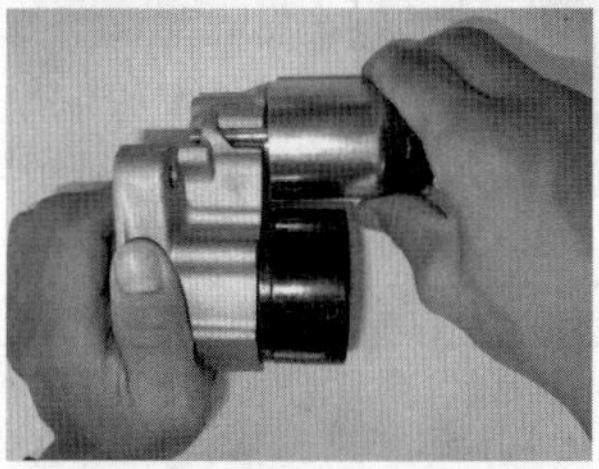	拆卸要求： 用十字起拆卸电磁开关的 3 个固定螺栓，然后取出电磁开关 注意事项： 电磁开关一端和拨叉相连，取电磁开关时可以轻轻摇摆，使得电磁开关与拨叉分离后再取出

续表 2

作业内容	图解	具体操作方法及要求
8. 拆下传动机构		拆卸要求： 用一字起撬出橡胶密封块，取下密封圈，把传动机构总成从外壳中取出。把拨叉从传动机构上取下，放好 注意事项： ①用一字起撬橡胶块时应小心，防止伤害到人 ②取出传动机构并放好 ③拨叉在安装时应注意正、反向
9. 启动机的装配		安装要求： 按照拆卸的相反顺序装配 注意事项： ①拨叉在装配时注意装配方向，容易装反 ②安装电枢和磁极的时候要注意安全 ③电刷架的安装比较困难，需要电刷按压住进行装配 ④直流电动机和电磁开关的连接电缆在连接时应看好正确的接线柱后才能连接
10. 5S 工作	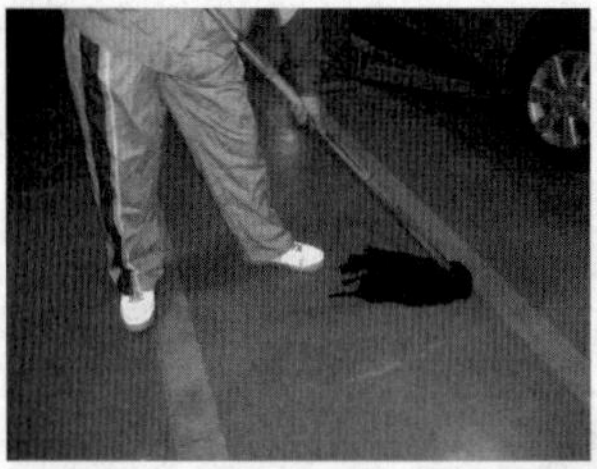	拆卸要求： ①清洁工具和设备，并放回原位 ②整理场地 ③清扫场地 注意事项： 不要用潮湿的抹布清洁电器开关、按钮等 易发问题： ①清洁工作马马虎虎，应付差事 ②废弃物未丢弃或未分类丢弃 ③清洁不彻底、漏项

2. 启动机各部件的检测，见表 4－2。

表 4－2　　启动机各部件的检测

作业内容	图解	具体操作方法及要求
1. 电枢绕组的检测	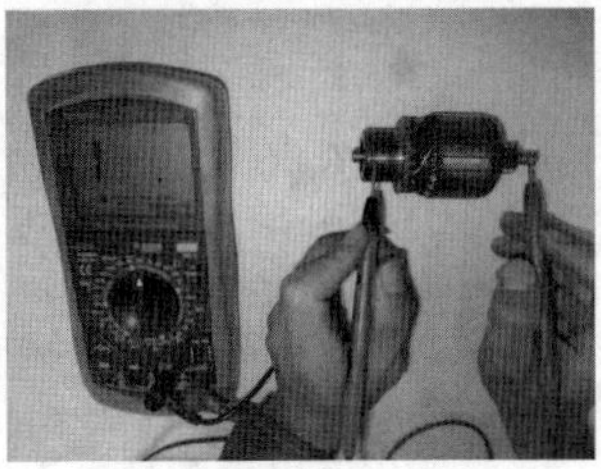	①电枢绕组搭铁的检查 操作要求： 用万用表测量换向器和铁芯（或电枢轴）之间的电阻，应为∞，否则为搭铁 注意事项： 也可用交流试灯检查，灯亮表示搭铁故障 易发问题： 挡位选择错误
	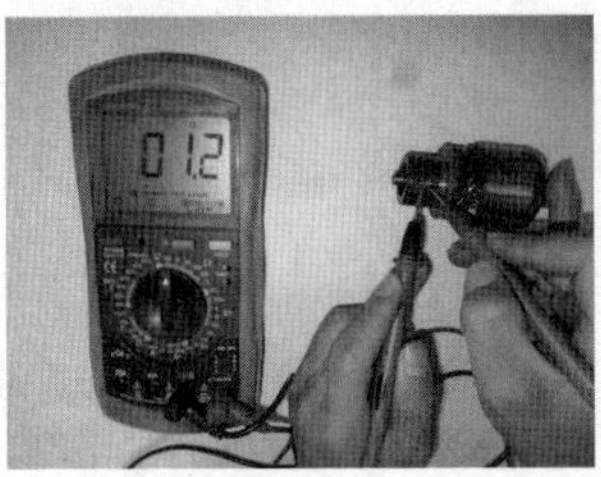	②电枢绕组断路的检查 操作要求： 目测电枢绕组的导线是否甩出或脱焊。再用万用表两触针依次与两相邻换向器铜片接触，所测电阻值应一样。如果读数不一样，则说明断路 注意事项： 电枢绕组有严重搭铁、短路或断路时，应更换电枢总成
2. 磁极绕组的检测（对于永磁式启动机该项不检测）		①磁极绕组搭铁的检查 操作要求： 用万用表测量启动机接柱和外壳间的电阻，阻值应为无穷大，否则为搭铁故障 注意事项： 也可用 220V 的交流试灯检测
	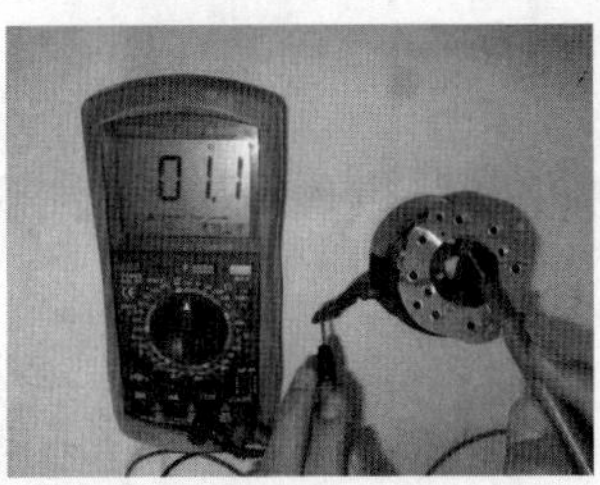	②磁极绕组断路的检查 操作要求： 用万用表测量启动机接柱和绝缘电刷间的电阻，阻值应很小，若为无穷大则为断路

续表

<table>
<tr><th>作业内容</th><th>图解</th><th>具体操作方法及要求</th></tr>
<tr><td>3. 电刷组件的检测</td><td>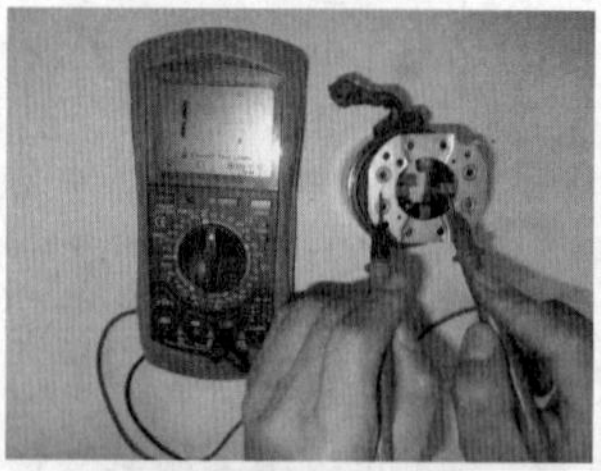
绝缘电刷架的检测
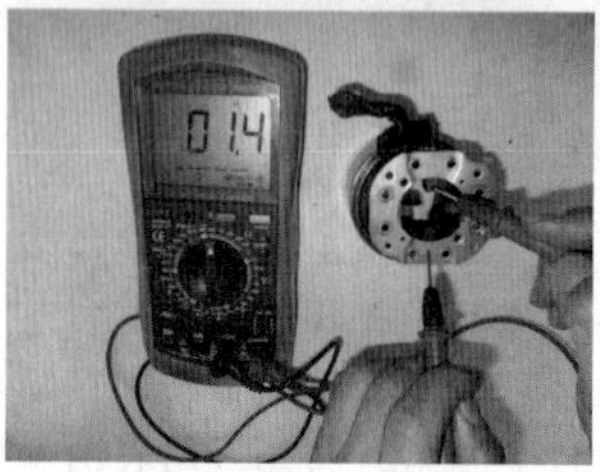

搭铁电刷架的检测</td><td>操作要求：
①电刷在架内活动自如，无卡滞，不歪斜
②用万用表测量绝缘电刷架和后盖间的电阻，应为无穷大
③用万用表测量搭铁电刷架和后盖间的电阻，应为零
注意事项：
正确辨别绝缘电刷架和搭铁电刷架</td></tr>
<tr><td>4. 5S 工作</td><td></td><td>操作要求：
①清洁工具和设备，并放回原位
②整理场地
③清扫场地
注意事项：
不要用潮湿的抹布清洁电器开关、按钮等
易发问题：
①清洁工作马马虎虎，应付差事
②废弃物未丢弃或未分类丢弃
③清洁不彻底、漏项</td></tr>
</table>

三、启动机就车检测与更换

（一）启动机的就车检修

1. 电磁开关的检修

将变速器至于空挡或 P 挡，用短接线短接电磁开关 30 号接线柱与 C 接线柱，若启动机不运转则启动机有故障，如图 4－19 所示。

2. 启动线路的检修

拔下启动机电磁开关连接插头，在点火开关启动挡时用试灯检测插头电压，试灯应点亮；或用万用表，应有 12V 左右的电压，无电压或试灯不亮则检查启动线路，如图 4－20 所示。

图 4－19　电磁开关的检修

图 4－20　启动线路的检修

（二）启动机的就车拆装

1. 拆卸程序

（1）断开蓄电池负极电缆。

（2）举升并支撑车辆。

（3）拆下启动机电磁开关端子螺母。

（4）从启动机上拆下蓄电池正极电缆端子。

（5）拆下启动机电磁开关“S”端子螺母。

（6）从启动机上拆下发动机线束连接器

（7）拆卸启动机螺栓。

（8）拆下启动机。

2. 安装程序

（1）将启动机放置在发动机上。

（2）安装启动机螺栓。将螺栓紧固至 40N·m（30 磅英尺）。

（3）将发动机线束端子安装至启动机。

（4）安装启动机电磁开关“S”端子螺母。将螺母紧固至 3N·m（27 磅英寸）。

（5）将蓄电池正极电缆端子安装至启动机。

（6）安装启动机电磁开关端子螺母。将螺母紧固至 17N·m（13 磅英尺）。

（7）降下车辆。

（8）连接蓄电池负极电缆。

3. 拆装操作示范

下面以丰田 COROLLA1.6 为例，介绍启动机旧车拆装具体操作规范及要求（表 4－3）。

表 4－3　　启动机的拆装

作业内容	图解	具体操作方法及要求
1. 安装垫块		操作要求： ①在指定位置安装车辆垫块 ②拉起手刹 ③换挡杆至于空挡 ④将蓄电池负极拆下 注意事项： ①垫块位置一定安装正确，否则会有危险隐患 ②不要忘记拉起手刹
2. 举升车辆		操作要求： ①将车辆举升到合适高度 ②车辆举升过程中严禁周围站人或走动 注意事项： ①举升过程一定要大声呼喊 ②举升过程中提醒同学不要靠近
3. 旋松固定螺栓	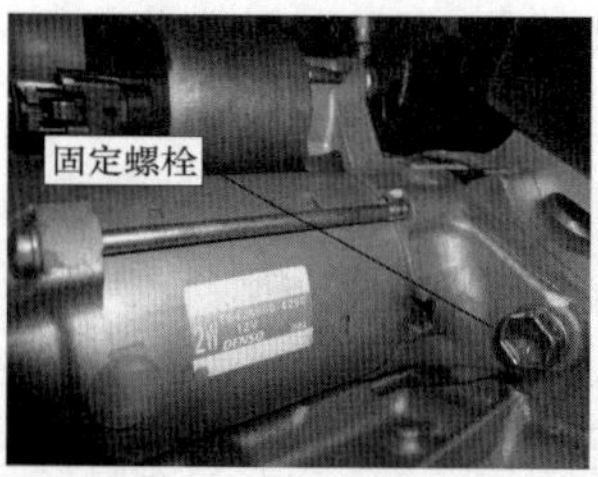	操作要求： 找到启动机的固定螺栓 注意事项： 不要拆错固定螺栓造成其他问题
4. 取下螺栓	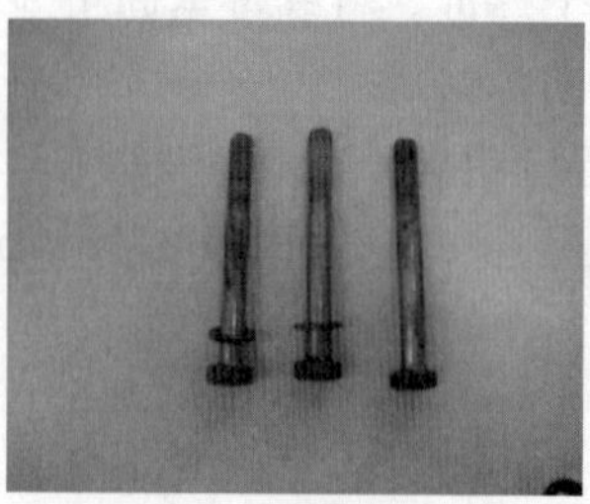	操作要求： 将螺栓摆放整齐，不要随处乱放 易发问题： 螺栓没有按要求放好，造成丢失

续表 1

作业内容	图解	具体操作方法及要求
5. 拔下插头取下启动机		操作要求： ①拔下连接启动机的插接器 ②轻轻晃动启动机，将启动机在车上取下 注意事项： ①拔插头要小心，防止弄伤手 ②两手抓紧启动机防止脱落
6. 完成拆卸		操作要求： 拆卸启动机放在工具车上 易发问题： 启动机随处摆放，可能掉在地上砸伤脚部
7. 安装启动机	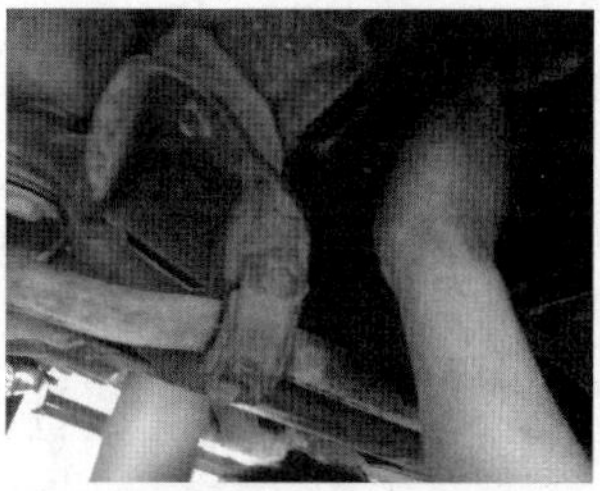	操作要求： ①安装新启动机 ②位置安装到位 ③插接器安装正确 注意事项： 因底部光线较暗，需要有人打开手电协助作业
8. 清洁工具		操作要求： 认真清洁所使用过的工具 易发问题： 忘记清洁工具

续表2

作业内容	图解	具体操作方法及要求
9. 整理工具		操作要求： 认真整理所使用的工具 易发问题： 随处乱放，工具丢失
10. 5S工作		操作要求： 将翼子板布 前格栅布叠放整齐 易发问题： 没有好好叠放

第二节　启动系统常见故障诊断与排除

一、启动机不转

1. 故障现象

接通点火开关“启动”（S）挡（或按下启动开关按钮），启动机没有转动。

2. 故障主要原因

（1）蓄电池方面故障：

①蓄电池长期存电不足或蓄电池内部存在严重故障。

②极柱或连接线接头表面氧化严重，致使接触不良。

（2）启动继电器方面故障：

①启动继电器线圈断路、短路、搭铁。

②启动继电器触点烧蚀、油污，铁心及触点臂气隙过大。

③保护继电器触点烧蚀、油污。

（3）与防盗系统结合在一起的微机控制启动系统，防盗系统因各种原因起作用。

（4）启动机方面故障：

①换向器油污、烧蚀、磨损起沟槽。

②电刷卡死在电刷架内，弹簧折断。

③励磁绕组或电枢绕组出现搭铁、断路、短路故障。

④电磁开关、吸引线圈或保持线圈出现搭铁、断路、短路故障，接触盘严重烧蚀。

（5）其他方面故障：

①点火开关（启动按钮）失灵。

②各有关导线断路、连接不良或线路连接错误。

③采用充电指示灯组合式继电器时，使整流发电机正二极管击穿短路。

3. 故障诊断

①在未接通启动开关前，先按喇叭和开前照灯试验。如喇叭声响低沉、沙哑，灯光暗淡，应先检查蓄电池存电及正、负极柱连接情况。

②检查相关的启动继电器及熔断丝（器）是否正常。

③检查与防盗系统结合在一起的微机控制启动系统，检查防盗系统是否因各种原因起作用。

④根据启动系统的实际连线情况，检查各连线及接点处的连接情况。

⑤检查启动机是否正常，否则更换启动机试试。

⑥综合考虑发动机其他方面的问题。

二、启动无力

1. 故障现象

接通点火开关“启动”（ST）挡，启动机能够带动发动机转动，但转速过低甚至稍转即停。

2. 故障主要原因

启动机能运转，则说明控制电路工作正常，但启动机运转无力，说明带负荷能力降低，实际输出功率减小。其故障原因如下：

①蓄电池存电不足。

②导线接触不良。

③启动机本身无力。

a. 换向器有油污、烧蚀。

b. 电刷磨损过甚或弹簧压力不足。

c. 励磁绕组或电枢绕组局部短路。

d. 电磁开关接触盘烧蚀。

e. 轴承过紧、过松。

f. 电枢与磁极摩擦。

④发动机曲轴过紧。

3. 故障诊断

①接通前照灯，再接通启动机，看灯光变化情况。若灯光立即熄灭或灯丝变成暗红色，说明蓄电池存电不足或蓄电池极柱连线处接触不良（启动后接触不良处特别热，可用手摸试）；若灯光变暗，启动机冒烟，说明启动机内部有短路故障；若灯光基本保持原有亮度，说明启动机主电路有断路或接触不良故障，应检查发动机搭铁线接触情况，检查电刷接触面积及弹簧弹力是否过小，电刷是否有油污，定子、转子有无断路等。

②对于启动机的内部故障的检查参见启动机的检修。

温馨提示：

启动机使用注意事项

- 启动时踩下离合器踏板，将变速器挂空挡或停车挡
- 每次启动时间不得超过 5s，两次之间应间歇 15s 以上
- 一听到发动机发动，马上松开点火开关
- 发现启动机打齿、冒烟现象应及时诊断并排除故障后再作启动

第五章　汽车照明及信号系统

第一节　照明系统的检修

一、车内照明系统

车内照明灯主要有阅读灯、车厢灯、后备箱灯，有些车还有手套箱灯、烟灰缸灯等。

1. 阅读灯

（1）功能：阅读灯位于前排或后排乘员或驾驶员席上方，主要是提高车内明亮度，来方便乘员或驾驶员。按下相应的按键可打开或关闭阅读灯，如图5－1所示。

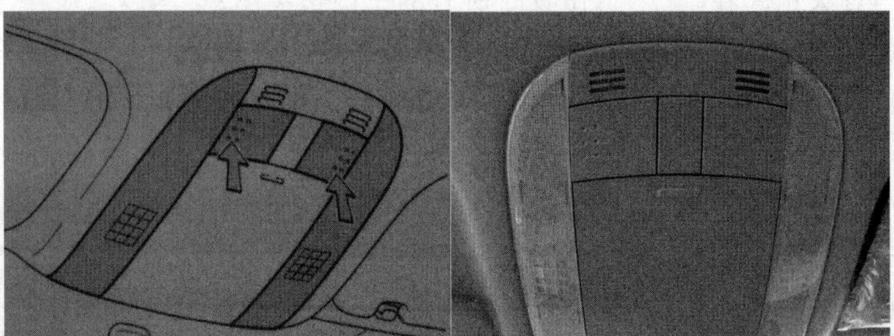

图5－1　阅读灯

（2）检查：主要检查各按钮控制功能是否正常，灯泡是否正常点亮。

2. 车厢灯

（1）功能：车厢灯位于前排或车厢中部的厢顶部，主要是提高车内明亮度，来方便乘员或驾驶员。需要点亮车厢灯时，可将开关滑移。

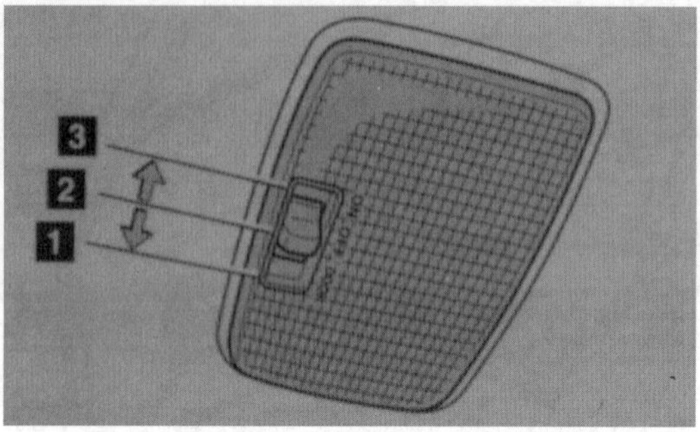

图 5－2 车厢灯

1. 车门关联挡；2. 关闭；3. 打开

车厢灯开关具有以下位置，如图 5－2 所示：

“ON”——全时间内，保持车厢灯在点亮状态。

“OFF”——将车厢灯熄掉。

“DOOR”——任何一扇车门打开时，车厢灯发亮；所有的车门都关闭后，车厢灯熄灭。

当车厢灯开关在“DOOR”位置时，只要打开任何一扇车门灯就会点亮。当所有的车门关闭之后，灯在熄灭之前都将点亮并保持约 30s。但是，在下列场合，车厢灯将立刻熄灭：

①当点火钥匙在“ON”位置时所有的车门被关闭；

②用无线遥控发送器关闭所有的车门并锁定。

（2）检查：打开车厢灯开关，检查车厢灯是否点亮。

3. 行李箱灯

（1）功能：行李箱灯位于后备箱内部的一侧，主要是提高行李箱的明亮度，方便驾驶员在晚间或光线不足的情况下存取物品。

（2）检查：打开行李箱时，此灯应点亮。通过按压按钮进行检查行李箱灯，如图 5－3 所示，按下时，行李箱灯应熄灭；不按时，应点亮。

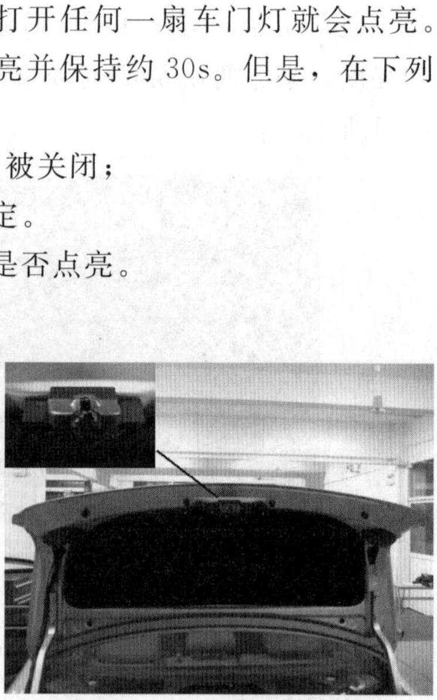

图 5－3 行李箱灯开关

4. 仪表板上的指示标记

仪表板上的指示灯有多种颜色，一般来讲，黄色指示灯表示车辆可以运行，但要尽快去检查维护；红色指示灯表示车辆现在处于危险状态，要立即停车检查；其他颜色灯如绿色、蓝色指示灯等仅表示某些指示作用，如图 5－4 所示。

	制动系统警告灯		车门开放警告灯
	座位安全扣带提示灯		SRS 警告灯
	充电系统警告灯		尾灯指示灯
	机油低压警告灯		大灯远光指示灯
	发动机故障指示灯		转向信号指示灯
	低燃油位警告灯		前雾灯指示灯
	防抱死制动系统警告灯		后雾灯指示灯

图 5－4　汽车仪表指示灯图标及含义

二、车外照明系统

车外照明灯主要有前大灯、前后雾灯、倒车灯、牌照灯等；车外信号灯主要有示宽灯（小灯）、尾灯、转向灯、危险警告灯、制动灯等。检查间隔：每 10000km 或 6 个月。

（一）灯光的操作与功用

将灯光组合开关向上旋动“1”挡，如图 5－5 所示，示宽灯、仪表照明灯、尾灯、牌照灯应亮起，向上旋动“2”挡，前大灯和上述所有灯光都打开。

在能见度低的情况下，打开这些灯将起到警示的作用，同时还能方便驾驶员看清仪表板。

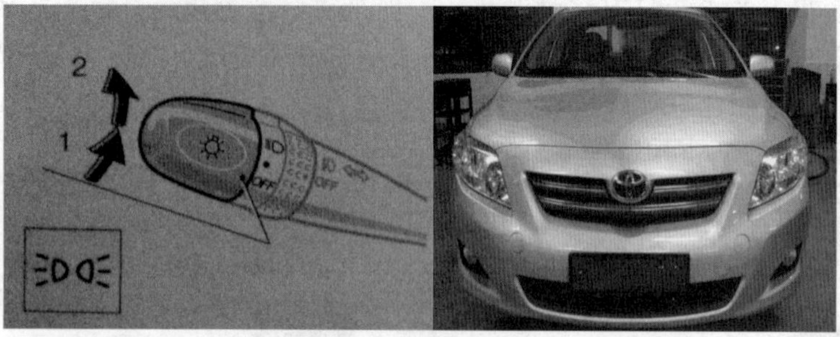

图 5-5　灯光组合开关

（二）前大灯

将灯光组合开关向上旋动两挡，如图 5-6 所示，近光灯及其指示灯应亮起；按位置“1”所示下压灯光组合开关，远光灯及其指示灯应亮起。如果在近光灯打开的情况下，按位置“3”所示上拉灯光组合开关，前大灯变光器应工作正常（远近光切换），如图 5-7 所示，仪表板上指示灯也应点亮。

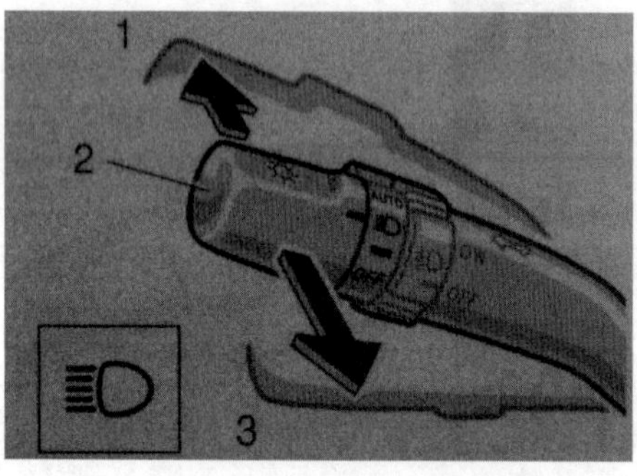

图 5-6　近光灯

图 5-7 远光灯

前大灯在夜间行车可提高能见度，远近光切换可起到提示或警示的作用。对于前大灯的使用，有严格的要求，驾驶员应按照交通法规规范操作，以避免事故，如夜间会车时，应切换成近光灯等。

1. 对前照灯的要求

由于汽车前照灯的照明效果直接影响着夜间的交通安全，故世界各国交通管理部门一般都以法律形式规定了汽车前照灯的照明标准，以确保夜间行车的安全，基本要求如下：

（1）前照灯应保证车前有明亮而均匀的照明，使驾驶员能看清车前 100m 以内路面上的任何障碍物。随着高速公路的建成，汽车行驶速度的提高，要求汽车前照灯的照明距离也相应地增长，现代有些汽车的前照灯照明距离已达到200～250mm。

(2) 应具有防止眩目的装置，确保夜间两车迎面相遇时，不使对方驾驶员因产生眩目而造成事故。

2. 前照灯的结构

汽车前照灯一般由光源（灯泡）、反射镜、配光镜（散光镜）三部分组成。

(1) 灯泡：目前汽车前照灯所用的灯泡有充气灯泡（白炽灯泡）、卤素灯泡和新型高压（20kV）放电氙灯等几种类型。

充气灯泡和卤素灯泡的灯丝均采用熔点高发光强的钨制成，如图 5-8 所示。前者由玻璃泡内抽出空气，然后充以 86%的氩气和约 14%的氮气的混合惰性气体制成。灯泡通电后，灯丝发热，惰性气体受热膨胀而产生较大的压力，可以减少钨的蒸发，延长其使用寿命，灯丝制成紧密的螺旋状。灯泡在长期使用后发黑，表明灯丝的损耗依然存在，因此并不能阻止钨丝的蒸发。后者是在惰性气体中加入了一定量的卤族元素（如碘、溴），使得从灯丝上蒸发出来的气态钨与卤族元素反应生成了一种挥发性的卤化钨，在扩散到灯丝附近的高温区域后又受热分解，使钨重新回到灯丝上，如此循环防止了钨的蒸发和灯泡黑化的现象。该种灯泡尺寸较小，外壳用耐高温且机械强度较高的石英玻璃或硬玻璃制成，可以充入较高压力的气体。灯泡内工作气压高，亦可抑制钨的蒸发。由于卤钨灯泡体积小、耐高温、发光强度高、使用寿命长，故而目前得到广泛的应用。

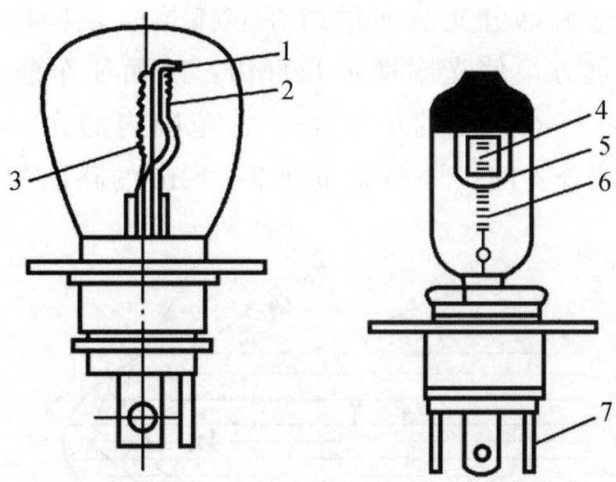

(a)　　　　(b)

图 5-8　前照灯的灯泡构造

1、5. 遮光罩；2、4. 近光灯丝；3、6. 远光灯丝；7. 插片新型高压放电氙灯的组件系统由弧光灯组件、电子控制器和升压器三大部件组成，图 5－9 是其外形及原理示意图。灯泡发出的光色和日光灯非常相似，亮度是目前卤素灯泡的 3 倍左右，寿命可达卤素气体灯泡的 5 倍，克服了传统钨灯的缺陷，几万伏的高压使得其光亮强度增加，完全满足汽车夜间高速行驶的需要。

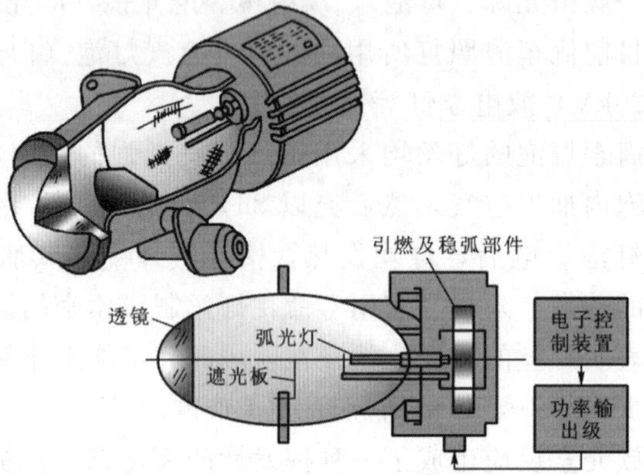

图 5－9　高压放电氙灯外形及原理示意图

（2）反射镜：前照灯灯泡的光度不大，如果没有反射镜，驾驶员只能辨清车前 6m 处有无障碍物。反射镜的作用是将灯泡的光线聚合并导向远方。反射镜材料有薄钢板、玻璃、塑料等，其表面形状是旋转抛物面，内表面镀银、铝或铬，再进行抛光。如图 5－10 所示为反射镜反射灯泡光线的情况。灯丝位于焦点 F 上，灯丝的绝大部分光线向后射在立体角 ω 范围内，经反射镜反射后变成平行光束射向远方，使光度增强几百倍，从而使车前 100～150m 处的路面照得足够清楚。从灯丝射出的位于 4π－ω 范围内的光线则向各方散射，散射向侧方和下方的部分光线，可照亮车前 5～10m 的路面和路缘。

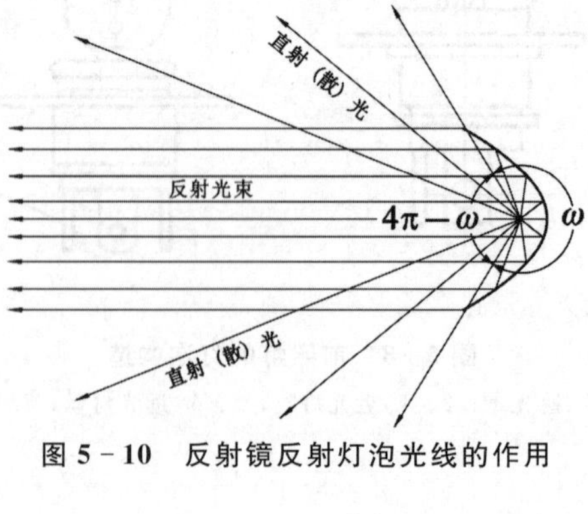

图 5－10　反射镜反射灯泡光线的作用

（3）配光镜：配光镜又称散光玻璃，由透光玻璃压制而成，是多块特殊棱镜和透镜的组合，外形一般为圆形和矩形，如图 5－11 所示。

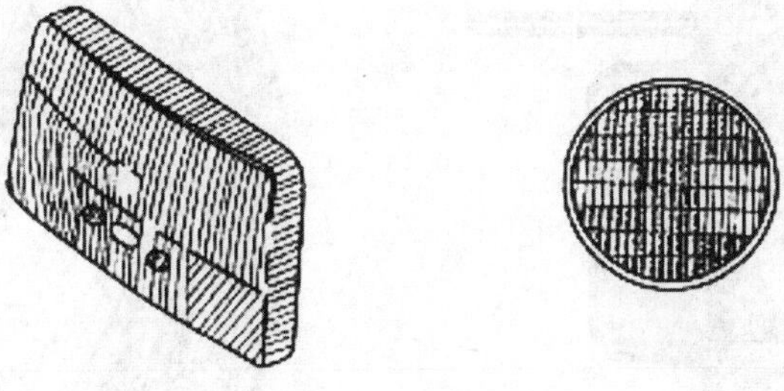

（a）　　　　　　（b）

图 5－11　配光镜

（a）方形；（b）圆形

配光镜的作用是将反射镜反射出的平行光束进行折射，使车前的路面有良好而均匀的照明，如图 5－12 所示。

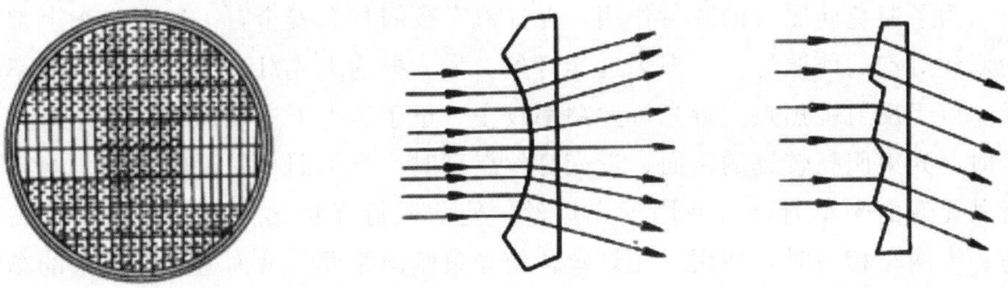

（a）　　　　　　（b）　　　　　　（c）

图 5－12　配光镜的作用

3. 前照灯的分类

前照灯按其结构不同可分为半封闭式和全封闭式两种，如图 5－13 和图 5－14所示。半封闭式前照灯的前透镜和反射镜密封，可从反射镜的后端拆装灯泡，其优点是维修方便，但反射镜易被污染。全封闭式前照灯的反射镜和前透镜熔焊为一个整体，灯丝直接焊在反射镜的底座上，其优点是可完全避免反射镜被污染，但灯丝烧坏后需更换整个总成，维修成本高。

4. 前照灯的防眩目措施

夜间行驶的汽车在交会时，由于前照灯的亮度较强，会引起对方驾驶员眩目。所谓眩目，是指人的眼睛突然受强光照射时，由于视觉神经受刺激而失去对眼睛的控制，本能地闭上眼睛或看不清暗处物体的生理现象，这种现象很容易引起交通事故。

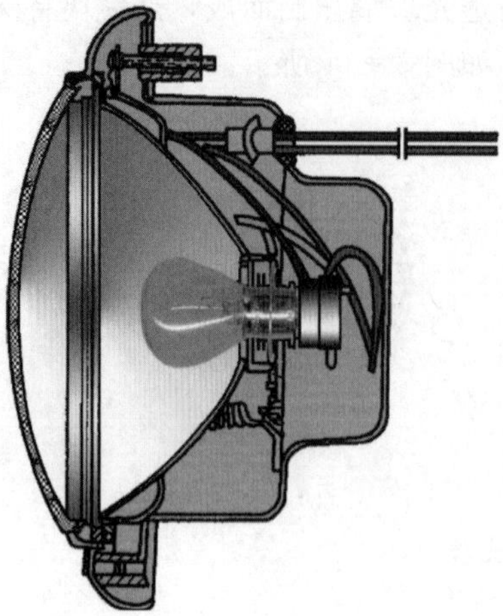

图 5-13　半封闭式前照灯

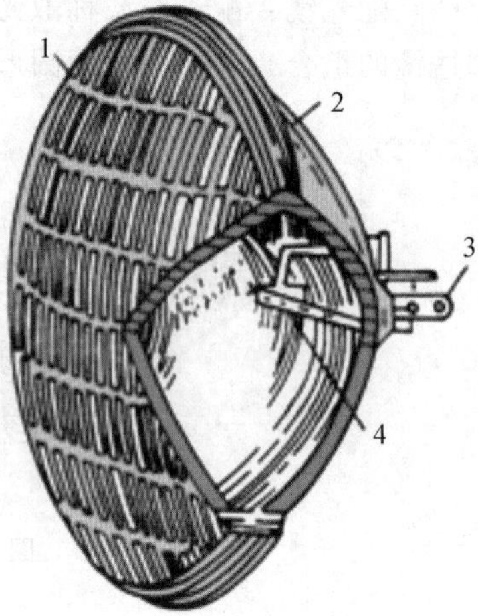

图 5-14　全封闭式前照灯

1. 配光镜；2. 反射镜；3. 插头；4. 灯丝

为了避免前照灯的眩目作用，保证汽车夜间行车安全，一般在汽车上都采用双丝灯泡的前照灯。一根为远光灯丝，另一根为近光灯丝。远光灯丝功率较大，位于反射镜焦点。近光灯丝功率较小，位于焦点下方或前方。远光灯丝点亮时，光束照亮较远的路面；近光灯丝点亮时，光束照亮较近的路面。当夜间行驶无迎面来车时，可使用远光灯丝，使前照灯光束射向远方，便于提高车速。当两车相遇时，使用近光灯丝，使光束倾向路面，从而避免迎面来的车辆驾驶员的眩目，并使车前 50m 内的路面也照得十分清晰。

5. 前照灯电路

前照灯电路由灯光开关、变光开关、远光指示灯和前照灯等组成。前照灯电路如图 5-15、图 5-16 所示。

灯光开关可以装在仪表板上，也可装在转向柱上。

变光开关大多数安装在转向柱上，串接在前照灯电路中，当灯光开关打到 Head 挡时，驾驶员可通过变光开关控制前照灯的远光和近光。

（三）前后雾灯

在小灯打开的情况下，将灯光组合开关内侧的雾灯旋钮向前旋一挡，则前雾灯及仪表板上前雾灯指示灯亮起，如图 5-17 所示；在前雾灯亮起的前提下，将灯光组合开关内侧的雾灯旋钮向前再旋一挡后放松，则后雾灯及仪表板上后雾灯指示灯亮起，如图 5-18 所示。在雨雾天气，打开前后雾灯，起到提高能见度和警示的作用。

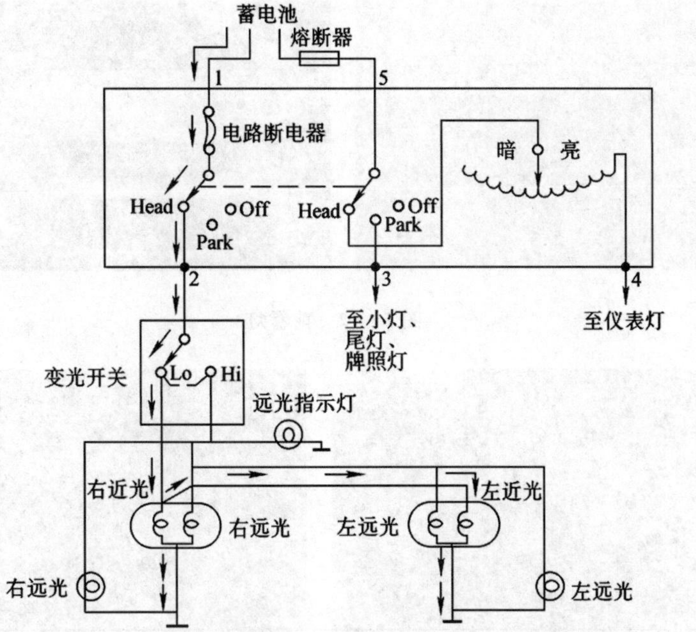

图 5－15　前照灯电路——变光开关在 Lo（近光）挡

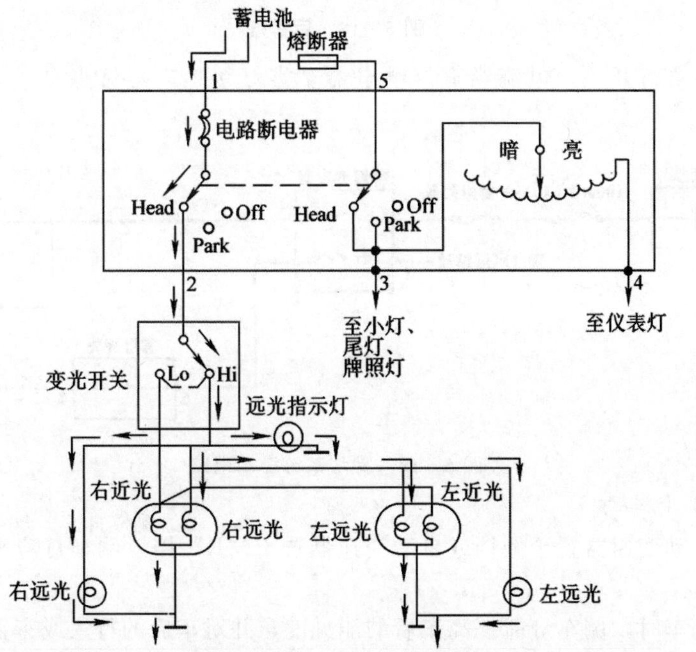

图 5－16　前照灯电路——变光开关在 Hi（远光）挡

图 5-17　前雾灯

图 5-18　后雾灯

打开雾灯开关，电流经雾灯继电器至雾灯接地，雾灯点亮，如图 5-19 所示。

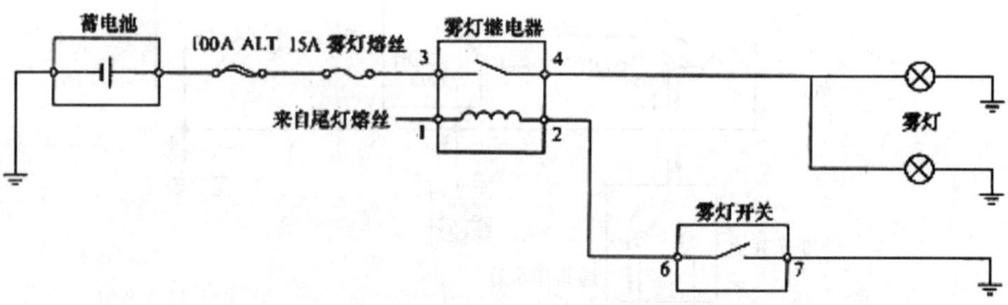

图 5-19　雾灯系统控制电路

（四）倒车灯

将手动变速器置于倒挡或自动变速器置于“R”挡，倒车灯应亮起，如图 5-20 所示。

在倒车时，倒车灯能提高车后的能见度，并对车后的行人或车辆起到警示作用。

图 5 - 20　倒车灯

（五）转向灯及危险警告灯

将灯光组合开关向上或向下拨至位置“1”，如图 5 - 21 所示，则左右转向灯及仪表板上左右转向灯指示灯亮起；发出变换车道信号时，把杆向上或向下移动至位置“2”；将仪表板中央的危险警告灯按钮（红色三角形）按下，如图 5 - 22 所示，则危险警告灯亮起（即所有转向灯同时亮起），转向灯仪表板指示灯也应点亮。

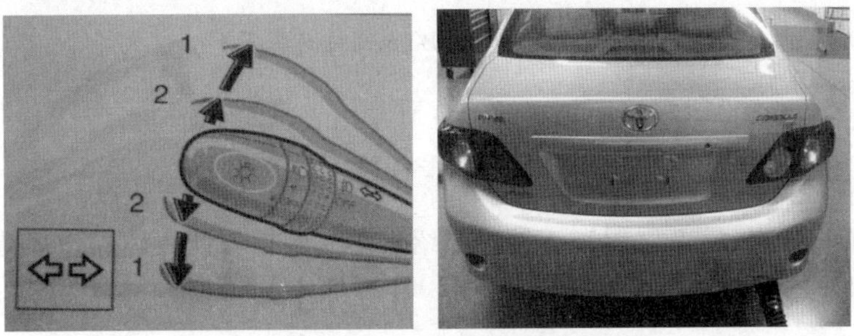

图 5 - 21　左右转向灯操作

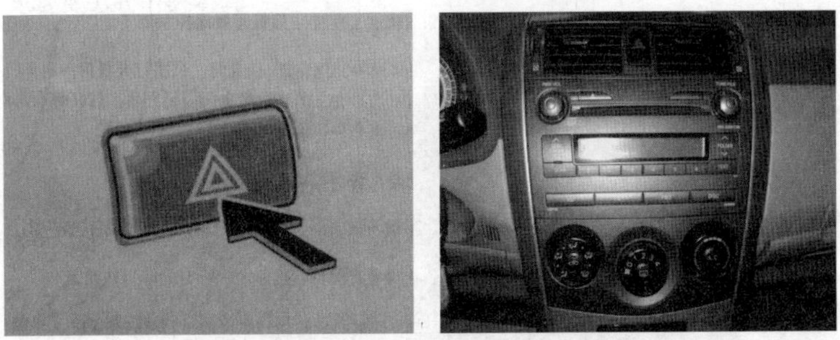

图 5 - 22　危险警告灯开关

在转向前打开转向灯，主要起向行人或过往车辆提示驾驶员转向意图的作用；打开危险警告灯，主要起向行人或过往车辆提示有危险或紧急情况的作用。

（六）制动灯

踩踏制动踏板时，制动灯及高位制动灯应亮起，如图 5 - 23 所示。

在进行车辆制动时，制动灯点亮，将对车后的车辆或行人起到警示的作用，避免追尾事故的发生。

图 5 - 23　制动灯及高位制动灯

三、汽车照明系统检修操作规范

1. 前照灯的检修和拆装

下面以桑塔纳 2000 轿车为例，介绍汽车大灯检修的具体操作规范及要求（表 5 - 1）。其他车型参照进行。

表 5 - 1　汽车灯的检修

作业内容	图解	具体操作方法及要求
1. 准备车辆		技术要求： ①将车辆停放在实训车间，拉起手刹 ②打开引擎盖 安全警告： ①不要忘记拉起手刹 ②换挡杆置于空挡

续表 1

作业内容	图解	具体操作方法及要求
2. 拆卸蓄电池负极线		技术要求： 用开口扳手旋松负极螺栓，拆卸负极线 安全警告： 不要忘记拆卸负极线
3. 拔下大灯接线	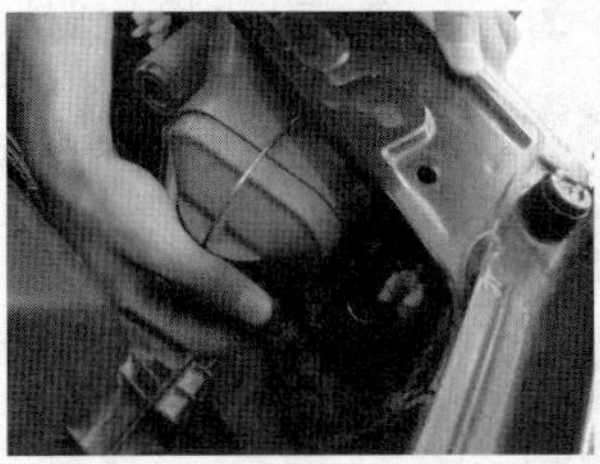	技术要求： 找到前大灯灯泡插接器，并拔出插接器 易发问题： ①忘记关闭点火开关 ②用力过猛，损坏插接器
4. 拆卸大灯		技术要求： 用套筒扳手拆卸大灯固定螺母，共4个 安全警告： 小心螺母脱落 易发问题： 螺母旋下来脱落掉地
5. 取下密封条	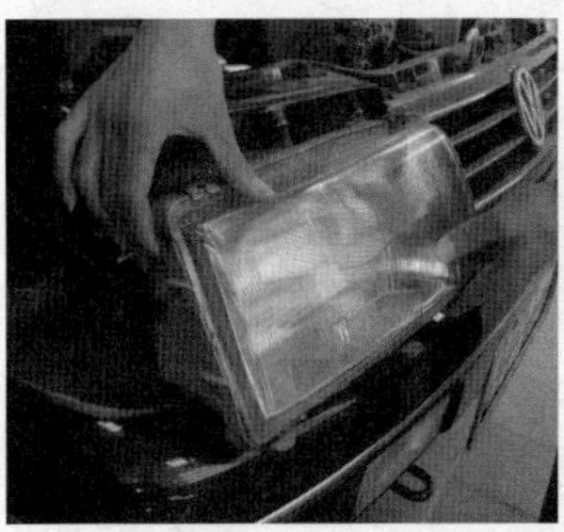	技术要求： 取下大灯下边缘塑料密封条 安全警告： 塑料扣板不要折断 易发问题： 塑料扣板折断

续表 2

作业内容	图解	具体操作方法及要求
6. 取下大灯	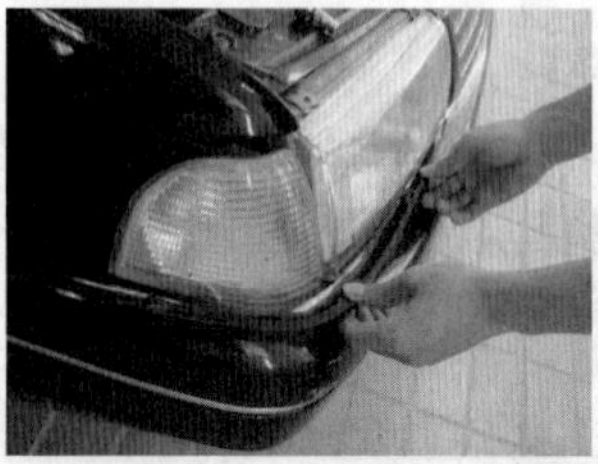	技术要求： 双手晃动大灯，小心取下大灯 安全警告： 小心大灯脱落 易发问题： 没有拿稳，使大灯脱落地面损坏
7. 取下后盖	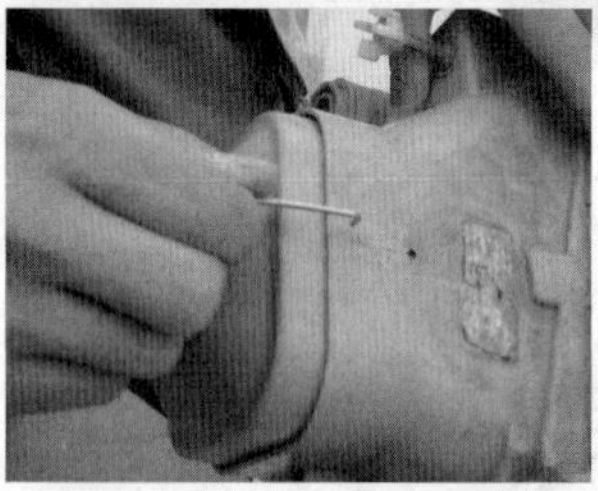	技术要求： 取下大灯后方塑料盖弹簧固定丝 安全警告： 小心弹力伤手，出现意外事故
8. 取出灯泡		技术要求： 打开后盖，旋转灯泡底座，取出灯泡 安全警告： ①直接用力往外拔灯泡，造成灯泡损坏 ②不要接触灯泡表面
9. 拔下灯泡	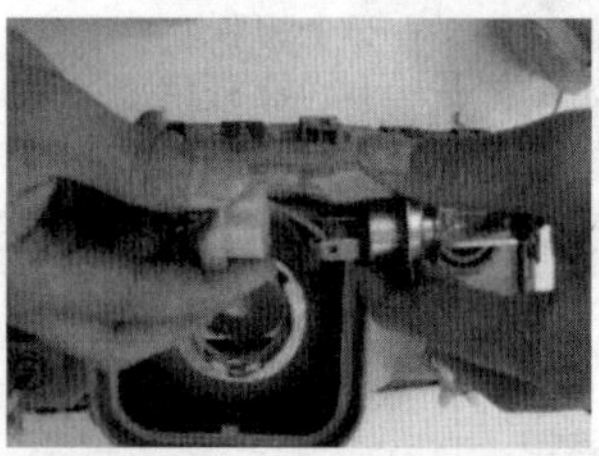	技术要求： ①将灯泡与插接器分离 ②手指不要碰到灯泡表面
10. 更换灯泡	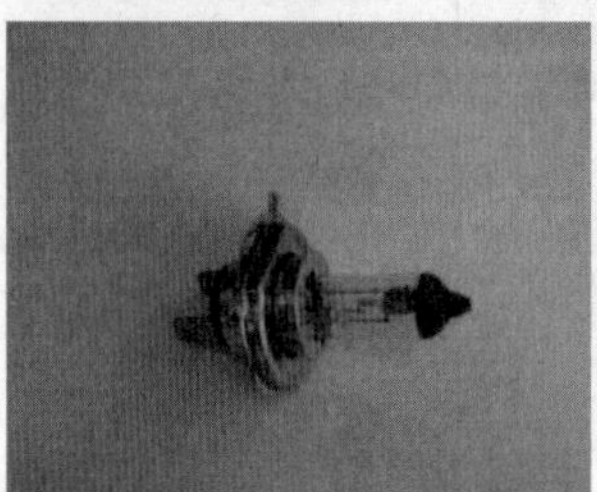	技术要求： 更换新的灯泡

续表 3

作业内容	图解	具体操作方法及要求
11. 安装后盖	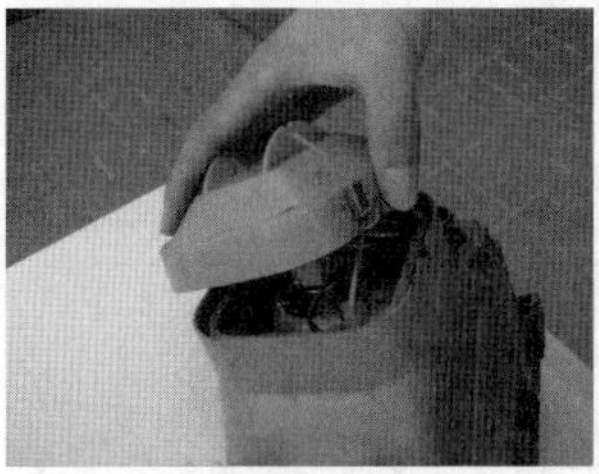	技术要求： ①按照标记，装好后盖 ②安装后盖紧固钢丝 易发问题： 安装不牢固
12. 安装大灯		技术要求： 对准位置，安装大灯 安全警告： 大灯安装一定要到位，螺栓孔对正，否则造成无法紧固螺栓
13. 紧固大灯		技术要求： 用相应扳手套筒拧紧固定螺栓，共4个，按规定力矩拧紧 易发问题： 螺栓紧固过程中容易脱落
14. 安装塑料条		技术要求： 安装大灯下方塑料密封条

续表 4

作业内容	图解	具体操作方法及要求
15. 调节大灯	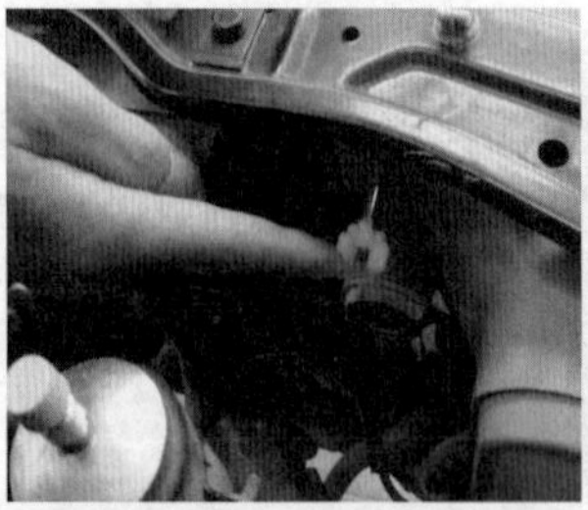	技术要求： 调节大灯光束，使大灯光束照射位置正确
16. 清洁工具	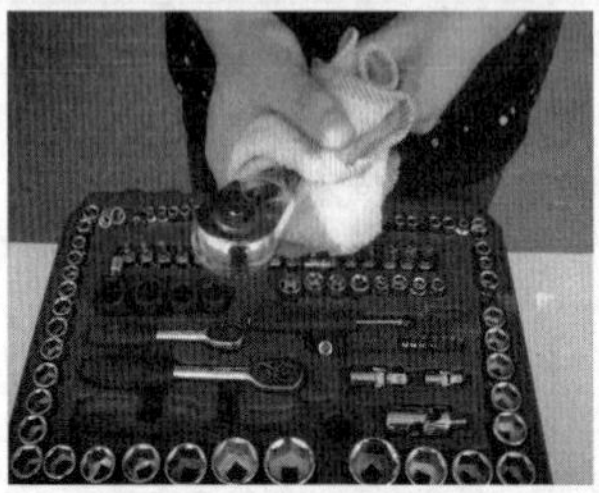	技术规范： 及时清洁工具 易发问题： 忘记清洁工具，直接放回工具箱
17. 整理工具	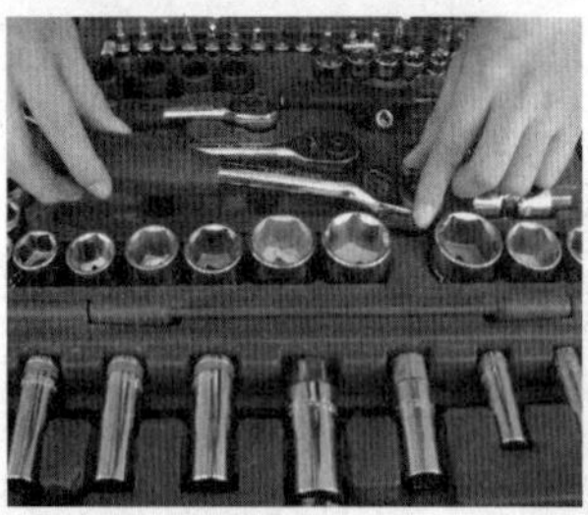	技术规范： 工具归位，轻拿轻放 易发问题： 工具摆放位置出现错误
18. 5S 工作		技术要求： 将翼子板布、前格栅布收起，并叠放整齐，归位 易发问题： 翼子板布前格栅布随处乱放，没叠放整齐

2. 汽车照明系统的检修

下面以丰田 COROLLA1.6 轿车为例，介绍汽车照明系统检修的具体操作规范及要求（表 5-2）。其他车型参照进行。

表 5－2　汽车照明系统的检修

作业内容	图解	具体操作方法及要求
1．工具准备		（1）实操所需工具，如左图 （2）工具要齐全，摆放要整齐
2．车辆安全防护		（1）安装车轮挡块 （2）安装排气烟道
3．安装车内防护		（1）安装座椅套 （2）安装换挡杆套 （3）铺地板垫
4．安装车外防护		（1）降下驾驶员侧车窗玻璃 （2）拉发动机舱盖释放杆，打开发动机舱盖 （3）安装翼子板布 （4）安装前格栅布

续表 1

作业内容	图解	具体操作方法及要求
5. 车辆预检		（1）检查机油、冷却液、制动液、喷洗液各液位是否在规定范围 （2）取下车外防护，关闭发动机舱盖
6. 检查阅读灯		分别按下两个阅读灯开关，阅读灯都应能点亮
7. 检查车厢灯		（1）将开关拨至“ON”位，车厢灯能点亮 （2）关闭所有车门，将开关拨至“DOOR”位，车厢灯不亮 （3）逐一打开各扇车门，车厢灯能点亮，关闭车门后，能延时熄灭
8. 检查行李箱灯	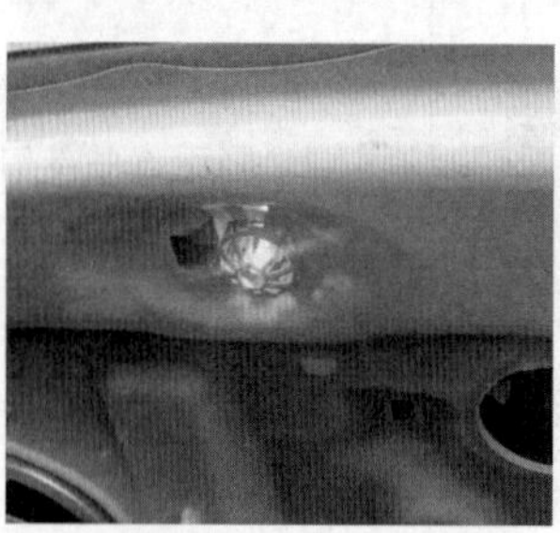	拉后备箱盖释放杆，打开行李箱，行李箱灯应能点亮

续表 2

作业内容	图解	具体操作方法及要求
9. 检查示宽灯等		（1）启动发动机，灯光组合开关向上旋到“1”挡 （2）检查仪表照明灯是否点亮 （3）检查示宽灯是否点亮 （4）检查牌照灯是否点亮 （5）检查尾灯是否点亮 （6）检查尾灯总成安装有无松动 （7）检查尾灯壳体有无开裂、油污、内部起雾等现象
10. 检查前大灯		（1）灯光组合开关向上旋到“2”挡 （2）检查近光灯及指示灯是否点亮 （3）检查远光灯及指示灯是否点亮 （4）检查前大灯变光器是否正常 （5）检查前大灯总成安装有无松动 （6）检查前大灯壳体有无开裂、油污、内部起雾等现象
11. 检查前后雾灯		（1）检查前雾灯及指示灯是否点亮 （2）检查后雾灯及指示灯是否点亮 注意：必须先将灯光组合开关向上旋到“1”挡，再开雾灯
12. 检查转向灯及危险警告灯		（1）检查左转向灯及指示灯是否点亮 （2）检查右转向灯及指示灯是否点亮 （3）检查危险警告灯及指示灯是否点亮

续表 3

作业内容	图解	具体操作方法及要求
13. 检查制动灯		检查制动灯及高位制动灯是否点亮
14. 检查倒车灯		检查倒车灯是否点亮 注意：挂倒挡时，必须踩下制动踏板或离合器踏板，注意安全
15. 车辆复位		(1) 取下车内、外防护用品 (2) 取下排气烟道、车轮挡块 (3) 清洁车身
16. 工具复位		清洁并整理工具 注意：在操作过程中要体现 5S

第二节　信号系统的检修

一、汽车信号装置的种类及用途

汽车上的主要灯光信号装置有以下几种。

1. 转向信号灯

汽车转弯时，发出明暗交替的闪光信号，以表明汽车向左或向右转向行驶，使前后车辆、行人知其行驶方向。转向信号灯一般有4只或6只，它有前、后、侧转向信号灯之分，光色一般为橙色。

2. 危险报警灯

危险报警灯与转向信号灯共用。当车辆出现故障停在路面上时，按下危险警报开关，全部转向灯同时闪亮，提醒后方车辆避让。

3. 示宽灯

示宽灯（前小灯）装于汽车前后两侧边缘，白色，用于标示汽车夜间行驶或停车时的宽度轮廓。

4. 尾灯

尾灯装于汽车尾部，左右各一只，红色，用于警示后面的车辆，以便保持一定的距离。

5. 制动灯

制动灯装于汽车后面，每当踏下制动踏板时，便发出较强的红光，以示制动或减速停车，向车后发出灯光信号，警示随后车辆及行人。制动灯多采用组合式灯具，一般与尾灯共用灯泡（双丝灯），但制动灯功率较小，为20W左右。

6. 倒车灯

倒车灯装于汽车尾部，左右各一只，白色，用于照亮车后路面，并警告车后的车辆和行人，表示该车正在倒车。

目前多将汽车后部的尾灯、后转向信号灯、制动灯、倒车灯等组合起来称为组合后灯。而将前照灯、雾灯和前转向灯等组合在一起称为组合前灯。

二、汽车转向信号装置

为指示车辆的行驶方向，汽车上都装有转向信号灯。转向灯系统一般由转向信号灯、转向指示灯、转向开关、闪光器等组成。当汽车要向左或向右转向时，通过操纵转向开关，使车辆左侧或右侧的转向信号灯经闪光器通电而闪烁发光。转向后，回转转向盘，转向盘控制装置可自动使转向开关回位，转向灯熄灭。驾驶员还可以通过操纵危险警报开关使全部转向灯闪亮，发出警示。

转向信号灯一般应具有一定的频闪。国标中规定为60～120次/min，日本转向闪光灯规定为（85±10）次/min，而且要求信号效果要好，亮暗时间比（通电率）在3∶2为佳。

转向信号灯的频闪由闪光器控制。闪光器按结构和工作原理可分为电热丝式（俗称电热式）、电容式、翼片式、水银式、晶体管式等多种。电热式闪光器结构简单，制造成本低，但由于闪光频率不够稳定，使用寿命短，已被淘汰。而电容式闪光器闪光频率稳定，翼片式闪光器结构简单、体积小、闪光频率稳定、监控作用明显、工作时伴有响声，晶体管式闪光器具有性能稳定、可靠等优点，故得到了广泛的应用。

1. 电容式闪光器

电容式闪光器是利用电容器充、放电延时特性，使继电器的两个线圈产生的电磁吸力时而相同叠加，时而相反削减，从而使继电器产生周期性开关动作，使得转向信号灯及指示灯实现闪烁的。如图5-24所示为电容式闪光器的结构及工作原理。

其工作过程如下：当汽车向左转弯接通转向灯开关8时，电流便从蓄电池正极、电源开关11、线圈3、触点1、转向灯开关8、左转向信号灯及指示灯9、搭铁，到蓄电池负极构成回路，电流通过线圈3产生的电磁吸力大于弹簧片2的作用力，触点1被打开，转向灯处于暗的状态。此时，蓄电池向电容器7充电，充电电流由蓄电池正极、电源开关11、线圈3和4、电容器7、转向灯开关8、左转向信号灯及指示灯9、搭铁，到蓄电池负极构成回路。由于线圈4电阻较大，充电电流很小，转向灯仍处于暗的状态。同时充电电流通过线圈3、4产生的电磁吸力方向相同，使触点继续打开，随着电容器两端电压的逐渐升高，其充电电流逐渐减小，线圈3、4的电磁吸力减小，使触点1重新闭合，转向灯处于亮的状态。此时，电容器7通过线圈4和触点1放电，使线圈3和4产生的电磁吸力方向相反，电磁吸力减小，故触点1仍保持闭合，转向灯继续发亮。随着电容器的放电，其两端电压逐渐下降，电流减小，在线圈

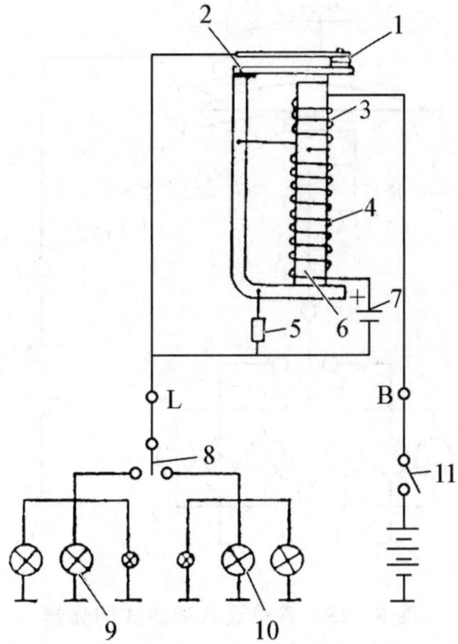

图 5-24　电容式闪光器

1. 触点；2. 弹簧片；3. 串联线圈；4. 并联线圈；5. 灭弧电阻；6. 铁心；7. 电解电容器；8. 转向灯开关；9. 左转向信号灯及指示灯；10. 右转向信号灯及指示灯；11. 电源开关

3 的电磁吸力作用下，触点 1 重又打开，灯变暗。如此反复，使转向灯发出闪光。

2. 翼片式闪光器

翼片式闪光器是利用电流的热效应，以热胀条的热胀冷缩为动力，使翼片产生突变动作，接通和断开触点，使转向信号灯及转向信号指示灯实现闪烁的。根据热胀条受热情况的不同，可分为直热式和旁热式两种。

（1）直热翼片弹跳式闪光器：直热翼片弹跳式闪光器的结构与工作原理如图 5-25 所示。它主要是由翼片 2、热胀条 3、动触点 4、静触点 5 及支架 1、8 等组成。翼片 2 为弹性钢片，平时靠热胀条 3 绷紧成弓形。热胀条由膨胀系数较大的合金钢带制成，在其中间焊有动触点 4，在动触点 4 的对面安装有静触点 5，整个弹跳组件被焊在支架 1 上，支架的另一端伸出底板外部作为接线柱“B”。静触点 5 焊在支架 8 上，支架 8 伸出底板外部作为另一接线柱“L”。热胀条 3 在冷态时，使触点 4、5 闭合。

汽车转向时，接通转向灯开关 6，蓄电池即向转向信号灯供电，电流路径为：蓄电池正极→接线柱“B”→支架 1→翼片 2→热胀条 3→动触点 4→静触点 5→支架 8→接线柱“L”→转向灯开关 6→转向信号灯 9 和指示灯 7→搭铁→

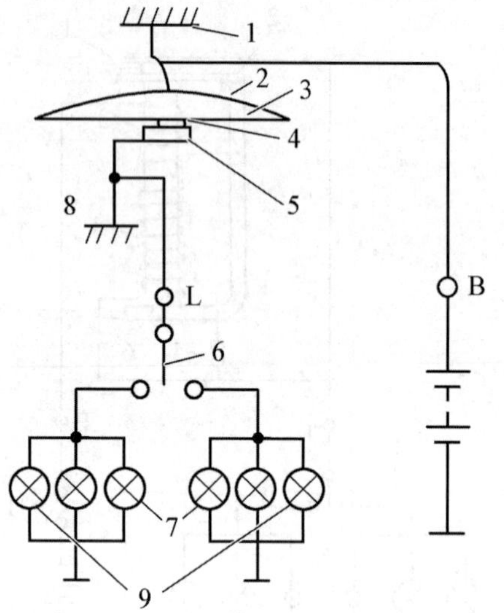

图 5-25　直热翼片弹跳式闪光器

1、8. 支架；2. 翼片；3. 热胀条；4. 动触点；
5. 静触点；6. 转向开关；7. 转向指示灯；9. 转向信号灯

蓄电池负极，形成回路，转向信号灯 9 立即发亮。这时热胀条 3 由于通过电流而发热伸长，翼片 2 突然绷直，动触点 4 和静触点 5 分开，切断电流，于是转向信号灯 9 熄灭。当通过转向信号灯的电流被切断后，热胀条开始冷却收缩，又使翼片突然弯成弓形，动触点 4 和静触点 5 再次接触，接通电路，转向信号灯再次发光，如此反复变化使转向信号灯一亮一暗地闪烁，标示车辆的行驶方向。

（2）旁热翼片弹跳式闪光器：国产 SG124 型闪光器就是旁热翼片弹跳式闪光器，其结构与工作原理如图 5-26 所示。它的主要功能零件是不锈钢制成的翼片 6（也称弹簧片），翼片上固定有热胀条 1，热胀条上绕有电阻丝 2，电阻丝的一端与热胀条 1 相连，另一端与静触点 5 相连，翼片 6 靠热胀条 1 绷紧成弓形。动触点 4 固定在翼片 6 上，整个弹跳组件焊在支架 7 上，由支架伸出底板外部作接线柱“B”，静触点与接线柱“L”相连。当闪光器不工作时，触点 4 和 5 处于分开状态。

当汽车向左转弯时，接通转向灯开关 8，电流路径为：蓄电池正极→接线柱“B”→支架 7→电阻丝 2→静触点 5→接线柱“L”→转向灯开关 8→左转向信号灯和指示灯 9→搭铁→蓄电池负极，形成回路。这时信号灯虽然有电流通过，但由于电阻丝 2 的电阻较大，电路中电流较小，此时信号灯不亮。同时，

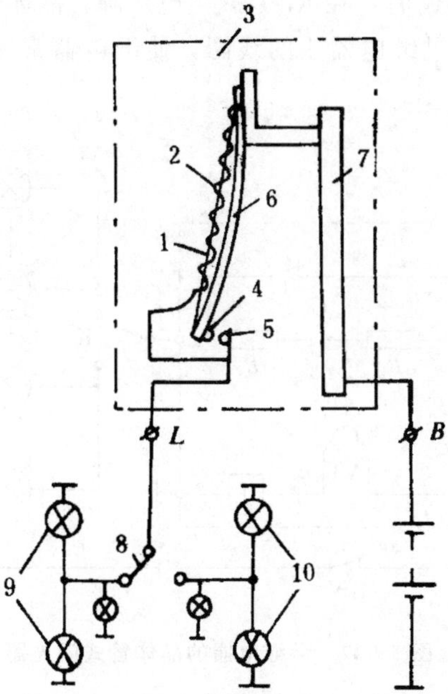

图 5-26　旁热翼片弹跳式闪光器

1. 热胀条；2. 电阻丝；3. 闪光器；4. 动触点；5. 静触点；6. 翼片；7. 支架；
8. 转向灯开关；9. 左转向信号灯和指示灯；10. 右转向信号灯和指示灯

电阻丝对热胀条 1 进行加热，使热胀条受热伸长，于是翼片 6 依靠自身弹性使触点 4 与 5 闭合。电流路径为：蓄电池正极→接线柱“B”→支架 7→翼片 6→动触点 4→静触点 5→接线柱“L”→转向灯开关 8→左转向信号灯和指示灯 9→搭铁→蓄电池负极，形成回路。此时由于电流不再通过电阻丝 2，电流增大，转向信号灯和指示灯发亮。同时，因触点 4 与 5 闭合，电阻丝被短路，使热胀条 1 逐渐冷却收缩，拉紧翼片，触点 4 和 5 再次分开，如此反复变化，使转向信号灯 9 一明一暗地闪烁，标示车辆的行驶方向。

3. 晶体管式闪光器

晶体管闪光器分有触点式和无触点式两种。

（1）有触点晶体管式闪光器：图 5-27 为带继电器的有触点晶体管式闪光器。它由一个晶体管的开关电路和一个小型继电器组成，其工作原理如下：

当汽车向右转弯时，接通电源开关 SW 和转向灯开关 K，电流路径为：蓄电池正极→电源开关 SW→接线柱“B”→电阻 R_1→继电器 J 的常闭触点→接线柱“S”→转向灯开关 K→右转向信号灯→搭铁→蓄电池负极，则右转向信号灯亮。当电流通过 R_1 时，在 R_1 上产生电压降，晶体管 VT 因正向偏压而导通，集电极电流 I_c 通过继电器 J 的线圈，使继电器常闭触点立即断开，右转向信号灯熄灭。

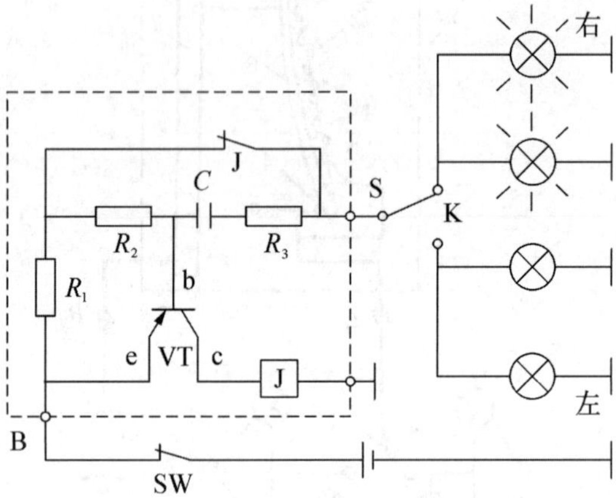

图 5－27　带继电器的晶体管式闪光器

晶体管 VT 导通的同时，VT 的基极电流向电容器 C 充电。充电电路电流路径为：蓄电池正极→电源开关 SW→接线柱“B”→VT 的发射极 e、基极 b→电容器 C→电阻 R_3→接线柱 S→转向灯开关 K→右转向信号灯→搭铁→蓄电池负极。在充电过程中，随着电容器电荷的积累，充电电流 I_b 逐渐减小，晶体管 VT 的集电极电流 I_c 也随之减小，当此电流不足以维持衔铁的吸合而释放时，继电器 J 的常闭触点 J 又重新闭合，转向信号灯再次发亮。这时电容器 C 通过电阻 R_2、继电器的常闭触点 J 和电阻 R_3 放电。放电电流在 R_2 上产生的电压降为 VT 提供反向偏压，加速了 VT 的截止，使继电器 J 的常闭触点 J 迅速断开。当放电电流接近零时，R_1 上的电压降又为 VT 提供正向偏压使其导通。这样，电容器 C 不断地充电和放电，晶体管 VT 也就不断地导通与截止，控制继电器的触点反复地闭合、断开，使转向信号灯发出闪光。

（2）无触点晶体管式闪光器：图 5－28 所示为无触点晶体管式闪光器电路图，它是利用电容器充放电延时的特性，控制晶体管 VT_1 的导通和截止，从而实现闪光的目的。其工作过程如下：

当接通转向开关后，晶体管 VT_1 的基极电流由两路提供，一路经电阻 R_2，另一路经 R_1 和 C，使 VT_1 导通。VT_1 导通时，VT_2、VT_3 组成的复合管处于截止状态。由于 VT_1 的导通电流很小，仅 60mA 左右，故转向信号灯暗。与此同时，电源对电容器 C 充电，随着 C 两端电压的升高，充电电流减小，

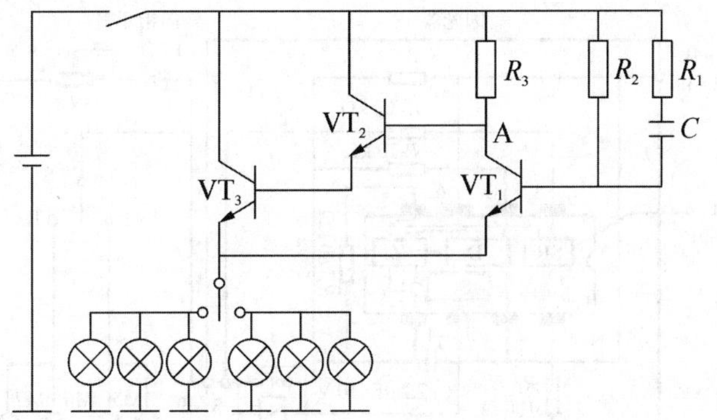

图 5-28　国产 SG131 型无触点晶体管式闪光器电路图

VT_1 的基极电流减小，使 VT_1 由导通变为截止。这时 A 点电位升高，当其电位达到 1.4V 时，VT_2、VT_3 导通，于是转向信号灯亮。

此时电容器 C 经过 R_1、R_2 放电，放电时间为灯亮时间。C 放完电，接着又充电，VT_1 再次导通，使 VT_2、VT_3 截止，转向信号灯又熄灭，C 的充电时间为灯灭的时间。如此反复，使转向信号灯发出闪光。改变 R_1、R_2 的电阻值和 C 的大小，以及 VT_1 的 β 值，即可改变闪光频率。

4. 集成电路闪光器

集成电路闪光器可用通用集成电路制成，也有专用闪光器集成电路。进口汽车上的集成电路闪光器一般采用的是专用集成电路。

上海桑塔纳轿车装用的电子闪光器的核心器件 ICU243B 是一块低功耗、高精度的汽车电子闪光器专用集成电路。U243B 的标称电压为 12V，实际工作电压范围为 9～18V，采用双列 8 脚直插塑料封装，桑塔纳轿车电子闪光器引脚及电路原理图如图 5-29 所示。内部电路主要由输入检测器 SR、电压检测器 D、振荡器 Z 及功率输出级 4 部分组成。

输入检测器用来检测转向信号灯开关是否接通。振荡器由一个电压比较器和外接 R_4 及 C_1 构成。内部电路给比较器的一端提供了一个参考电压（其值的高低由电压检测器控制），比较器的另一端则由外接 R_4 及 C_1 提供一个变化的电压，从而形成电路的振荡。

振荡器工作时，输出级控制继电器线圈的电路使继电器触点反复开、闭。于是，转向信号灯和转向指示灯便以 80 次/min 的频率闪光。

如果一只转向信号灯损坏，则流过取样电阻 Rs 的电流减小，其电压降减小，经电压检测器识别后，便控制振荡器电压比较器的参考电压，从而改变振

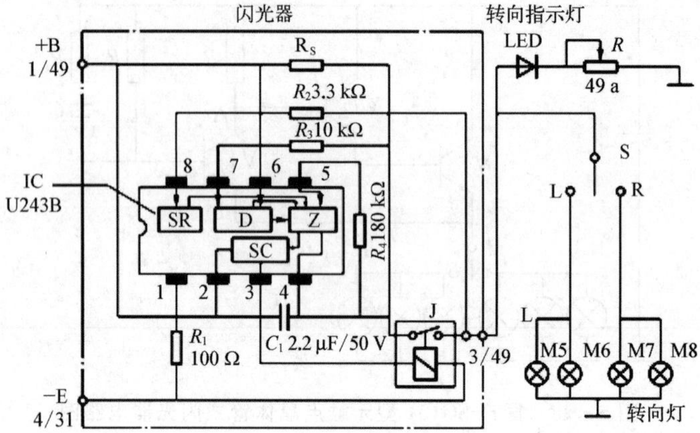

图 5－29　集成电路闪光器

SR. 输入检测器；D. 电压检测器；Z. 振荡器；SC. 输出级；R_S. 取样电阻；J. 继电器

荡（即闪光）频率，则转向指示灯的闪光频率加快一倍，以示需要检修或更换灯泡。

有些汽车利用闪光器还可作危险报警之用，当汽车出现危险情况时，只要接通危险报警开关，则汽车前、后、左、右的转向信号灯同时闪烁以示危险。

5. 闪光继电器的检测

（1）检查和调整闪光继电器的频率

①测定频率值：将闪光继电器与电路正确连接后，接通转向开关，同时按下计时电子秒表，记下 1min 内转向灯的闪光次数，即为被测闪光器的频率值。

②调整闪光频率：转向灯的闪光频率一般为 60～120 次/min，但以 60～90 次/min 为宜。低于或超出规定值应进行调整。电热式闪光器与电容式闪光器，可打开闪光继电器外壳，用尖嘴钳拨动调节片改变触点间隙进行调整；电子式闪光继电器可改变充电电容数值进行调整。

（2）闪光继电器技术性能测试

①连接电源：将闪光继电器“B”接 12V 直流稳压电源“＋”，“E”接 12V 直流稳压电源“－”，“L”接试灯后再接直流稳压电源“－”。

②判明故障：打开 12V 直流稳压电源开关，观察灯泡的闪光频率，若能正常闪烁，则闪光继电器完好；如灯泡不亮或长亮不闪，为闪光继电器故障，应调整或更换闪光继电器。

三、制动与倒车信号装置

1. 制动信号装置

制动信号灯与汽车制动系统同步工作，它通常由制动信号灯开关控制。气压制动系统的制动信号通常由安装在制动系统管路中或制动阀上的制动信号灯开关控制；液压制动系统的制动信号灯一般由与制动踏板直接连动的机械行程开关控制，也可采用安装在制动回路上的液压式开关来控制。

（1）气压式制动信号灯开关：气压式制动信号灯开关通常安装在制动系统管路中或制动阀上。图 5 - 30 所示为气压式制动信号灯开关的结构图。制动时，制动压缩空气推动橡皮膜片 2 上拱，使触点 6 闭合，接通制动灯电路。

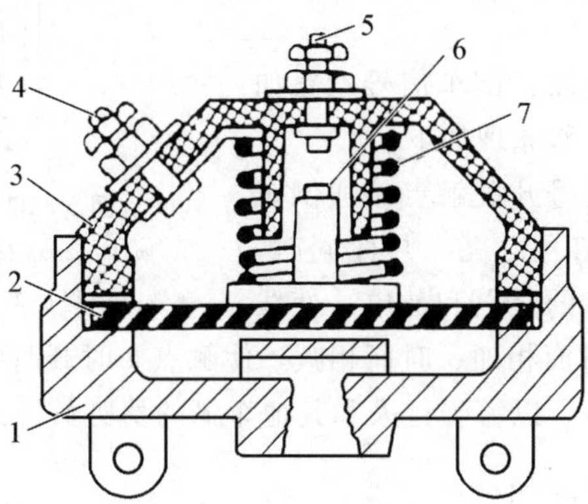

图 5 - 30　气压式制动信号灯开关

1. 壳体；2. 膜片；3. 胶木盖；4、5. 接线柱；6. 触点；7. 弹簧

（2）液压式制动信号灯开关：液压式制动信号灯开关通常安装在制动总泵的前端。图 5 - 31 为液压式制动信号灯开关。当踩下制动踏板时，制动系统中油液压力增大，膜片 2 向上拱曲，克服弹簧 5 的作用力使动触片 4 接通接线柱 6 和 7，制动信号灯通电发亮。松开制动踏板时，油液压力降低，动触片在弹簧 5 的作用下复位，制动信号灯熄灭。

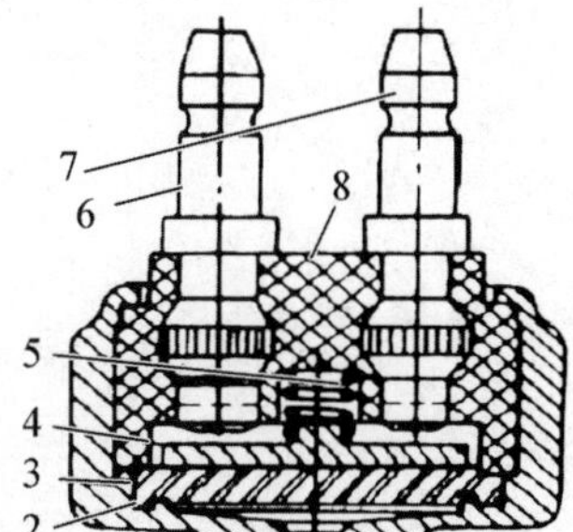

图 5 - 31　液压式制动信号灯开关

1. 管接头；2. 膜片；3. 壳体；4. 动触片；5. 弹簧；6、7. 接线柱及静触头；8. 胶木

2. 倒车信号装置

汽车倒车时，为了警告车后的行人和

车辆驾驶员，在汽车的后部常装有倒车灯、倒车蜂鸣器或语音倒车报警器，它们均由装在变速器盖上的倒车灯开关自动控制。

(1) 倒车灯开关：倒车信号装置由倒车灯开关控制。倒车灯开关的结构如图5－32所示。当把变速杆拨到倒车挡时，由于倒车开关中的钢球1被松开，在弹簧5的作用下，触点4闭合，于是倒车灯、倒车蜂鸣器或语音倒车报警器便与电源接通，使倒车灯发出闪烁信号、蜂鸣器发出断续的鸣叫声、语音倒车报警器发出警告声音。

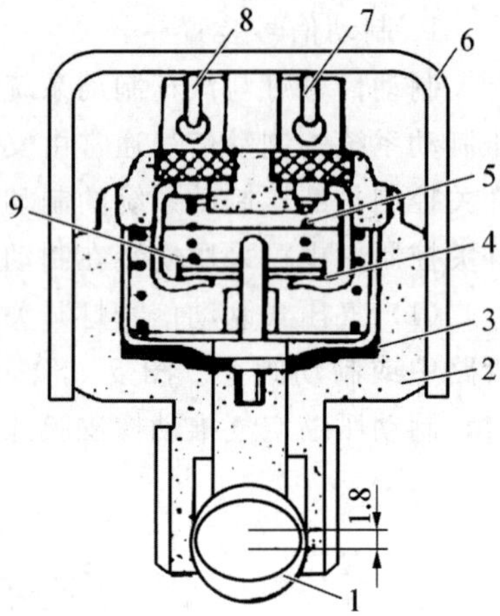

图 5－32　倒车灯开关

1. 钢球；2. 壳体；3. 膜片；4. 触点；5. 弹簧；6. 保护罩；7、8. 导线；9. 金属盘

(2) 倒车信号电路：倒车信号电路如图5－33所示，其工作原理如下：

倒车时，倒车信号开关触点接通倒车信号灯电路，倒车信号灯亮。与此同时，倒车蜂鸣器利用电容的充电和放电，使线圈 L_1 和 L_2 的磁场时而相加、时而相减，使触点4时开时闭，从而控制电磁振动式蜂鸣器间歇发声，以警告行人和其他车辆的驾驶员注意。

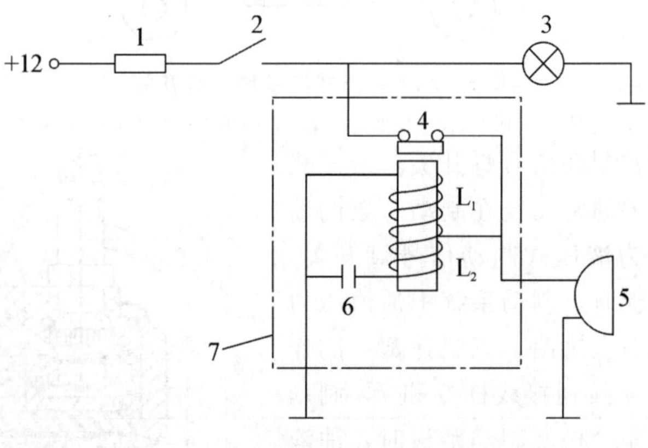

图 5－33　倒车信号电路

1. 熔断丝；2. 倒车信号灯开关；3. 倒车信号灯；4. 继电器触点；5. 蜂鸣器；6. 电容器；7. 倒车信号间歇发声控制器

(3) 倒车蜂鸣器：图5－34所示为在解放CA1091汽车上使用的电子倒车间歇发声控制器，它主要是利用多谐振荡器控制 VT_3 的导通与截止，为蜂鸣

器提供断续电流并产生间歇发声。

晶体管 VT_1、VT_2 组成一个无稳态电路（也叫多谐振荡器），由于 VT_1 和 VT_2 之间采用电容器耦合，所以 VT_1 与 VT_2 只有两个暂时的稳定状态，或 VT_1 导通、VT_2 截止，或 VT_1 截止、VT_2 导通，这两个状态周期性地自动翻转。VT_3 在电路中起开关作用。当 VT_2 导通时，VT_3 基极有足够大的基极电流，也导通。电流便从电源正极，经 VT_3 和蜂鸣器流回电源负极，蜂鸣器产生声音。当 VT_2 截止时，VT_3 无基极电流，也截止，蜂鸣器静音。如此周而复始，VT_3 按照无稳态电路的翻转频率不断地导通、截止，从而使得倒车蜂鸣器发出间歇性的鸣叫。

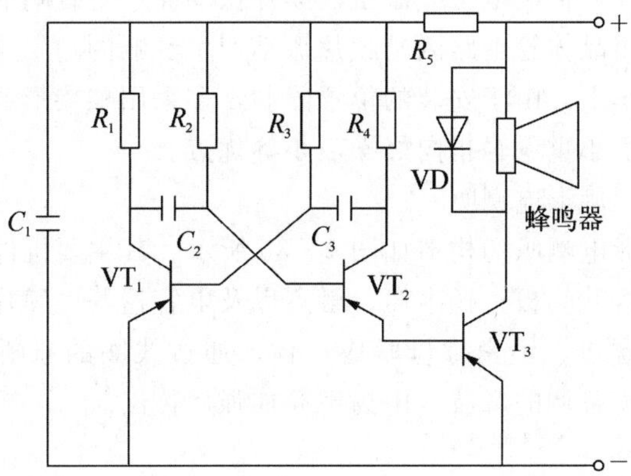

图 5-34　解放 CA1091 汽车的电子倒车间歇发声控制器

四、电喇叭

1. 喇叭的作用

目前汽车上所装用的喇叭多为电喇叭，主要用于警告行人和其他车辆，以引起注意，保证行车安全。

2. 喇叭的分类

喇叭按发音动力有气喇叭和电喇叭之分；按外形有螺旋形、筒形、盆形之分；按声频有高音和低音之分；按接线方式有单线制和双线制之分。图 5-35 为喇叭的外形。

3. 汽车电喇叭的结构及工作原理

气喇叭是利用气流使金属膜片振动产生音响，外形一般为筒形，多用在具有空气制动装置的重型载重汽车上。电喇叭是利用电磁力使金属膜片振动产生音响，其声音悦耳，广泛使用于各种类型的汽车上。

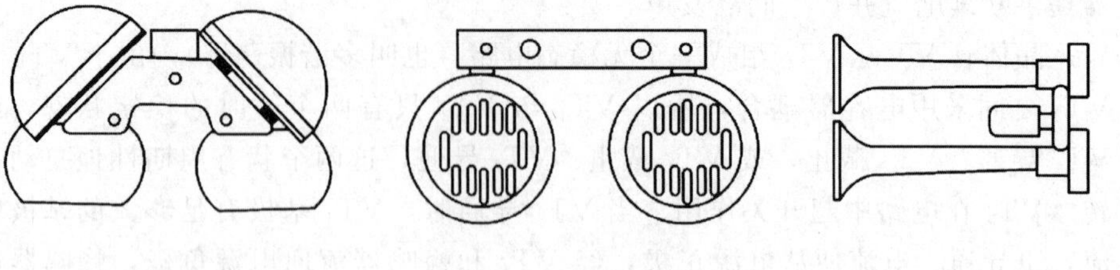

(a) 螺旋形　　　　(b) 盆形　　　　(c) 筒形

图 5-35　喇叭外形

电喇叭按有无触点可分为普通电喇叭和电子电喇叭。普通电喇叭主要是靠触点的闭合和断开，控制电磁线圈激励膜片振动而产生音响的；电子电喇叭中无触点，它是利用晶体管电路激励膜片振动产生音响的。

在中小型汽车上，由于安装的位置限制，多采用螺旋形或盆形电喇叭。盆形电喇叭具有体积小重量轻指向好噪声小等优点。

(1) 筒形、螺旋形电喇叭

筒形、螺旋形电喇叭的构造如图 5-36 所示。其主要机件有山形铁心、线圈、衔铁、膜片、共鸣板、扬声筒、触点以及电容器等。膜片和共鸣板借中心杆与衔铁、调整螺母、锁紧螺母联成一体。通过线圈的通断使得膜片不断振动，从而发出一定音调的音波，由扬声筒加强后传出。

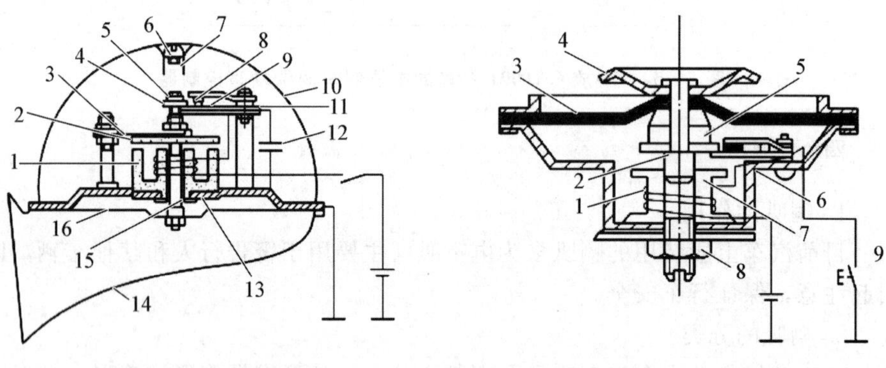

(a) 螺旋形电喇叭　　　　(b) 盆形电喇叭

图 5-36　螺旋形、盆形电喇叭

(a) 1. 铁心；2. 衔铁；3. 弹片；4. 调整螺母；5. 锁紧螺母；6. 螺钉；7. 支架；8. 活动触点；9. 固定触点；10. 防护罩；11. 绝缘片；12. 灭弧电容；13. 磁化线圈；14. 传声筒；15. 中心螺杆；16. 膜片

(b) 1. 磁化线圈；2. 活动铁心；3. 膜片；4. 共鸣片；5. 振动块；6. 外壳；7. 铁心；8. 螺母；9. 按钮

（2）电动气喇叭

电动气喇叭如图 5－37 所示，主要由电动气泵和气喇叭两部分组成。按下喇叭按钮时，直流电动机气泵运转，产生压缩空气，压缩空气直接通入喇叭使喇叭发音。

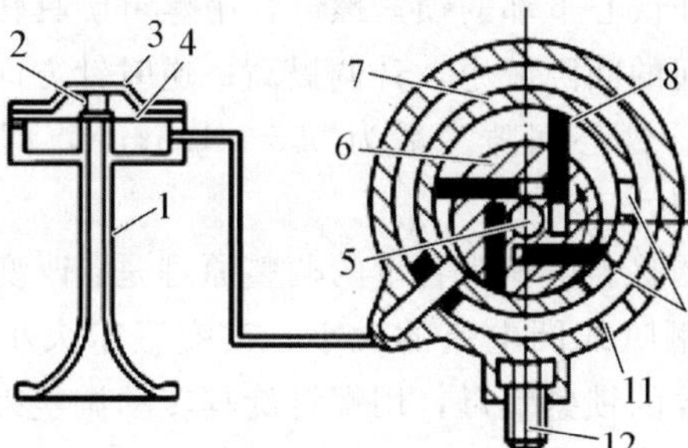

图 5－37　电动气喇叭

1. 传气筒；2. 弹簧；3. 盖板；4. 膜片；5. 电动机轴；6. 转子；
7. 偏心腔体；8. 叶片；9. 电动机；10、11. 进气口；12. 螺钉

为了得到较为悦耳的声音，在汽车上常装有两个不同音调（高、低音调）的电喇叭。当装用单只螺旋形电喇叭或两只盆形喇叭时，电路中总电流较小（＜8A），一般直接由方向盘上喇叭按钮控制。当装用两只螺旋形电喇叭时，电喇叭耗用电流较大（＞15～20A），用喇叭按钮直接控制易烧蚀喇叭按钮触点。为避免这个缺点，可采用喇叭继电器控制双音电喇叭（图 5－38）。

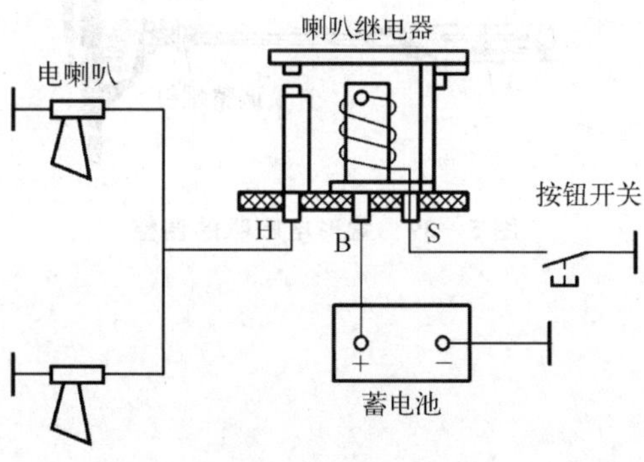

图 5－38　双音喇叭继电器电路

4. 电喇叭的维护和调整

不同形式的电喇叭其构造不完全相同，所以调整方法也不一致。为了保证喇叭声音正常，喇叭不作刚性安装，在喇叭与固定架之间装有片状弹簧或橡

胶垫。

技术良好的喇叭，发音响亮清晰而无沙哑声。喇叭触点应保持清洁且接触良好。电喇叭的调整包括音调和音量的调整。

（1）电喇叭音调的调整。电喇叭的调整原理是：改变上、下铁心的间隙，如图 5－39 所示。先松开铁心下部的锁紧螺母，用螺钉旋具转动铁心，顺时针方向旋转，上下铁心之间的间隙减小，音调提高；逆时针方向旋转，铁心之间的间隙增大，音调降低。铁心间隙一般为 0.5～1.5mm，调整时，铁心要平整，上下铁心间隙要均匀。

（2）电喇叭音量的调整。电喇叭音量的调整原理是：改变电喇叭内部触点的预紧压力，从而调整喇叭线圈电流的大小，改变音量大小，如图 5－39 所示。先松开音量调整螺栓的锁紧螺母，用螺钉旋具转动调整螺栓，顺时针方向旋转，使动静触点之间压力增大，音量提高；逆时针方向旋转，使动静触点之间压力减小，音量降低。

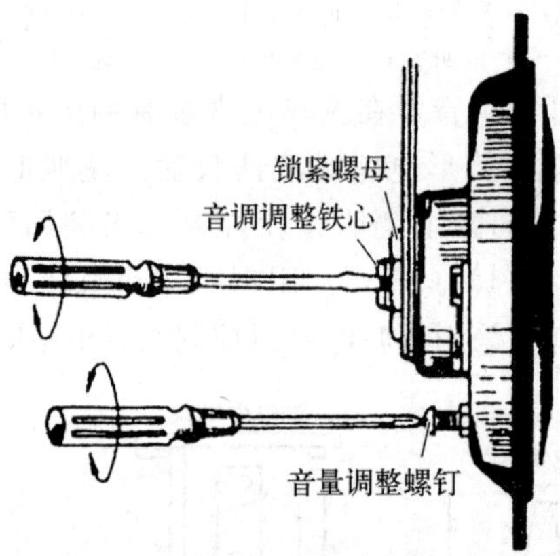

图 5－39　盆形电喇叭的调整

第六章　汽车空调系统

第一节　汽车空调系统的结构组成

汽车的空气调节装置主要用来实现对车内空气的换气、加热、冷却和除湿。同时，空调装置还起到净化空气的作用。汽车安装了空调装置，可以给驾驶员创造良好的工作环境。冬季使用暖风装置，可使车室内空气温度适中，同时还可有效去除汽车门窗玻璃上的霜、雾，使驾驶员具有良好的视野，有利行车安全；夏季气温较高，驾驶员长时间行车容易疲劳、困倦，使用冷风装置可使车内温度、湿度适宜，改善司机的工作条件。

一、汽车空调系统结构与原理

汽车空调利用制冷剂（R－134a）从液态变成气态时吸收大量热能的原理进行制冷。通过汽车发动机的动力驱动，压缩机吸入低温低压的制冷剂气体，运转压缩成为高温高压的气体，经过冷凝器散热管降温冷却变成高压中温的液体，再经过贮液干燥器除湿与缓冲，然后以较稳定的压力和流量流向膨胀阀，经节流和降压最后流向蒸发器，制冷剂一遇低压环境即蒸发，吸收大量热能，车厢内的空气不断流经蒸发器，车厢内温度也就因此降低；液态制冷剂流经蒸发器后再次变成低压气体，又重新被吸入压缩机进行下一次的循环工作。

按动力源分，汽车空调系统可分为独立式空调和非独立式空调。

(1) 独立式空调：有专门的动力源（第二台发动机）驱动压缩机的运行，一般用于大中巴汽车上，这是由于大中巴的内部空间位置较大而且对空调运行效果要求更高。独立式空调由于需要两台发动机，燃油消耗高，同时造成较高的成本，并且其维修及维护十分困难，所以局限于大中巴汽车上使用。

（2）非独立式空调：直接利用汽车发动机来运转的空调系统，非独立式空调由主发动机带动压缩机运转，并由电磁离合器进行控制。接通电源时，离合器断开，压缩机停机，从而调节冷气的供给，达到控制车厢内温度的目的。其优点是结构简单、便于安装布置、噪声小。由于需要消耗主发动机 10%～15%的动力，直接影响汽车的加速性能和爬坡能力；同时其制冷量受汽车行驶速度影响，如果汽车停止运行，空调系统也停止运行。尽管如此，非独立式空调由于其较低的成本（相对独立式空调），可靠的质量，成为市场的主导产品。

汽车空调一般主要由压缩机、冷凝器、蒸发器、膨胀阀、贮液干燥器、冷却风扇、管路等组成，如图 6－1 所示。

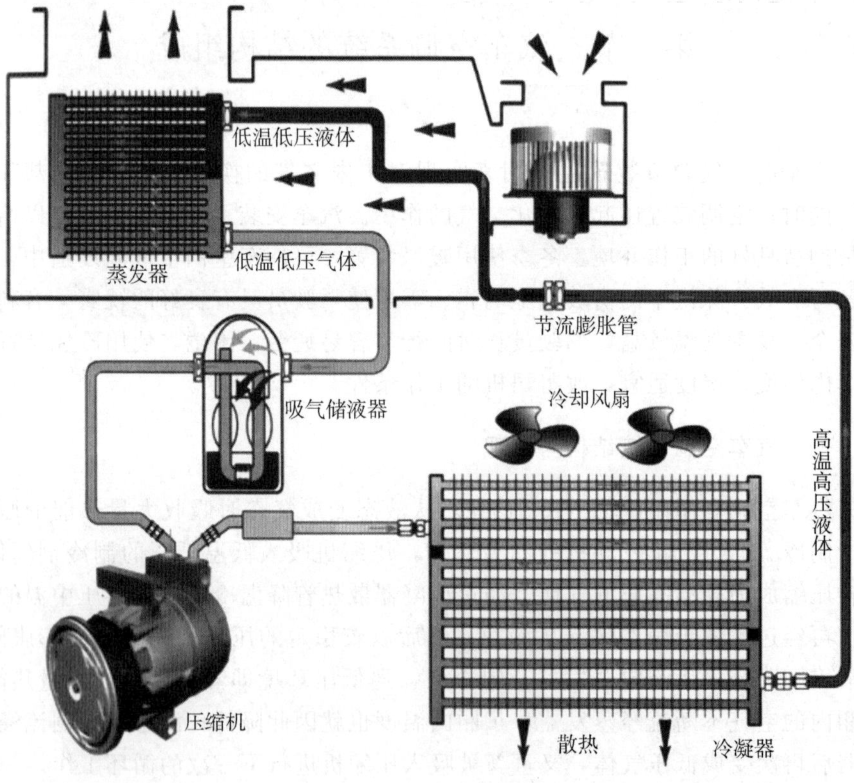

图 6－1　汽车空调结构

1. 压缩机

压缩机是一种使制冷剂在系统内循环的动力源，使制冷剂完成从气态到液态的转变过程，达到制冷剂散热凝露的目的。同时在整个空调系统，压缩机还是管路内介质运转的压力源，没有它，系统不仅不制冷而且还失去了运行的动力。

压缩机的旋转轴是通过磁性离合器及皮带与发动机曲轴相连取得动力的，这是因为当装在蒸发器出风口的传感器感知出风的温度不够低时，就会通过电路使压缩机的磁性离合器闭合，这样压缩机随发动机运转，实现制冷。而当出风温度低于设定的温度，它则控制磁性离合器切离，这样压缩机不工作。如果这一控制失灵，那么压缩机将不断工作，使蒸发器结冰造成管道压力超标，最终破坏系统甚至造成损坏。

图 6－2 是桑塔纳 2000GSi 型轿车空调系统用 SESH－14 型斜盆式压缩机的结构，主要由电磁离合器、传动斜盆、带圆锥齿轮的行星盘、汽缸与活塞、吸气阀片与排气阀片以及缸体（壳体）等组成。

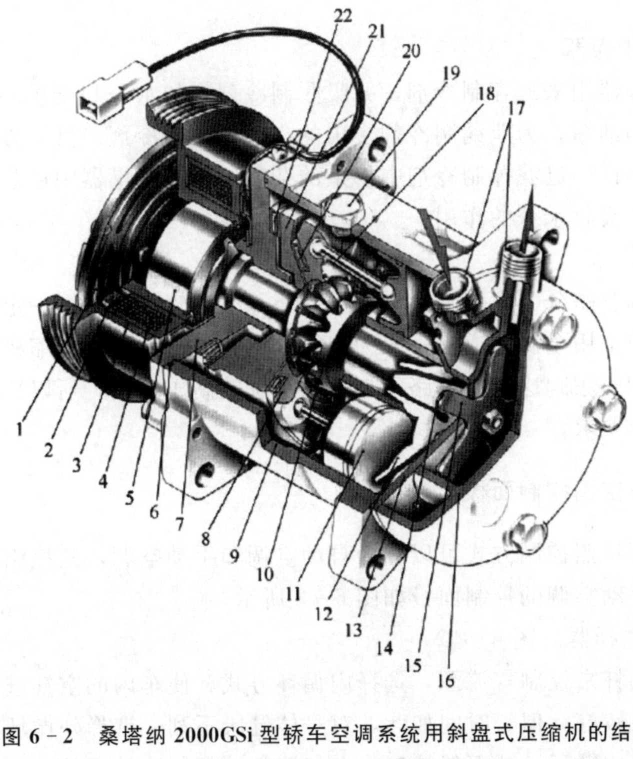

图 6－2　桑塔纳 2000GSi 型轿车空调系统用斜盘式压缩机的结构

1. 压盘；2. 电磁离合器；3. 多槽驱动带带轮；4. 电磁离合器线圈；5. 轴承；6. 密封圈；7. 驱动端盖；8. 带锥齿轮的行星盘；9. 缸体；10. 固定锥齿轮；11. 活塞；12. 吸气阀片；13. 阀板；14. 排气阀片；15. 阀片限位板；16. 后端盖；17. 制冷剂进出接头；18. 连杆；19. 注油塞；20、22. 推力轴承；21. 斜盘

2. 冷凝器

冷凝器是在一排弯绕的管道上布满散热用的金属薄片，以此实现外界空气与管道内物质的热交换的装置。冷凝器的冷凝指的是其管道内的制冷剂散热从气态凝成液态，它经常被安装在车辆前部，在发动机冷却液散热器的后面，共同被来自车辆前方的空气冷却。

3. 膨胀阀

在汽车空调系统中，膨胀阀是控制制冷剂进入蒸发器的关键部件，如果制冷剂进入蒸发器太多，就不易蒸发；如果制冷剂进入蒸发器太少，冷气又会不够。

4. 蒸发器

蒸发器的结构与冷凝器相似，但作用恰好相反，蒸发器是制冷剂由液态变成气态（即蒸发）吸收热量的场所，从而使流经其表面空气冷却，空调出风口就吹出冷气。

5. 贮液干燥器

贮液干燥器用来贮存制冷剂，并吸收制冷剂中的水分和杂质。一方面，它相当于汽车的油箱，为泄漏制冷剂多出的空间补充制冷剂。另一方面，它又像空气滤清器那样，过滤掉制冷剂中掺杂的杂质。贮液干燥器中还装有一定的硅胶物质，起到吸收水分的作用。

6. 空调管路

汽车空调管路分为高压管路和低压管路。空调管路要注入一定压力的制冷剂，所以必须采用金属管道，一般为铝管或铜管。特别是从压缩机到冷凝器到贮液干燥器和膨胀阀这部分管路，是空调系统的高压管路，所以比其他管道有更高的耐高压要求。

二、汽车空调控制面板

汽车空调按照控制方式可以分为自动空调和手动空调，其控制面板有所不同。常见的手动空调的控制面板如图 6-3 所示。

1. 进气选择器（图 6-4）

通过移动杆来控制气流源，选择内循环方式，使车内的空气进行内部再循环，制冷效果较好，但长时间如此，对身体健康不利；选择外循环方式，把外界空气引入车内循环，从而保持车内空气清新，但制冷效果较差。

2. “A/C” 开关

要打开空调系统时，按“A/C”开关，其指示器点亮；关闭空调系统时，再按一次此开关，其指示器熄灭。

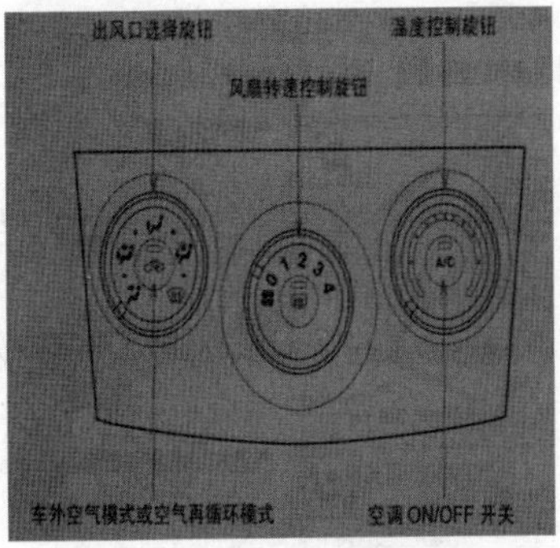

图 6－3　手动空调的控制面板

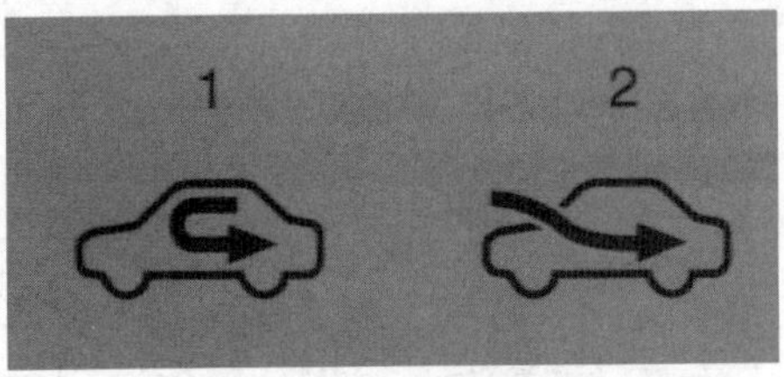

图 6－4　进气选择器

1. 内循环；2. 外循环

3. 温度选择器

转动该钮调节空调的制冷或制热效能，越向右侧（蓝色图标）旋，则空调的制冷效能越大；越向左侧（红色图标）旋，则暖风系统的制热效能越大；当该旋钮在中间（灰色图标）时，系统既不制冷，也不制热。

4. 风扇转速选择器

转动该钮调节风扇速度。向右增强风速，向左减弱风速。

5. 气流选择器

转动该钮选择气流出风口，如图 6－5、图 6－6 所示。

(1)　(2)　(3)　(4)　(5)

图 6－5　气流选择器

(1) 仪表板：气流主要来自仪表安装板通风口。

(2) 双层面：气流来自地板通风口和仪表安装板通风口。

(3) 地板：气流主要来自地板通风口。

(4) 地板/挡风玻璃：气流主要来自地板通风口和挡风玻璃通风口。和进气选择器在新鲜位置时一起使用。

(5) 挡风玻璃：气流主要来自挡风玻璃通风口。和进气选择器在新鲜位置时一起使用。

有关气流选择器的设定，可参看图 6-4 所示的“气流选择器的设定”。

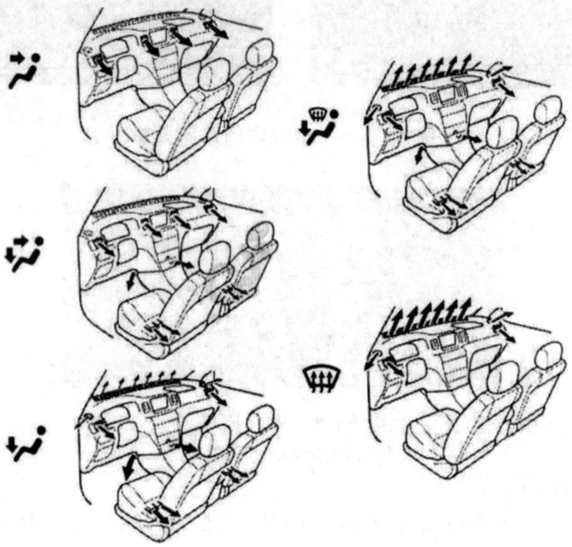

图 6-6 气流选择器通风口

三、汽车空调配气及取暖系统

（一）汽车空调配气系统

汽车空调配气，主要是解决车室内温度、风量控制的自动化和各类通风温调方式，以提高舒适性。汽车空调配气形式很多，但目前最常用的只有空气混合式和全热式两种。

1. 空气混合式

图 6-7（a）所示为空气混合式配气流程图。从图中可看出其工作过程为：车外空气＋车内空气→进入风机 3→混合空气进入蒸发器 1 冷却→由风门调节进入加热器加热→进入各吹风口 4、5、7。进入蒸发器 1 后再进入蒸发器 2 的空气量可用风门进行调节。若进入加热器的风量少，也就是冷风量相对较多，这时冷风由冷气吹出口 7 吹出；反之，则吹出的热风较多；热风由除霜吹出口

5 或热风吹出口 4 吹出。

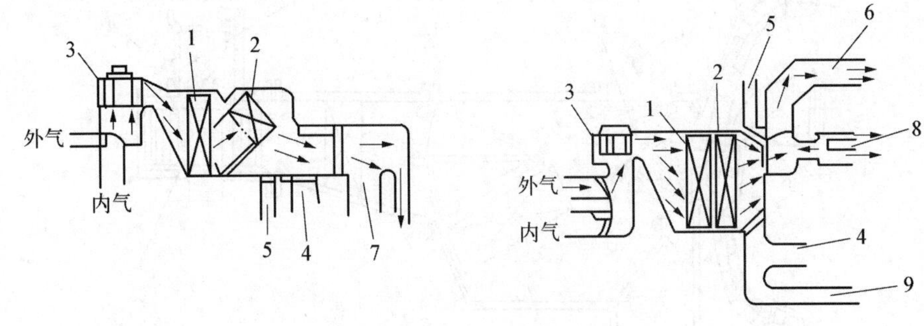

(a) 空气混合式　　(b) 全热式

图 6-7　汽车空调配气流程

1. 蒸发器；2. 加热器；3. 风机；4. 热风吹出口；5. 除霜吹出口；
6. 中心吹出口；7. 冷气吹出口；8. 侧吹出口；9. 尾部吹出口

空气混合式配气系统的优点是能节省部分冷量，缺点是冷暖风不能均匀混合，空气处理后的参数不能完全满足要求，亦即被处理的空气参数精度较差一些。

2. 全热式

图 6-7（b）所示为全热式配气流程图。从图中也可看出其工作过程为：车外空气+车内空气→进入风机 3→混合空气进入蒸发器 1 冷却→出来后的空气全部进入加热器 2 加热→加热后的空气由各风门调节风量分别进入 4、5、6、8、9 各吹风口。

全热式与空气混合式的区别在于由蒸发器出来的冷空气全部直接进入加热器，两者之间不设风门进行冷热空气的风量调节，而是将冷空气全都进入加热器再加热。

全热式配气系统的优点是被处理后的空气参数精度较高，缺点是要浪费一部分冷量，即为了达到较高的空气参数精度而不惜牺牲少量冷量。这种配气方式只用在一些高级豪华汽车空调上。

3. 冷暖一体化空调器配气系统

目前市场上带空调的汽车，基本上采用冷暖一体化空调器（可同时制出冷气和暖风）。其配气系统如图 6-8 所示。其空气温度调配和输送分配如下：空气的清新度是由风门来调节和控制，循环空气在风扇抽力下进入空调器。风门在 A 位置，则将外来新鲜空气送入空调器；当风门在 B 位置时，则送风机供车内空气自循环使用；有些空调的风门可以在 A 和 B 之间的任意位置，这样可供外来空气和车内空气进行调配。

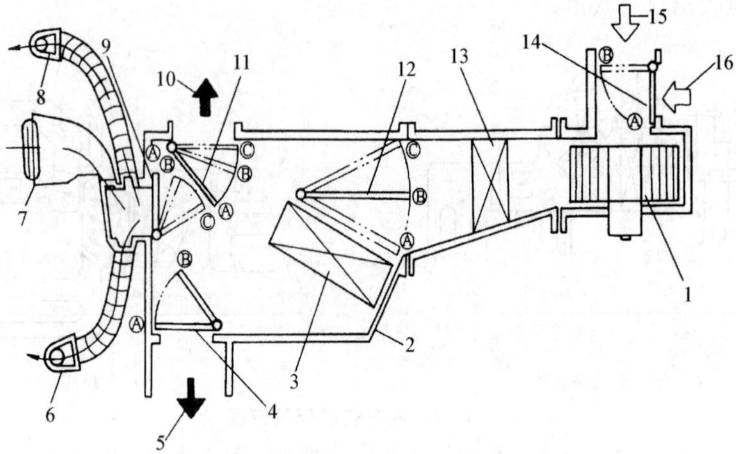

图 6-8 冷暖一体化空调器配气图

1. 轴流风扇；2. 空调器外壳；3. 加热器芯；4. 下风门；5. 下风口；
6、8. 两侧风口；7. 中风口；9. 中风门；10. 上风口；11. 除霜门；12. 调温门；
13. 蒸发器；14. 外来空气口；15. 外来新鲜空气；16. 车内循环空气口

空气在风扇的输送下，流过蒸发器，发生降温除湿变化。调温门的作用是调节空气的温度。当调温门在 A 位置时，冷空气不经过加热器，这样的空气温度最低，供夏天时用以降低车内温度。当调温门在 B 位置时，有一部分冷气经过加热器芯，温度升高，一部分空气不经过加热器芯，两部分不同温度的空气混合后，得到某一温度的空气，输送到车内；调温门在 A 至 C 之间的任一位置，可以得到所需调配温度的空气。这样，人们可以根据实际需要，调节调温门位置，可以得到不同温度的空气，来调配车内的温度。当调温门在 C 位置时，则全部冷空气进入加热器芯，得到较高温度的空调风。显然，经过蒸发器降温除湿和不经过的两种 C 位置的空气状态是不同的，最大的区别是相对湿度不同，其次温度也有所差别。

调节温度后的空调气，需要经过除霜门、中风门和下风门输送到车内。当车前挡风玻璃有霜和雾时，可以打开除霜门，让外来空气经蒸发器除湿后，再全部通过加热器芯，加热后的热空气从上风口吹向挡风玻璃，进行除霜。冬天，乘员脚下较易感觉寒冷，这时可以打开下风门，让热空气从下风口吹向脚部。一般情况下，空调风从中风口吹向乘员的前上部。调节中、侧风口上的栅格，可以将空气导向头部和前胸各部位。

空气温度的调配值除了与调温门有关外，还决定于风扇的转速和外来空气口的位置。当车内空气循环使用时，在没有外来空气的条件下，车内的空气温度波动较小。在夏天需要快速降低车内温度时，便需要使用车内循环空气的方式，让通过蒸发器的气流温度不断下降，然后送入车内，这样才能快速降低空气温度。而当冬天外面空气较冷，需要车内温度尽量高，也反复循环车内已经升温的空气。但一般情况下，为了保证车内空气清新，均使用外来空气引进车内的方式，否则车内空气浑浊，令人不舒服，甚至引起呕吐等。

空调器内的风机转速，也能引起人们感觉到空调环境的改变。若用高速空气流输送空调风，虽然此时空调风吸收蒸发器和加热器的能量和低速时差不多，但由于风速快，流量大，则空气流的温度比低速时高，而人的感觉还是觉得高速时温度低。产生这种错误感觉的根本原因是空气流速高，换热量增加，能较快蒸发人的皮肤上的水分。所以，夏天，都采用高速风，而冬天，则采用慢速风。因为夏天，风速越快，人越觉得凉快，而冬天，慢速风会使人觉得暖和。

（二）汽车空调取暖系统

对车内空气或进入车内的外部空气进行加热的装置，称为汽车暖风装置。

近代汽车空调是全年性的冷暖一体化的装置。通过冷热风的混合，人为设定冷热风量的比例，通过风门开闭和调节，满足人们对舒适性的要求。因此，暖风是汽车空调的重要组成部分。

1. 暖风系统的分类

按所使用的热源不同可分为：

① 水暖式暖风系统：利用发动机的冷却液热量，多用于轿车。

② 独立热源式：装有专门的暖风装置，多用于客车和载货车。

③ 综合预热式：既利用发动机的冷却液热量，又装有燃烧预热的综合加热装置暖风，多用于大客车。

2. 暖风系统的作用

冬季天气寒冷，在运动的汽车内人们感觉更寒冷。这时，汽车空调可以向车内提供暖风，提高车室内的温度，使乘员不再感觉到寒冷。

冬季或者初春，室内外温差较大，车窗玻璃会结霜或起雾，影响司机和乘客的视线，不利于安全行车，这时可以用暖风来除霜和除雾。

（1）水暖式暖风系统：水暖式暖风系统一般由控制开关、鼓风机、暖风水箱、循环水控制开关及相应的管路组成，这种暖风装置结构简单、耗能少、成本低、操作维修方便，目前在轿车、轻型货车上用得最广泛，其工作原理如图6－9所示。当需要取暖时，手动开关置于暖风位置，此时便打开了水阀开关，发动机机体的热水便经水管进入汽车室内的交换器，同时，鼓风机也将空气

（车厢内或车厢外）流经热交换器，吸热后的空气通过风道和阀门的调节，从不同的风口吹向车内，使温度升高。经过热交换器的水降温后被发动机的水泵吸入机体，再从汽缸周围吸热进行循环。

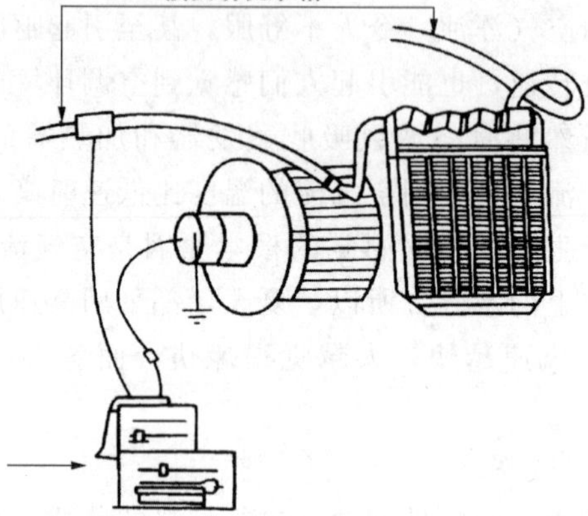

图 6－9　水暖式暖风系统结构

汽车车厢内的温度，可通过水阀的开关和鼓风机的转速来人为调节。

(2) 独立燃烧式取暖系统：发动机余热式取暖装置普遍受发动机功率和工况影响较大，车速低，下坡时采暖效果不佳。目前大客车普遍采用独立燃烧式取暖装置，其热容量大，热效率可达 80%，一般可使用煤油、轻柴油作燃料。

四、汽车空调控制系统

（一）汽车空调系统的控制元件

汽车空调控制系统的控制元件有五类：压力控制组件、温度控制组件、真空控制组件、电磁离合器和车速调节装置。

1. 压力控制组件

压力控制组件可分为两类：一类是通断型，也称压力开关，即对于所设定的压力执行通或断的指令，如高、低压开关等；另一类是调节型，也称压力调节器，对于所设定的压力执行的是一个调节过程，例如蒸发压力调节器。下面主要介绍压力开关。

压力开关又称为制冷系统的压力继电器，安装在制冷系统的高压管路上（一般安装在储液干燥器上），其功用是当制冷系统工作压力异常（过高或过低）时，自动切断电磁离合器线圈电路，使压缩机停止运转或接通冷凝风扇高速挡使冷凝风扇高速运转，从而防止制冷系统压力过高或过低而损坏压缩机和制冷部件。

压力开关分为高压开关、低压开关和高、低压双向复合开关 3 种。高压开关又分为触点常闭型和触点常开型两种。高、低压开关的结构与外形大同小异，如图 6－10 所示。

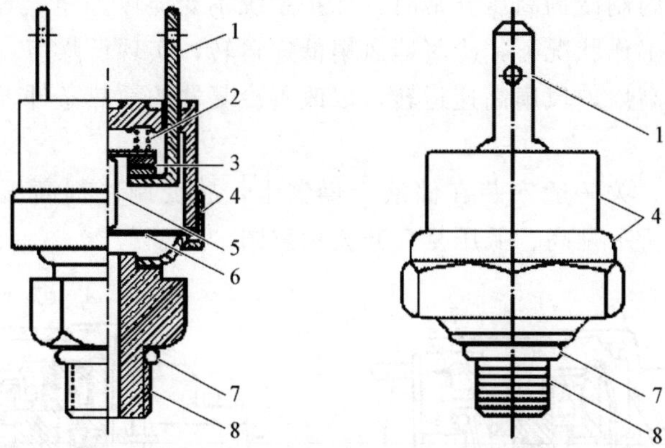

(a) 触点常闭型高压开关　　(b) 低压开关

图 6－10　高压开关和低压开关的结构及外形

1. 接线插片；2. 复位弹簧；3. 触点；4. 壳体；5. 推杆；6. 膜片；7. O 形密封圈；8. 螺纹安装接头（与制冷系统高压管路连接）

(1) 高压开关：高压开关装在压缩机至冷凝器之间的高压管路上，其作用是防止系统在异常的高压压力下工作。当因冷凝器散热不良、散热堵塞和风扇损坏等，导致冷凝压力出现异常上升时，开关自动切断电磁离合器的电路，使压缩机停转，或接通冷却风扇高速挡电路，自动提高风扇转速，以降低冷凝温度和压力。在汽车空调系统中，高压开关的压力控制范围为：2.82～3.10MPa 时断开，1.03～1.73MPa 时接通。

(2) 低压开关：低压开关又称为制冷剂泄漏检测开关，其触点为常闭触点，并与空调压缩机电磁离合器线圈电路串联。低压开关的功用是在制冷系统严重缺少制冷剂，导致高压侧压力低于一定值（一般为 0.2MPa，如桑塔纳 2000 系列轿车空调系统为 0.196±0.1MPa）时，触点断开切断电磁离合器线圈电路使压缩机无法运转，防止压缩机在没有润滑保障的情况下运转而损坏，因为车用小型压缩机是靠制冷剂将润滑油带入各润滑部位进行润滑的。

(3) 高、低压复合开关（三位压力开关）：高、低压力开关用于保护作用时，通常都安装在系统的高压侧，因此，为了结构紧凑，减少接口，把高、低压力开关做成一体，形成了高、低压复合开关。这样就可以作为一体安装在储液干燥器上，起到保护作用。如上海桑塔纳 2000 轿车、南京依维柯客车上就采用它。

三位压力开关的作用是：

①防止因制冷剂泄漏而损坏压缩机。

②当系统内制冷剂高压异常时，保护系统不受损坏。

③在正常工作状况下，冷凝器风扇低速运转，实现低噪声，节省动力；当系统内高压升高后，风扇高速运转，以改善冷凝器的散热条件，实现了风扇的二级变速。

三位压力开关一般安装在储液干燥器上，感受制冷剂高压回路的压力信号，图 6-11 所示是高、低压复合开关示意图。

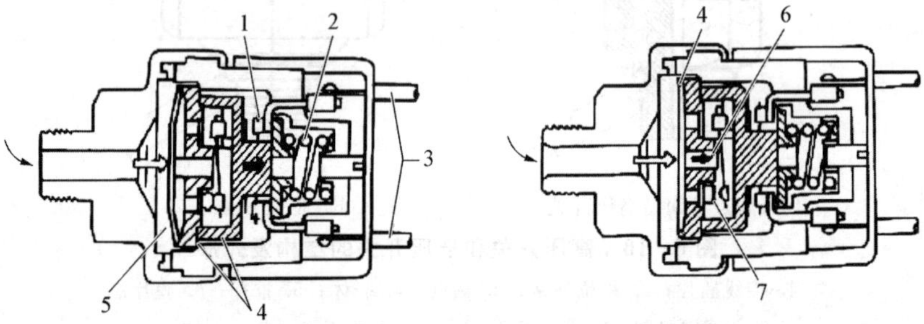

(a) 正常状态　　(b) 断路状态

图 6-11　高、低压复合开关

1. 触点；2. 弹簧；3. 接线柱；4. 动触点；5. 金属膜片；6. 销子；7. 触点

高低压复合开关由金属膜片、弹簧及触点等组成，其工作过程是：

低压保护——当制冷剂压力低于低限值（196kPa），由于弹簧的压力大于制冷剂压力，因此触点 7 和触点 1 断开，电流中断，压缩机停止工作。

正常工作——当制冷剂压力为正常值时（0.2～3MPa），制冷剂压力超过弹簧力，弹簧受压缩，而金属膜片不变形，动触点向箭头方向移动，触点 1 接通，压缩机正常工作。

高压保护——当制冷剂压力高于高限值时（3.14MPa），此时制冷剂压力不仅高于弹簧压力，而且高于金属膜片的弹力。这时，金属膜片由拱形变平，推动销子 6 向箭头方向移动，并使得高于触点 7，电路断开，压缩机停止工作。

（4）泄压阀。过去，在汽车空调系统中，为了防止高压侧温度和压力异常升高造成系统损坏，常常用易熔合金做成易熔塞，当温度和压力异常升高时，易熔塞熔化，释放出制冷剂。但这种方法付出的代价是经济上的损失和对环境的污染，同时空气将进入空调系统。因此，目前大多采用泄压阀替代易熔塞，其结构见图 6 - 12。

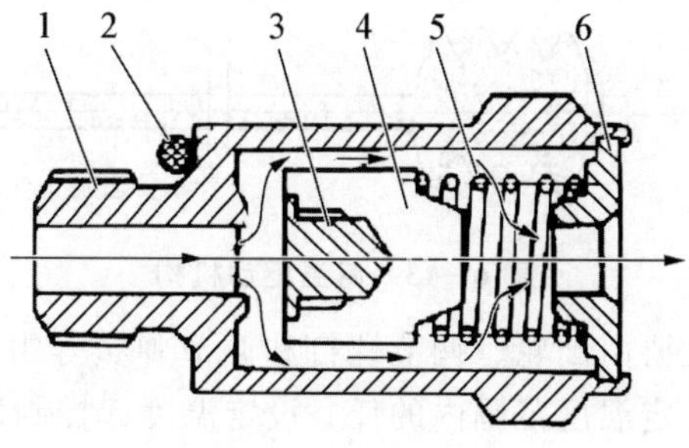

图 6 - 12　泄压阀

1. 阀体；2. O 形密封圈；3. 密封塞；4. 下弹簧座；5. 弹簧；6. 上弹簧座

泄压阀一般安装在压缩机高压侧或储液干燥器上。正常情况下，弹簧力大于制冷剂压力，密封塞被压紧密封。当高压侧压力异常升高时（此值为设定值，不同系统和厂家，设定值也不同），弹簧被压缩，密封塞被打开，制冷剂释放出来，压缩机压力立即下降。当压力低于设定值后，弹簧又立即将密封圈压紧。目前，在北京切诺基吉普车空调系统的储液干燥器及长春奥迪 100 轿车的压缩机上都装有此种泄压阀。

2. 温度控制组件

温度控制组件，又称恒温器、温度开关，它是汽车空调系统中温度控制部件，感受的温度有蒸发器表面温度、车内温度、大气温度等。一般所指的恒温器，是指感受蒸发器表面温度从而控制 CC 系统中压缩机的开与停，起到调节车内温度及防止蒸发器结霜的电气开关装置。检测大气温度和车厢内温度时，一般用空气混合调节风门控制，由风门开度的大小调节车厢内的温度。恒温器更多地用于 CC 系统中控制电磁离合器的通断。此时，恒温器被放置在蒸发器内或靠近蒸发器的冷气控制板上。当蒸发器表面温度或车厢内温度低于设置温度时，恒温器断开，电磁离合器分离，压缩机停止工作；反之电磁离合器吸合，压缩机开始工作，由此而防止蒸发器表面结霜，也调节了车厢内的温度。

恒温器有三种形式，即波纹管式、双金属片式和热敏电阻式。

（1）波纹管式恒温器：波纹管式恒温器由感温驱动机构、温度设定机构和触点三部分组成。感温驱动机构的组成见图 6 - 13。感温驱动机构本身是一个由波纹管、毛细管和感温包组成的封闭系统，内部装有感温介质。感温包作为传感器放置在被测部位，温度的变化使得波纹管内压力发生变化，导致波纹管伸长或缩短，并将此位移信号通过顶端作用点 A 传递出去。在弹簧力的作用下，A 点的位移与感温介质压力变化呈线性关系。

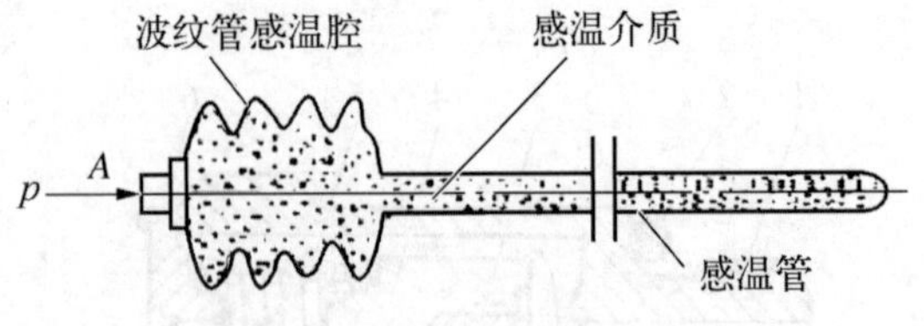

图 6-13　感温驱动机构

温度设定机构主要由凸轮、调节螺钉和调节弹簧等组成，见图 6-14。其功能是使恒温器在一定温度范围内的任一设定温度起控制作用。温度的设定主要是通过调节凸轮 7 改变主弹簧 8 对波纹管内作用力的大小来决定，它的外部调节有刻度盘、控制杆和旋具调节等形式。当主弹簧被拉紧时，感温包内要有比较高的温度才能使触点闭合，即车厢内温度较高。恒温器内的另一个弹簧 3 用于调节触点断开时的温度范围，此范围通常是 4℃～6℃，这样为蒸发器除霜提供了足够的时间。

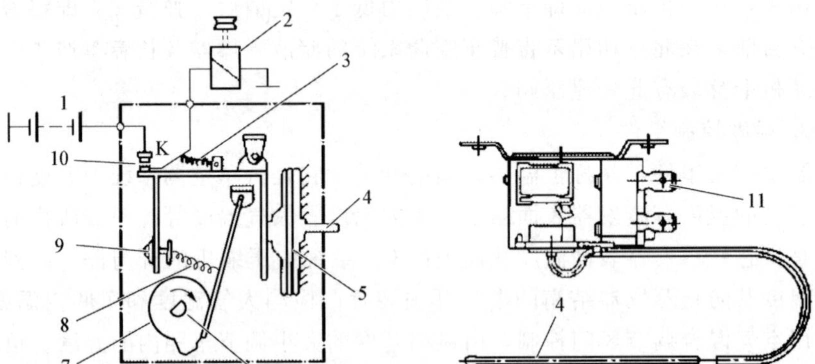

(a) 原理图　　(b) 外形图

图 6-14　机械波纹管式恒温器

1. 蓄电池；2. 电磁离合器线圈；3、8. 弹簧；4. 毛细管；5. 波纹管；6. 凸轮轴；7. 温度调节凸轮；9. 调整螺钉；10. 触点 K；11. 接线插头

触点开闭机构主要由固定触点和活动触点、弹簧、杠杆等组成。通过触点的开闭，控制压缩机上电磁离合器电路的通断。

波纹管式恒温器的工作原理：图 6-15 中触点处于断开位置，压缩机也处于停止状态。当蒸发器表面温度逐渐升高时，感温包内温度也随着升高，同时压力增高使波纹管伸长。波纹管与摆动框架相连，框架上装有一动触点，而恒温器壳体上有一定触点。波纹管的伸长使得触点闭合，电磁离合器电路被接通，使压缩机工作。反之，温度下降后压缩机停止工作。

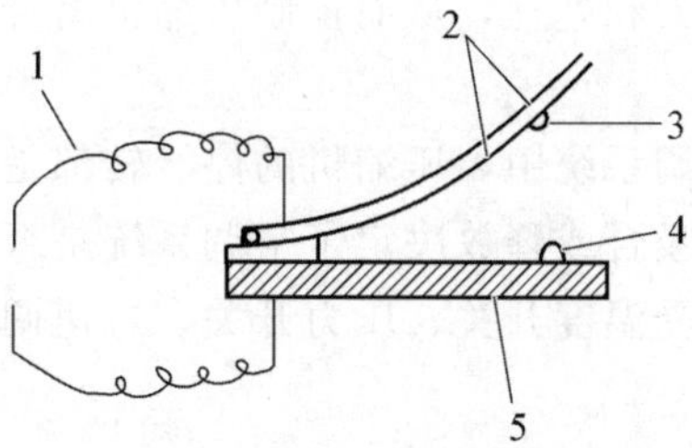

图 6-15　双金属片恒温器结构

1. 导线；2. 双金属片；3. 动触点；4. 定触点；5. 壳体

波纹管式恒温器的特点是工作可靠，价格低廉，安装方便。但在使用中要注意，毛细管弯成直角。另外，如果毛细管发生泄漏，应更换整个恒温器。

（2）双金属片式恒温器：双金属片式恒温器由两种不同材料的金属片组成，两金属片的热膨胀系数相差较大。在双金属片的端部有一动触点，而在壳体上有一定触点。这种恒温器没有毛细管和感温包，直接靠空气流过其表面感受温度而工作。它的温度设定方法与波纹管式恒温器相同。

双金属片恒温器工作原理如图 6-15 所示。在设定温度范围内，双金属片平伸，两触点闭合。此时，电磁离合器电路接通，压缩机工作。当流过恒温器的空气温度低于所设定温度时，由于两种金属片的热膨胀系数不同，膨胀系数大的金属片收缩得多，这样就造成了双金属片弯曲，使触点断开，电磁离合器分离，压缩机停止工作。当温度上升后，金属片受热后逐渐平伸，触点又闭合，从而接通电路。如此反复达到控温的目的。

双金属片式恒温器的特点是结构简单、不易损坏且价格便宜。但作为直接感受温度的部件，必须整体放置在蒸发箱内，因此，给安装带来了不便。也正是这个原因，波纹管式恒温器的应用要比双金属片式恒温器广泛。

（3）热敏电阻式恒温器：热敏电阻是一种阻值随温度变化而改变的电阻元件，热敏电阻有两种：一种具有负温度特性，即随温度升高，电阻值减小；一种具有正温度特性，即随温度升高，电阻值增大。热敏电阻式恒温器正是利用了热敏电阻的这种特性，把它作为传感器放置在被测温度之处。如图 6-16 所示，为轿车空调用热敏电阻的外形。

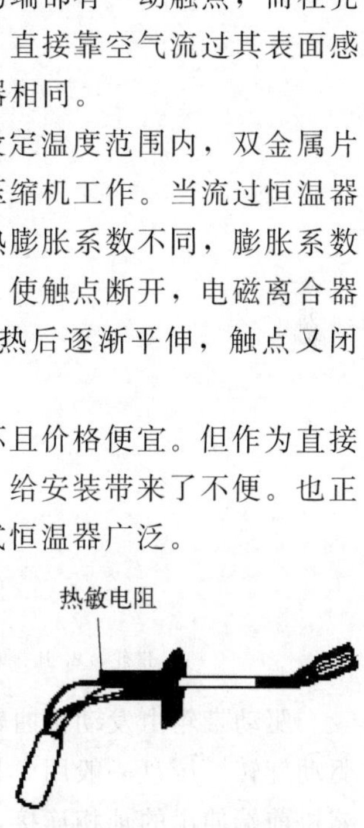

图 6-16　热敏电阻

将一个小圆片形的热敏电阻，用导线与放大器相连，安在蒸发器表面。当蒸发器进风口温度变化时，热敏电阻的电阻值发生变化，由控制放大器通过晶体管元件，进行信号放大和处理，从而控制压缩机离合器的接通与断开。

3. 电磁离合器

在非独立式汽车空调系统中，压缩机的停、转都是靠电磁离合器与发动机联系的，电磁离合器的吸合或释放决定了空调系统是否工作。然而，电磁离合器又是一个执行部件，受温度开关、压力开关、怠速调节装置、电源开关等元件的控制。

电磁离合器有定圈式及动圈式两种：前者电磁线圈固定在压缩机壳体上不转动；后者电磁线圈与皮带盘连在一起是转动的，目前已很少应用。两种电磁离合器的作用原理基本相同。

电磁离合器一般安装在压缩机前端并作为压缩机总成的一部分，主要由电磁线圈、驱动带轮、压盘、轴承等零部件组成，结构如图 6－17 所示。

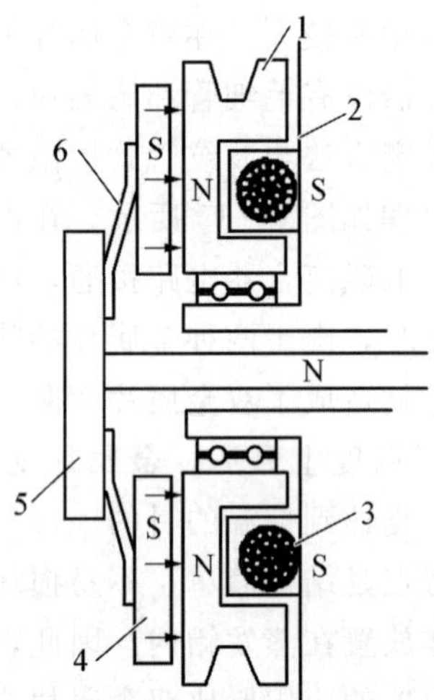

图 6－17 电磁离合器原理图

1. 带轮；2. 压缩机壳体；3. 线圈；4. 摩擦板；5. 驱动盘；6. 弹簧爪

驱动带轮由发动机曲轴前端的驱动带轮通过一根三角驱动带或多槽驱动带驱动旋转。压盘一般用 3 只片簧与压盘轮毂相连接，压盘轮毂用 1 只平键与压缩机前端伸出的轴相连接，电磁线圈固定在驱动带轮内的压缩机驱动端盖上。

当电磁线圈电路尚未接通时，压盘与驱动带轮之间在 3 只片簧的弹力作用下保持分离状态，此时压盘与驱动带轮外端面之间保持有一定的间隙（约 4～

10mm），因此驱动带轮在曲轴的带动下空转，压缩机不工作。

当电磁线圈电路通电时，在驱动带轮外端面产生很强的电磁吸力，将压盘紧紧地吸合在驱动带轮端面上（故压盘又称为吸盘），驱动带轮便通过压盘带动压缩机轴一起转动，从而使压缩机进入工作状态。

4. 车速调节装置

对于非独立式空调系统，由于发动机的功率一定，这样，空调系统的工作对发动机功率输出的分配有一定影响；反过来，发动机转速的变化同样影响空调系统的工作性能。因此，为达到汽车在不同运行情况下既保证车速的要求，又保证空调系统的正常工作，就出现了车速调节装置。

（1）发动机怠速调节装置：发动机在怠速运转时往往影响到空调系统的正常工作。一方面压缩机转速过低，造成制冷量严重不足；另一方面对于小排量发动机来说，怠速时发动机功率较小，不足以带动制冷压缩机并补偿因电力消耗给发电机增加的负荷。同时，由于发动机转速过低，冷却风扇的风压和风量均不充足，使得发动机和冷凝器散热受到影响。冷凝器温度和冷凝压力异常升高后，压缩机功耗迅速增大。这样，一是增加了发动机在怠速时的负荷，导致工作不稳定，甚至熄火；二是会引起电磁离合器打滑或传动皮带损坏。因此，在非独立式空调系统中一般都装有怠速调节装置。

发动机怠速控制器有两种类型：一种是自动切断压缩机的离合器电路，使制冷系统停止工作，减轻发动机负荷，稳定发动机的怠速性能；另一种是当发动机怠速并需要使用制冷系统时，发动机能自动加大节气门开度，使发动机在怠速时转速提高，既能保证有足够的动力维持制冷系统工作，又能保证自身正常运转。

①怠速继电器：该继电器是一种集成电路，感应来自点火线圈的脉冲信号，所需控制的转速设定值可由人工调节。若发动机怠速转速低于设定值，继电器不吸合，则压缩机停转。怠速继电器的线路图有多种。一般带有怠速继电器的控制电路都与测温电路继电器串接。图 6 - 18 是一种测速与调温控制电路原理图。当发动机转速低于规定转速时，三极管 VT_1 导通，使三极管 VT_3 截止，继电器 1 触点分开，电磁离合器线圈电流被切断，压缩机停转。当蒸发器表面温度降至规定值，热敏电阻阻值升高到使三极管 VT_2 导通，三极管 VT_3 截止，继电器 1 触点分开，压缩机停转。

②怠速提升装置：近年来进口轿车上的空调系统大多采用怠速提升装置，以保证怠速时能带动空调稳定运转。怠速提升装置有多种形式，工作原理基本相同，现介绍一种常见的简单结构，如图 6 - 19 所示。该装置主要由真空促动

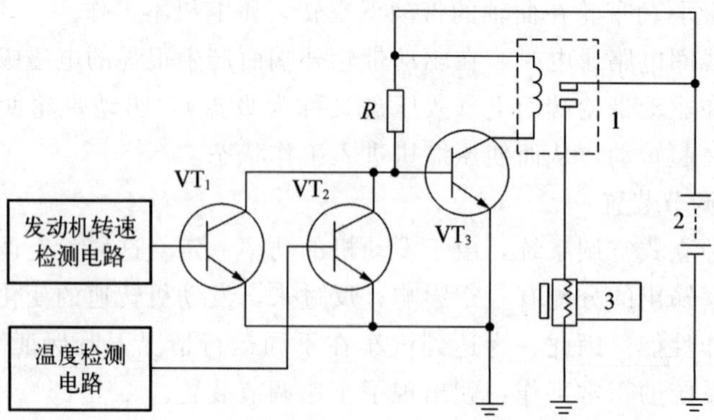

图 6-18　测速与调温控制电路原理图

1. 继电器；2. 蓄电池；3. 制冷压缩机电磁离合器

器和真空电磁阀两部分组成。真空促动器的拉杆与化油器的节气门拉杆相连，真空电磁阀的电路与压缩机电磁离合器电路并联。在汽车怠速时，如果空调电磁离合器电源接通，真空电磁阀同步工作，真空阀门被打开，来自发动机进气管路的真空度通过真空电磁阀到真空促动器，吸引拉杆向加大节气门的方向移动，从而提升怠速。拉杆的行程要调整到使发动机在怠速时带动压缩机运行，并能保持稳定运转。

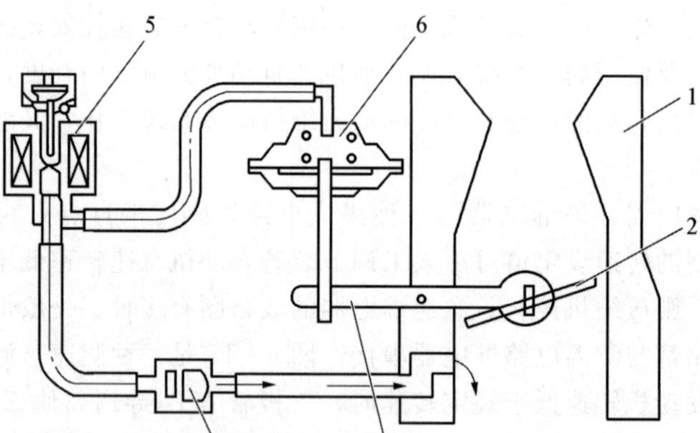

图 6-19　怠速提升装置工作示意图

1. 化油器；2. 节气门；3. 拉杆；4. 阻尼阀；5. 真空电磁阀；6. 真空促动器

（2）加速断开装置：在汽车加速超车时，为了保证发动机有足够的动力，应当切断压缩机离合器电路，这样就卸除了压缩机的动力负荷，以尽量大的发动机功率来供汽车加速所需。常用的加速断开装置（也称超速控制器）是由超速开关及延迟继电器组成。超速开关一般装在加速踏板下，当加速踏板被踩下时，电磁离合器电路断开，压缩机停止工作，使发动机的输出功率全部用于加速，而6s后电路又自动接通，空调系统恢复工作。高档轿车为提高超车能力常加装这种装置。

5. 真空控制组件

多数轿车空调系统采用真空装置作为控制元件，控制某些风门或阀门的开、闭。这是由于一方面汽车上有现成的真空来源，更主要的是真空控制装置结构简单、经济。

（1）真空马达：真空马达（图6-20）由真空盒、膜片、弹簧和传动杆组成。真空盒被膜片分为两个互不相通的腔室，一侧与发动机真空管相连，另一侧通过空区泄漏孔与大气相通。真空马达不工作时，弹簧处于松弛状态，传动杆伸长［图6-20（a)］；工作时，上腔室具有一定真空度，上、下腔室的压差使得弹簧被压缩，传动杆向上移动，带动风门（阀门）动作［图6-20（b)］。

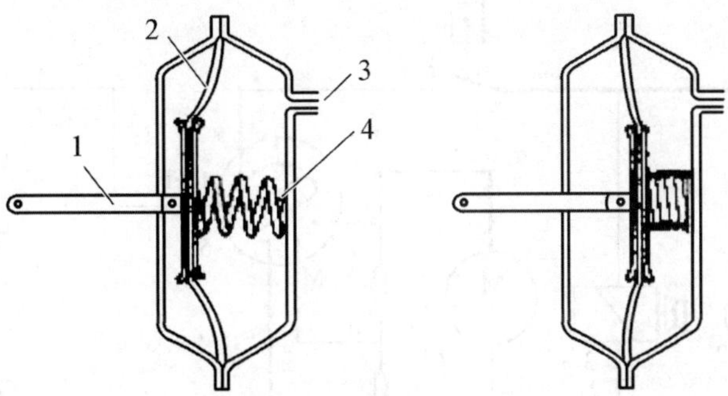

（a）无真空作用　　（b）全真空作用

图6-20　真空马达

1. 传动杆；2. 膜片；3. 接真空源；4. 复位弹簧

（2）真空控制水阀：在汽车空调系统中也常常用真空膜盒直接作为阀门的控制动力，图6-21就描述了一个典型的用真空控制阀控制水加热器流量阀的工作过程。图6-21（a）表示无真空时，图6-21（b）表示部分真空时，图6-21（c）表示完全真空时的工作情况。

（二）控制电路

汽车空调种类繁多，电路形式各不相同，但汽车空调系统电路都是为了保证汽车空调系统各装置之间的相互协调工作，正确完成汽车空调系统的各种控制功能和各项操作而设置的。分析电路时，只要分成鼓风机控制、冷凝器风扇

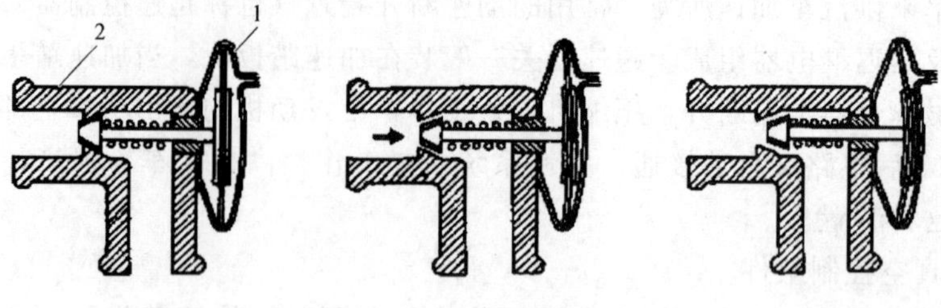

图 6-21　热水阀真空控制装置

1. 阀体；2. 真空马达

控制、温度控制（压缩机控制）、通风系统控制、保护电路等即可清楚了解其电路控制原理。

1. 汽车空调系统基本控制电路

汽车空调系统的基本控制电路一般包括电源电路、鼓风机控制电路和电磁离合器控制电路，如图 6-22 所示。其工作过程如下：

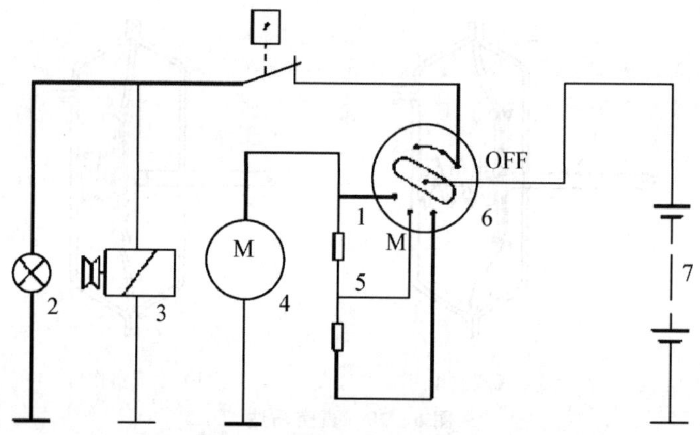

图 6-22　汽车空调系统的基本电路

1. 温控器；2. 空调指示灯；3. 电磁离合器；4. 鼓风电动机；
5. 鼓风机调速电阻；6. 空调及鼓风机开关；7. 蓄电池

接通空调及鼓风机开关，电流从蓄电池流经空调及鼓风机开关后分为两条电路：一条电路从温控器至电磁离合器，使电磁离合器线圈通电，发动机带动压缩机运转制冷，与此同时，与电磁离合器线圈并联的压缩机工作指示灯通电发亮；另一条电路从开关的低速挡端子“L”经两个鼓风机调速电阻到鼓风电动机，这时鼓风电动机开始运转。由于电流通过两只电阻才到达鼓风电动机，故此时电动机转速最低。

转动空调及鼓风机开关使其接通中速挡端子“M”时，温控器与电磁离合器线圈电路不变。鼓风电动机电流只经过一只调速电阻，因此电动机转速升高。

如果继续沿顺时针方向转动开关使其接通高速挡端子“H”时，温控器与电磁离合器线圈电路仍然不变，鼓风机电流不经任何电阻直接流过电动机，因此电动机转速最高，冷气供给量最大。

当车厢内温度高于设定温度时，温控器触点处于闭合状态。当空调工作使车厢内温度降低到低于设定温度时，温控器触点断开，电磁离合器线圈断电，压缩机停止工作，指示灯熄灭，这时鼓风机仍在工作。空调停止工作后，车厢温度上升，当车厢温度高于设定温度时，温控器的触点又闭合，电流通过电磁离合器线圈使压缩机再次运转制冷，从而将车厢内温度控制在设定温度值范围内。

2. 空调系统控制电路实例

为了分析空调系统控制电路的控制过程，下面以桑塔纳轿车空调系统为例说明。

桑塔纳轿车空调系统控制电路由电源电路、电磁离合器控制电路、鼓风机控制电路和冷凝器风扇电动机控制电路组成，如图 6-23 所示，其控制过程如下：

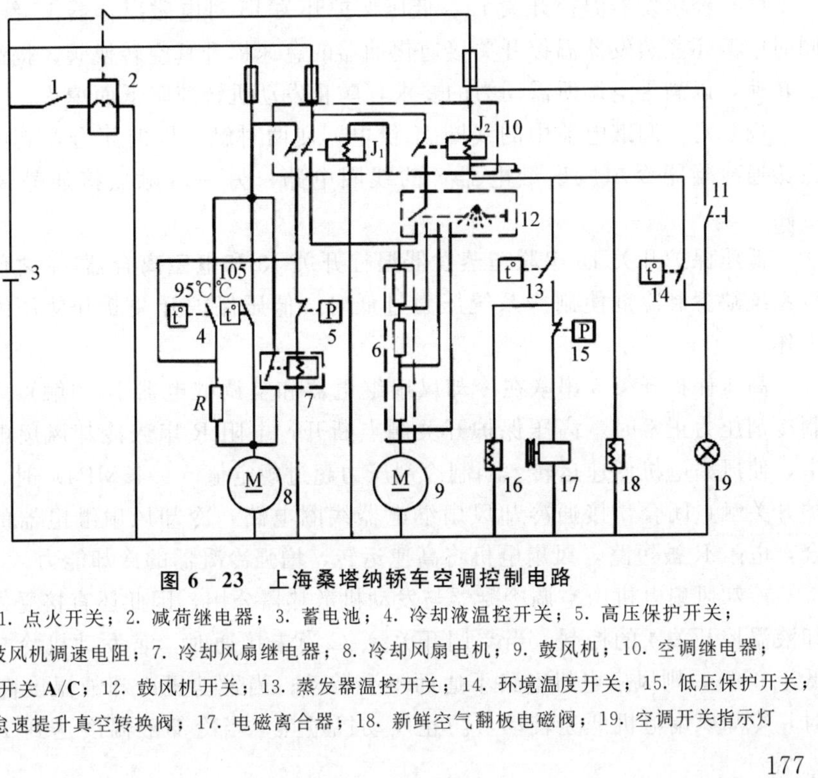

图 6-23　上海桑塔纳轿车空调控制电路

1. 点火开关；2. 减荷继电器；3. 蓄电池；4. 冷却液温控开关；5. 高压保护开关；6. 鼓风机调速电阻；7. 冷却风扇继电器；8. 冷却风扇电机；9. 鼓风机；10. 空调继电器；11. 空调开关 **A/C**；12. 鼓风机开关；13. 蒸发器温控开关；14. 环境温度开关；15. 低压保护开关；16. 怠速提升真空转换阀；17. 电磁离合器；18. 新鲜空气翻板电磁阀；19. 空调开关指示灯

点火开关处于断开（置 OFF）位置时，减荷继电器 2 的线圈电路切断，触点断开，空调系统不工作。

点火开关处于启动（置 ST）位置时，减荷继电器线圈电路切断，触点断开，中断空调系统的工作，保证发动机启动时，蓄电池具有足够的电能来启动发动机。

点火开关处于接通（置 ON）位置时，减荷继电器线圈电路接通，触点闭合，空调继电器 10 中的线圈 J_2 通电，接通鼓风机电路，此时可由鼓风机开关 12 进行调速，使鼓风机按要求的转速运转，进行强制通风、换气或送出暖风。

当外界气温高于 10℃时，环境温度开关 14 才能接通，空调才能使用。当需要制冷系统工作时，接通空调开关 11，空调开关 A/C 的指示灯 19 发亮，表示空调开关已经接通。此时电源经空调开关 11、环境温度开关 14 接通以下电路：

（1）新鲜空气翻板电磁阀 18 电路接通，该电磁阀动作后接通新鲜空气翻板真空促动器的真空通路，从而可使新鲜空气进口关闭，鼓风机才能强制通过蒸发器总成的空气通道进风，使制冷系统进入车内空气内循环。

（2）经蒸发器温控开关 13、低压保护开关 15 对电磁离合器 17 线圈供电，同时电源还经蒸发器温控开关接通化油器的怠速提升真空转换阀，提高发动机的转速，以满足空调所需动力的要求，防止发动机转速降低而熄火。

（3）对空调继电器中的线圈 J_1 供电，使两对触点同时闭合，其中一对触点接通冷凝器冷却风扇继电器 7 的线圈电路，另一对触点接通鼓风机 9 的电路。

低压保护开关 15 串联在蒸发器温控开关 13 和电磁离合器 17 之间，当制冷系统缺少制冷剂使制冷系统压力过低时，低压保护开关断开使压缩机停止工作。

高压保护开关 5 串联在冷却风扇继电器和空调继电器 J_1 的触点之间，当制冷剂压力正常时，高压保护开关触点断开，电阻 R 串入冷却风扇电机电路中，使风扇电机低速运转。当制冷剂压力超过规定值（1.45MPa）时，高压保护开关触点闭合，接通冷却风扇继电器线圈电路，冷却风扇继电器的触点闭合，电阻 R 被短路，风扇电机将高速运转，增强冷凝器的冷却能力。

冷却风扇电机由空调冷凝器与发动机散热器公用，因此还直接受发动机冷却液温控开关 4 的控制，当空调开关 A/C 尚未接通时，若发动机冷却液温度低于 95℃，则风扇电机电路不通而不会转动；当发动机冷却液温度高于 95℃时，冷却风扇电机低速转动，防止发动机过热；当冷却液温度达到 105℃时，则冷却液温控开关的高温（105℃）触点闭合，电阻 R 被短路，冷却风扇电机将高速运转，增强发动机散热器的散热能力。

当空调开关 A/C 一旦接通时，空调继电器 J_1 的右边一个触点就会闭合，鼓风机只能以低速运转来防止蒸发器表面温度过低而结冰或冻坏蒸发器。因此使用空调时，应在接通空调开关 A/C 之前，首先接通鼓风机开关，使较多空气流通。

3. 通风系统的控制

目前很多轿车空调的通风系统采用电控方式，对气源门、温度门、送风门的控制均由电脑或放大器统一完成，实现最佳送风方式的控制。

（1）轿车通风系统电路控制：当轿车在关闭车门玻璃的情况下需要通风时，就要采取强制通风，把车外的新鲜空气经过过滤净化后送入车厢内。目前轿车空调系统一般采用冷暖一体式或冷暖混合式结构。不论哪种结构，其冷、热及通风均为同一通道，除风门控制外，其风机控制电路相同，见图 6-24。

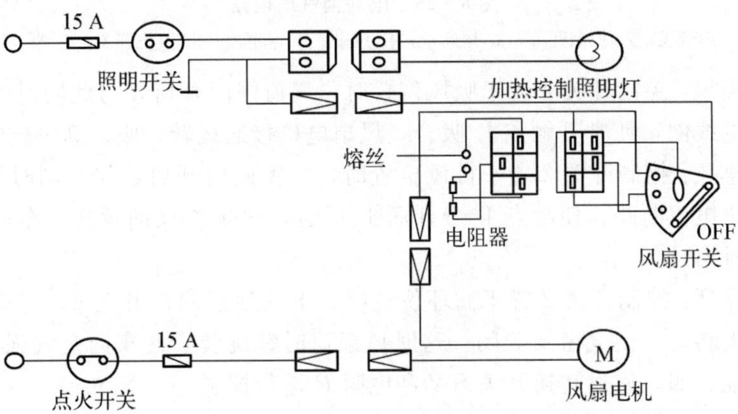

图 6-24　轿车通风系统电路控制

（2）汽车电动换气风扇电路控制：在大型空调客车上都装有电动换气扇，用它取代顶篷的风窗。它除了具有降温功能外，还具有自动通风、吸风、排风、循环等功能，不断地把污浊空气排出，同时吸入新鲜空气，以满足乘客舒适性要求。图 6-25 所示为电动换气扇电路原理图。

具体工作方式如下：

①自动通风：当控制面板上的同轴旋转开关 2 置于自动挡时，电流经限位开关 6 到气窗举升电动机 7，气窗闸门开启，限位开关稍后即自动关闭，闸门保持开启状态，使车厢内外自然通风。

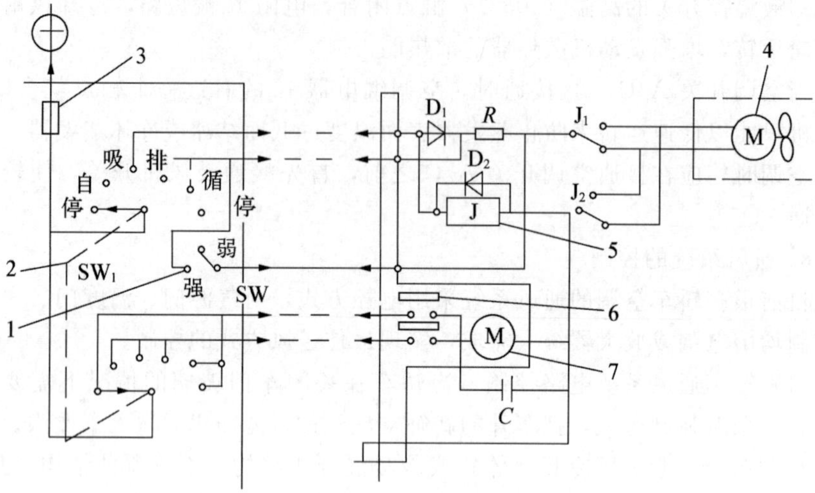

图 6－25　电动换气扇电路

1. 强、弱开关；2. 控制开关；3. 熔断丝；4. 风扇；5. 继电器；6. 限位开关；7. 举升电动机

②吸风：控制开关 2 置于吸风位置时，气窗闸门开启，与此同时电流经继电器 5 的线圈，使常开触点 J_1 吸合，风扇电机接通运转，吸入新鲜空气。

③排风：控制开关 2 置于排风位置时，气窗闸门开启，与此同时继电器 5 的线圈中电流断路，使触点 J_1 分开而 J_2 吸合，风扇 4 反向运转，车厢内污浊空气被排出。

④循环：控制开关 2 置于循环位置时，电流通过限位开关 6，与此同时联动板向下转动，使气窗闸关闭。这时风扇返时针旋转，使车内空气强制循环。风量的强、弱，通过转换开关 SW 和电阻 R 进行控制。

4. 汽车空调的保护电路

汽车空调电路还包括保护电路，如压力保护、过热保护、怠速控制等。

为了保证制冷系统的正常、安全工作，系统控制电路中都有安全保护措施，以防止系统出现温度和压力异常。采用的手段常常是安装压力开关，直接控制电磁离合器电路的通与断。这样，当系统出现温度或压力异常时，可强制使压缩机停止工作。

第二节　汽车空调系统的检修

一、汽车空调的检查与维护项目

1. 控制旋钮功能检查

在启动发动机的情况下，检查各控制旋钮的功能是否正常。打开“A/C”开关前，应先打开风扇转速选择器。

2. 制冷剂量的检查

启动发动机，打开所有车门至最大开度，将空调模式选择至最大制冷效果，风扇转速挡位旋至“4”位，再打开“A/C”开关，并将发动机再加速至1500rpm，检查出风口有冷风吹出，表明空调制冷效果良好；观察制冷剂观察窗，如图6-26所示，“A”先有少量气泡，后来消失，则制冷剂量正常；“B”始终有大量气泡，则制冷剂量不足，需进行空调系统检漏或添加制冷剂。

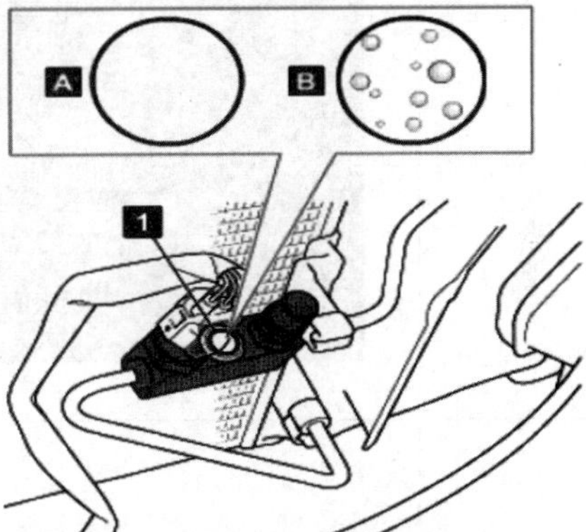

图6-26　制冷剂量检查

3. 清洁空调滤清器

空调滤芯位于副驾驶席前手套箱内侧，如图6-27所示，检查滤芯是否脏污，如脏污可用压缩空气清洁，不过要注意吹的方向，如图6-28所示，脏污严重的可更换空调滤芯。

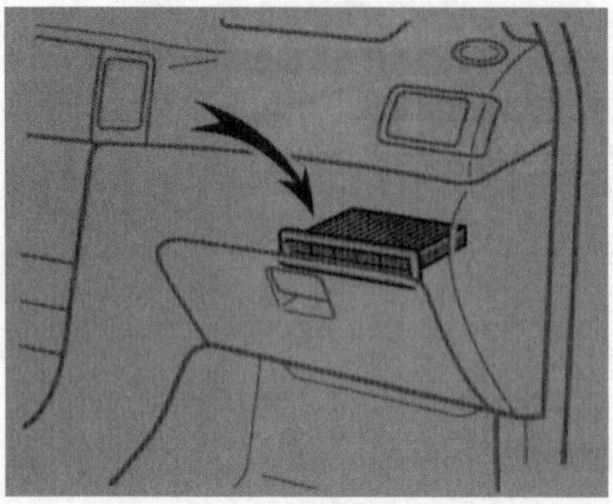

图 6－27　空调滤芯的位置

图 6－28 清洁空调滤芯

二、汽车空调系统的维护

汽车空调系统的维护，风表 6－1。

表 6－1　　汽车空调系统的维护

作业内容	图解	技术要求
1. 工具准备		（1）实操所需工具，如左图 （2）工具要齐全，摆放要整齐
2. 车辆防护与预检		（1）安装车轮挡块，接排气烟道，安装车内三件套 （2）拉起驻车制动杆，降下驾驶员侧车窗玻璃，拉发动机舱盖释放杆 （3）打开发动机舱盖，安装翼子板布和前格栅布 （4）进行发动机预检

续表

作业内容	图解	技术要求
3. 检查空调控制旋钮		（1）启动发动机 （2）逐一打开风扇各挡位，检查工作是否正常 （3）逐一打开出风口各挡位，检查工作是否正常 （4）打开冷空调，检查制冷效果是否正常
4. 检查制冷剂量		（1）打开所有车门 （2）将空调打开至制冷效果最大 （3）将发动机转速加至 1500rpm （4）检查制冷剂量是否正常 注意：检查制冷剂量时，需两人配合进行
5. 清洁空调滤清器		（1）关闭空调，发动机熄火 （2）清洁空调滤清器 注意：空调滤清器受潮发霉，需及时更换！
6. 车辆复位		（1）取下车内、外防护用品 （2）取下排气烟道、车轮挡块 （3）清洁车身
7. 工具复位		清洁并整理工具 注意：在操作过程中要体现 5S

三、汽车空调系统的检修

下面以别克英朗轿车空调系统为例进行介绍（表 6-2）。

表 6-2　汽车空调系统的检修

作业内容	图解	技术要求
1. 前期准备工作		①安装好三件套及车轮挡块 ②安装好方向盘套、座椅套、脚垫 ③检查机油液位、冷却液、刹车液及线束连接情况 ④变速箱置于空挡，拉起手制动
2. 空调系统状况检测	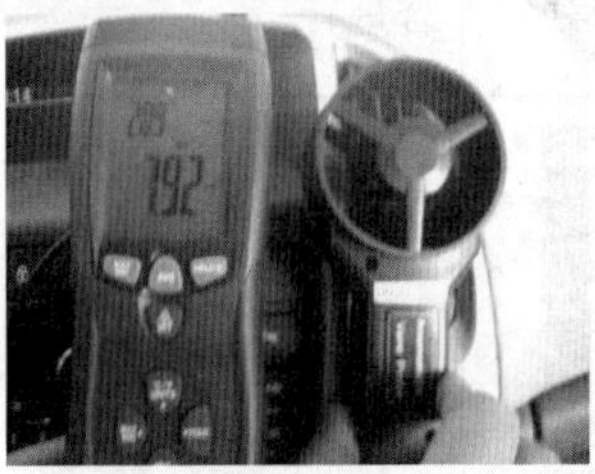 检测空调出风口风速	①调整风速仪的计量单位至 m/s ②将风扇置于空调出风口处 ③检测鼓风机各挡位的风速
	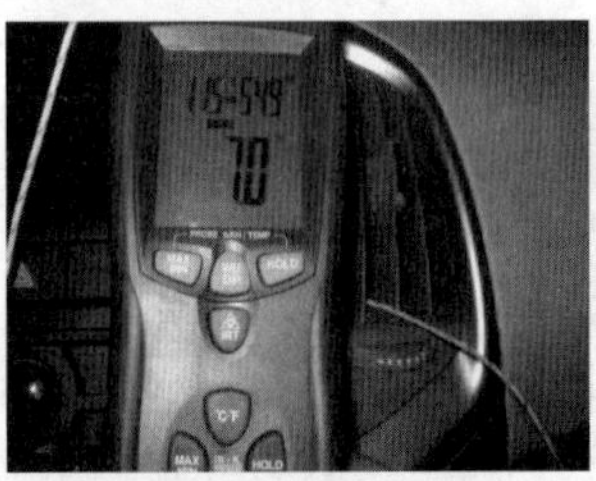 检测空调出风口温度	①改变并测量温度 ②热电偶的探针深入出风口内部测量温度
3. 制冷剂纯度检测	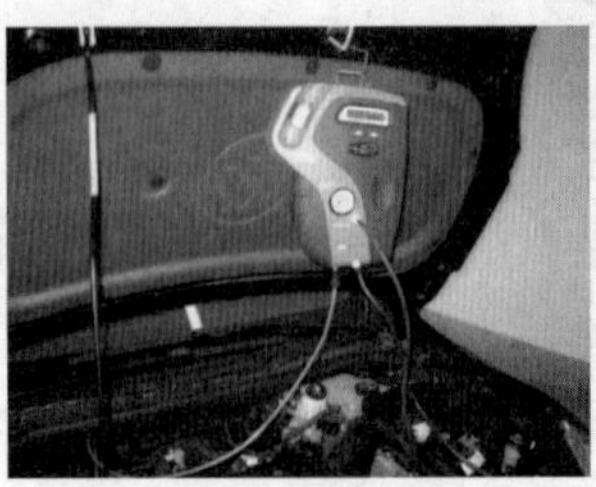	连接电源后自动开机、预热 预热时间约为 2min

续表 1

作业内容	图解	技术要求
	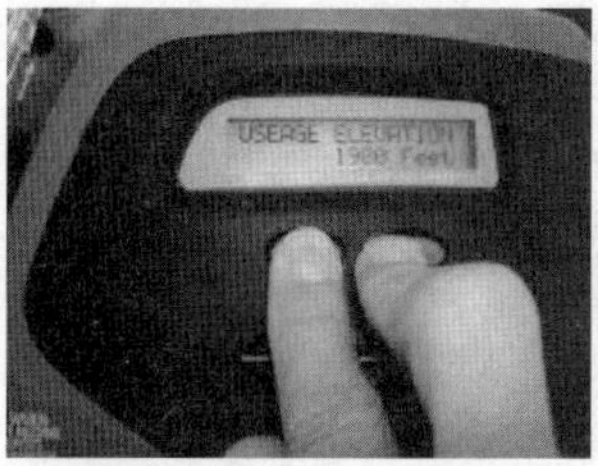	①在预热的过程中，按住 A、B 键直到显示屏出现“USAGE ELEVATION，400FEET”（出厂设置，海拔 400 英尺，相当于 120 米） ②使用 A 键和 B 键，调节海拔高度（华东地区高度一般设定为 100FEET）
3. 制冷剂纯度检测	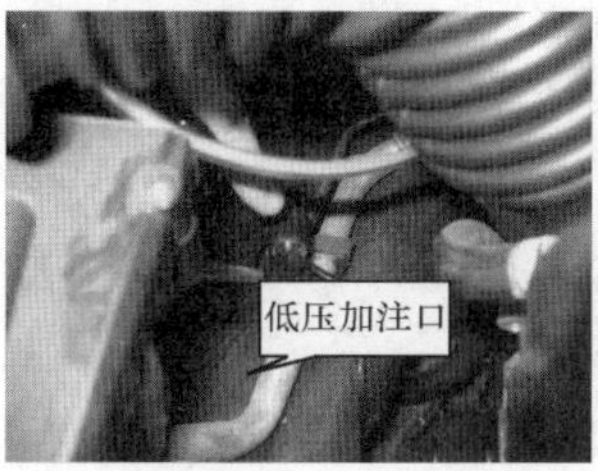	把采样管接到车辆空调系统或制冷剂罐的出口上。按 A 键开始（采样管的阀门连接在汽车空调的低压加注阀门上）
		检验结果说明： PASS：制冷剂纯度达到 98%或更高。通过检验，可以回收 FAIL：R12 或 R134a 的混合物，任一种纯度达不到 98%，混合物太多 FAIL CONTAMINATED：未知制冷剂，如 R22 或 HC 含量 4%或更多。不能显示含量 NO REFRIGERANT - CHK HOSE CONN：空气含量达到 90%或更高。没有制冷剂
4. 制冷剂泄漏检查	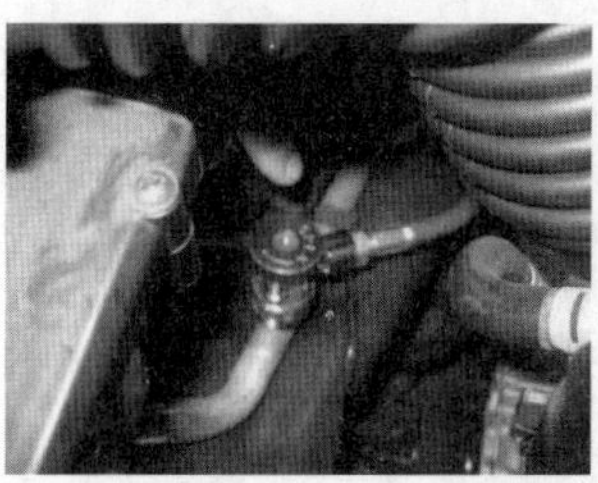	红色软管连接高压加注口，蓝色软管连接低压加注口

续表 2

作业内容	图解	技术要求
4. 制冷剂泄漏检查	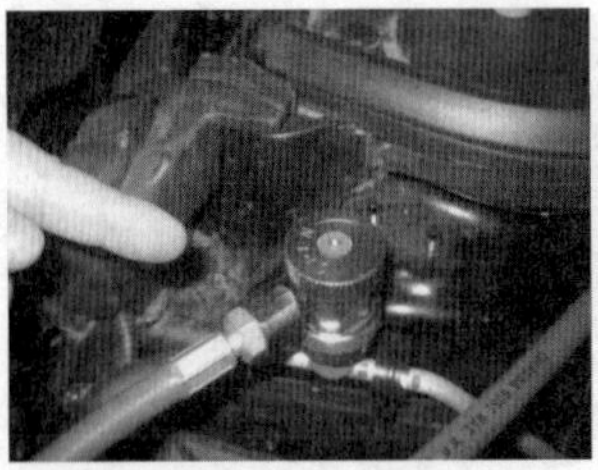	红色软管连接高压加注口，蓝色软管连接低压加注口
	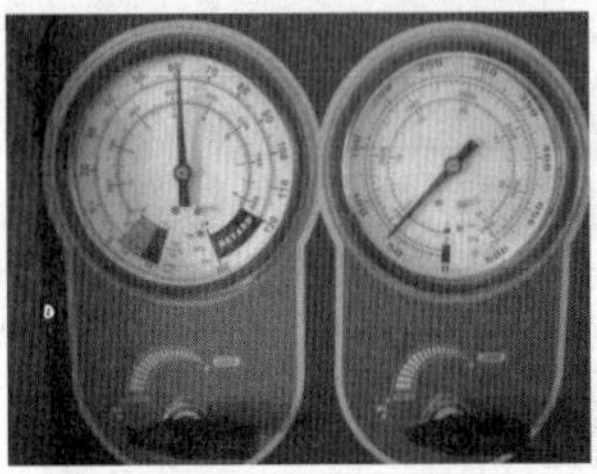	高低压压力均要大于 350KPa 才可进行泄漏检查
5. 制冷剂的回收、抽真空、加注		①调节灵敏度 ②探头保持洁净（不要接触被测部位） ③环境空气洁净 ④每个点检测 2 次 安全警告： 在检漏环节中需配合使用护目镜
	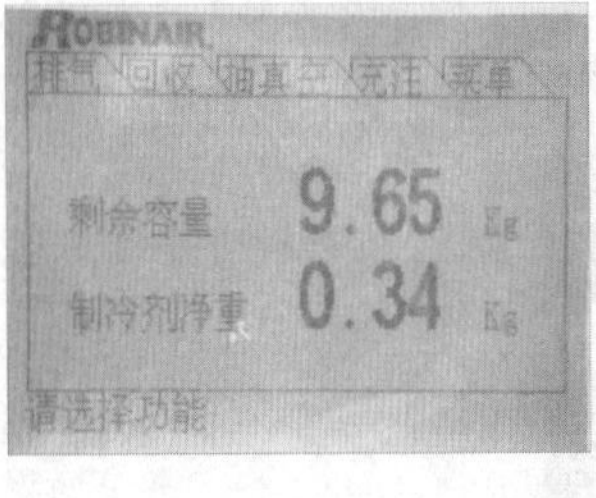	开机： 连接在 220V 电源，转动电源开关，显示主菜单

续表 3

作业内容	图解	技术要求
	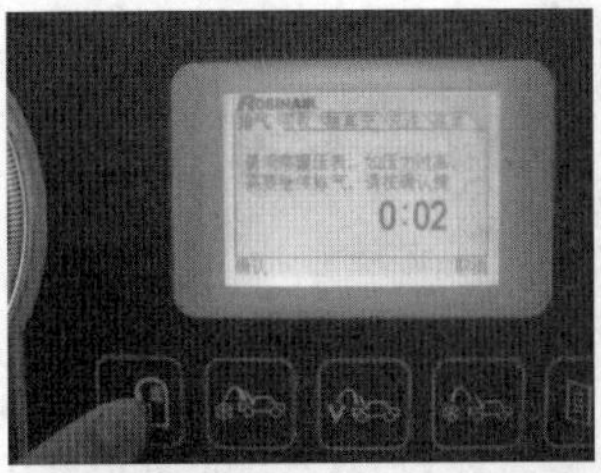	排气： ① 按下排气键，设备进行排气，2s后完成。 ② 按下确认键
5. 制冷剂的回收、抽真空、加注	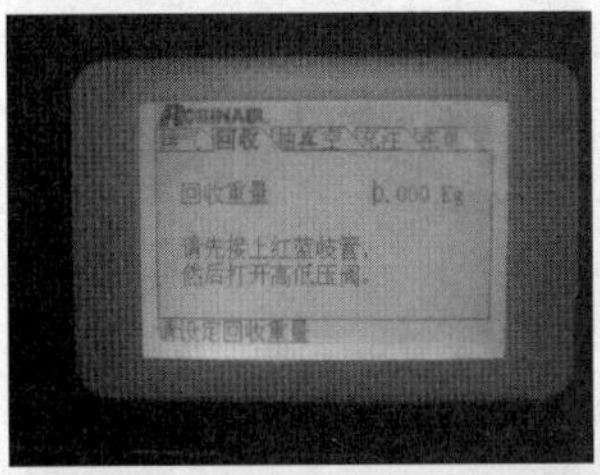	回收： ① 按下回收键，然后按界面提示接好管路及接头（红色软管接高压，蓝色软管接低压） ② 低压表压力到－68.95kPa 再等一分钟视为完全回收
	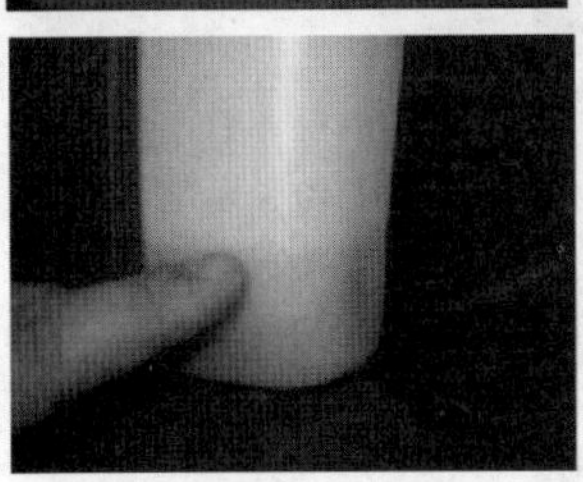	排油： ① 在完成制冷剂回收之后，按下 AC350C 的确认键，AC350C 开始进行排油 ②完成后（约 10s），记录排油量

续表 4

作业内容	图解	技术要求
	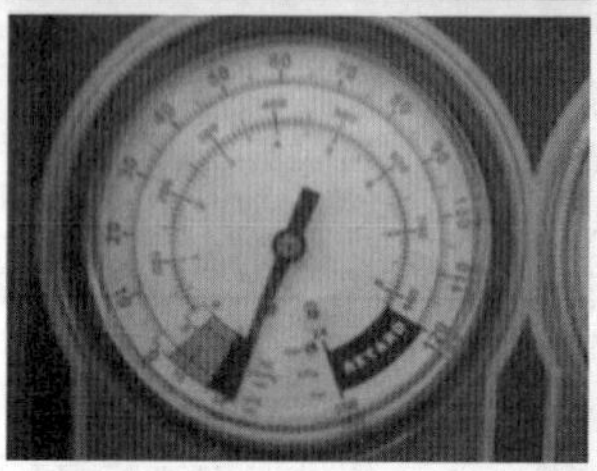	第一次抽真空： ①第一次抽真空时间设定为 5min（抽真空结束需记录真空度） ②第一次抽真空从高低压双管抽
5. 制冷剂的回收、抽真空、加注		
		注油： ①设定注油量为排出得油量加 20mL ②关闭低压阀，进行单管充注
	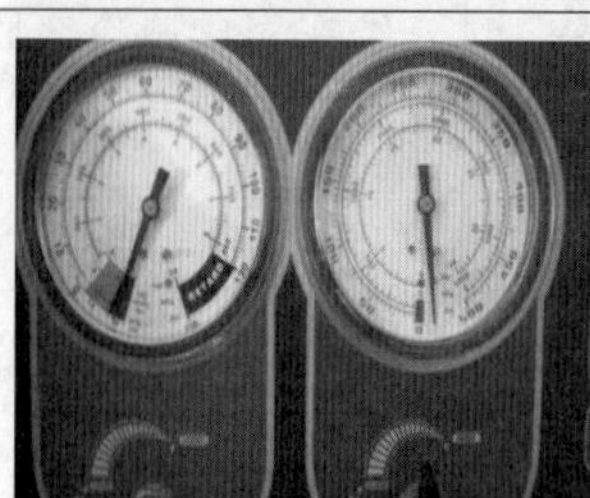	第二次抽真空： ①设定抽真空时间为 3min ②关闭高压阀，打开低压阀，进行单管抽空

续表 5

作业内容	图解	技术要求
5. 制冷剂的回收、抽真空、加注	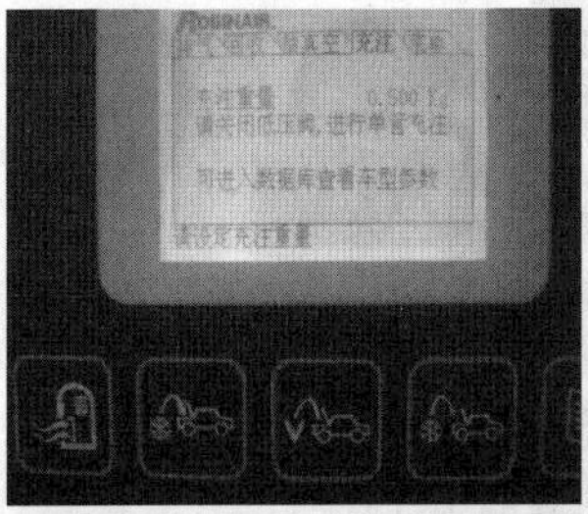  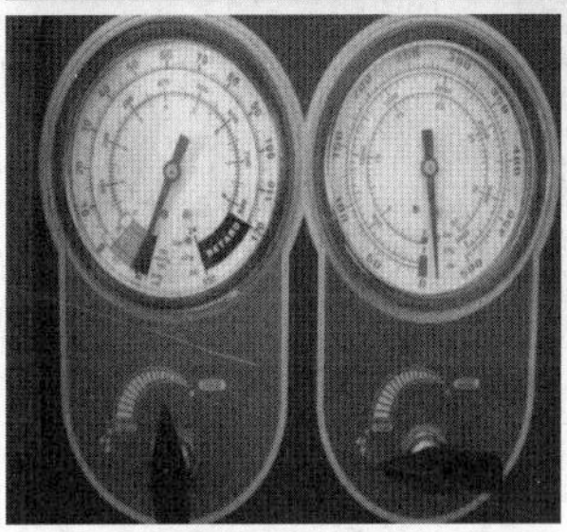	加注： ①制冷剂的加注量需对照车辆铭牌信息或查看数据库，并通过数字键输入充注重量 ②关闭低压阀，进行单管充注 ③加注结束，关闭阀门
		①拔下高低压连接管路 ②打开加注机操作面板上的高低压阀 ③按确定键，运行管路清理程序

续表 6

作业内容	图解	技术要求
5. 制冷剂的回收、抽真空、加注	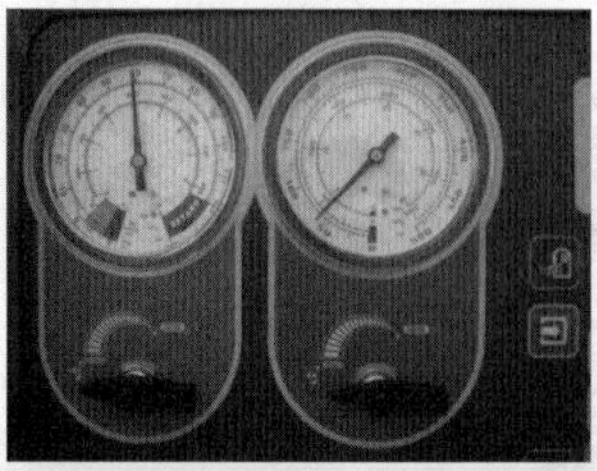 	①拔下高低压连接管路 ②打开加注机操作面板上的高低压阀 ③按确定键，运行管路清理程序
6. 空调故障诊断		①黄色探针连接冷凝器出口金属管路 ②黑色探针连接蒸发箱进口金属管路 ③蓝色探针连接蒸发箱出口金属管路 ④低压快速连接器（蓝色）连接低压维修接头 ⑤高压快速连接器（红色）连接高压维修接头
	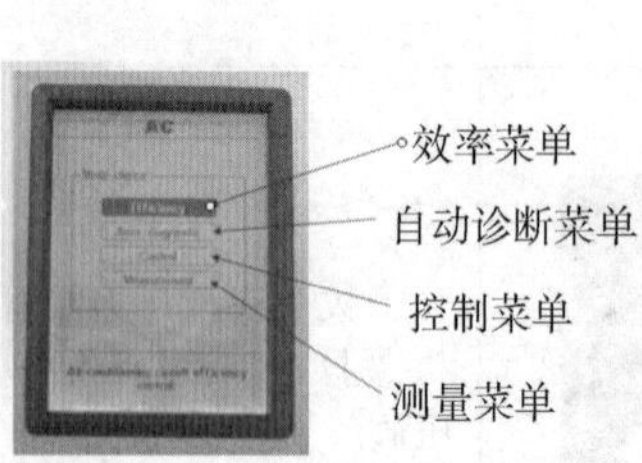	①进入第二项自动诊断菜单，按确认键 ②选择本车空调类型为两阀、线性压力传感器、可变排量压缩机、膨胀阀，按确认键 ③将 THR 温度传感器放于距离车辆 2m 处，按确认键 ④仪器显示环境温度及湿度，按确认键进入下一步 ⑤对空调工况进行设置（压缩机工作 5～10min、发动机转速 2000r/min、打开车窗及外循环、出风口风速最大温度最低、THR 温度传感器放在出风口前门）

续表 7

作业内容	图解	技术要求
6. 空调故障诊断	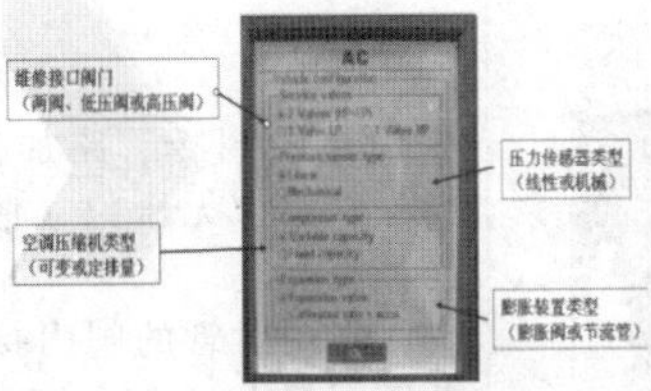 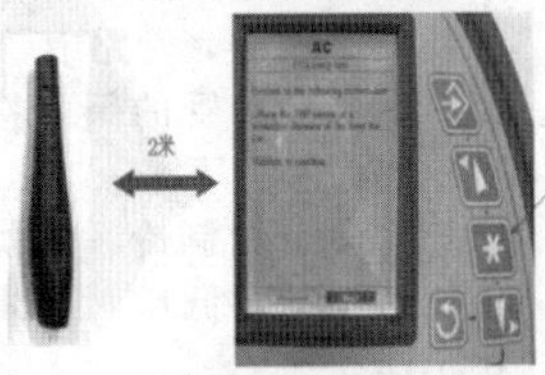 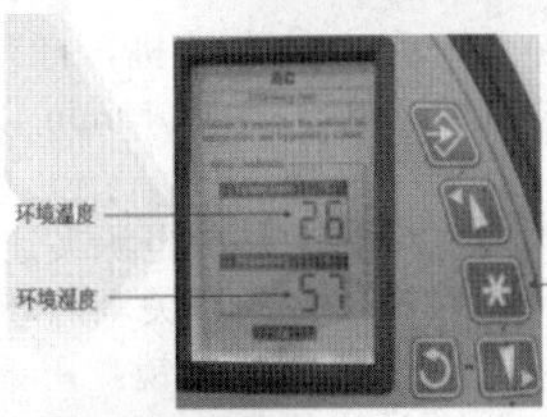 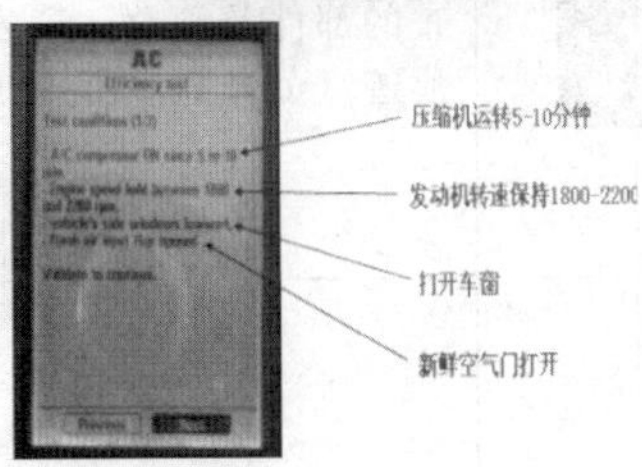 	
	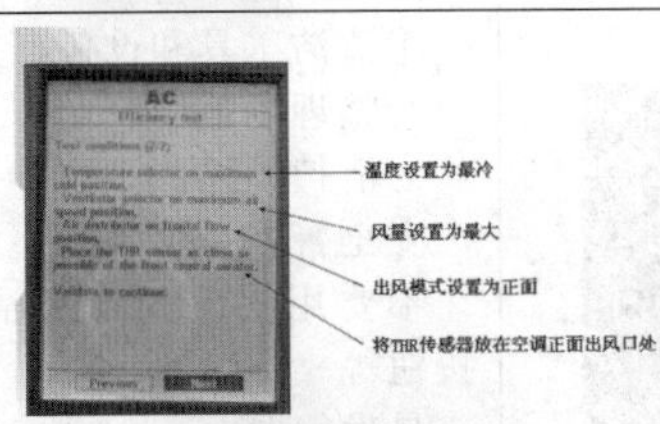 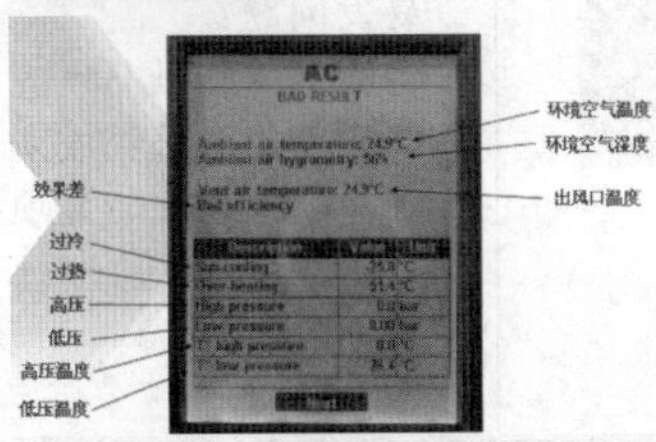 	空调诊断仪显示空调制冷效果差并诊断出故障原因在于系统压力偏低，下面运行制冷剂回收及检漏（参照上一个实训项目）

续表 8

作业内容	图解	技术要求
7. 加注荧光剂及检漏	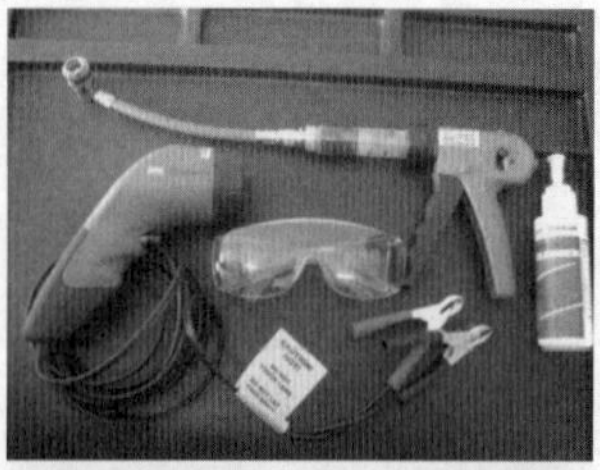 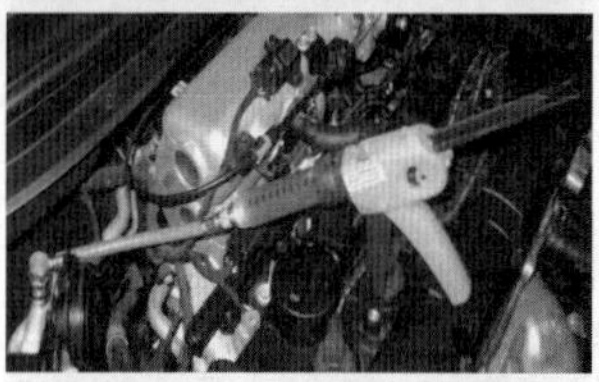 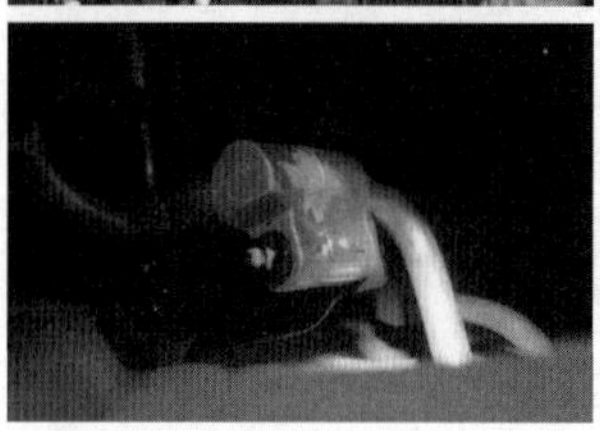	①在向制冷管路加注荧光剂之前，确保管路中无压力（释放掉制冷剂或已抽完真空） ②将注射管的阀门接头装在车辆的低压阀门上。按压注射枪，推进一格，使荧光剂注入管路中 ③将注射管的阀门接头从车辆的低压阀门上拆下来。 ④向空调制冷系统加注制冷剂。使用清洗剂将低压阀门处的荧光剂清洁干净 ⑤启动发动机，打开空调系统，空调压缩机运转 10min 以上。使荧光剂充分循环 ⑥将射灯的电源夹连接在蓄电池上。按压射灯的开关，射灯应有光射出 ⑦戴上滤光镜。用射灯照射需要检查的部件及管路。若发现有黄绿色的痕迹（荧光剂渗出），此处有漏点
8. 5S 工作		①清洁工具和设备，并放回原位 ②整理场地 ③清扫场地 安全警告： 不要用潮湿的抹布清洁电器开关、按钮等 易发问题： ①清洁工作马马虎虎，应付差事 ②废弃物未丢弃或未分类丢弃 ③清洁不彻底、漏项

第三节　汽车空调故障诊断与排除

一、空调系统维修的注意事项

空调系统维修的注意事项，见图 6－29、图 6－30、图 6－31。

1. 当处理制冷剂时

（1）不得在封闭区或明火附近处理制冷剂。

（2）坚持带防护眼镜。

（3）当心液态制冷剂不要进入你的眼睛或沾到你的皮肤。如果液体制冷剂碰到你的眼睛或皮肤时：

①不要揉擦。

②用大量冷却水冲洗此区域。

③对皮肤涂干净的凡士林。

④立刻看医师或去医院进行专业处理。

⑤不要企图自己处理。

2. 当在制冷剂管路上更换零件时

（1）用制冷剂回收机回收制冷剂再使用。

图 6－29　空调系统维修注意事项（一）

（2）在拆开部分立刻插入一塞子防止潮气和灰尘进入。

（3）不要除去塞子让新冷凝器或储液罐/干燥器放着。

（4）在从新压缩机拆卸塞子前，从加液阀放掉氮气。如果氮气没有先放掉，拆卸塞子时压缩机油会随氮气喷出。

（5）不得用喷灯弯曲或接长管子。

3. 当拧紧连接件时

（1）对 O 形圈涂几滴压缩机油以便容易上紧，并防止制冷剂气体泄漏。

（2）用两只开口扳手上紧螺母，避免扭曲管子。

（3）将 O 形圈或螺栓类接头上紧到额定扭矩。

4. 当处理制冷剂容器时

(1) 容器不得受热。

(2) 容器必须保持在 40 ℃(104 ℉)以下。

(3) 当用温水加温容器时,当心不要把容器顶上的阀门浸入水中,因为水可能渗入制冷回路。

(4) 空容器不得再用。

5. 当 A/C 开着并补足制冷剂气体时

(1) 如果制冷回路没有足够的制冷剂气体,油润滑会变得不足,并且压缩机可能会烧坏,因此注意避免这种情况。

(2) 如果高压侧阀门被打开,制冷剂反向流动并导致维修中断,因此只能启闭低压侧的阀门。

(3) 如果制冷剂容器颠倒,制冷剂又以液态加入,液体将被压缩,并且压缩机将损坏,因此制冷剂必须以气态加入。

(4) 当心不要加入过量的制冷剂气体,这会引起诸如冷却不充分、燃料经济性差、发动机过热等故障。

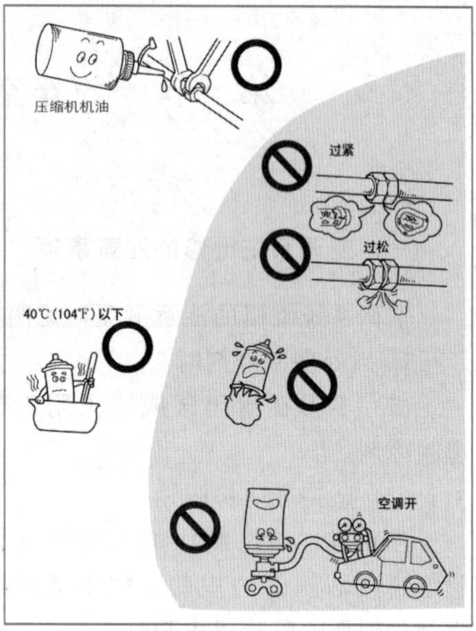

图 6-30 空调系统维修注意事项(二)

图 6-31 空调系统维修注意事项(三)

6. 当用卤素管检漏器时

(1) 因为用明火,有点燃爆炸性气体的危险。在用此检漏器前,首先检查邻近地区是否存在易燃的或爆炸性的材料。

(2) 尽管 R12 制冷剂是无毒的,但一旦它暴露于明火,就变成有毒的。为此,如果检漏器中的火焰颜色发生变化,则须特别小心不要吸入检漏器发出的气体。

二、空调制冷系统的视听检查

空调制冷系统的视听检查见图 6－32。

1. 传动皮带松不松？

如果传动皮带松，它将打滑；这将造成磨损。

2. 鼓风量不足

检查清洁空气过滤器的污垢和阻塞。

3. 压缩机附近听到噪声

检查压缩机安装螺钉和托架螺栓。

4. 听到压缩机内部有噪声

可能内部构件损坏引起噪声。

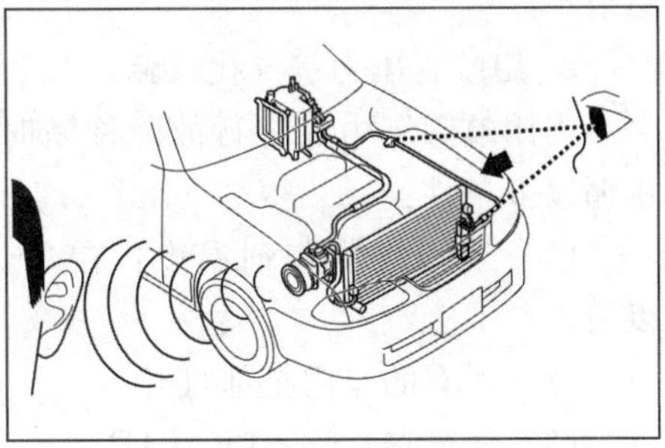

图 6－32　空调制冷系统的视听检查

5. 冷凝器散热片被污垢和灰尘覆盖

如果该冷凝器散热片覆盖有污垢和灰尘，该冷凝器的冷却效率可能大大地降低。从冷凝器上洗刷掉所有的污垢和灰尘。

6. 制冷系统连接处或接头上有油污

连接处或接头上的油渍指示制冷剂从那个地方泄漏。如果发现这种油污，应该重新上紧零件，或根据需要更换，以便停止气体渗漏。

7. 送风机附近听到噪声

将送风机马达旋到 LO、MED 和 HI，如果产生异常噪声或马达旋转不适当，更换送风机马达。异物进入送风机也产生噪声，马达安放不合适可能导致异常旋转，因此更换送风机马达前充分检查这些因素。

8. 通过观察孔检查制冷剂量

如果在观察孔可以看到大量气泡流过，则制冷剂不足，因此补加制冷剂到恰当的程度。在这时候也要如前所述检查油渍，确定没有制冷剂渗漏。如果在观察孔看不到气泡，即使倒水于冷凝器上也看不到，则系统中制冷剂过多，排放制冷剂直到保持适量余留。提示：当系统运用一副冷却型冷凝器时，即使不能看到气泡，制冷剂也可能不足。

三、制冷循环中的故障诊断

制冷循环的故障检查见图 6－33。

1. 检查压力的重要性

当空调运行时检查制冷剂的压力，可以掌握故障的区域或原因。因此，它对确定合适的值及诊断故障非常重要。

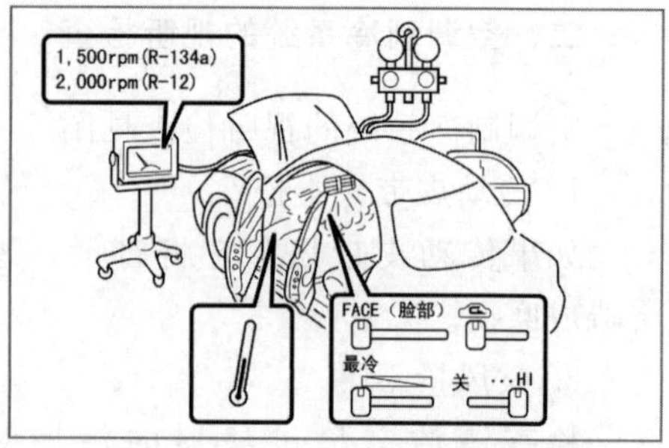

图 6－33　制冷循环的故障检查

2. 用歧管压力表寻找故障

当用歧管压力表执行故障诊断时，遵循以下条件：

（1）发动机冷却剂温度：在预热以后。

（2）所有的车门全部打开。

（3）气流选择器：“FACE”。

（4）进气口选择器：“RECIRC”。

（5）发动机转速：1，500 rpm（R－134a），2，000 rpm（R－12）。

（6）送风机转速选择器：高。

（7）温度选择器：MAX. COOL。

（8）A/C 开关打开。

（9）A/C 进口温度：30℃～35℃（86℉～95℉）。

注意：对于带有 EPR 的车子，因为用 EPR 控制低压侧，在表的压力值上可能不直接显示异常值。

四、空调系统的压力测试检查

下面介绍高压和低压下的一些故障形式以及可行的排除措施（表 6－3）。

表 6－3　　空调系统的故障形式及其修理

图解	故障形式及修理
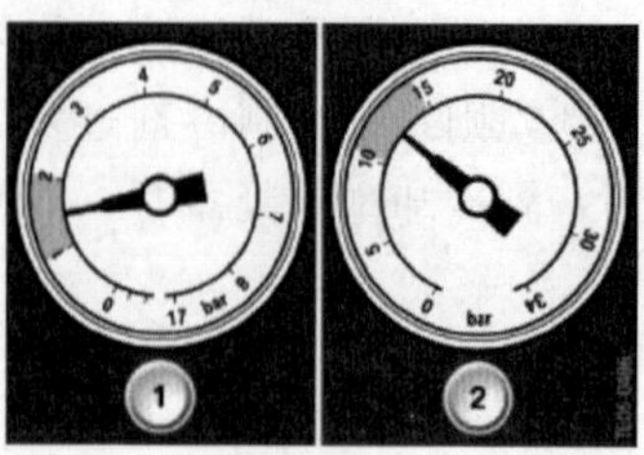 1. 低压：正常 2. 高压：正常	出风口温度很低（约 5 分钟后中部出风口处约 ＋2℃至＋8℃，参考制造商给出的数据!）：系统正常

续表 1

图解	故障形式及修理
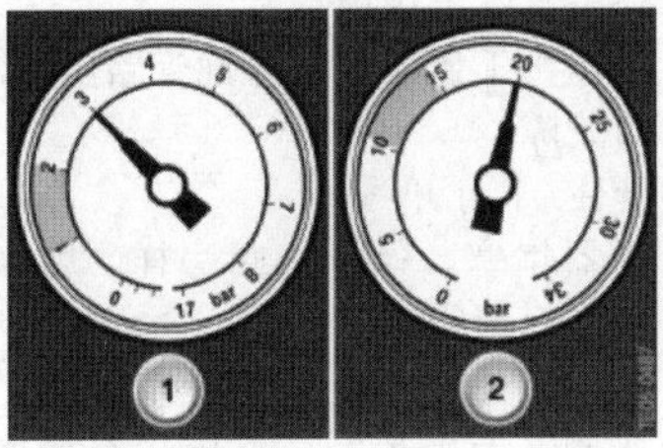 1. 低压：过高 2. 高压：过高	故障形式： • 出风口温度低，但不是很低 可能存在的故障： • 系统内的制冷剂过多 • 冷凝器冷下来/未冷下来 膨胀阀未闭合 修理： • 将系统抽真空处理，调整到正确的制冷剂液位 • 检查冷凝器鳍片上是否有污物/损坏 • 检查冷凝器风扇是否正常工作（保险丝、继电器、导线、电机、活动自如） • 更换膨胀阀（节温控制，首先检查温度传感器的安装和工作情况！）
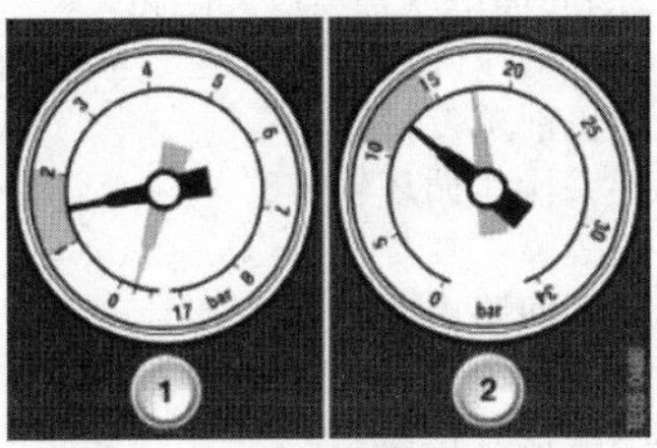 1. 低压：正常至过低 2. 高压：正常至过高	故障形式： • 出风口温度先低后高 • 出风口温度不断在高与低之间变换。原因：蒸发器/膨胀阀局部结冰，然后又融化 • 高压提高，低压降低（下降至真空范围内） • 关闭压缩机前蒸发器结冰 • 压缩机开关操作循环较长 可能存在的故障： • 制冷剂循环回路内有水分 • 蒸发器温度开关/传感器损坏 • 压力传感器信号错误 修理： • 将系统抽真空处理，更换干燥器。说明：系统抽真空时间至少 30min • 检查蒸发器温度开关/传感器，必要时更换
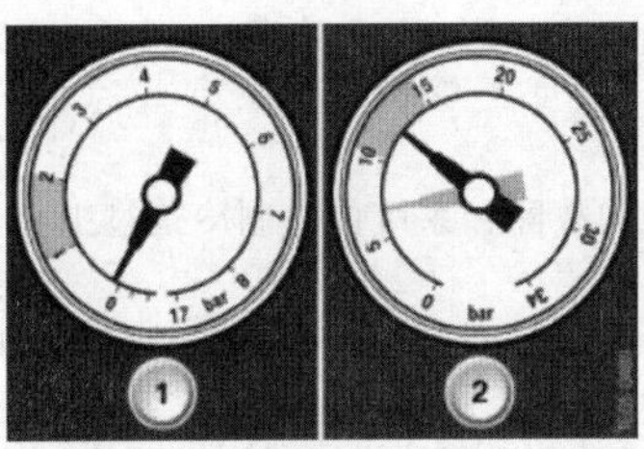 1. 低压：过低 2. 高压：正常至过低	故障形式： • 出风口温度不够低（“只有些凉，不够冷”）。 可能存在的故障：系统内的制冷剂过少 修理： • 将系统抽真空处理，将抽吸出的制冷剂量与规定量对比 • 检查密封性/泄漏检查 • 正确调整制冷剂量

续表 2

图解	故障形式及修理
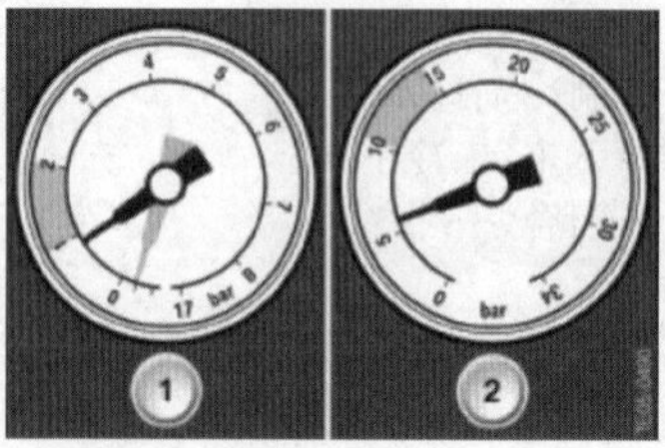 1. 低压：过低 2. 高压：过低	故障形式： • 出风口温度不够低（“只有些凉，不够冷”） • 低压下降至真空范围内 • 可以看到连接干燥器的制冷剂管路上结冰 可能存在的故障： • 膨胀阀卡住/未打开 • 过滤干燥器堵塞，像节流阀一样，膨胀阀前的管路内制冷剂膨胀 修理： • 更换膨胀阀（节温控制，首先检查温度传感器的安装和工作情况!）。注意：检查阀门上是否有异物造成的污染（干燥器粒化颗粒，压缩机金属碎屑），如果有，则清洁整个系统
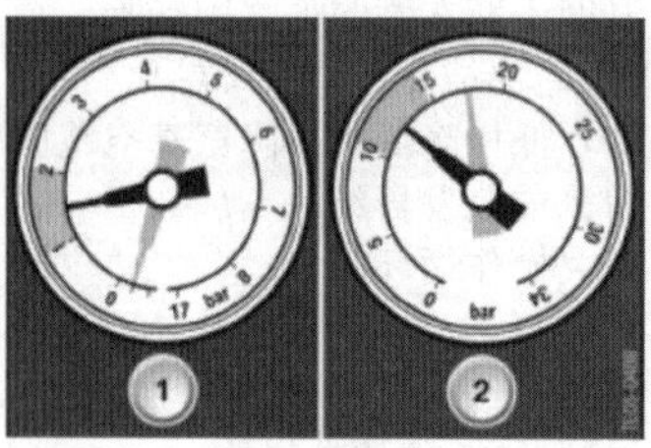 1. 低压：正常至过低 2. 高压：正常至过高	故障形式： • 出风口温度先低后高 • 出风口温度不断在高与低之间变换。原因：蒸发器/膨胀阀局部结冰，然后又融化 • 高压提高，低压降低（下降至真空范围内） • 关闭压缩机前蒸发器结冰 • 压缩机开关操作循环较长 可能存在的故障： • 制冷剂循环回路内有水分 • 蒸发器温度开关/传感器损坏 • 压力传感器信号错误 修理： • 将系统抽真空处理，更换干燥器。说明：系统抽真空时间至少 30min • 检查蒸发器温度开关/传感器，必要时更换
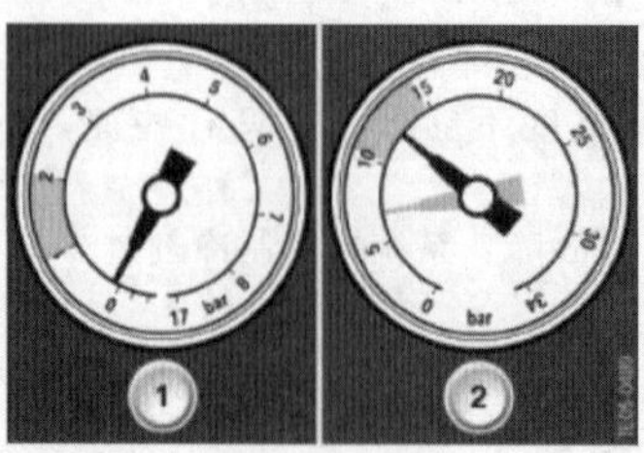 1. 低压：过低 2. 高压：正常至过低	故障形式： • 出风口温度不够低（“只有些凉，不够冷”）。 可能存在的故障：系统内的制冷剂过少 修理： • 将系统抽真空处理，将抽吸出的制冷剂量与规定量对比 • 检查密封性/泄漏检查 • 正确调整制冷剂量

续表 3

图解	故障形式及修理
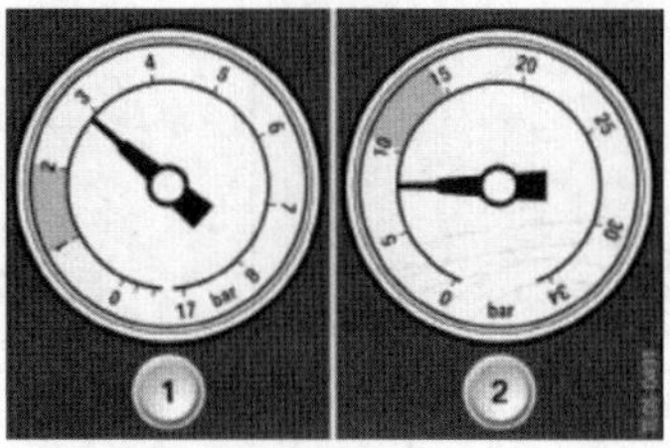 1. 低压：过高 2. 高压：过低	故障形式： • 出风口温度不够低（“不够冷”） • 压缩机：工作噪声大 可能存在的故障： • 压缩机输出功率低 • 压缩机传动皮带打滑 • 压缩机电磁离合器损坏/未调整好（间隙） • 压缩机机械机构损坏 修理： • 检查传动皮带的张紧程度/调整到正确位置，必要时更换皮带 • 检查电磁离合器的功能（温度/压力开关，导线，保险丝/继电器，控制单元），调整间隙 • 更换压缩机。注意：系统内有屑时清洁整个系统（例如用不含有氧气的氮气吹出），更换干燥器
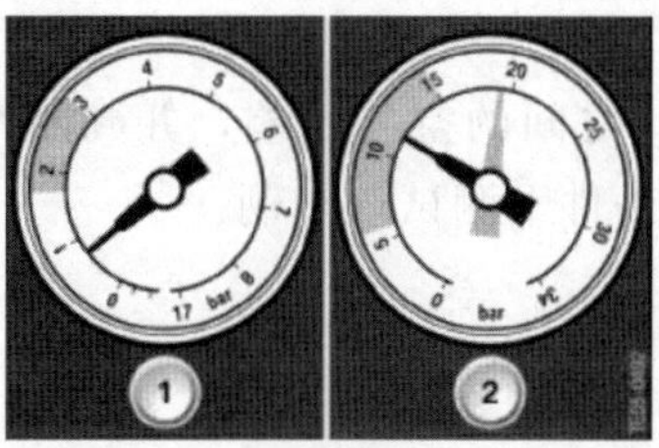 1. 低压：过低 2. 高压：正常至较高	故障形式： • 出风口温度不够低 • 可以看到高压管路/部件上结冰 可能存在的故障： • 高压侧堵塞，通常在干燥器内 修理： • 排除堵塞故障，必要时更换堵塞的部件
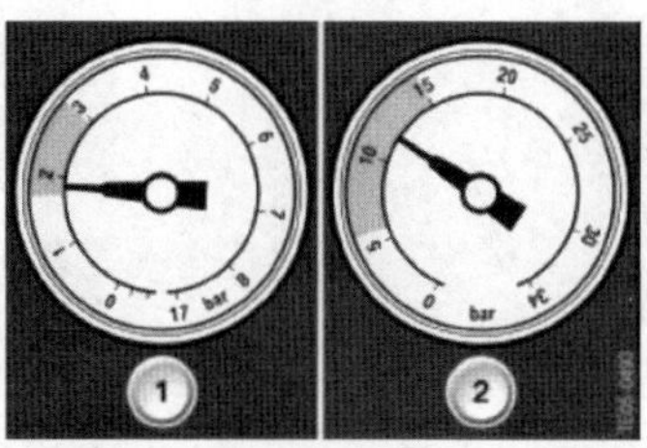 1. 低压：正常 2. 高压：正常	故障形式： • 出风口温度不够低（“只有些凉，不够冷”） • 压缩机频繁接通（短时接通/短时关闭） 可能存在的故障： • 蒸发器温度开关/传感器损坏或未正确开关 修理： • 检查蒸发器温度开关/传感器，必要时更换

五、性能测试

1. 概述

对于A/C的冷却性能，测量进气口和出气口之间的空气温差，并判断此值是否在标准性能图表中的标准范围内（图6-34）。

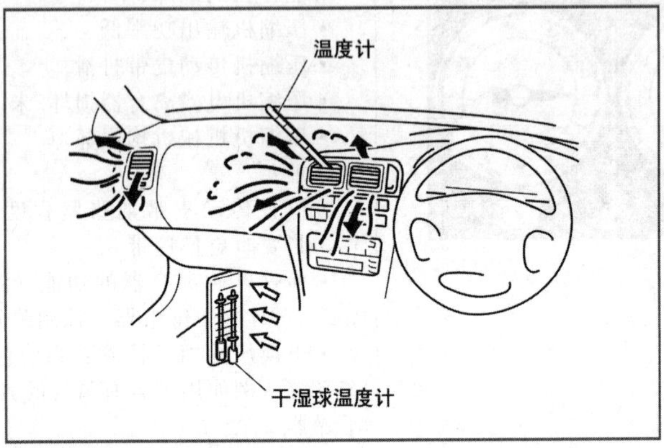

图6-34 测量进气口和出气口的空气温差

2. 测试条件

对于A/C的冷却性能，测量进气口和出口之间的空气温差，并判断此值是否在标准性能图表中的标准范围内。在下面条件下测试该车辆：

（1）将车停放在荫影中。

（2）发动机冷却剂温度：在加温以后。

（3）所有的车门：充分开放。

（4）气流选择器："FACE"。

（5）进气口选择器："RECIRC"。

（6）发动机转速：1500rpm（R-134a），2000rpm（R-12）

（7）送风机转速：高。

（8）温度选择器：MAX. COOL。

（9）A/C开关：打开。

（10）高压侧压力：1.5MPa（15.5 kgf/cm^2）。

3. 测量各温度

将一干湿球温度计放在进气口处，将一干球温度表放在出口的中央。当出口空气温度稳定后（5～6min后），测量两者之间的差异和进气口空气的相对温度。

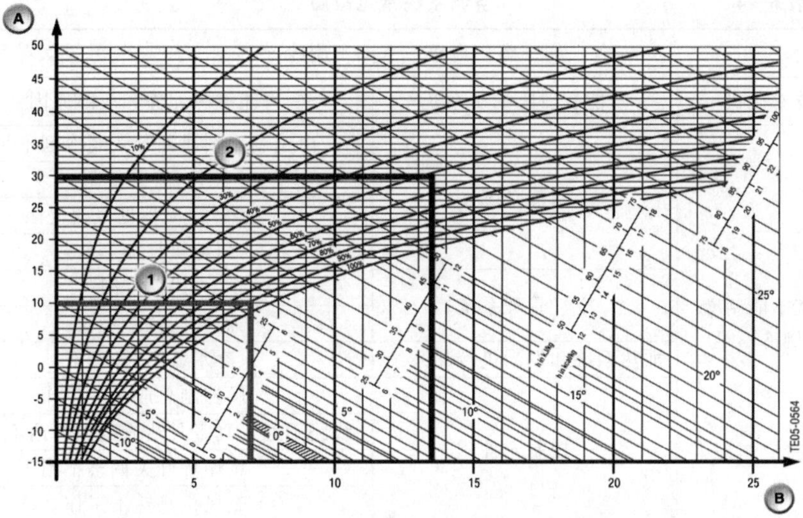

索引	说明	索引	说明
A	温度 °C	1	冷却到 10 °C/100 % 相对空气湿度；空气中的含水量 7 g 水/kg 空气。
B	水蒸气质量 g/kg 空气	2	初始状态：30 °C/50 % 空气湿度时的空气；空气中的含水量 13.5 g 水/kg 空气。

图 6－35　测量相对温度

4. 如何求相对湿度

根据干球温度表的温度和进口处湿球温度计的温度从空气湿度图得到相对湿度。例如：当干球温度计为 25℃（77 ℉），湿球温度计为 19.5℃（67.1 ℉），线的交点便是相对湿度。在这种情况下，它为 60%。

5. 如何阅读操作性能图

如果两值的交点在阴影区域内，可以判定冷却能力良好。

六、空调系统常见故障的诊断方法

表 6－4 中有几种典型的客户抱怨，第一列内容指客户抱怨内容的技术症状，第二列列出了可能导致该故障的子系统。第三列列出了子系统的元件及故障原因，该表并没有列出诊断过程中可能出现的问题，此表的目的是帮助你理解这些故障原因，以及诊断过程中的系统元件的相互影响关系。

表 6-4　　　　　　　　　空调系统常见故障

客户抱怨：空调不制冷		
技术症状	可能有故障的子系统	可能故障元件和故障原因
一直不能制冷或制冷不足	制冷系统	由于制冷剂泄漏导致制冷剂不足
		元件/管路受阻
		散热器/冷凝器处气流受阻
		压缩机性能不好
	空气管理系统	进风门受阻
		温控门位置不对
	加热系统和发动机冷却系统	冷水截断阀断开
	控制元件	气候控制总成不能工作
		线路不通，真空马达或电控马达不工作
		空调循环开关调整不当
		鼓风机马达不工作
怠速时制冷或制冷不足	制冷系统	制冷剂不足
	加热系统和发动机冷却系统	发动机过热
	空气管理系统	不会有问题
	控制器	空调压力截断阀开关的双重功能
		电子冷却风扇不工作
一开始制冷效果好，慢慢就不行	制冷系统	由于空调循环开关调整不当，蒸发器结冰
	加热系统和发动机冷却系统	发动机过热
		冷水截断阀开路
	空气管理系统	不会有问题
	控制器	不会有问题
客户抱怨：空调不制热		
技术症状	可能有故障的子系统	可能有故障的元件和可能原因
不制热/制热不足	加热系统和发动机冷却系统	发动机过热
		发动机冷却液液面低
		恒温器故障
		加热器芯受阻
		冷水截断阀闭合
	空气管理系统	温控门位置不对
	控制器	水阀作动器故障
		气候控制总成不工作
		温控门作动器不工作

续表

<table>
<tr><td colspan="3">客户抱怨：不能从所选出口出风</td></tr>
<tr><td>技术症状</td><td>可能有故障的子系统</td><td>可能有故障的元件和可能原因</td></tr>
<tr><td rowspan="3">风向不对</td><td>空气管理系统</td><td>风门损坏</td></tr>
<tr><td rowspan="2">控制器</td><td>气候空机/总成不工作</td></tr>
<tr><td>线路不通，真空马达或电控马达不工作</td></tr>
<tr><td colspan="3">客户抱怨：车内有异味，风速不对</td></tr>
<tr><td rowspan="2">乘客室异味</td><td>加热系统和发动机冷却系统</td><td>加热器芯泄漏</td></tr>
<tr><td>制冷系统</td><td>蒸发器芯泄漏</td></tr>
<tr><td rowspan="2">鼓风机只有高速运转</td><td rowspan="2">控制器</td><td>鼓风机马达电阻总成开路（只适用某些车型）</td></tr>
<tr><td>过热（只适用某些车型）</td></tr>
</table>

汽车空调的常见故障有：出风口故障、除霜故障、制冷故障、温度控制混合故障以及噪声故障等。下面就这几种故障的常用诊断方法进行说明。

1. 出风口故障

制冷系统出风口处的故障也就是常说的空气分配故障，常见的有以下几种：出风口不出风；风量不足；出风量不变；出风模式不变。

下面详细分析各个故障的检测：

（1）出风口不出风：如何有效地进行出风口不出风的检测呢？考虑到控制出风的电路主要是进气风扇控制电路，因此可按如下步骤进行：

①检测风机继电器、风扇电机、电阻和风扇开关。

②打开点火开关，置于“ON”的位置。打开风扇开关，看风扇是否运转。

③检查风扇单元，检测风扇电机是否卡死。

如以上三种检测没有发现异常，则进行风量不足检测。如有异常，则对相应继电器和开关进行修理。

（2）出风量不足：对于出风口风量不足，具体情况可能有所不同，主要针对不同气流模式下气体的流动情况，如在通风模式、加热模式以及除霜模式时，气流是否有变化。

对于空调风量不足的检测过程是：

①当操作气流模式时，是否有阻力的存在，各个挡位是否都可以操作。

②当气流模式处于 VENT 状态时，空气是否可以正常排出。如不能正常排出则检查通风口是否堵塞、破损或漏风以及仪表盘上的风道是否安装正确，如不正常则进行修理。

③再进入加热（HEAT）模式的检测，空气能否正常排出，如不能则检查

通风口是否堵塞。

④进入除霜（DEFROSTER）模式，检查空气是否能排出，如不能则进行相应通风口检查。

(3) 出风量不变：对于出风口风量不变的故障，可按如下步骤进行检测：

①检测鼓风机继电器、鼓风机电机、电阻以及电子风扇开关，如有问题参照维修手册进行维修。

②打开电扇开关，使车内空气进行内循环，风扇转动，看是否运转顺畅，如有问题进行维修。

③对鼓风机单元进行检测。风扇与扇框有无干涉，风扇中有无异物，以及鼓风机进气通风口有无异物或堵塞，如有进行修理。

(4) 出风模式不变

出风模式不变，可能有以下3种原因：一是暖风散热器单元的风板单元控制件出现故障；二是气候控制单元的传动件出现故障；三是一个或多个暖风散热器单元开口出现故障。

对以上原因进行故障检测的顺序是：

①检查暖风散热器单元的气流模式连杆、气流模式曲柄、气流模式杆和线缆卡子。检查的内容有：连杆和曲柄是否有润滑油脂？所有连杆、曲柄和杆是否牢固安装到位？线缆卡子是否变形？如不正常，则进行相应的维修。

②检查气候控制单元传动件是否牢固定位，是否正确地与暖风散热器单元的气流模式连杆相对应。如不正确，进行相应的维修。

③对暖风散热器各单元的开口进行检查，检查的内容是各单元开口安装是否牢固、位置是否正确。

2. 除霜故障

对空调控制面板进行除霜模式操作时，系统没有反应。

可能会有以下几种故障：电子自动温度控制模块系统故障；进气执行器故障；进气选择开关故障；电子自动温度控制模块（内循环、外通风）系统故障；鼓风机单元进气风门故障。

下面依次介绍相应的检查步骤。

(1) 电子自动温度控制模块系统故障：

①检查A/C保险，视情况修理。

②检查保险盒和电子自动温度控制模块间线束的通断情况。如不正常，进行相应的线路检测、修理。

(2) 进气执行器进行检测的内容：

①控制杆上是否有润滑脂。

②控制杆安装是否牢固，安装位置是否正确。

③控制杆的运动是否受阻。

如以上检测内容有故障，进行修改。如没有则进行下一步的修理。

(3) 进气选择开关故障的检测：检查电子自动温度控制模块上线束，看是否满足要求。

(4) 电子自动温度控制模块（内循环、外通风）系统故障：

①将点火开关置于“LOCK”位置，检查电子自动温度控制模块和进气执行器的插座间的导通情况。

②检查电子自动温度控制模块和进气执行器间线束有否搭铁。

③检查电子自动温度控制模块和进气执行器间线束与电源是否短路。

(5) 检测鼓风门单元进气风门的故障：

①将点火开关置于“LOCK”位置，联上电子自动温度控制模块插件，拆出进气执行器的线束，将点火开关置于“ON”位置，将风扇开关调至4挡，检查进气模式（内循环、外循环）是否变化平稳。

②如进气模式不平稳，检查有无其他金属或障碍物堵住进气风门。

3. 制冷故障

制冷故障常见的有两种：制冷量不足；不能制冷。

下面分别加以说明：

(1) 制冷量不足：空调制冷效果不良是常见的故障，检查的第一步是对制冷系统进行性能测试，如果正常再对系统的制冷量不足进行确定。如不正常则进行以下几种特定的检查。

空调制冷效果不良主要有以下几种可能原因：

——驱动皮带轮故障。

——鼓风机单元或冷凝器故障。

——接收器/干燥器或膨胀阀故障。

——制冷管路故障。

——A/C压缩机系统故障，压缩机机油不足。

——压缩机机油过量，膨胀阀或加热单元连杆，空气混合连杆系统出故障。

①驱动皮带轮的检查：按一定的标准对压缩机皮带轮进行检查，如不满足要求，进行调整或更换。如正常，则对制冷系统的高、低压进行检测。如高、低压都高于标准值，则进行下一步。

②对鼓风机单元进行检测：鼓风机进口有无堵塞，如有进行清理，如没有则进行冷凝器的检测。检查冷凝器是否正常，检查的标准参照制冷系统中冷凝器的检查。在进行冷凝器检测后，再对制冷系统的各个管路接头进行检测，如有泄漏进行处理并按规定的流程进行维护修理。

③对接收器/干燥器或膨胀阀进行检测：对接收器/干燥器的检测内容主要是：是否有堵塞和干燥器内是否混入水并已经饱和。膨胀阀的故障可能是安装不牢固或堵塞等。

接收器/干燥器、膨胀阀等出现故障时，表现为空调工作时制冷剂系统高压侧压力迅速上升到正常压力，然后下降并保持于正常压力之下。此时，将空调关掉并等待 10 分钟，启动发动机，将空调开关和风扇开关打开，在空调压缩机工作后如没有故障，则说明干燥器已混入了水要进行更换；如有故障，则可能是膨胀阀出现故障。

如接收器/干燥器、膨胀阀出现故障，进行更换。更换过程按规定的程序进行。

④制冷系统管路故障：主要的检测内容有以下几个方面：

——导管有无损伤和裂缝

——导管插头有无油污、是否松动、是否漏气

——冷凝器、接收器/干燥器、压缩机、蒸发器单元各接口处是否漏气。

在检测过程中用专用工具——制冷剂泄漏仪进行相应的测试。

⑤压缩机故障：压缩机进行高速运转时，高压端压力是否有升高，如果不升高则对制冷系统加注润滑油，使达到规定标准。如压力仍然没有变化，则更换压缩机。

⑥压缩机机油过量，膨胀阀或加热单元连杆、空气混合连杆系统出故障。

检查暖风散热器控制单元的空气混合连杆、空气混合曲柄的安装位置是否正确。

蒸发单元膨胀阀热传感器传热管是否牢固，是否安装正确。

对于不正确的安装进行相应的修理，并进行修理效果的检测。

除以上因素之外，还要考虑到实际应用中所使用的制冷剂纯度是否符合要求，许多市售的制冷剂存在着纯度不够或者成分不符的情况。如果其他因素已经排除，可加入原厂正品制冷剂进行对比检测，或者使用专用制冷剂鉴别仪对制冷剂进行分析。

(2) 不制冷：空调系统不制冷可能有以下一些原因：空调压缩机不工作；A/C 故障指示灯故障；PCM 的开关控制系统故障；A/C 控制单元、A/C 开关

故障；PCM（A/C 信号）系统故障；制冷剂压力开关，冷却系统故障；A/C 压缩机系统故障；A/C 继电器系统故障。

现分别就以上故障进行检测：

①空调压缩机是否工作：打开空调开关，打开风扇开关，看压缩机是否工作。如压缩机工作，则进行制冷量不足的检查。

②A/C 故障指示灯故障：其检测过程是启动发动机，将 A/C 开关和风扇开关同时打开，看压缩机是否工作。如此时有风吹出，则进行制冷量不足的相关检测。

如压缩机工作，则看开关指示灯是否点亮。如果点亮，对制冷系统进行车载检测。如不亮，则检测 A/C 开关的引脚电压是否为 12V；如不是，检测相关的电路及指示灯是否正常。

③PCM 的开关控制系统：检查车载诊断系统有无故障码的存在，如有则进行相应的修理。检查 PCM 空调停机控制输入信号是否正常，如正常，则进行下面的故障检测。

④PCM 系统故障：检查车载诊断系统有无故障代码，有则进行相应的检查。没有则进行下一项检测。

⑤制冷剂压力开关故障、冷却系统故障：检查当制冷剂压力开关接线侧线束相连接时，有无冷风吹出，有则说明线路正常。没有则对压力开关进行相应的检测。

⑥A/C 压缩机故障：参照压缩机的运转与歧管压力表进行检测，看是否满足要求，否则进行压缩机的更换。

⑦A/C 继电器故障：对空调系统的各个继电器进行故障检测，确定是否由于继电器故障使系统不工作而出现不制冷现象。

4. 温度控制混乱故障

汽车空调温度控制混乱的故障主要有以下两种：不能对出风口的温度进行设置；出风口温度始终不变。

（1）故障的可能原因有以下几种：

①暖风散热器单元空气混合连杆、空气混合曲柄、空气混合拉杆、空气混合风门拉索、拉索卡子故障。

②气候控制单元的齿轮齿条、空气混合拉索故障。

③暖风散热器单元的空气混合口故障。

④暖风管故障。

（2）对于暖风散热器单元空气混合连杆、空气混合曲柄、空气混合拉杆和拉索卡子等的检测内容有：

①连杆、曲柄是否吸润滑脂以及是否牢固地安装到位。对于拉索卡子的检测内容是卡子有无变形。

②空气混合拉索是否正确安装在暖风散热器单元的空气混合连杆对应位置。如不是则进行相应的修理。

③检查气流控制单元中的齿轮齿条是否正确啮合。空气混合风门拉索是否安装在架子上相应的位置。

④暖风散热器空气混合口处，混合风门是否牢固且安装正确。

⑤同时，对于空调的暖风管路进行检测。查看管路有无裂纹或受损，暖风管路接头是否漏水以及有没有紧固等。

5. 空调系统噪声故障

汽车空调系统噪声是常见的故障。

空调系统中的工作噪声可能有以下几种：

(1) 电磁离合器噪声。

(2) 压缩机噪声。

(3) A/C压缩机打滑噪声。

(4) 软管或制冷管路干扰噪声。

首先判断空调系统噪声的类型，然后依据表6-5处理。

表6-5　空调系统噪声故障及其排除

噪声类型	可能故障	排除方法
叮当声、爆裂声、嘟嘟、蜂鸣	压缩机叶片噪声	如噪声只持续3s以下，属正常情况。如持续3s以上，进行发动机怠速调整，如噪声依然存在，则对制冷剂量、压缩机机油进行检测，必要时进行更换和处理 在加注一定的机油后，检查压缩机是否还有噪声，如有则更换压缩机
摩擦、旋转	压缩机打滑	压缩机停止运转时，噪声是否立即消失？如是则更换压缩机，否则检查驱动皮带及皮带轮
碰撞、震动	管道干扰	确认噪声是否从压缩机传出，如不是对管道进行紧固定、拧紧等操作
咔嗒	电磁离合器	调整离合器压板和A/C压缩机皮带轮间隙

第七章　汽车仪表系统

第一节　仪表报警装置

一、报警装置的结构组成

为了便于驾驶员随时了解汽车各个主要系统的工作情况，及时发现问题、采取措施，防止发生人身和机械事故，保证汽车可靠而安全地行驶，汽车上安装了一些报警信号装置，如图 7－1、图 7－2 所示，是用来监测和反映汽车和发动机的一些重要系统的工作情况。

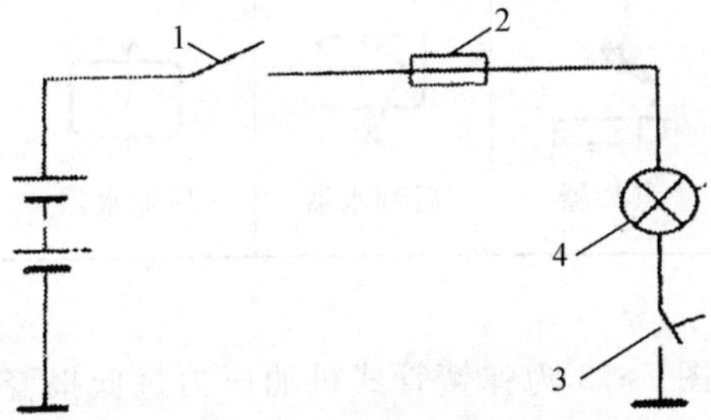

图 7－1　报警装置电路

1. 电源开关；2. 熔断器；
3. 报警装置；4. 报警

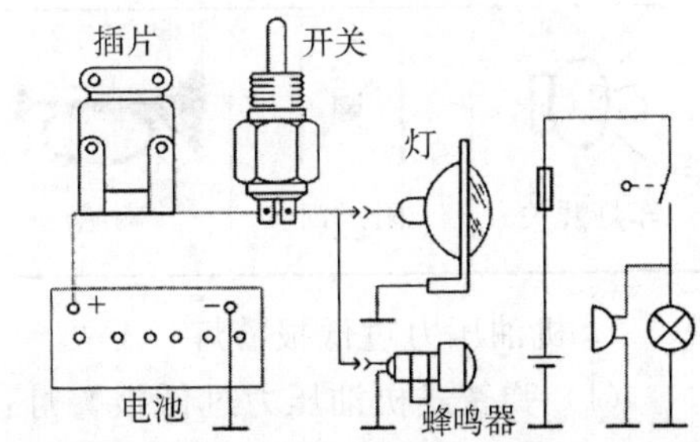

图 7－2　倒车信号电路

报警信号装置包括报警装置和信号装置。报警装置是在被监测的系统或总成工作或状态不正常时工作，提醒驾驶员注意，如水温报警灯、燃油液面报警灯等等；信号装置是在被监测的系统或总成工作时工作，提醒驾驶员注意，如远光指示灯、转向指示灯等。报警信号装置有灯光报警信号装置和音响报警信号装置两种。报警灯、指示灯的符号含义如表 7－1 所示。

表 7－1　　报警灯、指示灯的符号含义

燃油	（水）温度	油压	充电指示	转向指示灯	远光
近光	雾灯	手制动	制动失效	安全带	油温
示廓（宽）灯	真空度	驱动指示	发动机室	行李室	停车灯
危急报警	风窗除霜	风机	刮水/喷水器	刮水器	喷水器
车灯开关	阻风门	喇叭	点烟器	后刮水器	后喷水器

1. 机油压力过低报警灯

（1）弹簧式机油压力过低报警灯：图 7－3 为弹簧管式机油压力过低报警开关，有一对常闭触点。点火开关接通，在发动机未启动时，油压开关是接通的，报警灯亮。在发动机启动后，主油道压力升高，开关的触点断开，报警灯熄灭，表示润滑系统工作正常。运行中若主油道堵塞、泄漏等原因使机油压力过低时，开关接通，报警灯亮。

（2）膜片式机油压力过低报警灯：膜片式机油压力过低报警灯电路如图 7－4 所示。当机油压力低于一定值时，油压报警传感器中的动触点下降与静触点相接触，接通油压报警灯电路，报警灯发亮。

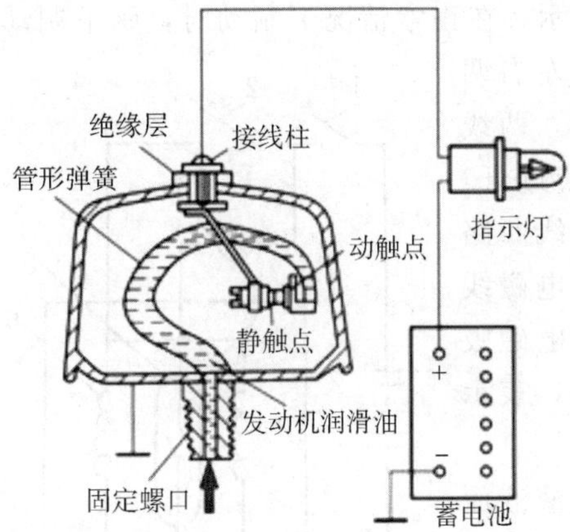

图 7－3　弹簧管式机油压力报警灯电路

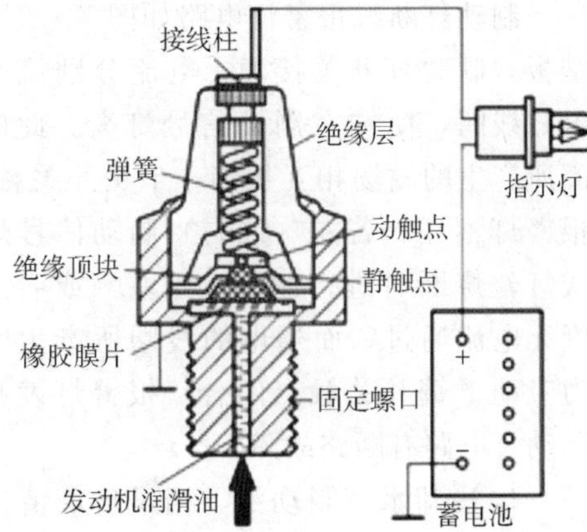

图 7－4　膜片式机油压力报警灯电路

2. 燃油量不足报警

燃油量不足报警灯电路，如图 7－5 所示。其报警开关为热敏电阻式，装在油箱内。当油箱内燃油量多时，负温度系数的热敏电阻元件浸没在燃油中散热快，温度较低，电阻值较大，因此电路中几乎没有电流，报警灯不亮。而当燃油量减少到规定值以下时，热敏电阻元件露出油面，散热较慢，温度升高，电阻值减小，电路中电流增大，于是报警灯发亮，提醒驾驶员应及时加注燃油。

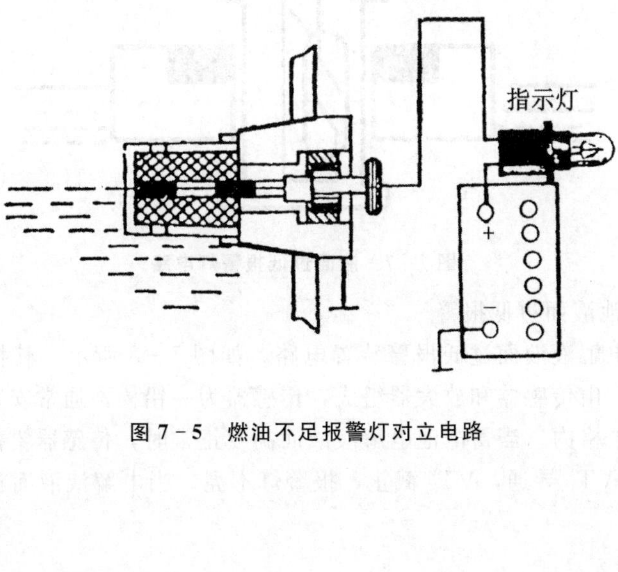

图 7－5　燃油不足报警灯对立电路

3. 制动灯断线报警

制动灯断线报警灯电路如图 7－6 所示。在正常情况下制动时，踩下制动踏板，制动灯开关接通，电流分别流经左右两电磁线圈，使左右制动信号灯亮。此时，两线圈所产生的磁场相互抵消，干簧开关触点断开，报警灯不亮。若左（或右）制动信号灯线断路或灯丝烧断时进行制动，则左（或右）电磁线圈无电流通过，而通电的线圈所产生的电磁吸力吸动干簧开关触点闭合，报警灯发亮，表示制动灯电路有断路故障。

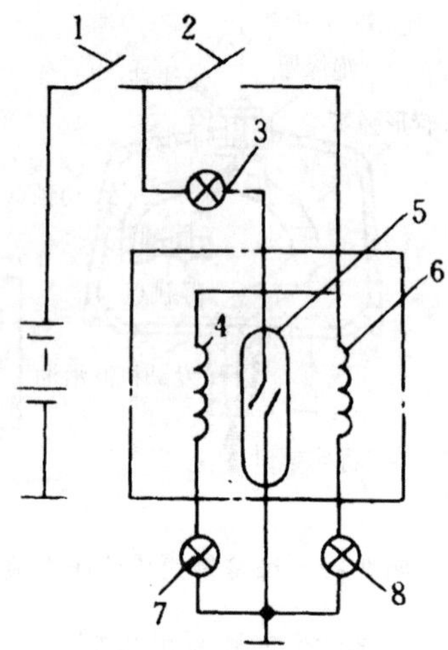

图 7－6 制动灯断线报警开关

1. 点火开关；2. 制动灯开关；3. 警告灯；4、6. 电磁线圈；5. 干簧开关；7、8. 制动灯

4. 冷却水、制动液、挡风玻璃清洗液液面过低报警

液面过低报警装置适用于发动机冷却水、制动液、挡风玻璃清洗液等液面过低的报警，其电路如图 7－7 所示。它的工作原理是：当浮子随液面下降到规定值以下时，永久磁铁吸动干簧开关使之闭合，接通电路，使报警灯发亮，以示告警。当液面在规定值以上时，浮子上升，磁铁吸力不足，干簧开关在自身弹力作用下，使电路断开，报警灯熄灭。

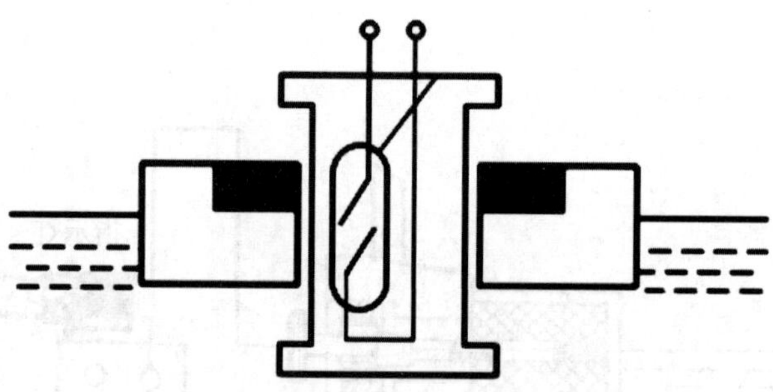

图 7－7　液面过低报警灯电路

5. 蓄电池液面过低报警

蓄电池电解液液面过低报警装置电路，如图 7－8 所示。其报警开关是一个电子开关，由传感器和放大器组成，传感器为一铅棒，通常安装在由正极柱算起第三个单格内。当蓄电池电解液液面高度正常时，传感器铅棒上的电位为 8V，从而使 VT_1 导通，VT_2 截止，报警灯不亮。当电解液液面在最低限位以

下时，铅棒无法与电解液接触，也就无正电位，从而使 VT_1 截止，VT_2 导通，报警灯发亮。

6．水温过高报警

水温过高报警灯电路如图 7－9 所示，其报警开关为双金属片式温度开关。当冷却水温正常时，双金属片几乎不变形，触点分开，报警灯不亮。如果冷却水温升高到 95℃～105℃时，双金属片由于温度升高而弯曲变形，使触点闭合，红色报警灯便通电发亮，提醒驾驶员采取适当降温措施。

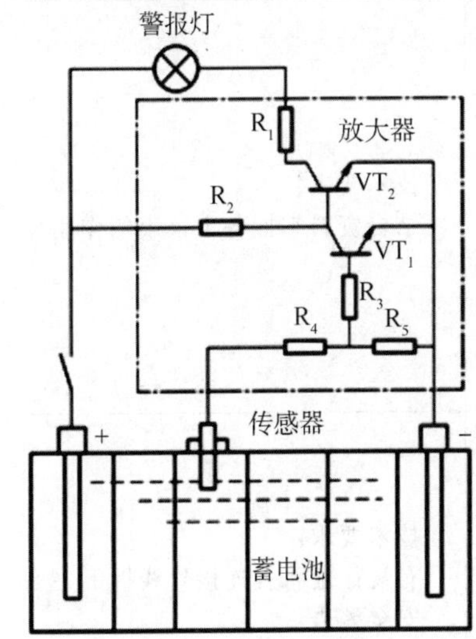

图 7－8　蓄电池液面过低报警灯电路

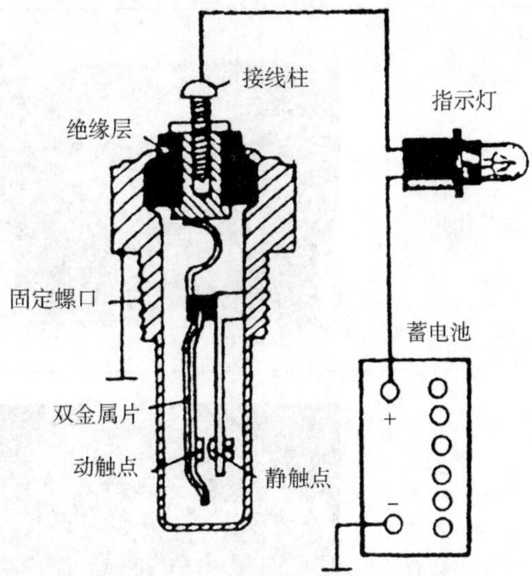

图 7－9　水温过高报警灯电路

二、报警装置的拆装

下面以桑塔纳轿车为例，介绍报警装置的拆装技术规范（表 7－2）。

表 7-2　　　　　　报警装置的拆装

作业内容	图解	技术规范
1. 按顺序找出各报警装置		技术要求： 按顺序依次将各个报警仪表找出并拆装
2. 认知各个报警仪表及其作用		技术要求： 结合资料掌握各个仪表的作用
3. 拆装报警仪表装置	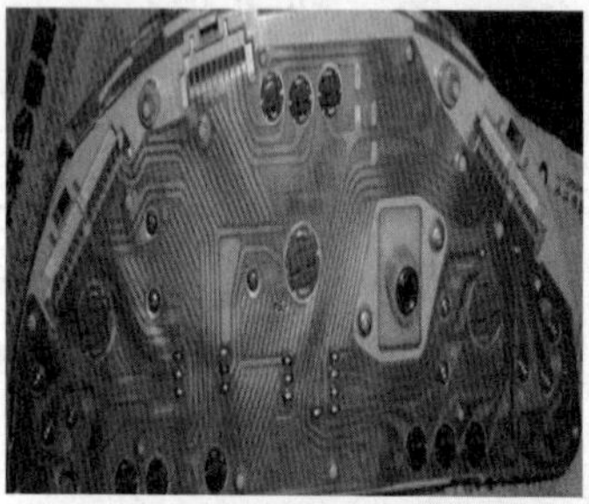	技术要求： 有规律地将各连接导线拆下 安全警告： 在拆卸连接导线时不要用力拉扯，防止导线损坏
4. 拆装机油压力过低报警器		技术要求： 将拆下的零部件按顺序放在规定部位 安全警告： 在拆卸连接导线时不要用力拉扯，防止导线损坏

续表 1

作业内容	图解	技术规范
5. 找出燃油量不足报警线路	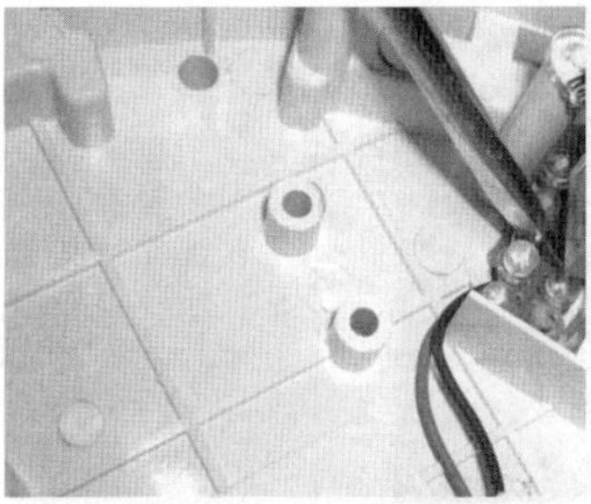	技术要求： 先观察后动手，选择合适的工具 安全警告： 在拆卸连接导线时不要用力拉扯，防止导线损坏
6. 找出制动灯断线报警电路		安全警告： 在拆卸连接导线时不要用力拉扯，防止导线损坏
7. 熟知各清洗液液面过低报警	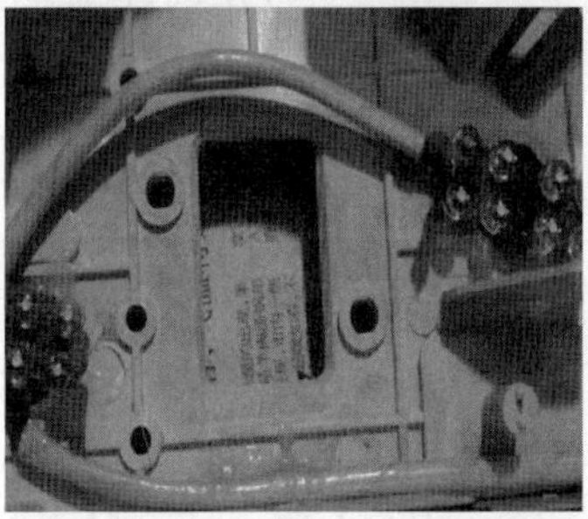	技术要求： 对应仪表拆卸相应的导线 安全警告： 在拆卸连接导线时不要用力拉扯，防止导线损坏
8. 拆装蓄电池液面过低报警器		技术要求： 拆装过程中注意观察相应传感器，了解其原理 安全警告： 在拆卸连接导线时不要用力拉扯，防止导线损坏

续表 2

作业内容	图解	技术规范
9. 拆装水温过高报警器		安全警告： 在拆卸连接导线时不要用力拉扯，防止导线损坏
10. 5S 工作		技术要求： ①清洁工具和设备，并放回原位 ②整理场地 ③清扫场地 安全警告： 不要用潮湿的抹布清洁电器开关、按钮等 易发问题： ①清洁工作马马虎虎，应付差事 ②废弃物未丢弃或未分类丢弃 ③清洁不彻底、漏项

第二节 发动机转速表

一、发动机转速表的结构特点

为了检查调整发动机，并监视发动机及其他电器的工作情况，更好地掌握换挡情况，在汽车的仪表板上还安装有可直观反映发动机转速的仪表，即发动机转速表。

发动机转速表有机械式和电子式两种。电子式转速表具有指示平稳、结构简单、安装方便等优点，所以被广泛采用。

电子式转速表获取转速信号的方式有 3 种，即取自点火系、发动机的转速传感器和发电机。

电子转速表的型号较多，现介绍两种汽油机电子转速表的电路原理。

1. 电容放电式转速表

图 7 - 10 所示为桑塔纳轿车取自点火系的转速表电路原理图。

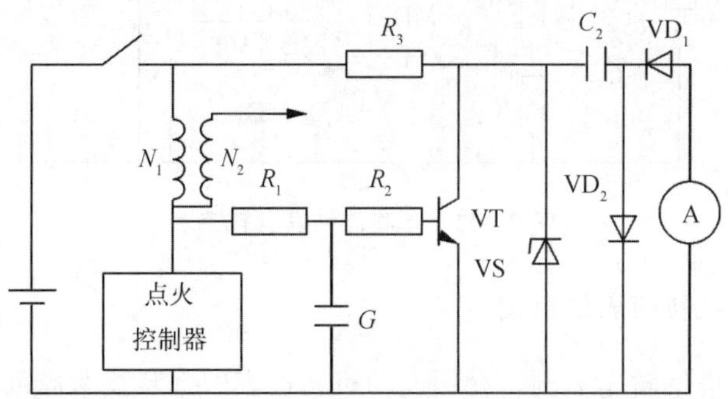

图 7 - 10　桑塔纳轿车电子式转速表电路原理图

原理：当初级电路导通时，三极管 VT 截止，电容 C_2 被充电，充电电流由蓄电池正极→点火开关→电阻 R_3 →电容 C_2 →二极管 VD_2 →蓄电池负极。当初级电路截止时，三极管 VT 导通，电容器 C_2 放电，放电电流通过三极管 VT →电流表→二极管 VD_1。当发动机工作时，点火系初级电路不停地导通与截止，电容 C_2 不停地充放电。因为初级电路通断的次数与发动机转速成正比，所以电流表中电流平均值与发动机转速成正比，从而可用电流平均值标定发动机的转速。

2. 单稳态触发器转速表

单稳态触发器转速表原理如图 7 - 11 所示，当点火系统初级电路的触点 K 断开时，VT_1 基极得一正的脉冲信号，VT_1 导通，转速表 n 通过一定的电流，VT 导通时集电极的负跳变信号经电容 C_1 耦合到 VT_2 的基极，使 VT_2 截止，集电极的正跳变电压经 R_9 耦合到 VT_1 的基极、使 VT_1 进一步导通。保持 VT_1 导通的时间，由电源通过电阻 R_7、R_6、R_{10} 向 C_1 充电至规定电压值所需的时间来决定。当 C_1 上的充电电压升至 VT_2 的导通电压时，VT_2 导通并把 VT_2 集电极的负跳变信号经 R_9 耦合到 VT_1 的基极，则 VT_1 截止，电路又恢复原始状态、把发动机工作时触点 K 周期开闭，经过转速表的一系列方波脉冲电流，其平均值均与发动机的转速成正比。VT_1 导通，VT_2 截止的暂稳态时间，应能阻止火花放电高频电磁振荡信号的影响，避免误触发转速电路，造成测量误差。

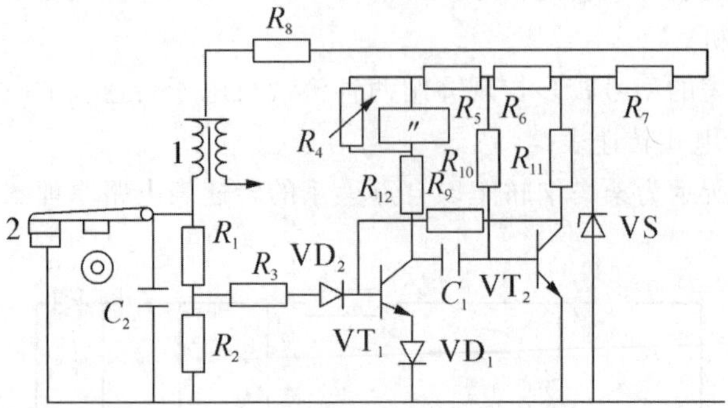

图 7-11　单稳态触发器转速表

二、发动机转速表的拆装

下面以桑塔纳轿车为例，介绍发动机转速表的拆装技术规范（表 7-3）。

表 7-3　　发动机转速表的拆装

作业内容	图解	技术规范
1. 找出发动机转速表的位置		技术要求： 观察仪表盘并独立找出相应仪表
2. 拆下发动机转速表	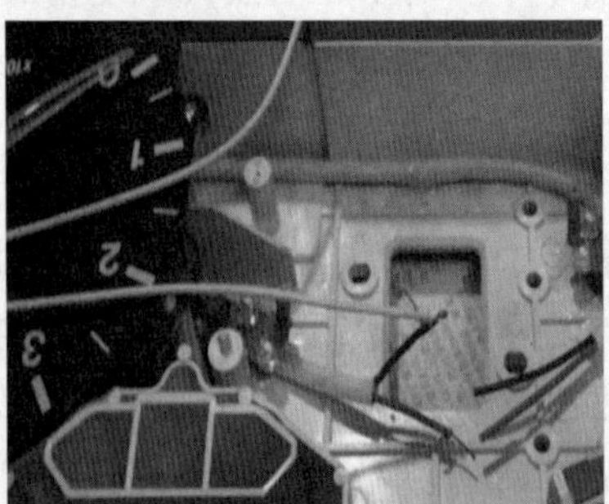	技术要求： 对应仪表拆卸相应导线 安全警告： 在拆卸连接导线时不要用力拉扯，防止导线损坏

续表 1

作业内容	图解	技术规范
3. 掌握发动机转速表的组成部分		技术要求： 观察表盘上相应仪表的组成部分，并根据维修手册判断各部分所起的作用
4. 了解发动机转速传感器的位置	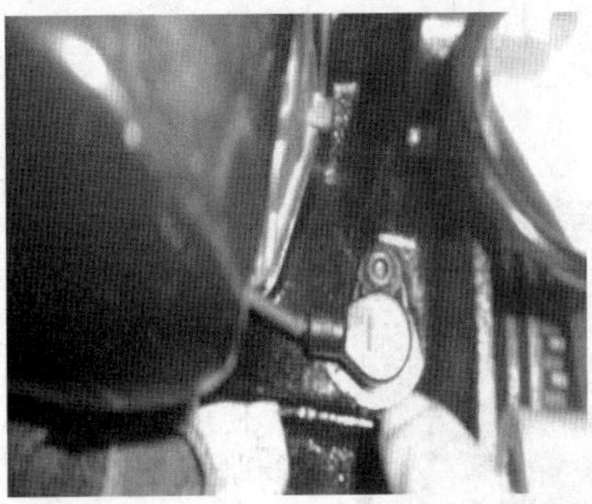	技术要求： 结合发动机转速传感器找出发动机转速表的原理
5. 读懂发动机转速传感器电路	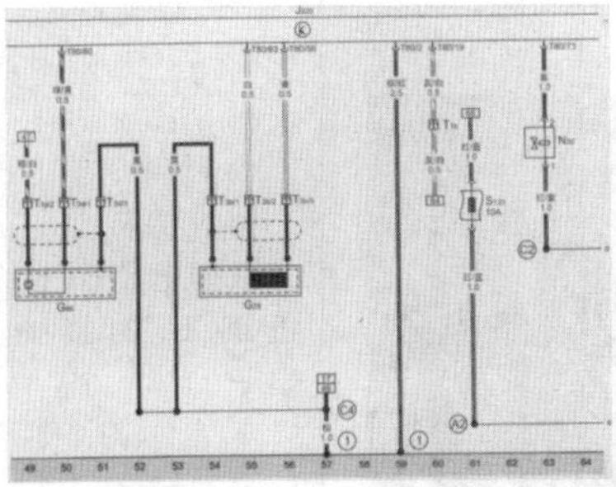	技术要求： 读懂 G28 发动机转速传感器的 3 条线路

续表 3

作业内容	图解	技术规范
6. 读懂 G5 电路图	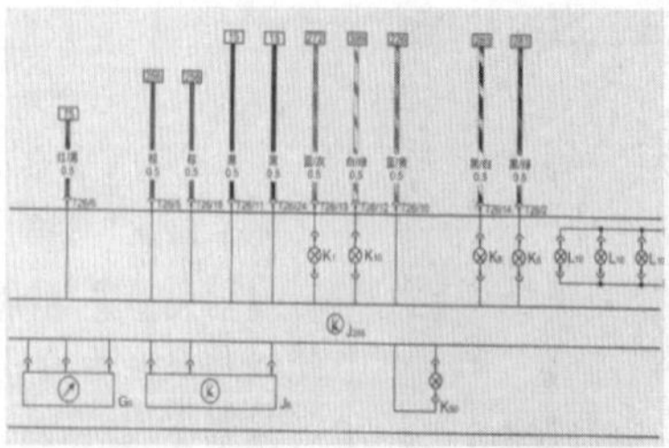 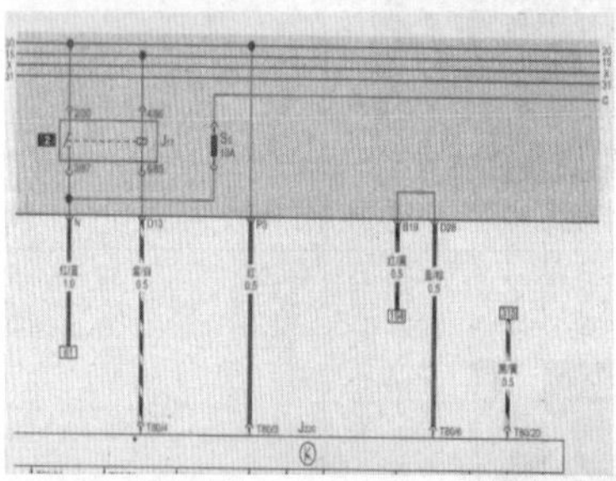	技术要求： 读懂 G5 发动机转速表的 3 条线路。找到 T26/6 红黑线连接到发动机 ECU 的 T80/6 号端子
7. 使用万用表确认信号线	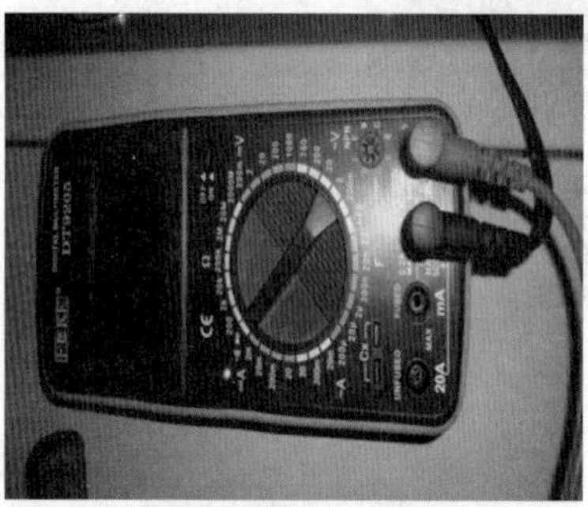	技术要求： 使用万用表的二极管挡位检测线路的通断，通了就确认是信号线
8. 连接发动机 ECUT80/6 端子	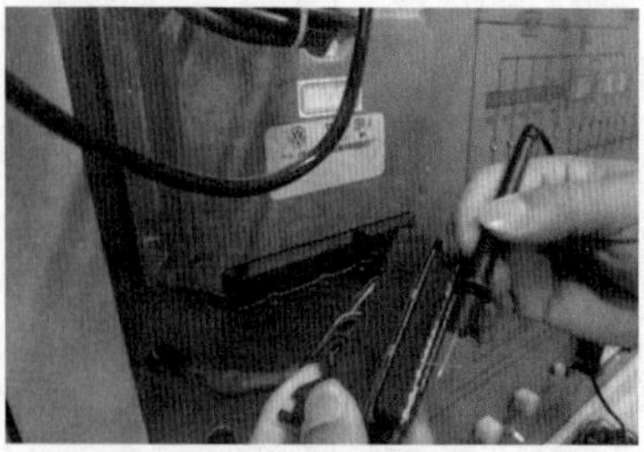	技术要求： 根据电路图上的指示拔下发动机 ECU 的接插件找到 T80/6 端子

续表 3

作业内容	图解	技术规范
9. 连接仪表线路	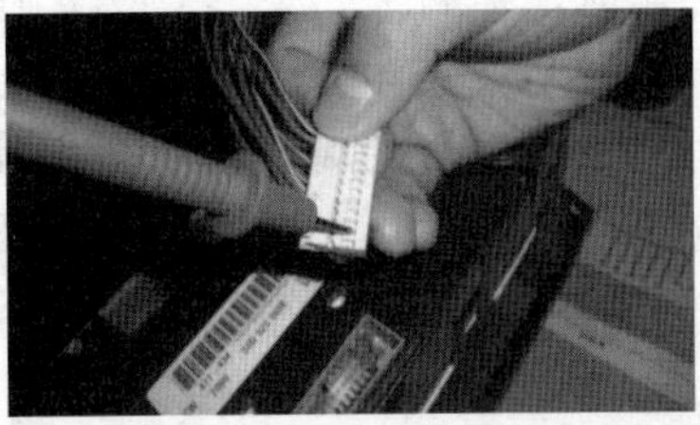	技术要求： 使用万用表的红表笔挨个接触仪表后的排插的铁片，当万用表发出蜂鸣声就说明是同一线
10. 5S 工作		技术要求： ①清洁工具和设备，并放回原位 ②整理场地 ③清扫场地 安全警告： 不要用潮湿的抹布清洁电器开关、按钮等 易发问题： ①清洁工作马马虎虎，应付差事 ②废弃物未丢弃或未分类丢弃 ③清洁不彻底、漏项

第三节 车速里程表

一、车速里程表的结构特点

车速里程表是用来指示汽车行车速度和累计汽车行驶里程数的仪表，它由车速表和里程表两部分组成，由汽车变速器或分动器通过转轴带动。车速里程表按结构分磁感应式、电子式两种车速里程表。

1. 磁感应式车速里程表

磁感应式车速里程表由变速器（或分动器）内的蜗轮蜗杆经软轴驱动。其基本结构如图 7 - 12 所示。车速表是由与主动轴紧固在一起的永久磁铁 1，带有轴及指针 6 的铝碗 2、磁屏 3 和紧固在车速里程表外壳上的刻度盘 5 等组成。

里程表由蜗轮蜗杆机构和6位数字的十进位数字轮组成。

（1）车速表工作原理：不工作时，铝碗2在盘形弹簧4的作用下，使指针指在刻度盘的零位。当汽车行驶时，主动轴带着永久磁铁1旋转，永久磁铁的磁力线穿过铝碗2，在铝碗2上感应出涡流，铝碗在电磁转矩作用下克服盘形弹簧的弹力，向永久磁铁1转动的方向旋转，直至与盘形弹簧弹力相平衡。由于涡流的强弱与车速成正比，指针转过角度与车速成正比，指针便在刻度盘上指示出相应的车速。

（2）里程表工作原理：汽车行驶时，软轴带动主动轴，主动轴经三对蜗轮蜗杆（或一套蜗轮蜗杆和一套减速齿轮系）驱动里程表最右边的第一数字轮。第一数字轮上的数字为1/10 km，每两个相邻的数字轮之间的传动比为1∶10。即当第一数字轮转动一周，数字由9翻转到0时，便使相邻的左面第二数字轮转动1/10周，成十进位递增。这样汽车行驶时，就可累计出其行驶里程数，最大读数为99999.9km。

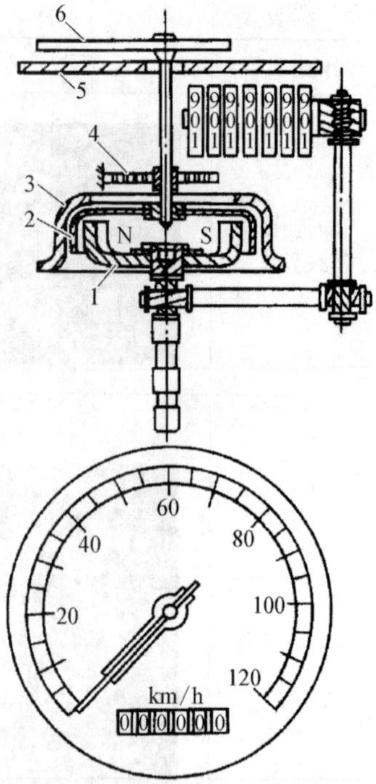

图7-12 磁感应式车速里程表

1. 永久磁铁；2. 铝碗；3. 磁屏；4. 盘形弹簧；5. 刻度盘；6. 指针

2. 电子式车速里程表

电子式车速里程表主要由车速传感器、电子电路、车速表和里程表4部分组成。如图7-13所示为奥迪100型轿车的电子式车速里程表。

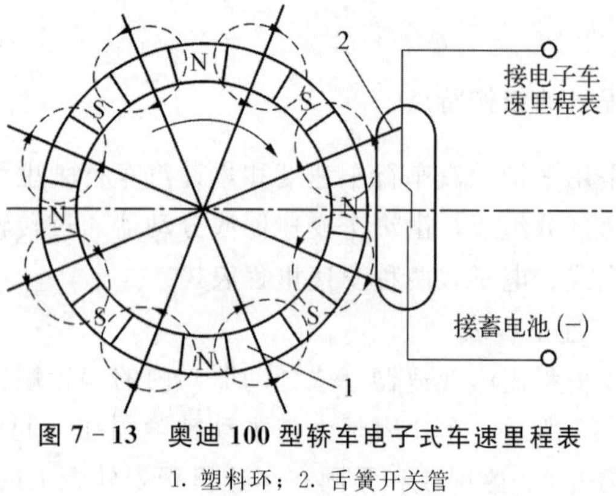

图7-13 奥迪100型轿车电子式车速里程表

1. 塑料环；2. 舌簧开关管

（1）车速传感器：其作用是产生正比于车速的电信号。它由一个舌簧开关和一个含有 4 对磁极的转子组成。变速器驱动转子旋转，转子每转一周，舌簧开关中的触点闭合、打开 8 次，产生 8 个脉冲信号，该脉冲信号频率与车速成正比。

（2）电子电路：其作用是将车速传感器送来的电信号整形、触发，输出一个电流大小与车速成正比的电流信号。

电路如图 7－14 所示，其基本组成主要包括稳压电路、单稳态触发电路、恒流源驱动电路、64 分频电路和功率放大电路。

（3）车速表：它是一个电磁式电流表，当汽车以不同车速行驶时，从电子电路接线端 6 输出的与车速成正比的电流信号便驱动车速表指针偏转，即可指示相应的车速。

（4）里程表：它由一个步进电动机和 6 位数字的十进位数字轮组成。车速传感器输出的信号，经 64 分频后，再经功率放大器放大到足够的功率，驱动步进电动机，带动数字轮转动，从而记录行驶的里程。

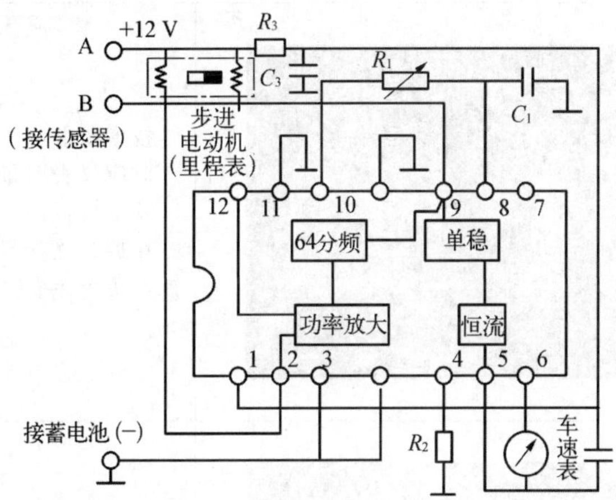

（a）电子电路

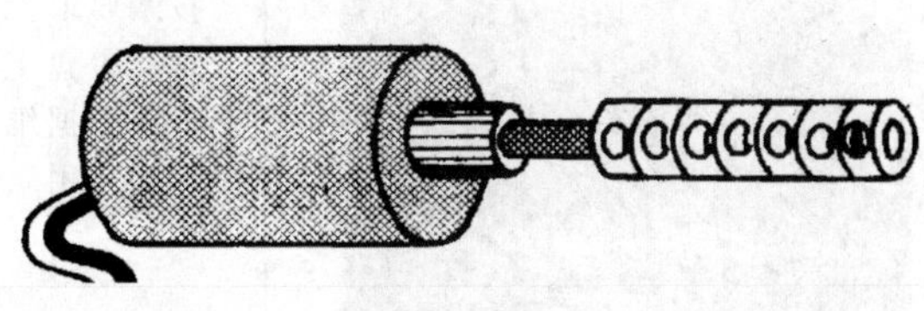

（b）里程表

图 7－14　奥迪 100 型轿车电子式车速里程表

二、车速里程表的拆装

下面以桑塔纳轿车为例，介绍车速里程表的拆装技术规范（表7-4）。

表7-4　　车速里程表的拆装

作业内容	图解	技术规范
1. 找出车速里程表装在车上的位置		技术要求： 观察仪表盘并独立找出相应仪表
2. 学会识读车速里程表的示数	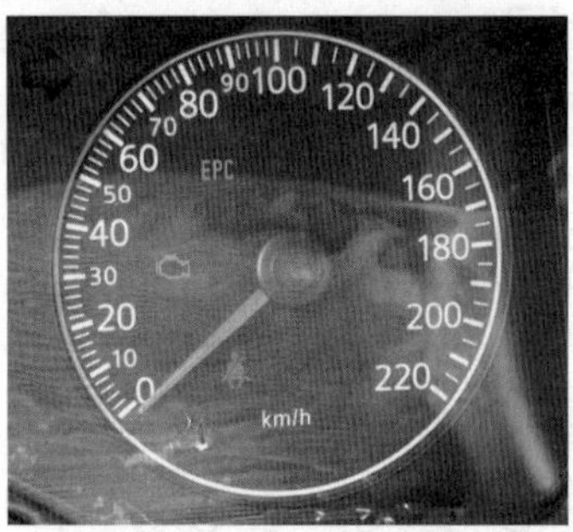	技术要求： 对应仪表拆卸相应导线 安全警告： 在拆卸连接导线时不要用力拉扯，防止导线损坏
3. 掌握车速里程表的各组成部分	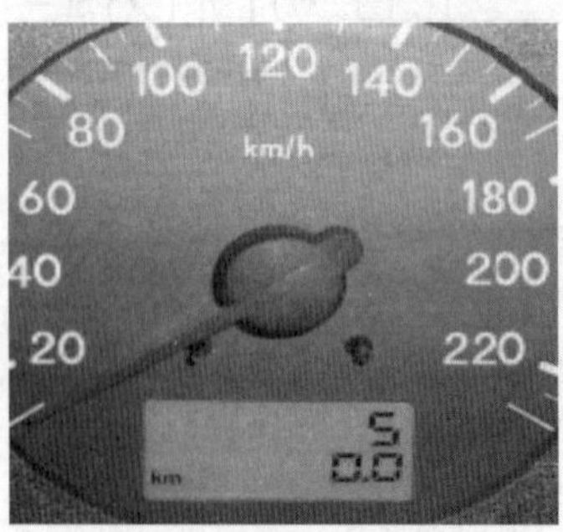	技术要求： 观察表盘上相应仪表的组成部分，并根据维修手册判断各部分所起的作用

续表 1

作业内容	图解	技术规范
4. 将车速里程表装回仪表盘	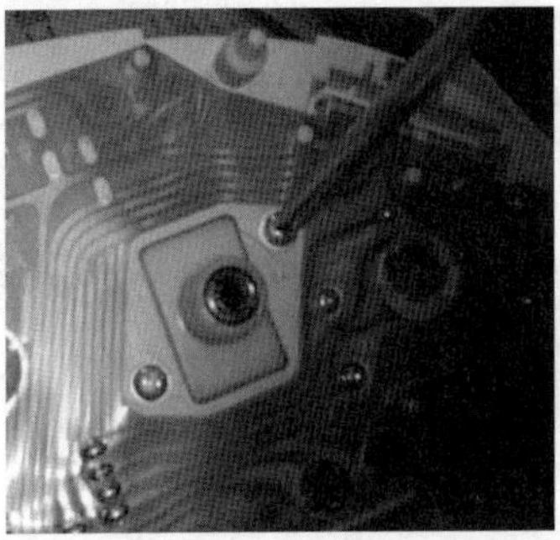	技术要求： 严格按照拆卸的相反顺序装配
5. 读懂车速传感器电路图	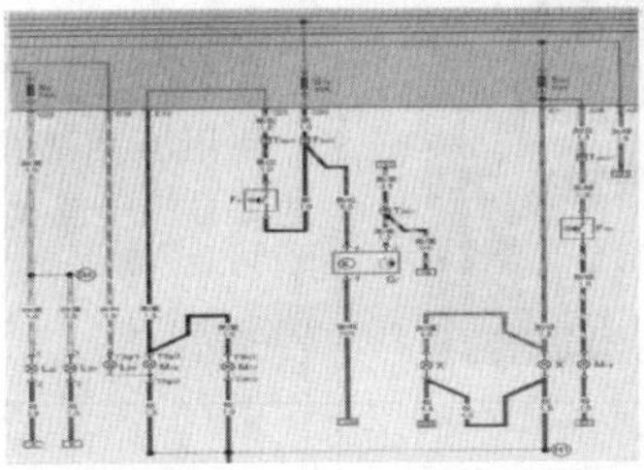	技术要求： 找到 G7 车速传感器，记录传感器的 3 个线色。读懂线路图确定黄黑线是车速表的信号线
6. 确定车速传感器的位置	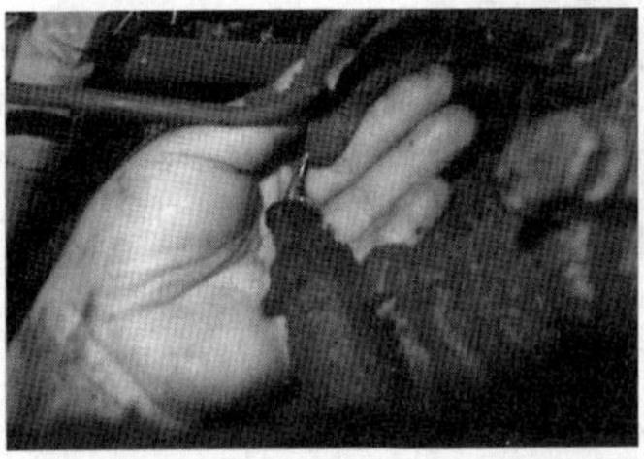	技术要求： 由车下找到 G7 车速传感器，位于变速器上，左边半轴的正上方
7. 确定车速传感器信号线	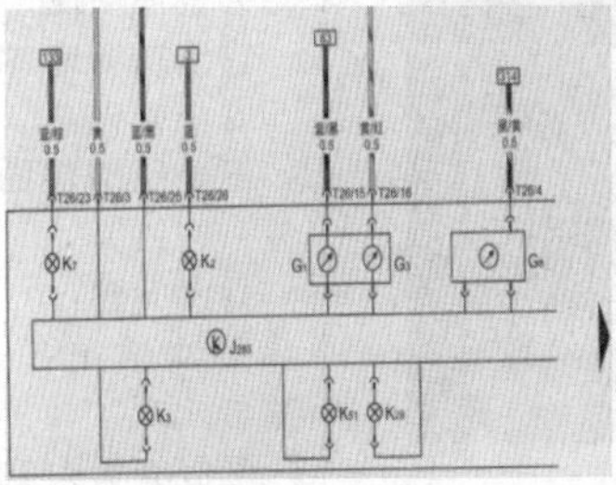	技术要求： 根据电路图上的指示，找到仪表盘上的 T26/4 黑黄线传给仪表

续表 2

作业内容	图解	技术规范
8. 使用万用表确认信号线	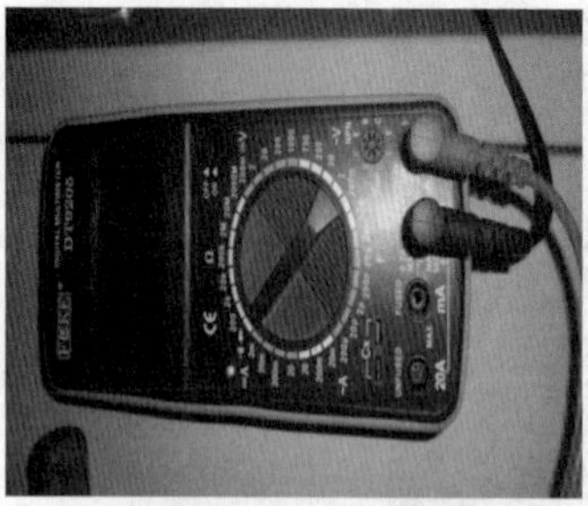	技术要求： 使用万用表的二极管挡位检测线路的通断，通了就确认是信号线
9. 使用万用表确认信号线	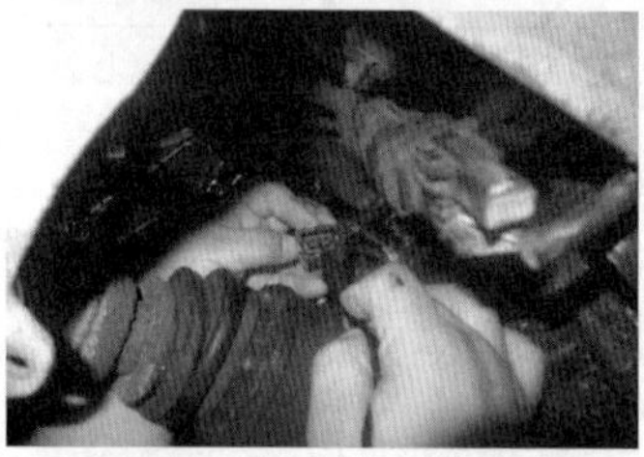	技术要求： 使用万用表的黑表笔接触 G7 的 2 号端子黑黄线
10. 连接仪表线路		技术要求： 使用万用表的红表笔挨个接触仪表后的排插的铁片，当万用表发出蜂鸣声就说明是同一线
11. 5S 工作		技术要求： ①清洁工具和设备，并放回原位 ②整理场地 ③清扫场地 安全警告： 不要用潮湿的抹布清洁电器开关、按钮等 易发问题： ①清洁工作马马虎虎，应付差事 ②废弃物未丢弃或未分类丢弃 ③清洁不彻底、漏项

第四节　机油压力表

一、机油压力表的结构特点

机油压力表用来检测和显示发动机主油道的机油压力的大小，以防因缺机油而造成拉缸、烧瓦的重大故障发生。它由机油压力传感器和机油压力指示表两部分组成。

机油压力指示表可分为电热式、电磁式和弹簧式 3 种。

机油压力传感器可分为双金属片式和可变电阻式 2 种。常用的是电热式机油压力指示表配双金属片式机油压力传感器和电磁式机油压力指示表配可变电阻式机油压力传感器。

1. 电热式机油压力表与电热式机油压力传感器

(1) 结构：电热式机油压力表也称双金属片式机油压力表，其与电热式传感器的基本结构如图 7－15 所示。

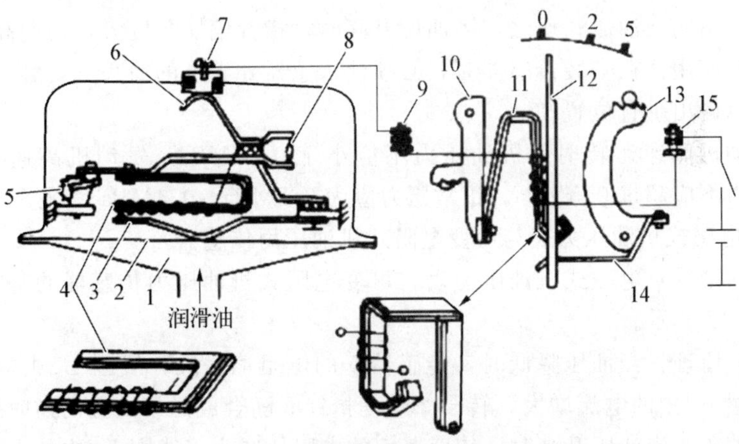

图 7－15　电热式机油压力表与电热式传感器

1. 油腔；2. 膜片；3. 弹簧片；4. 双金属片；5. 调节齿轮；6. 接触片；7. 传感器接线柱；8. 校正电阻；9. 机油压力表传感器接线柱；10、13. 调节齿扇；11. 双金属片；12. 指针；14. 弹簧片；15. 机油压力表电源接线柱。

（2）原理：当点火开关置 ON 时，电流流过双金属片 4 的加热线圈，双金属片 4 受热变形，使触点分开；随后双金属片 4 又冷却伸直，触点重又闭合。如此反复，电路中形成一脉冲电流，其波形如图 7－16 所示。

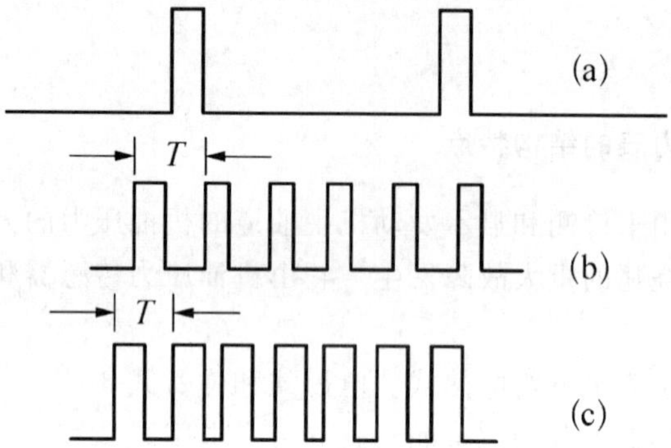

（a）油压为 0，f＝15 次/min，I＝0.06A；

（b）油压为 0.2MPa，f＝70 次/min，I＝0.17A

图 7－16　电热式机油压力表加热线圈中电流的波形图

当油压降低时，传感器膜片 2 变形小，触点压力小，闭合时间短，打开时间长，变化频率低，电路中平均电流小，双金属片 11 弯曲变形小，指针偏摆角度小，指向低油压；反之，当油压升高时，指针偏摆角度大，指向高油压。

（3）使用：在安装传感器时，必须使传感器外壳上的箭头（安装记号）向上，不应偏出垂直位置 30°。

发动机低速运转时，机油压力不应小于 0.15MPa。发动机高速运转时，机油压力不应超过 0.5MPa。正常压力应为 0.2MPa～0.4MPa。

2. 电磁式机油压力表与可变电阻式机油压力传感器

（1）结构：电磁式机油压力表与可变电阻式机油压力传感器的基本结构，如图 7－17 所示。

（2）原理：当油压降低时，传感器 5 的电阻值增大，线圈 L_1 中的电流减小，线圈 L_2 中的电流增大，转子 2 带动指针 3 随合成磁场的方向逆时针转动，指向低油压；当油压升高时，传感器 5 的电阻值减小，线圈 L_1 中的电流增大，线圈 L_2 中的电流减小，转子 2 带动指针 3 随合成磁场的方向顺时针转动，指向高油压。

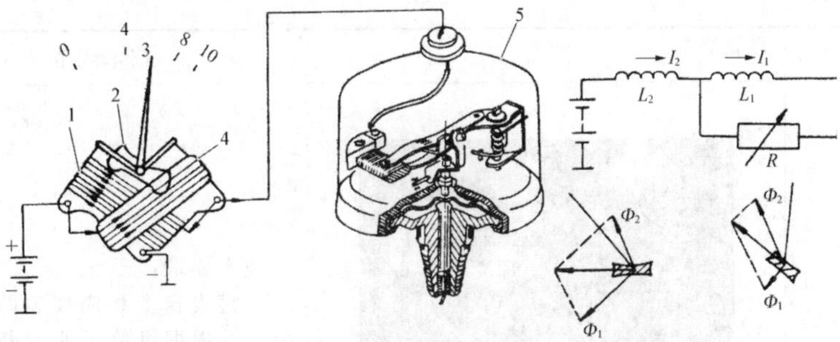

图 7-17 电磁式机油压力表与可变电阻式机油压力传感器

1. L_1 线圈；2. 铁磁转子；3. 指针；4. L_2 线圈；
5. 可变电阻式机油压力传感器

二、机油压力表的检修

下面以桑塔纳轿车为例，介绍机油压力表的检修技术规范（表 7-5）。

表 7-5　　机油压力表的检修

作业内容	图解	技术规范
1. 找出机油压力灯的位置		技术要求： 观察仪表盘并独立找出相应仪表
2. 拆下机油压力灯	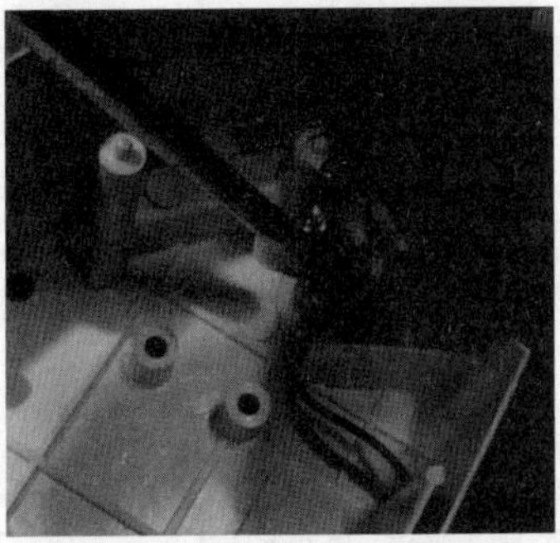	技术要求： 对应仪表拆卸相应导线 安全警告： 在拆卸连接导线时不要用力拉扯，防止导线损坏

续表 1

作业内容	图解	技术规范
3. 掌握机油压力灯的组成部分		技术要求： 观察表盘上相应仪表的组成部分，并根据维修手册判断各部分所起的作用
4. 将机油压力灯装回仪表盘	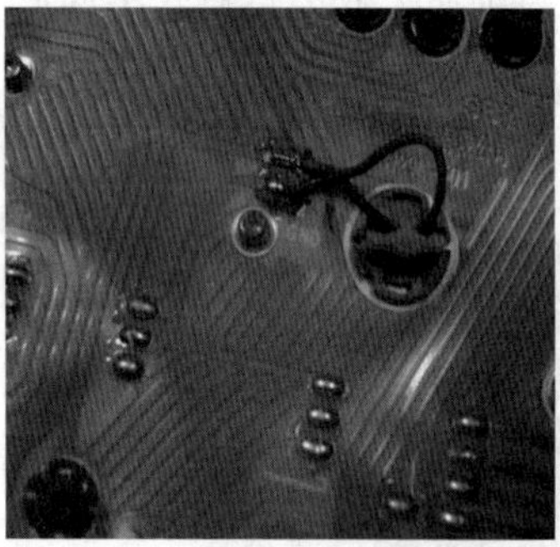	技术要求： 严格按照拆卸的相反顺序装配
5. 读懂机油控制电路图	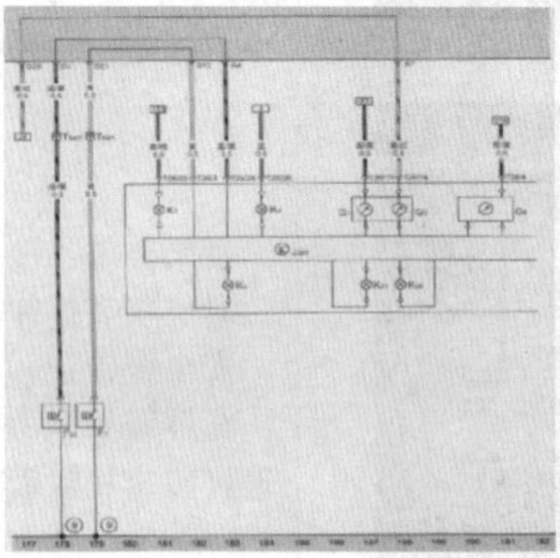	技术要求： 根据电路图的指示找到 F_{22} 和 F_1 压力开关

续表 2

作业内容	图解	技术规范
6. 在发动机上确定机油压力开关		技术要求： 根据电路图的指示在发动机机油格座上找到 F_{22} 和 F_2 压力开关
7. 使用万用表确认信号线	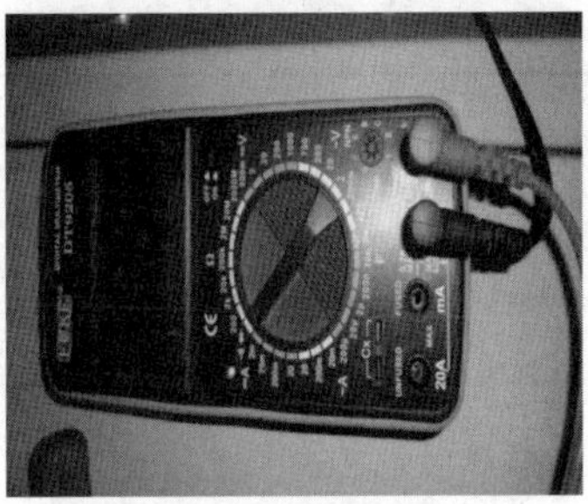	技术要求： 使用万用表的二极管挡位检测线路的通断，通了就确认是信号线
8. 连接机油压力开关 F_1 的信号端子	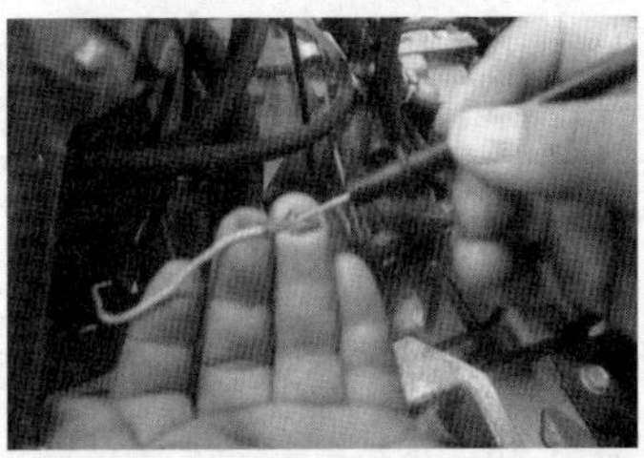	技术要求： 使用万用表的黑表笔接触 F_2 的黄线
9. 连接仪表线路	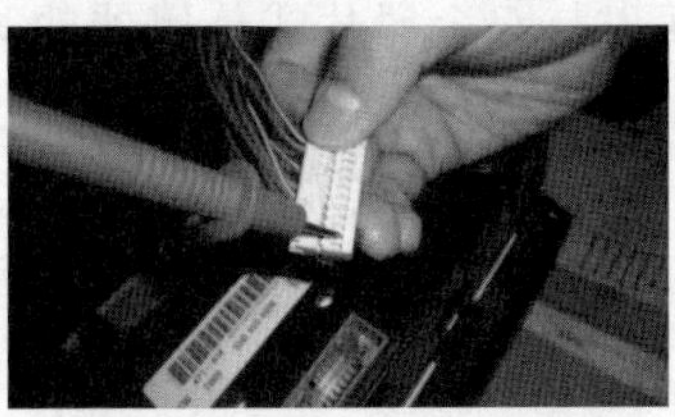	技术要求： 使用万用表的红表笔挨个接触仪表后的排插的铁片，当万用表发出蜂鸣声就说明是同一线

续表 3

作业内容	图解	技术规范
10.5S工作		技术要求： ①清洁工具和设备，并放回原位 ②整理场地 ③清扫场地 安全警告： 不要用潮湿的抹布清洁电器开关、按钮等 易发问题： ①清洁工作马马虎虎，应付差事 ②废弃物未丢弃或未分类丢弃 ③清洁不彻底、漏项

第五节　冷却液温度表

一、冷却液温度表的结构特点

冷却液温度表用来检测和显示发动机水套中冷却液的工作温度，以防因冷却液温度过高而使发动机过热。

冷却液温度指示表可分为电热式、电磁式和动磁式 3 种。冷却液温度传感器可分为双金属片式和热敏电阻式两种。常用的是电热式冷却液温度指示表配双金属片式传感器，电热式冷却液温度指示表配热敏电阻式传感器和电磁式冷却液温度指示表配热敏电阻式传感器 3 种。

1. 电热式冷却液温度表与双金属片式传感器

(1) 结构：电热式冷却液温度表与双金属片式传感器的基本结构，如图 7-18所示。

(2) 原理：当点火开关置 ON 时，电流流过加热线圈，双金属片 4 受热变形使触点分离，切断电路；随后双金属片冷却伸直，触点重又闭合，电路又被接通，如此反复，电路中形成一脉冲电流。

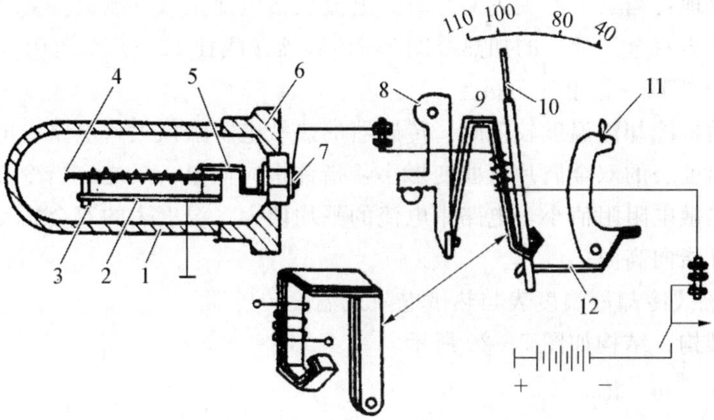

图 7-18　电热式冷却液温度表与双金属片式传感器

1. 铜壳；2. 底板；3. 固定触点；4. 双金属片；5. 接触片；6. 壳；
7. 接线柱；8、11. 调整齿扇；9. 双金属片；10. 指针；12. 弹簧片

当冷却液温度较低时，双金属片 2 变形小，触点压力大，闭合时间长，打开时间短，电路中电流的平均值大，该电流流过指示表加热线圈，指示表的双金属片 9 变形大，指针偏摆角度大，指向低温。反之，当水温较高时，传感器中双金属片 2 向上翘曲变形大，触点压力小，闭合时间短，打开时间长，电路中电流的平均值小，指示表的双金属片 9 变形小，指针偏摆角度小，指向高温。

2. 电热式冷却液温度表与热敏电阻式传感器

(1) 结构：其基本结构如图 7-19 所示。热敏电阻式传感器的主要元件为负温度系数的热敏电阻。

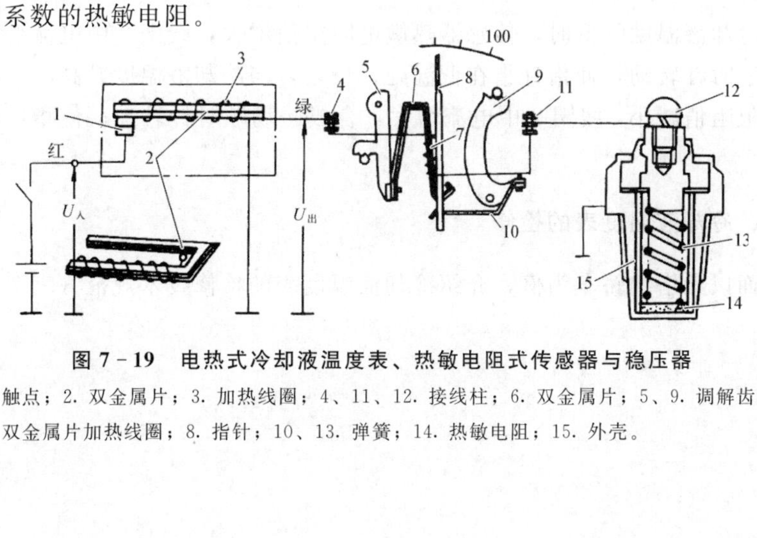

图 7-19　电热式冷却液温度表、热敏电阻式传感器与稳压器

1. 触点；2. 双金属片；3. 加热线圈；4、11、12. 接线柱；6. 双金属片；5、9. 调解齿扇；
7. 双金属片加热线圈；8. 指针；10、13. 弹簧；14. 热敏电阻；15. 外壳。

（2）原理：当点火开关置 ON 时，电流从蓄电池正极→点火开关→电源稳压器→温度表双金属片 6 的加热线圈 7→传感器接线柱 12→热敏电阻 14→传感器外壳 15→搭铁→蓄电池负极。

当发动机冷却液温度较低时，传感器的热敏电阻阻值大，电路中电流的平均值小，温度表的双金属片弯曲变形小，指针指向低温。反之，当冷却液温度升高时，热敏电阻阻值小，电路中电流的平均值大，温度表的双金属片弯曲变形大，指针指向高温。

3. 电磁式冷却液温度表与热敏电阻式温度传感器

（1）结构：结构如图 7-20 所示。

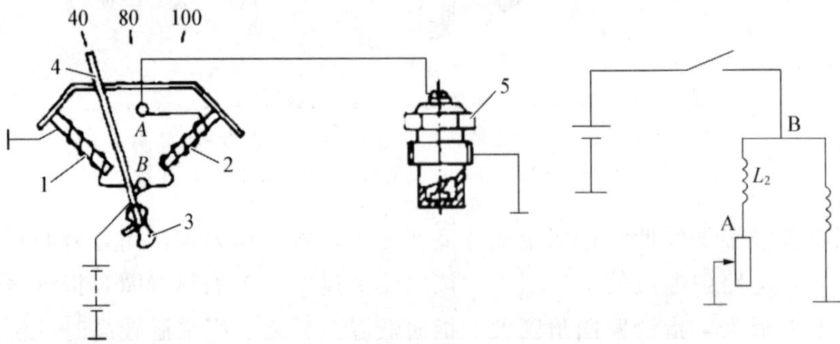

图 7-20　电磁式冷却液温度表与热敏电阻式温度传感器

1、2. 电磁线圈；3. 转子；4. 指针；5. 热敏电阻

（2）原理：当点火开关置 ON 时，左、右两线圈通电，各形成一个磁场，同时作用于软铁转子，转子 3 便在合成磁场的作用下转动，使指针指在某一刻度上。

当冷却液温度降低时，传感器热敏电阻阻值增大，线圈 2 中电流变小，合成磁场逆时针转动，使指针指在低温处；反之，当冷却液温度升高时，传感器热敏电阻阻值减小，线圈 2 中电流增大，合成磁场顺时针转动，使指针指在高温处。

二、冷却液温度表的检修

下面以桑塔纳轿车为例，介绍冷却液温度表的检修技术规范（表 7-6）。

表 7－6　冷却液温度表的检修

作业内容	图解	技术规范
1. 找出冷却液温度表装在车上的位置		技术要求： 观察仪表盘并独立找出相应仪表
2. 学会识读冷却液温度表的示数		技术要求： ①认识温度表的符号 ②正常发动机工作温度 ③发动机的最高工作温度
3. 掌握冷却液温度表控制电路	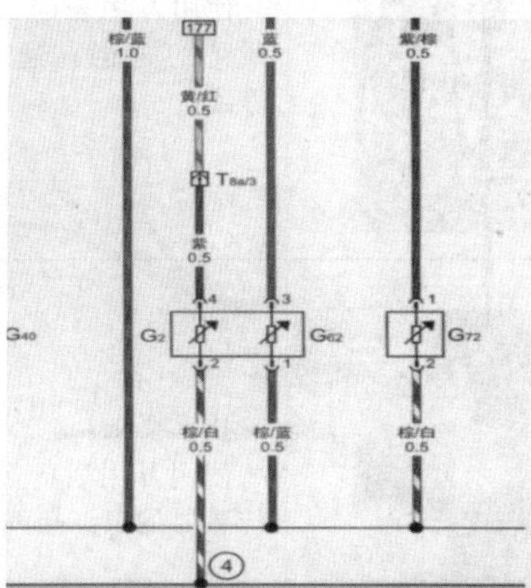	技术要求： 观察表盘上相应仪表的组成部分，并根据维修手册了解冷却液温度表控制电路的组成

续表 1

作业内容	图解	技术规范
4. 了解冷却液温度表的传感器		技术要求： 根据电路图在发动机上找到水温传感器（G_2、G_{42}）的黄红线是提供水温表的信号线
5. 冷却液温度表的黏结线	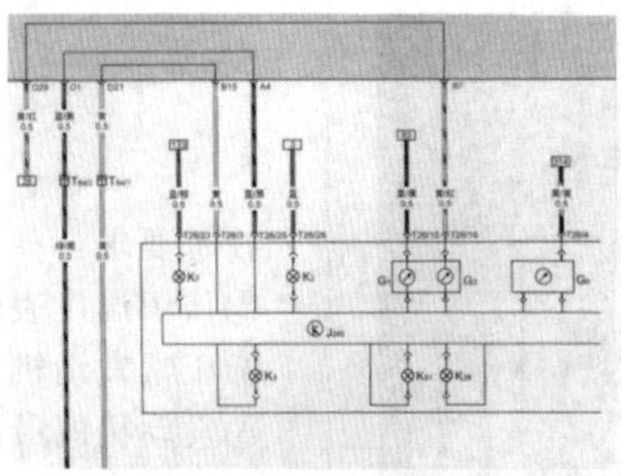	技术要求： 根据电路图在仪表的后方找到 G_2 的黄红线
6. 使用万用表确认信号线	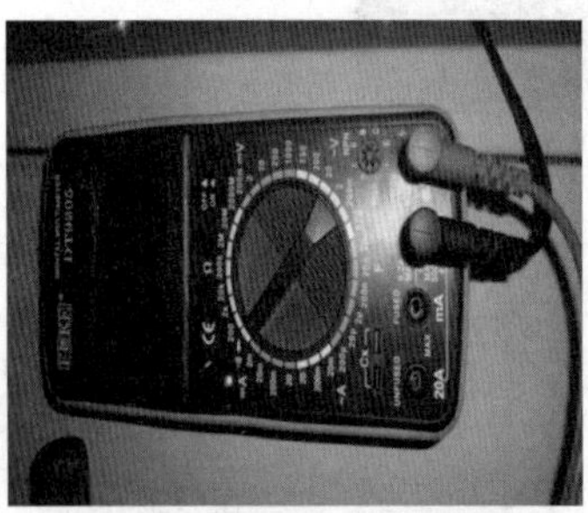	技术要求： 使用万用表的二极管挡位检测线路的通断，通了就确认是信号线
7. 连接传感器线路		技术要求： 使用万用表的黑表笔连接温度传感器的黑红接线公插

续表 2

作业内容	图解	技术规范
8. 连接仪表线路	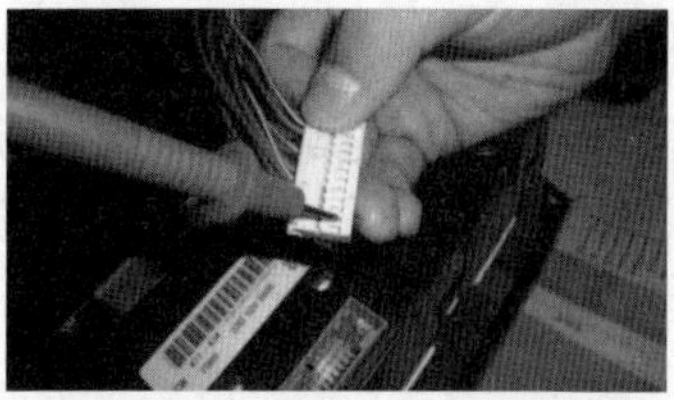	技术要求： 使用万用表的红表笔挨个接触仪表后的排插的铁片，当万用表发出蜂鸣声就说明是同一线
9. 5S 工作		技术要求： ①清洁工具和设备，并放回原位 ②整理场地 ③清扫场地 安全警告： 不要用潮湿的抹布清洁电器开关、按钮等 易发问题： ①清洁工作马马虎虎，应付差事 ②废弃物未丢弃或未分类丢弃 ③清洁不彻底、漏项

第六节　燃油表

一、燃油表的结构特点

燃油表用来指示燃油箱内燃油的贮存量。它由装在仪表板上的燃油指示表和装在燃油箱内的传感器两部分组成。

燃油表有电磁式、动磁式和电热式 3 种，传感器均为可变电阻式。

1. 电磁式燃油表与可变电阻式传感器

（1）结构：电磁式燃油表结构如图 7 - 21 所示，在燃油指示器中，左、右两个线圈 1 和 2，中间有转子 3 和指针 4 与转子相连。其燃油指示表刻度盘从左至右标明 0、1/2、1，分别表示油箱内无油、半箱油、满油。可变电阻式传感器由电阻、滑片、浮子等组成。浮子漂浮在油面上，随油面的高低而起落，从而带动滑片使电阻的阻值随之改变.

（2）原理：当点火开关置 ON 时，电流由蓄电池正极→点火开关 11 →燃油表接线柱 10 →左线圈 1 →接线柱 9 →右线圈 2 →搭铁→蓄电池负极。同时电流由接线柱 9 →传感器接线柱 8 →可变电阻 5 →滑片 6 →搭铁→蓄电池负极。左线圈 1 和右线圈 2 形成合成磁场，转子 3 就在合成磁场的作用下转动，使指针指在某一刻度上。

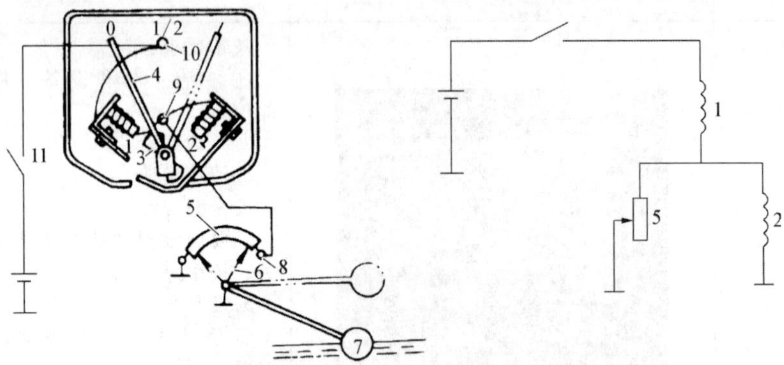

图 7－21　电磁式燃油表与可变电阻式燃油量传感器

1、2. 电磁线圈；3. 转子；4. 指针；5. 电阻；6. 滑片；

7. 浮子；8、9、10. 接线柱；11. 点火开关

当油箱无油时，浮子下沉，可变电阻 5 上的滑片 6 移至最右端，可变电阻 5 被短路，右线圈 2 也被短路，左线圈 1 的电流达最大值，产生的电磁吸力最强，吸引转子 3，使指针停在最左面的“0”位上。

随着油箱中油量的增加，浮子上浮，带动滑片 6 沿可变电阻滑动，可变电阻 5 部分接入电路，左线圈 1 电流相应减小，而右线圈 2 中电流增大。转子 3 在合成磁场的作用下向右偏转，带动指针指示油箱中的燃油量。如果油箱半满，指针指在“1/2”位；当油箱全满时，指针指在“1”位。

2. 动磁式燃油表与可变电阻式燃油量传感器

（1）结构：如图 7－22 所示，磁化线圈 1 和 2 互相垂直地绕在一个矩形塑料架上，塑料套筒轴承和金属轴穿过交叉线圈，金属轴上装有永磁铁转子 3，转子上连有指针 4。

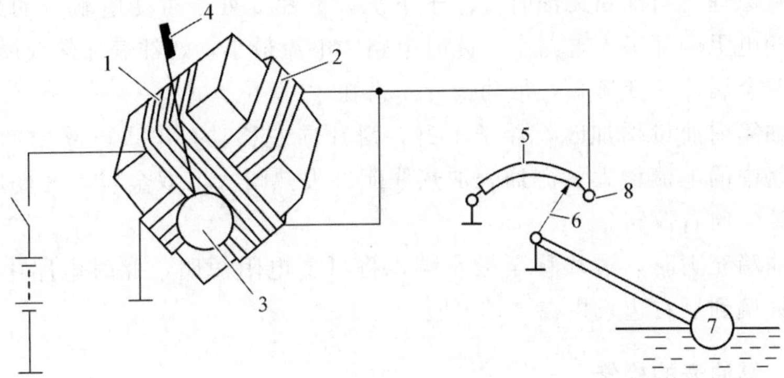

图 7－22　动磁式燃油表与可变电阻式燃油量传感器

1. 左线圈；2. 右线圈；3. 永久磁铁转子；4. 指针；

5. 可变电阻；6. 滑片；7. 浮子；8. 接线柱

（2）原理：工作原理与电磁式燃油表基本相同。

3. 电热式燃油表与可变电阻式燃油量传感器

（1）结构：电热式燃油表的基本结构和工作原理与电热式燃油表相同，仅表盘刻度不同。电热式燃油表配用可变电阻式传感器，需串联一个稳压器。其基本结构如图 7－23 所示。

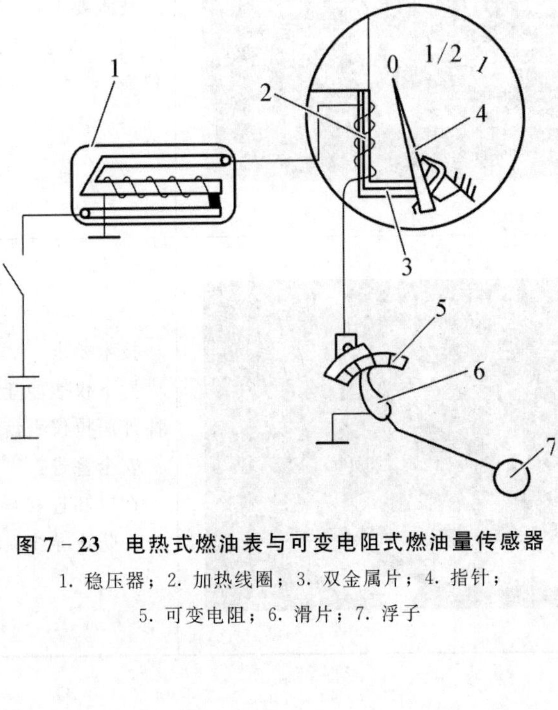

图 7－23　电热式燃油表与可变电阻式燃油量传感器

1. 稳压器；2. 加热线圈；3. 双金属片；4. 指针；

5. 可变电阻；6. 滑片；7. 浮子

(2) 原理：当油箱无油时，浮子下沉，滑片 6 处于可变电阻 5 的最右端，传感器的电阻全部串入电路中，此时电路中电流最小，燃油表加热线圈 2 发热量小，双金属片 3 变形小，带动指针 4 指在“0”位。

当油箱内油量增加时，浮子上升，滑片向左移动，串入电路中的电阻减小，电路中的电流增大．燃油表加热线圈 2 发热量大，双金属片 3 变形增大，带动指针 4 向右偏转。

当油箱充满时，滑片移至最左端，将可变电阻短路，此时电路中电流最大，指针偏到最右边，指在“1”处。

二、燃油表的检修

下面以桑塔纳轿车为例，介绍燃油表的检修技术规范（表 7－7）。

表 7－7　　燃油表的检修

作业内容	图解	技术规范
1. 找出燃油表的位置		技术要求： 观察仪表盘并独立找出相应仪表
2. 拆下燃油表	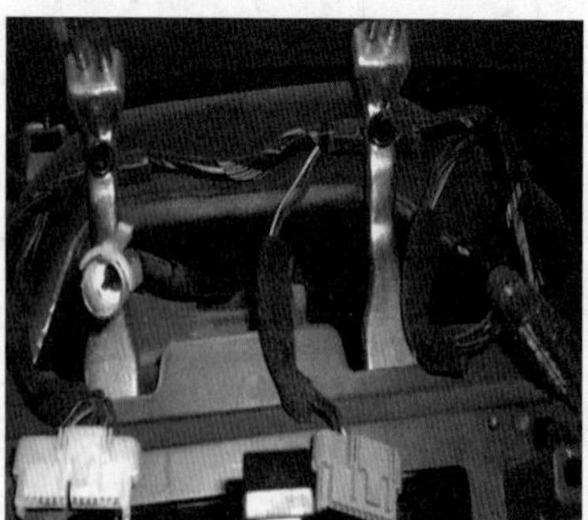	技术要求： 拆下仪表盘上面的螺丝就可以往外面拉仪表盘出来 安全警告： 在拆卸连接导线时不要用力拉扯，防止导线损坏

续表 1

作业内容	图解	技术规范
3. 掌握燃油表的组成部分		技术要求： 观察表盘上相应仪表的组成部分，并根据维修手册判断各部分所起的作用
4. 读懂燃油表电路图	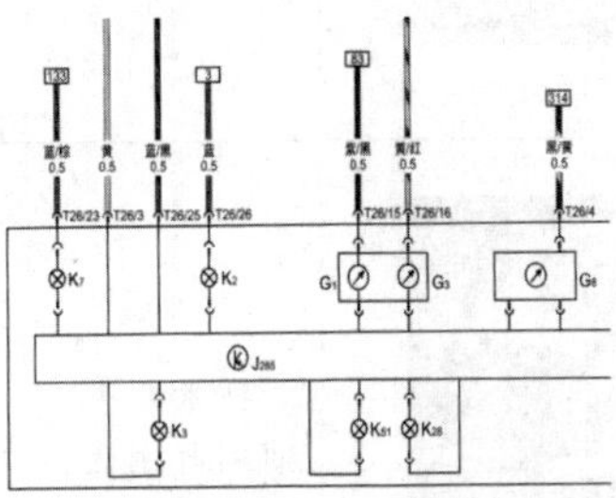	技术要求： 根据电路图找到 G_1 燃油表的信号线的线色及连接状况
5. 读懂燃油表传感器电路图	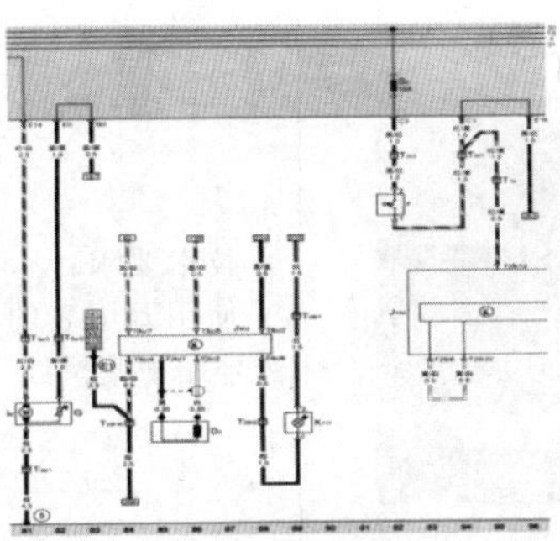	技术要求： 根据电路图找到 G 燃油表传感器的信号线的线色（紫黑）及连接状况

续表 2

作业内容	图解	技术规范
6. 确定燃油表传感器的位置	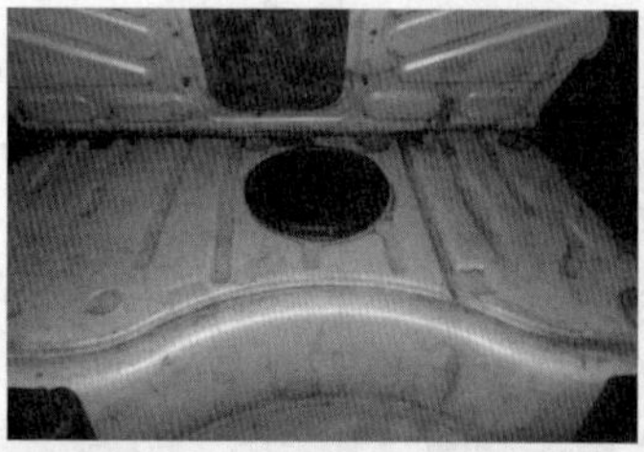 	技术要求： 根据电路图找到位于车后备厢中的油泵总成，抽出油泵总成位于上方的就是燃油表传感器
7. 使用万用表确认信号线	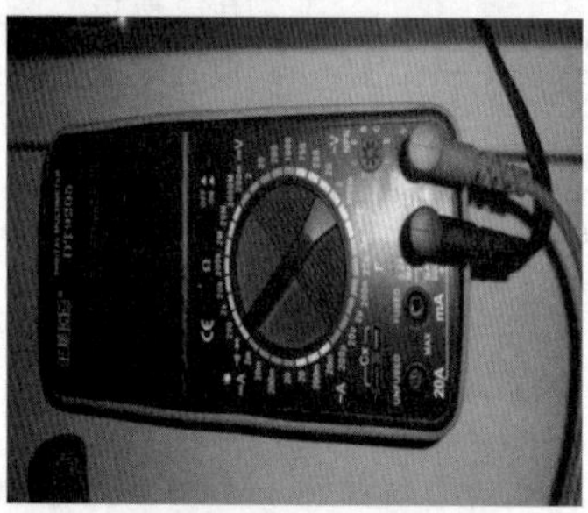	技术要求： 使用万用表的二极管挡位检测线路的通断，通了就确认是信号线
8. 使用万用表确认信号线	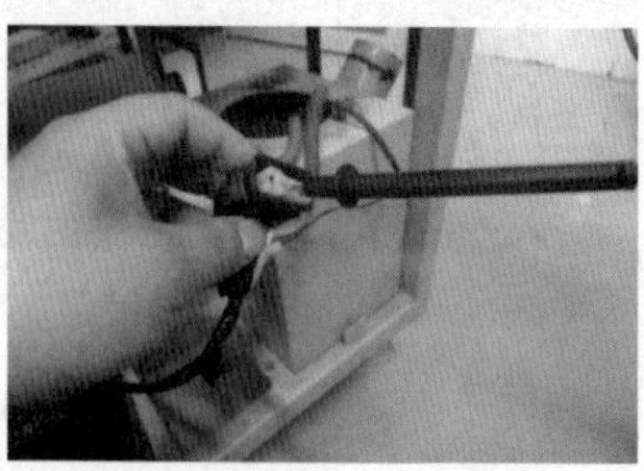	技术要求： 使用万用表的黑表笔接触 G 的 2 号端子紫黑线

续表 3

作业内容	图解	技术规范
9. 连接仪表线路	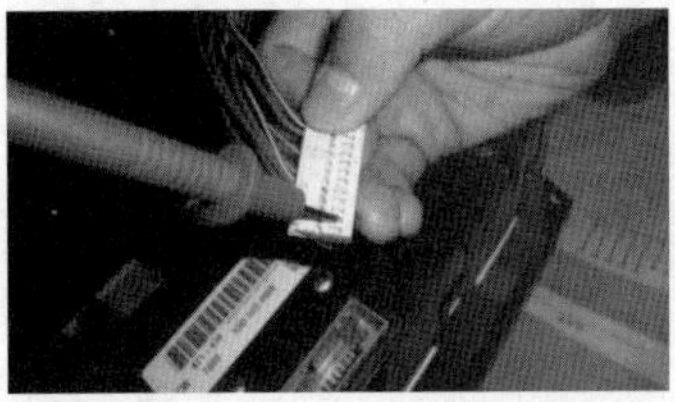	技术要求： 使用万用表的红表笔挨个接触仪表后的排插的铁片，当万用表发出蜂鸣声就说明是同一线
10. 5S 工作		技术要求： ①清洁工具和设备，并放回原位 ②整理场地 ③清扫场地 安全警告： 不要用潮湿的抹布清洁电器开关、按钮等 易发问题： ①清洁工作马马虎虎，应付差事 ②废弃物未丢弃或未分类丢弃 ③清洁不彻底、漏项

第八章　汽车电动辅助系统

第一节　风窗刮水、清洗和除霜装置

一、风窗刮水、清洗和除霜装置的结构特点

（一）风窗刮水器

1. 风窗刮水器的作用

为了保证驾驶员在雨天、雪天和雾天有良好的视线，轿车上都安装有电动挡风玻璃刮水器，它具有一个或两个以上的橡胶刷，由驱动装置带着来回摆动，以除去玻璃上的水、雪等。

2. 刮水器的分类

（1）根据安装位置不同，分为前风窗刮水器和后风窗刮水器。

（2）根据驱动装置不同，分为真空式（由真空泵驱动）、气动式（应具有空气气源）、电动式（结构简单，控制效果好）。

3. 风窗刮水器的常见挡位

风窗刮水器的挡位，如图 8－1 所示。

4. 风窗刮水器组成

（1）基本结构：电动刮水器的电动机一般有永磁式和励磁式两种。永磁式电动机结构简单、体积小、可靠性好，而被广泛采用。

如图 8－2 所示，电动刮水器是由电动机、传动机构和刮水片三部分组成。电动机轴端的蜗杆驱动蜗轮 4，蜗轮 4 带动摇臂 6 旋转，摇臂 6 使拉杆 7 往复运动，从而带动刮水片左右摆动。

①OFF：关闭挡
②INT：间歇挡
③LO：低速挡
④HI：高速挡
⑤MIST：点动挡

图 8－1　风窗刮水器挡位开关

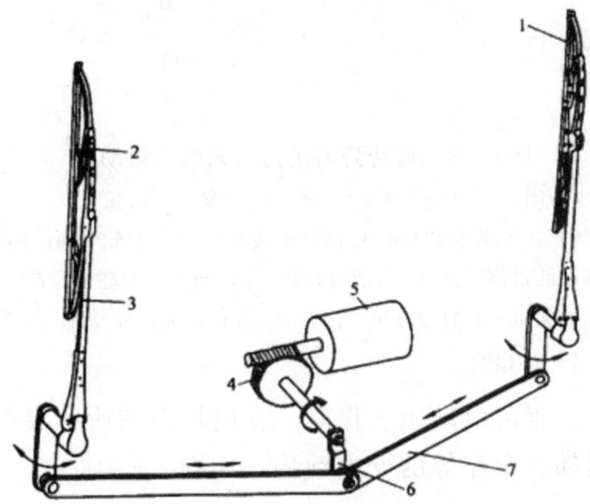

图 8－2　电动刮水器的组成

1. 刮水片；2. 刮水片架；3. 雨刮臂；4. 蜗轮；
5. 电动机；6. 摇臂；7. 拉杆

如图 8－3 所示为美国福特公司采用的永磁式电动刮水器的电动机结构。

（2）工作原理：电动机动旋转，带动蜗杆、蜗轮，使与蜗轮相连的拉杆和摆杆带动左右两刮片架做往复运动，橡皮刷便刷去风窗玻璃上的雨水、雪或灰尘。

5. 风窗刮水器工作原理

（1）永磁式电动刮水器变速与自动复位原理：永磁式电动机由蜗杆、蜗轮、永久磁铁、电枢等组成。

①永磁式电动刮水器变速原理：刮水片一般都有两种摆动刮水速度，通过

控制驱动电动机的变速实现。永磁式电动机是利用 3 个电刷来改变正负电刷之间串联的线圈数来实现变速的。

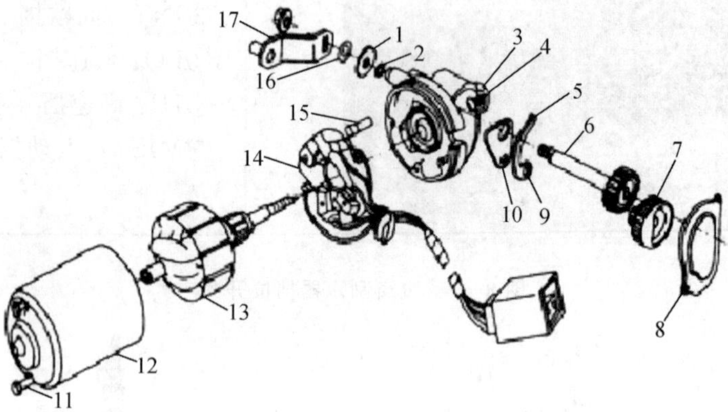

图 8-3 福特公司采用的永磁式电动机

1. 平垫圈；2. O 型圈；3. 减速器壳；4. 弹簧；5. 复位开关顶杆；6. 输出齿轮机构；7. 惰轮和蜗轮；8. 减速器盖；9. 放在凸轮表面的部分；10. 复位开关顶杆的定位销；11. 长螺钉；12. 电动机外壳和磁铁总成；13. 电枢；14. 三个电刷的安装位置和复位开关总成；15. 复位开关顶杆及其与开关联动的销子；16. 弹簧垫圈；17. 输出臂

其控制原理是：直流电动机工作时，在电枢内的所有线圈中同时产生反电动势，每个小线圈都产生相等的反电动势，如图 8-4 所示。

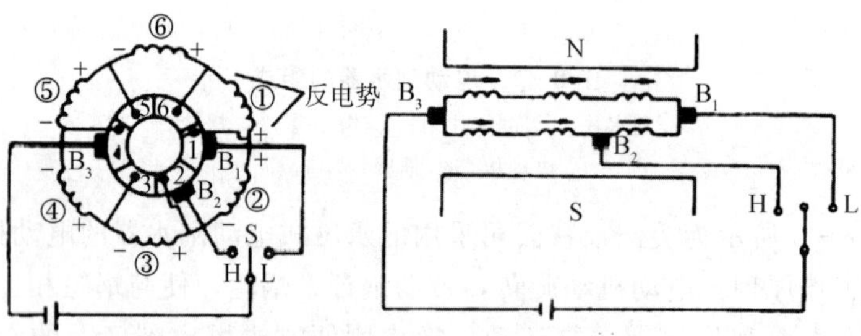

(a) (b)

图 8-4 永磁电动机变速原理

当开关 S 拨到低速档 L 时，在两个电刷 B_1、B_3 之间有两条并联支路，各有 3 个线圈，反电动势方向如图。当开关 S 拨到高速档 H 时，在两个电刷 B_2、B_3 之间也有两条并联支路，一个支路有 2 个线圈串联，另一个支路有 4 个线圈串联，但其中一个线圈的反电动势方向与另3个线圈的反电动势方向相反。由于反电动势的减小，使电枢的转速上升，重新达到电压平衡，这样永磁式电动刮水器就得到了高、低速不同的工作挡位。

②永磁式电动刮水器复位原理：为了不影响驾驶员的视线，要求刮水器能自动复位，即不论在什么时候关闭刮水器开关，刮水片都能自动停在风窗玻璃的下部。图8-5为刮水器自动复位装置的原理图，其工作原理：当电源开关接通时，把刮水器开关拉到“I”档时，电流从蓄电池的正极→电源开关→熔丝→电刷 B_3→电枢绕组→电刷 B_1→刮水器“I”挡→搭铁，刮水器电动机低速运转。

当刮水器开关拉到“Ⅱ”档时，电流从蓄电池的正极→电源开关→熔丝→电刷 B_3→电枢绕组→电刷 B_2→刮水器“Ⅱ”挡→搭铁，刮水器电动机高速运转。

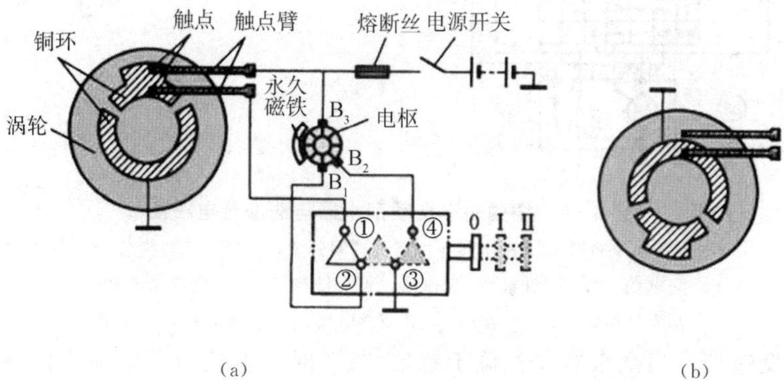

图8-5 永磁电动机刮水器自动复位原理图

当刮水开关推到“0”挡时，如果刮水器的刮水片没有停在规定的位置，则电流经蓄电池正极→电源开关→熔丝→电刷 B_3→电枢绕组→电刷 B_1→刮水器“0”挡→触点臂→铜环→搭铁［图8-5（b)］，这时电动机将继续转，当刮水器的刮水片到规定位置时，触点臂都和铜环接触，使电动机短路［图8-5（a)］。与此同时，电动机电枢由于惯性而不能立刻停下来，电枢绕组通过触点臂与铜环接触而构成回路，电枢绕组产生感应电流，因而产生制动扭矩，电动机迅速停止转动，使刮水器的刮水片停止在规定的位置。

(2) 刮水片的间歇摆动：间歇控制是采用了间歇控制继电器而实现的。一般采用的是多谐振荡电路，和电容式闪光器电路图类似。

(3) 典型电动刮水器与洗涤器电路：如图8-6所示为奥迪轿车电动刮水器与洗涤器电路图。

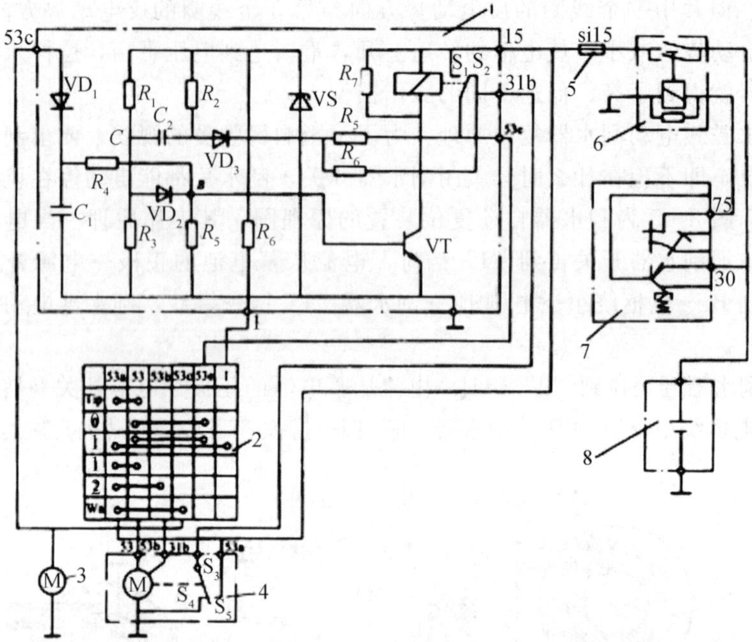

图 8-6　德国轿车电动刮水器与洗涤器电路图

1. 刮水器间歇控制器；2. 刮水器与洗涤器控制开关；（TiP. 点动状态，0. 空挡，I. 间歇挡，1. 低速挡，2. 高速挡，Wa. 洗涤档）；3. 洗涤器电动机；4. 刮水器电动机；5. 熔丝；6. 卸荷继电器；7. 点火开关；8. 蓄电池

①低速挡：当刮水器开关位于挡位“1”时，电流由蓄电池正极→卸荷继电器→熔断丝→刮水器开关 53a 和 53→刮水器电动机 53→搭铁，此时刮水器电动机低速挡工作。

②高速挡：当刮水器开关位于挡位“2”时，电流由蓄电池正极→卸荷继电器→熔断丝→刮水器开关 53a 和 53→刮水器电动机 53b→搭铁，此时刮水器电动机高速挡工作。

③自动停机复位。当刮水器开关位于“0”挡时，若此时刮水片没有回到规定位置，则刮水器电动机自动复位开关触点 S_3 与 S_5 相接，电流由蓄电池正极→卸荷继电器→熔断丝→刮水器电动机 53a、S_5 和 31b 间歇控制器的 31b、常闭触点 S_2 和 53e→刮水器开关 53e 和 53→刮水电动机 53→搭铁，电动机仍继续旋转，直到刮水片到达规定位置时，复位开关中的触点 S_3 与 S_5 断开而与 S_4 接通，电动机被短路，产生制动转矩，刮水器回到规定的位置。

④间歇挡：当刮水器开关位于“I”挡时，三极管 VT 导通，间歇控制器中的触点 S_2 打开、S_1 闭合，电流由蓄电池正极→卸荷继电器→间歇控制器接

线柱 15、触点 S_1、接线柱 53e→刮水器开关 53e 和 53→刮水器电动机 53→搭铁，此时刮水器以低速挡工作。

当刮水器到达规定位置时，复位开关中触点 S_3 与 S_4 接通，即 S3 搭铁，使间歇控制器中 31b 为低电位，C 点电位下降，三极管 VT 截止，间歇控制器触点 K_1 断开，刮水器电动机停止工作。此时 C_2 处于放电状态，随着放电过程的进行，C 点电位升高，三极管 VT 又导通，刮水器电动机再次以低速工作。

可见，C_2 的不断充电、放电，三极管 VT 就会导通截止反复翻转，如此形成间歇刮水过程。刮洗时间为 2～4s，间歇时间为 4～6s。

⑤点动挡：当刮水器开关位于“TiP”挡时，刮水器电动机低速工作，松开刮水器开关手柄，开关自动跳回“0”挡，刮水器在复位开关的作用下，回到规定的位置。

6. 风窗刮水器的新技术

(1) 柔性齿条传动刮水器，见图 8-7。

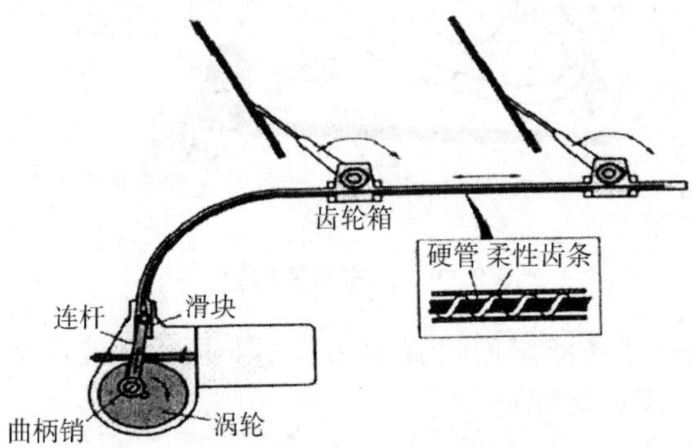

图 8-7　柔性齿条传动刮水器

(2) 雨滴感知型间歇雨刮系统，见图 8-8。

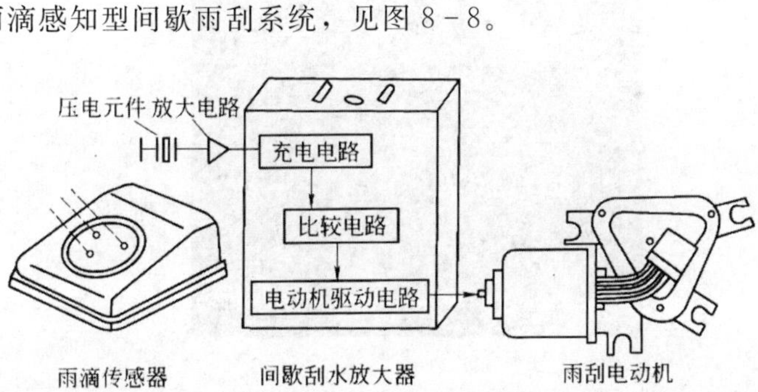

图 8-8　雨滴感知型间歇雨刮系统

（二）风窗清洗器

1. 风窗清洗器的作用

汽车在灰尘较多的环境中行驶时，会造成一些灰尘飘落在风窗上影响驾驶员的视线。为此许多汽车的刮水系统中增设了清洗装置，必要时向风窗表面喷洒专用清洗液或水，在刮水片配合工作下，保持风窗表面洁净。

2. 风窗清洗器的组成

风窗清洗器的结构，如图 8-9 所示。

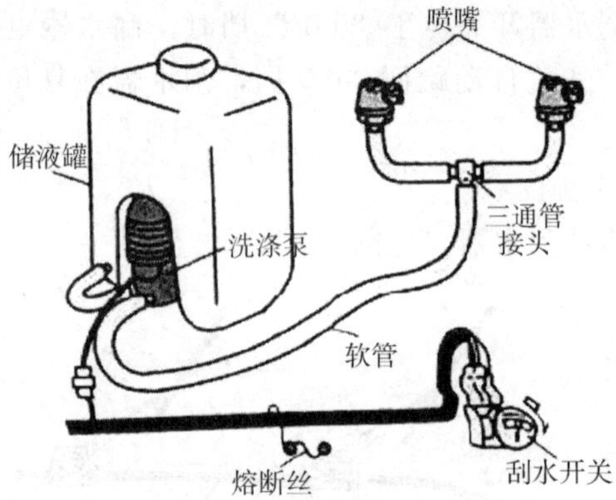

图 8-9　风窗清洗装置

（1）洗涤液罐：洗涤液罐的位置如图 8-10 所示。洗涤液＝水＋添加剂（防冻剂、去垢剂、缓蚀剂等）。

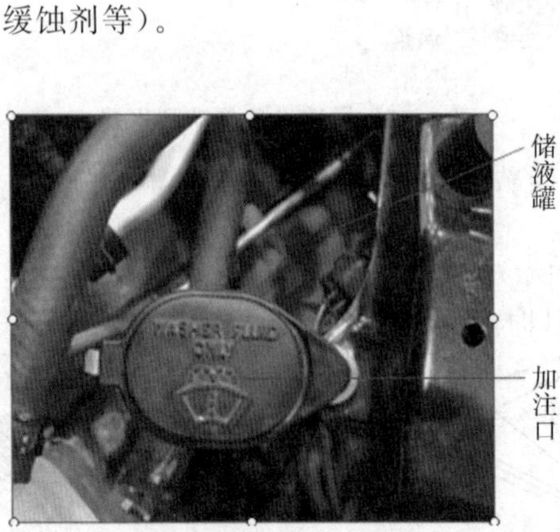

图 8-10　洗涤液罐的位置

(2) 洗涤泵：由永磁直流电机和离心式液压泵（吸油、压油）组成一体。

(3) 软管。

(4) 三通喷嘴：喷嘴的喷射压力约70～80kPa，在风窗玻璃下面，其方向可调整。喷嘴位置如图8-11和图8-12所示。

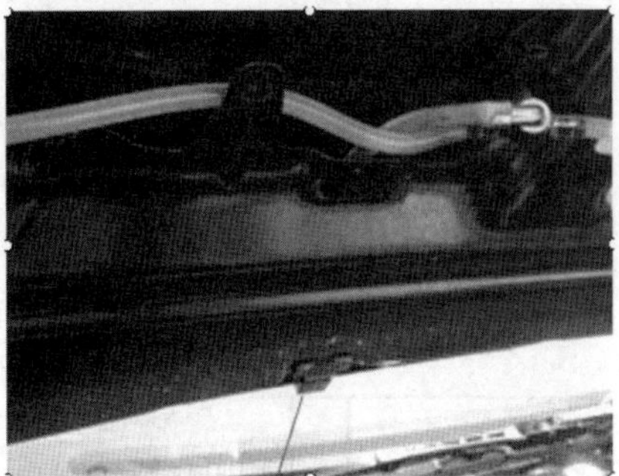

图8-11 丰田卡罗拉风窗洗涤器的喷嘴

图8-12 雪佛兰科鲁兹风窗洗涤器喷嘴

(5) 刮水器开关，见图8-1。

3. 风窗清洗器的工作原理

风窗清洗器的工作原理如图8-6。风窗清洗装置电路比较简单，一般与电动刮水器共用一个保险丝。有的车清洗开关单独设置安装，有的则和刮水器开关组合在一起，以便于操作。

当刮水器开关位于"Wa"挡时，风窗洗涤器和刮水器同时工作。洗涤器电机的电路为：蓄电池正极→卸荷继电器→熔断丝→刮水器开关53a和53c→洗涤器电动机→搭铁，于是洗涤器电动机带动水泵运转，将洗涤液喷洒到风窗玻璃上。与此同时，通过间歇控制器53_C接柱，使得间歇控制器工作，刮水器电动机间歇挡工作。

在此挡位工作，当松开刮水器开关手柄时，刮水器开关自动回到"0"挡。

(三) 风窗玻璃除霜系统

1. 风窗玻璃除霜系统的作用

在较冷的季节，有雨、雪或雾的天气，空气中的水分会在冷的风窗玻璃上凝结成细小的水滴甚至结冰，从而影响驾驶员的视线。为了防止水蒸气在风窗玻璃上凝结，设置风窗除霜装置，需要时可以对风窗玻璃加热。

2. 除霜的方法

（1）前风窗玻璃：在汽车空调系统的风道中加设除霜器风门。

（2）后风窗玻璃：采用除霜热线，利用电阻丝组成的电栅加热除霜。

3. 风窗玻璃除霜的工作原理

因除霜系统耗电很大（30A 以上），所以系统采用了定时电路。图 8-13 为 LS400 轿车风窗除霜系统电路图，其工作过程如下：当接通除霜器开关后，除霜器开关使除霜继电器的磁化线圈搭铁，继电器触点闭合，风窗玻璃及后视镜上的电热丝通电发热，使冰霜受热蒸发。除霜器开关中的时间继电器维持除霜继电器导通 10～20min，然后自动切断除霜继电器的电路，使电热丝断电。若想继续除霜，可再次接通除霜开关。

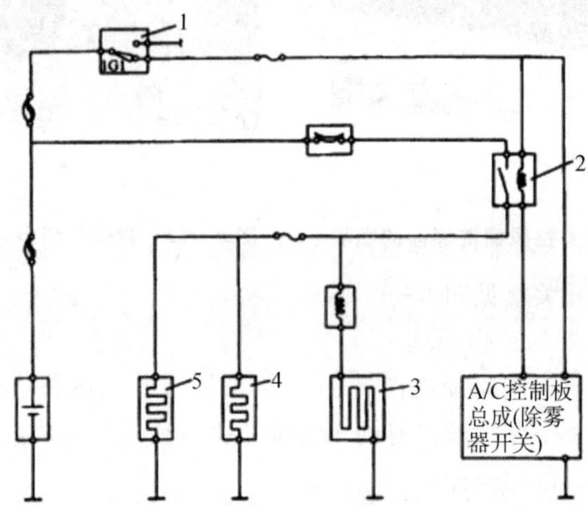

图 8-13　LS400 轿车后风窗玻璃除霜装置电路图

1. 点火开关；2. 继电器；3. 后窗除雾器；
4. 右后视镜除雾器；5. 左后视镜除雾器

二、风窗刮水、清洗和除霜装置的检修

（一）电动刮水器及风窗洗涤器的检查调整

下面以丰田卡罗拉轿车为例，介绍电动刮水器的基本操作（表 8-1），要求能够正确操作电动刮水器系统，并对电动刮水器和风窗洗涤器进行检查调整。

表 8-1　　电动刮水器及风窗洗涤器的检修

作业内容	图解	具体操作方法及要求
1. 将车辆停放在举升机位		技术要求： ①位于举升机位的正常举升位置 ②车辆中心轴线应和举升机对称面在同一平面内，车辆不允许偏向任一侧或一端 安全警告： ①移动车辆时要注意检查车辆周围有无障碍物 ②必须由具有驾驶证并有驾驶经验的人员移动车辆
2. 放置车轮挡块		技术要求： ①车轮挡块可放置在任意车轮的前后 ②车轮挡块要与轮胎外边沿平齐 ③挡块斜面与轮胎紧密接触 ④挡块放置要周正，不能歪斜 安全警告： ①挡块要拿稳，避免跌落砸伤腿脚及地面 ②避免撞击车身、轮胎或轮毂，以免对车身或车轮造成损伤
3. 安装尾排		技术要求： ①拉下尾排 ②安装尾排 安全警告： 尾排安装的时候小心，别伤到自己

续表1

作业内容	图解	具体操作方法及要求
4. 安装3件套		技术要求： ①放置车轮挡块 ②放置驾驶室三件套（脚垫、座椅套和方向盘套） ③确认换挡杆置于P挡，拉起驻车制动器
5. 拉紧驻车制动器	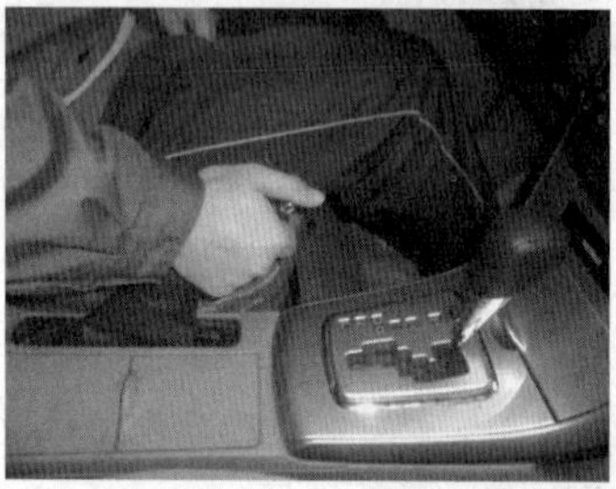	技术要求： ①驻车制动器行程标准值6～9声 ②拉紧驻车制动器 安全警告： 禁止拉紧手柄时用力过猛，谨防损坏 易发问题： 忘记拉紧驻车制动器
6. 启动发动机	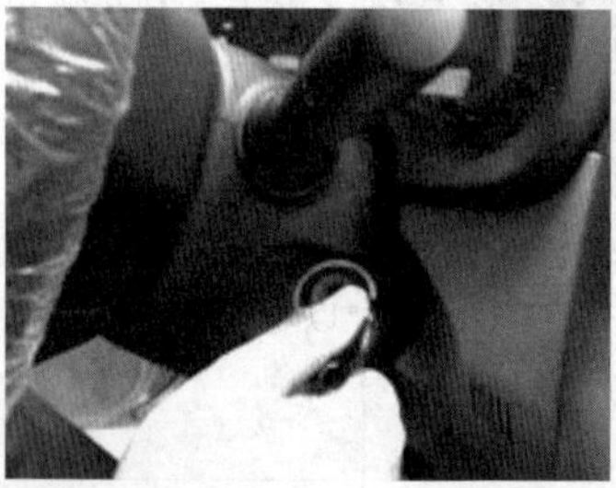	技术要求： ①发动机启动前，要再次确认挡杆置于P挡，拉起驻车制动器 ②启动发动机 安全警告： ①发动机启动前，要再次确认挡杆置于P挡，拉起驻车制动器 ②启动发动机前一定要大声提醒周围人注意，并确认发动机舱处无人再做其他操作
7. 将雨刮组合开关向上方提一次		技术要求： 将雨刮组合开关向上方提一次 安全警告： 上提力度要适中，避免用力过猛，损坏雨刮组合开关

续表 2

作业内容	图解	具体操作方法及要求
8. 检查挡风玻璃喷洗器喷洒压力是否足够		技术要求： ①挡风玻璃喷洗器喷洒喷射应有力 ②如果刮水器开动时无喷洗液喷出，则刮水器电动机有可能被烧坏 安全警告： 如果发现刮水器开动时无喷洗液喷出，应立即停止作业，以免刮水器电动机被烧坏
9. 检查刮水器是否协同工作		技术要求： 刮水器应协同工作，停止在最低位置 易发问题： 打开雨刮开关，无法正确检查协同工作情况 安全警告： 检查雨刮时发动机应处于怠速状态
10. 检查洗涤液喷射位置是否正确		技术要求： 洗涤液喷射位置应集中在刮水器工作范围内 安全警告： 洗涤液喷射位置不正确，必须调整 易发问题： 不检查洗涤液喷射位置或洗涤液喷射位置检查不仔细
11. 调节喷射方向	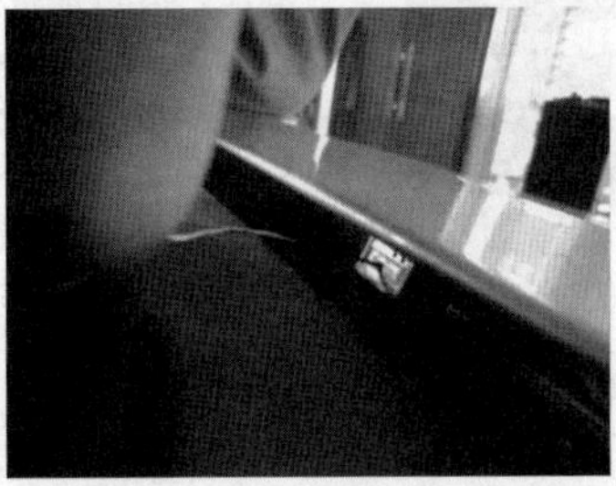	技术要求： ①在喷嘴内插入一根与挡风玻璃喷洗器喷嘴的孔相匹配的钢丝 ②调整喷洒的方向，对准喷嘴以使喷洗器喷洒大约落在刮水器的刮水范围的中间

续表 3

作业内容	图解	具体操作方法及要求
12. 检查刮水器各挡位工作情况		技术要求： ①在发动机怠速运转情况下，操纵刮水器开关，分别打到间歇、低速、高速挡位，检查每只刮水器工作情况 ②各档停留时间要适当，不宜过短 安全警告： 为防止划破挡风玻璃，在使用刮水器前要喷洒喷洗液 易发问题： 各挡位停留时间过短
13. 关闭刮水器开关，检查刮水器自动停止位置		技术要求： 当刮水器开关关闭时，刮水器自动停止在其停止位置 安全警告： 关闭开关时在每个挡位要稍有停顿，禁止快速关闭
14. 检查刮水器刮拭状况		技术要求： ①检查刮水器不会产生以下问题： •条纹式的刮水痕迹 •刮水效果不好 ②检查完毕应关闭发动机 安全警告： ①刮水器开动时无喷洗液喷出，则电动机有可能被烧坏 ②检查完毕后，应及时关闭发动机 易发问题： ①刮水器开动时无喷洗液喷出，未立即停止，仍然操作，导致电动机被烧坏 ②检查完毕未关闭发动机

续表 4

作业内容	图解	具体操作方法及要求
15. 熄灭发动机	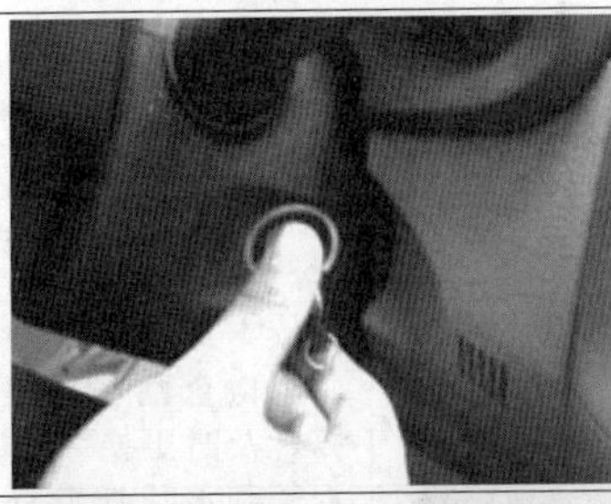	技术要求： 将点火钥匙旋到 OFF 挡，熄灭发动机 易发问题： ①钥匙拧错方向，应向左旋 ②取出钥匙的时候应先往里摁再拔出
16. 检查雨刮片是否损坏		技术要求： 检查雨刮片是否磨损严重、老化、损坏等，如果是，则更换；检查是否黏附砂砾、昆虫等杂物 ，如果是应清洁 安全警告： 如果雨刮片损坏，将导致雨天车辆不能安全行驶，易发生事故
17. 更换雨刮片		技术要求： ①卸下旧的雨刮片 ②安装新的雨刮片 ③安装新雨刮片后要再次检查刮水器的刮拭效果 安全警告： ①在更换雨刮片时，应将雨刮器轻轻放下，以防击坏挡风玻璃 ②更换新雨刮片后要再次检查刮水器的刮拭效果，确保刮水效果良好
18. 5S 工作		拆卸要求： ①清洁工具和设备，并放回原位 ②整理场地 ③清扫场地 注意事项： 不要用潮湿的抹布清洁电器开关、按钮等 易发问题： ①清洁工作马马虎虎，应付差事 ②废弃物未丢弃或未分类丢弃 ③清洁不彻底、漏项

（二）电动刮水器操作机构的拆装

下面以桑塔纳轿车为例，介绍电动刮水器操作机构的拆装（表 8 - 2），其他车型参考进行。

表 8 - 2　　电动刮水器操作机构的拆装

作业内容	图解	具体操作方法及要求
1. 抬起刮水片		技术要求： ①检查刮水片是否损坏，如有损坏，及时更换 ②刮水片摇臂杆是否有弯曲折断现象，如果有，应及时修理更换 易发问题： ①用力摇晃刮水片摇臂杆 ②没能仔细认证检查刮水片是否完好无损
2. 取下刮水片	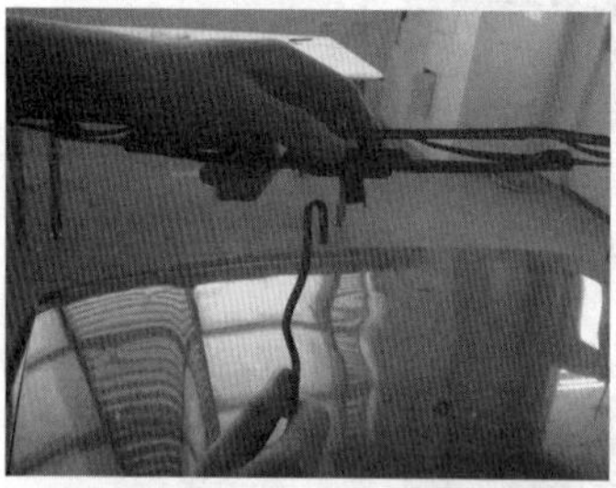	技术要求： ①找到雨刮器卡扣，轻轻向里推刮水片，取下刮水片 ②操作过程中，手不要离开摇臂杆 易发问题： ①用力过猛，将刮水片损坏 ②摇臂杆由于弹力敲击玻璃使玻璃损坏
3. 清洁刮水片	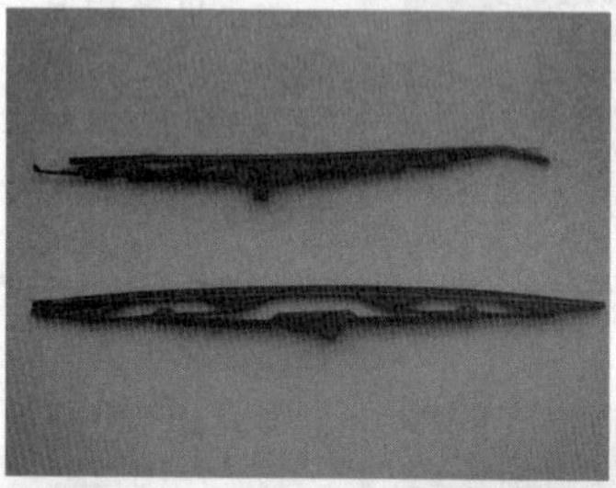	技术要求： ①刮水片放到指定位置，清理干净 ②仔细检查刮水片是否损坏，如果有，应更换新刮水片 安全警告： 不要随便乱扔、不按规定摆放
4. 取下塑料盖	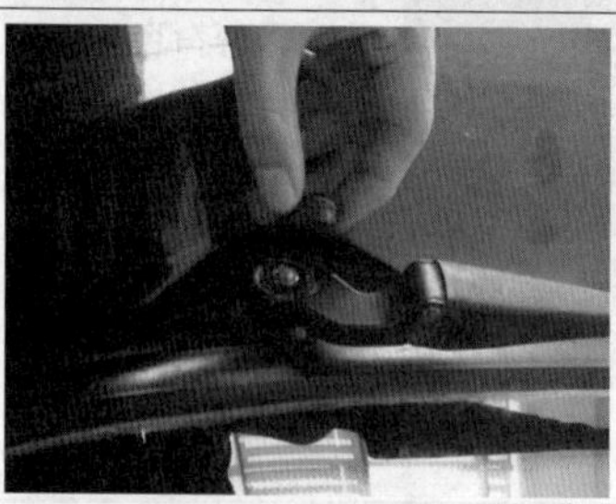	技术要求： 用螺丝刀轻轻敲起塑料盖 安全警告： 不要用力过猛，以免弄伤身体或损坏车辆

续表1

作业内容	图解	具体操作方法及要求
5. 轻放摇臂	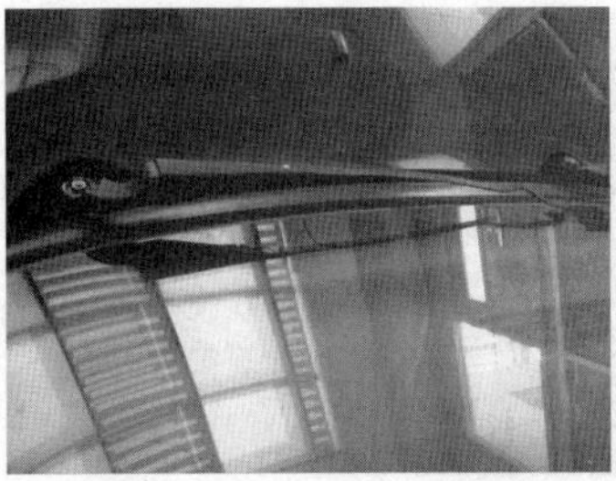	技术要求： 将刮水片操作杆轻轻放下 安全警告： 不要将摇臂杆支撑起来 易发问题： 摇臂杆支起不放下
6. 旋松螺栓		技术要求： 用中号飞扳手、套筒、接杆旋松操作杆固定螺栓 易发问题： 工具不能正确使用
7. 取下螺栓		技术要求： 取下固定螺母，放到指定工具车上 易发问题： 螺母脱落
8. 取下摇臂	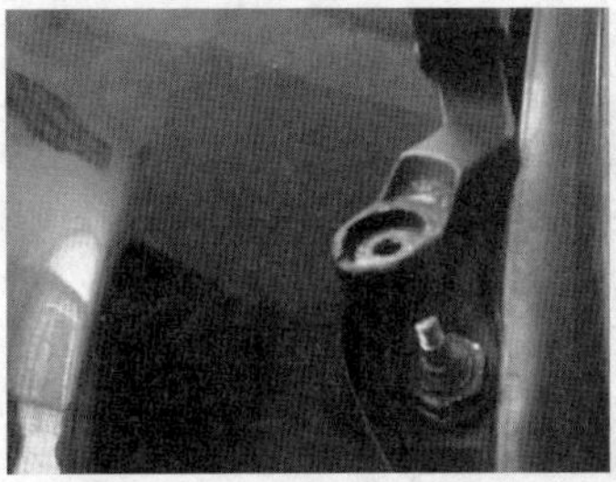	技术要求： 取摇臂杆时将操作杆支起，轻轻用手向上提起，如果太紧，轻轻晃动便可 易发问题： 生砸硬敲取下摇臂杆，损坏刮水器

续表 2

作业内容	图解	具体操作方法及要求
9. 旋松螺栓	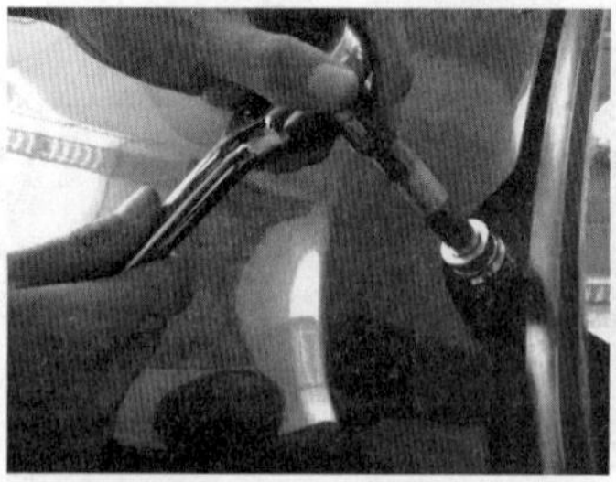	技术要求： 用中号飞扳手旋松固定螺栓 易发问题： 中号飞扳手的使用方法错误，方向调整错误
10. 取下固定螺栓	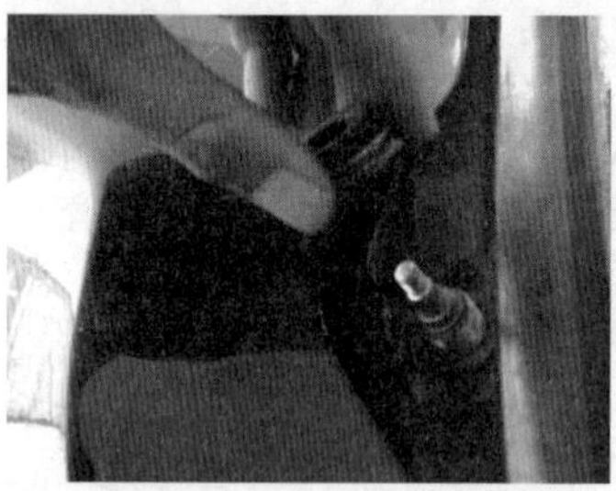	技术要求： 轻轻取下固定螺栓 放到指定位置，并及时清洁螺栓处 易发问题： 螺母随处乱放
11. 打开引擎盖		技术要求： 打开引擎盖，安装前格栅布、翼子板布 易发问题： 不安装前格栅布和翼子板布，直接操作
12. 取下塑料板		技术要求： 旋松塑料扣板的卡扣，取下挡风玻璃下方的塑料扣板 易发问题： 没有旋松卡扣，直接取下扣板，会造成扣板损坏

续表 3

作业内容	图解	具体操作方法及要求
13. 拔下插头		技术要求： 按下卡扣、取下电机接线插接器 易发问题： 不按下卡扣，直接用力拽，会造成插接器损坏
14. 取下电机	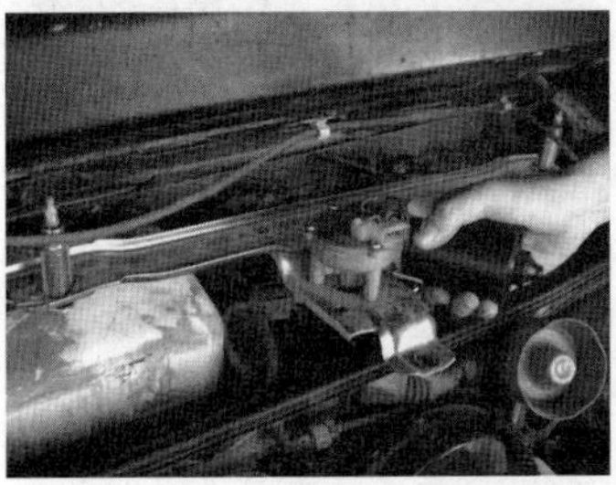	技术要求： 从车上取下电机及操作机构总成
15. 检查电机	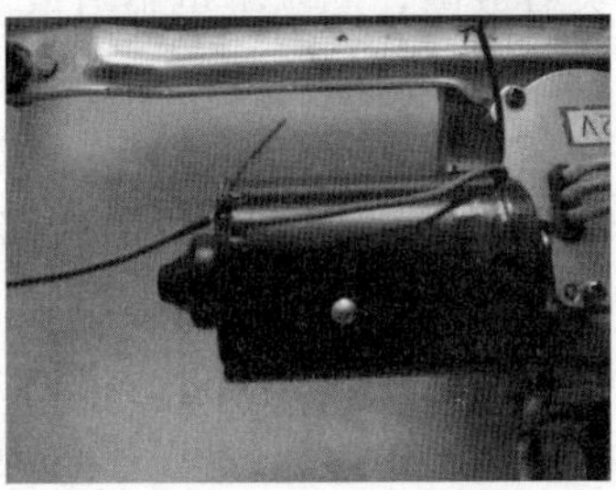	技术要求： ①连接导线，检查电机是否正常工作 ②检查是否能够实现低速、高速旋转 易发问题： 导线连接错误 安全警告： 连接导线一定要有指导教师在现场指导
16. 5S 工作		拆卸要求： ①清洁工具和设备，并放回原位 ②整理场地 ③清扫场地 注意事项： 不要用潮湿的抹布清洁电器开关、按钮等 易发问题： ①清洁工作马马虎虎，应付差事 ②废弃物未丢弃或未分类丢弃 ③清洁不彻底、漏项

（三）常见故障诊断与排除

1. 刮水器常见故障诊断与排除

刮水器常见故障有：刮水器各挡位都不工作，个别挡位不工作，不能自动停位等。

（1）各挡位都不工作：

①故障现象：接通点火开关后，刮水器开关置于各挡位，刮水器均不工作。

②主要原因：熔断器断路；刮水电动机或开关有故障；机械传动部分锈蚀或与电动机脱开；连接线路断路或插接件松脱。

③诊断与排除：可参照下列步骤进行诊断检查并视情维修。首先检查熔断器，应无断路，线路应无松脱；然后检查刮水器电动机及开关的电源线和搭铁线，应接触良好，没有断路；再检查开关各个接线柱在相应挡位能否正常接通；最后检查电动机和机械连接情况。

（2）个别挡位不工作：

①故障现象：接通点火开关后，刮水器个别挡位（低速、高速或间歇挡）不工作。

②主要原因：刮水电动机或开关有故障；间歇继电器有故障；连接线路断路或插接件松脱。

③诊断与排除：如果刮水器是高速挡或低速挡不工作，可参照下列步骤进行诊断检查并视情维修：首先检查刮水器电动机及开关对应故障挡位的线路是否正常；检查开关接线柱在相应挡位能否正常接通；最后检查电动机是否个别电刷接触不良。

如果刮水器在间歇挡不工作，应按顺序检查间歇开关（或刮水器开关的间歇挡）、线路和间歇继电器。

（3）不能自动停位：

①故障现象：刮水器开关断开或在间歇挡工作时刮水器不能自动停止在设定的位置。

②主要原因：刮水电动机自动停位机构损坏；刮水器开关损坏；刮水臂调整不当；线路连接错误。

③诊断与排除：可参照下列步骤进行诊断检查并视情维修：首先检查刮水臂的安装及刮水器开关线路连接是否正确；再检查刮水器开关在相应挡位的接线柱能否正常接通；最后检查电动机自动停位机构触点能否正常闭合和接触良好。

2. 风窗玻璃清洗器常见故障诊断与排除

风窗清洗装置常见故障有：所有喷嘴都不工作或个别喷嘴不工作。

(1) 主要故障原因：清洗电动机或开关损坏；线路断路；清洗液液面过低或连接管脱落；喷嘴堵塞。

(2) 诊断步骤：如果所有喷嘴都不工作，先检查清洗液液面和连接管是否正常；然后检查清洗电机搭铁线和电源线有无断路、松脱；开关和电机是否正常。如果个别喷嘴不工作，一般是喷嘴堵塞所致。

有些轿车还有前照灯清洗装置，其原理和常见故障及诊断方法与风窗清洗装置相同。

3. 风窗玻璃除霜装置常见故障诊断与排除

(1) 主要故障原因：熔断器或控制线路断路；加热丝或开关损坏。

(2) 诊断步骤：首先检查熔断器是否正常，然后将开关接通后检查加热丝火线端电压是否正常，如果电压为零，应检查开关和电源线路；否则检查电热丝是否断路。若电热丝断路，可用润滑脂清理加热丝端部，并用蜡和硅脱膜剂清理加热丝断头，再用专用修理剂进行修补，将断点处连接起来，保持适当时间后即可使用。

第二节　电动车窗

一、电动车窗的结构及控制电路

(一) 电动车窗简介

1. 电动车窗的作用

电动车窗，是指以电为动力使车窗玻璃自动升降的门窗。它是由驾驶员或乘员操纵开关接通车窗升降电动机的电路，电动机产生动力通过一系列的机械传动，使车窗玻璃按要求进行升降。

2. 电动车窗的特点

(1) 具有单按系统。

(2) 能够在车外关闭门窗。

(3) 具有安全控制装置。

3. 电动车窗的分类

按结构形式可分为：

(1) 交叉臂式：在各种汽车上广泛应用，在豪华和高速型轿车上很少使用。

(2) 绳轮式：主要应用于轿车，其他车上很少使用，如图 8-14 所示。

(3) 软轴式：各种汽车均可采用，如图 8-15 所示。

(4) 塑料带式。

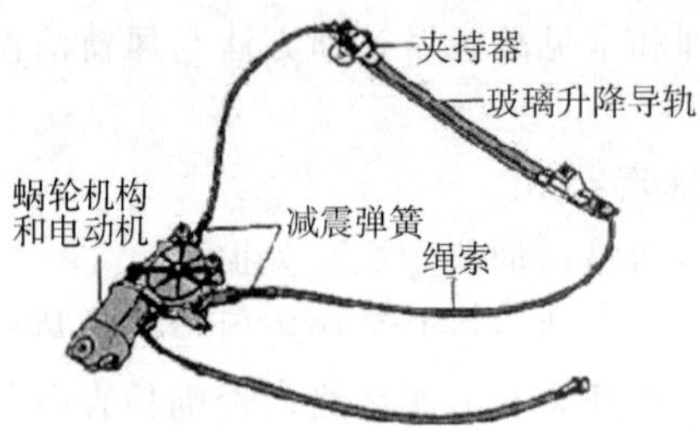

图 8-14 绳轮式电动车窗的基本结构

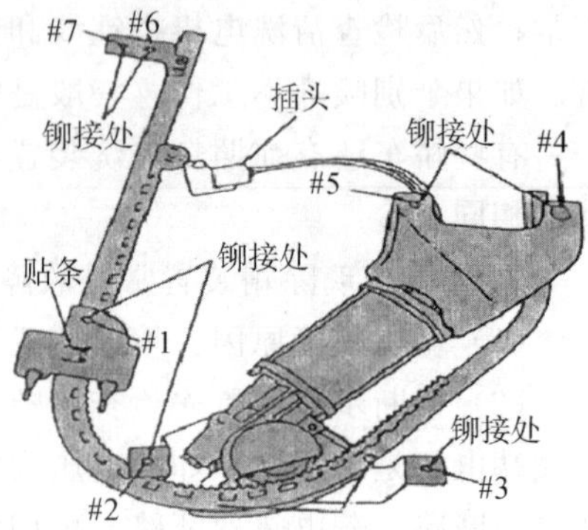

图 8-15 软轴式玻璃升降机构

4. 电动车窗的组成

主要由升降控制开关、电动机（双向转动永磁电动机）、升降器等组成，其中电动机一般采用双向转动永磁电动机，通过控制电流方向，使其正反向转动，达到车窗升降功能。

(二) 电动车窗的控制电路

以 LS400 电动车窗控制电路为例（图 8-16）。

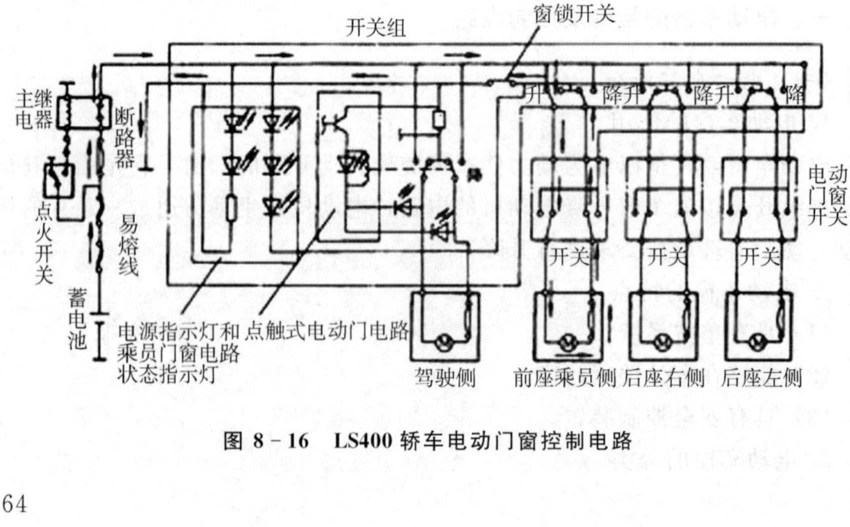

图 8-16 LS400 轿车电动门窗控制电路

1. 电动车窗的控制电路组成

主要由电源、易熔线、断路器、主继电器、开关、电动机和指示灯组成。

(1) 电源：它为电气设备提供电能，以使电气设备工作。汽车的电源主要是发电机和蓄电池。

(2) 易熔线：易熔线的作用是防止电流过大而损坏电气设备。

(3) 断路器：电路或电动机内装有一个或多个热敏断路器，用以控制电流，防止电动机过载。当车窗完全关闭或由于结冰等原因使车窗玻璃不能自如运动时，即使操纵开关没有断开，热敏开关也会自动断路。其基本原理是，当电动机过载时，其阻抗减小甚至为零，此时，输入的电流过大，引起断路器的双金属片发热变形而断路。当关断开关后其电路中的电流为零，断路器的双金属片因无电流通过，便逐渐冷却触点又恢复接触状态，以备再次接通门窗的电路。

(4) 主继电器：主继电器的作用是接通或断开门窗电路。当接通点火开关电路时，同时也接通了主继电器的线圈电路，主继电器接通门窗的电路。当关断点火开关时，主继电器同时也断开门窗的电路，以防损坏电气组件和发生意外。

(5) 开关：开关用来控制门窗玻璃升降。一般电动门窗系统都装有两套控制开关。一套装在仪表板或驾驶员侧车门扶手上（即方便驾驶员操纵的位置），为主开关，它由驾驶员控制每个车窗的升降。另一套分别装在每一个乘员的车门上，它为分开关，可由乘员操纵。一般在主开关上还装有窗锁开关。如果将其断开，则分开关就不起作用。

有的车上还专门装有一个延迟开关，在点火开关断开后约 10min 内，或在打开车门以前，仍有电源提供，使驾驶员和乘员能有时间关闭车窗。

(6) 指示灯：指示灯用来指示门窗电路的工作状态。它主要有电源指示灯、乘员门窗电路指示灯和驾驶员侧门窗升降状态指示灯几种。电源指示灯的点亮或熄灭表示电源电路的通断。即门窗电路导通时，电源指示灯点亮，电源断开时指示灯熄灭。当接通窗锁开关时，乘员门窗电路指示灯点亮，断开时熄灭。

2. 车窗升降器

车窗升降器是一个执行机构，它是执行驾驶员或乘员的指令使门窗升降。它主要由电动机、传动装置等组成

(1) 门窗升降电动机：电动机是用来为门窗的升降提供动力的装置。门窗升降电动机采用双向转动的电动机。它有永磁型和双绕组型两种。永磁型的电

动机是外搭铁，双绕组型的电动机则是各绕组搭铁。这两种电动机都是通过改变电流方向来实现正反转以实现门窗的升或降。

(2) 传动装置：按传动方式可分为两种：一种是齿扇式；另一种是齿条式。

①齿扇式：齿扇式升降器如图 8－17 所示。齿扇上连有螺旋弹簧，当门窗下降时螺旋弹簧收缩吸收能量；当门窗上升时螺旋弹簧伸展而释放能量，以减轻电动机的负荷。于是无论门窗上升或下降，电动机的负荷基本相同。当电动机传动时，通过蜗轮蜗杆减速并改变旋转方向，使齿扇转动，并带着门窗上下进行升降。

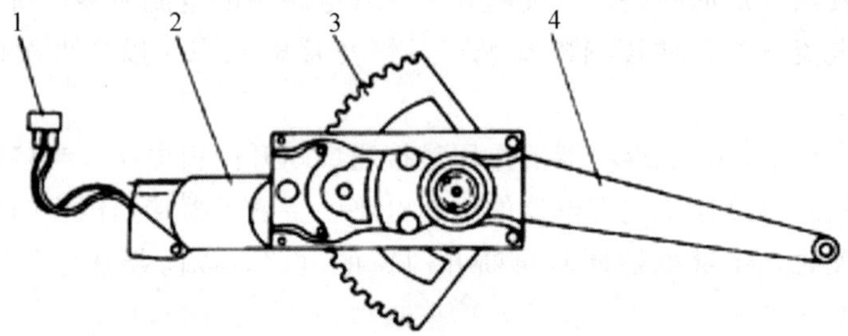

图 8－17　齿扇式电动门窗升降器

1. 电源插头；2. 电动机；3. 齿扇；4. 推力杆

②齿条式：齿条式的升降器如图 8－18 所示。升降器采用柔性齿条和小齿轮。当电动机转动时，通过蜗轮蜗杆减速机构将动力传给小齿轮，小齿轮又使齿条移动，齿条通过拉绳带着门窗进行升降。

3. 工作原理（以日本凌志 LS400 轿车为例）

如图 8－16 所示，当点火开关转至点火挡时，电动门窗主继电器工作，触点闭合，给电动门窗电路提供了电源，此时，电源指示灯点亮。如将主开关上的窗锁开关闭合，那么所有车窗都可随时进入工作状态，乘员门窗的指示灯点亮。

(1) 前右侧门窗升降：

①驾驶员操纵：当驾驶员按下主开关相应的前乘员门窗上升开关时，其电流由蓄电池的正极→易熔线→断路器→主继电器→主开关→前乘员开关左触点→电动机→断路器→乘员开关的右触点→窗锁开关→搭铁→蓄电池的负极，构成闭合回路。该电路中的电动机通电而工作，使门窗上升。当需要门窗下降时，驾驶员按下主开关上的下降开关时，因电动机是永磁双向电动机，其电动

机的电流方向相反，电动机通电而反转使门窗下降。

②乘员操纵：乘员接通前乘员门窗上升开关时，其电流由蓄电池的正极→易熔线→断路器→乘员开关左触点→电动机→断路器→乘员开关的右触点→窗锁开关→搭铁→蓄电池的负极，构成了闭合电路。该电路中的电动机通电而工作，使门窗上升。当需要门窗下降时，乘员按下开关上的下降开关，其电动机的电流方向相反，电动机通电而反转使门窗下降。

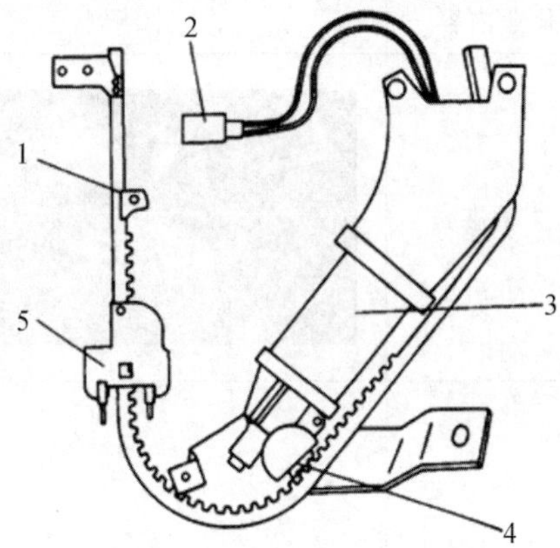

图 8-18　齿条式电动门窗升降器

1. 齿条；2. 电源插头；3. 电动机；4. 小齿条；5. 凸片

(2) 驾驶员侧的门窗升降：若主开关上的窗锁开关断开，则只有驾驶员侧车窗具备工作条件。另外，驾驶员侧的车窗开关由点触式电路控制。门窗在下降过程中，如果要使其停止在某一位置，只要再点触一下开关即可。其工作电路为：当驾驶员侧的门窗需要下降时，可按下主开关上下降按钮，其电流由蓄电池的正极→断路器→电动机→驾驶员侧开关的另一触点→窗锁开关→蓄电池的负极，构成闭合电路。与此同时，触点式开关的电路也同时接通，下降指示灯点亮，继电器线圈也通电而产生吸力，保持开关处于下降工作状态直至下降到极限位置。在下降过程中，如果要使门窗停在某一位置，驾驶员可再点触一下开关，则继电器线圈断路，门窗下降停止。

其他后座乘员左、右门窗的升降操纵与前乘员侧的操纵方法相同，在此不再叙述。

二、电动车窗的故障检修

(一) 电动车窗的检修（表 8-3）

表 8－3　　电动车窗的检修

作业内容	图解	具体操作方法及要求
1. 车辆准备	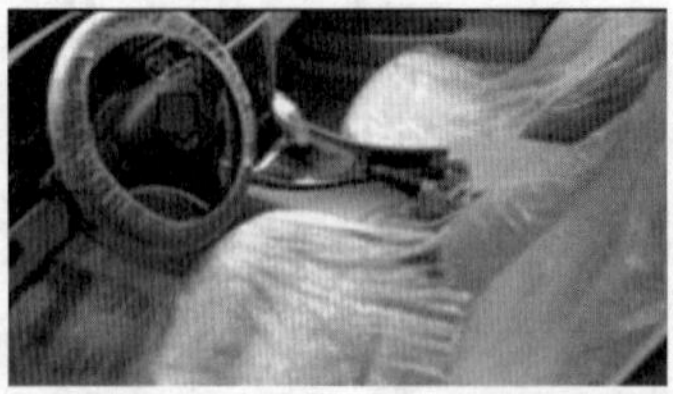	技术要求： ①放置驾驶室四件套（脚垫、换挡杆套、座椅套和方向盘套） ②确认换挡杆置于 P 挡，拉起驻车制动器。
2. 检查驾驶员侧车窗	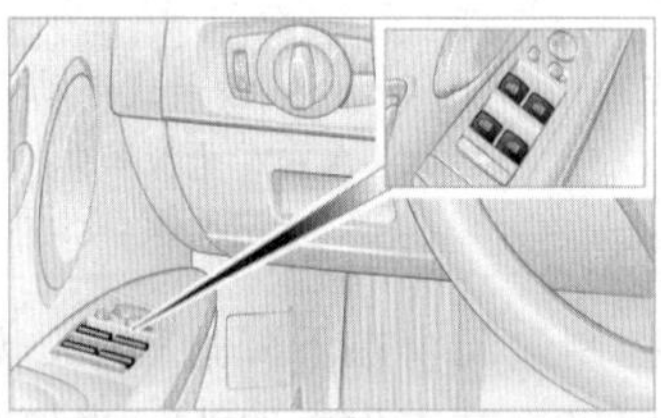 	技术要求： ①打开点火开关 ②依次按压各按钮，检查对应车窗是否有状态变化 ③轻按或轻拉开关，查看车窗玻璃是否能够实现点动升降 ④将开关使劲按到底或者向上拉到底，查看车窗玻璃是否能够实现自动的升降 ⑤检查车窗在升降过程中有无异响 易发问题： ①点火钥匙未打开到 ON 位置，车窗没有反应 ②后部车门没有关闭时操作开关车窗没有反应 ③车窗开关损坏或者车窗升降功能的相关部件有故障
3. 检查后排车窗安全锁止键	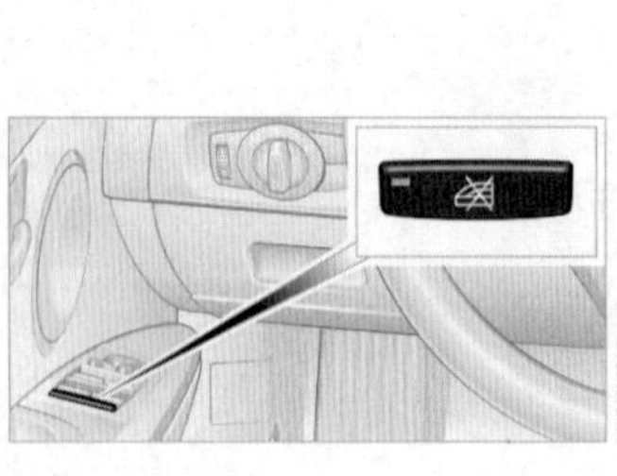	技术要求： ①此开关用于避免在行车中乘坐在后排的儿童随意通过后座区的车窗开关打开和关闭车窗而引起的伤害事故。在此安全功能接通时 LED 指示灯亮起 ②此时操作后排车窗的开关，车窗没有反应 易发问题： 安全开关损坏或 LED 指示灯不亮

续表 1

作业内容	图解	具体操作方法及要求
4. 检查副驾驶侧及后排车窗	 	技术要求： ①打开点火开关 ②依次按压各按钮，检查对应车窗是否有状态变化 ③轻按或轻拉开关查看车窗玻璃是否能够实现点动升降 ④将开关使劲按到底或者向上拉到底，查看车窗玻璃是否能够实现自动的升降 ⑤检查车窗在升降过程中有无异响
5. 车窗启动紧急模式		技术要求： 为了能够无故障地进行设置，首先要保证：车辆停止；存在足够的蓄电池电压，如有必要，连接充电器；点火钥匙处在收音机挡位或ON的挡位；所有车门都已关闭
6. 检查电动天窗	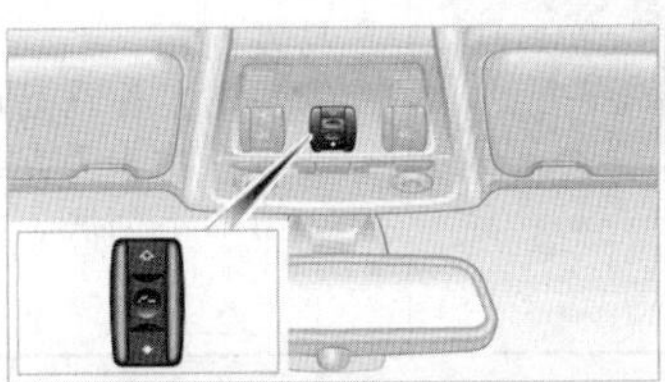 	技术要求： 打开点火钥匙到ON挡；在收音机工作状态约15min内；在取下遥控器或关闭收音机工作状态下约1min内可操作电动天窗 ①向上按压开关，在活动天窗关闭时它自动升起，同时滑动遮阳板打开一点。在活动天窗打开时它位于自动升起位置。滑动遮阳板保持完全打开状态 ②向后将开关推到压力作用点，活动天窗和滑动遮阳板同时打开，直至松开开关为止 ③将开关推过其压力作用点，活动天窗和滑动遮阳板自动运行打开。再按一次开关，打开过程停止 ④将开关向前推过其压力作用点。活动天窗自动运行关闭 在以上4个步骤的操作中观察电动天窗的状态，判断故障点和故障原因

续表 2

作业内容	图解	具体操作方法及要求
7. 天窗的初始化	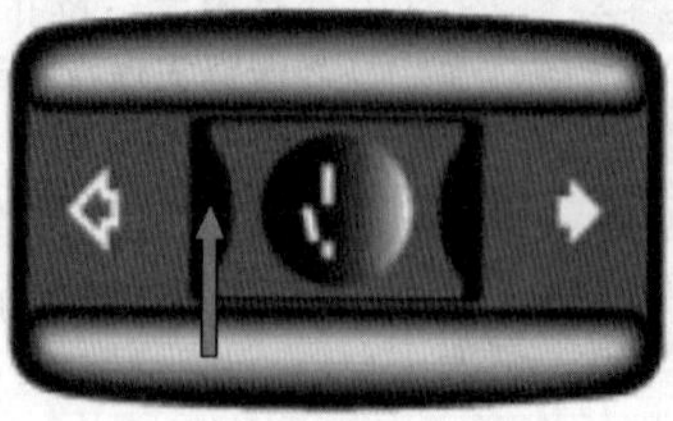	技术要求： 断电后可能会发生活动天窗只能升起的现象。这样必须对该系统进行初始化设置 ①打开点火钥匙到 ON，使天窗处在完全关闭的位置 ②向上顶天窗的开关，使天窗自动升起，同时滑动遮阳板打开一点 ③再次向上顶住天窗的开关，等待 15～20s，天窗开始自动运行到完全打开，接着继续自动运行到完全关闭的位置 ④初始化结束，此时天窗具有自动打开和关闭的功能，还具有防夹功能
8. 5S 工作		拆卸要求： ①清洁工具和设备，并放回原位 ②整理场地 ③清扫场地 注意事项： 不要用潮湿的抹布清洁电器开关、按钮等 易发问题： ①清洁工作马马虎虎，应付差事 ②废弃物未丢弃或未分类丢弃 ③清洁不彻底、漏项

（二）电动车窗常见故障排除

电动车窗常见故障有：所有车窗均不能升降，某车窗不能升降或只能一个方向运动。

1. 所有车窗均不能升降

（1）主要故障原因：熔断器断路；连接导线断路；有关继电器、开关损坏；电动机损坏；搭铁点锈蚀、松动。

（2）诊断步骤：首先检查熔断器是否断路；若熔断器良好，则应将点火开关接通，检查有关继电器和开关火线接线柱上的电压是否正常，电压为零，应检查电源线路；电压正常，则应检查搭铁线是否良好。搭铁不良时，应清洁、紧固搭铁线；若搭铁良好，应对继电器、开关和电动机进行检测。

2. 某车窗不能升降或只能一个方向运动

(1) 主要故障原因：该车窗按键开关损坏；该车窗电机损坏；连接导线断路；安全开关故障。

(2) 诊断步骤：如果车窗不能升降，首先检查安全开关是否工作，该车窗的按键开关工作是否正常，再通电检查该车窗的电机正反转是否运转稳定。若有故障，应检修或更换新件；若正常，则应检修连接导线。如果车窗只能一个方向运动，一般是按键开关故障或部分线路断路或接错所致，可以先检查线路连接是否正常，再检修开关。

第三节　电动座椅

一、电动座椅的结构特点

(一) 电动座椅简介

1. 电动座椅的作用

为了提高驾驶员和乘客的舒适性，许多轿车安装了电动座椅，即用电动机操作的座椅。它可以满足驾驶员多种姿势情况下的操作和安全的要求，当然也包括对乘客的舒适性和安全性的要求。本节介绍自动座椅的电子控制。

2. 对电动座椅的要求

(1) 在车箱内布置要合适，尤其是驾驶员的座椅，必须处于最佳的驾驶位置。

(2) 按人体工程学的要求，必须具有良好的静态与动态的舒适性。其外形必须符合人体生理功能，在不影响舒适性的前提下，力求美观大方。座椅应成凹形，以防止汽车转弯时驾驶员及乘员横向滑动而滑出座椅，同时座椅的前部可适当高于后部，这样汽车制动时可阻碍驾驶员及乘员向前滑动。另外，座椅的面料应有适当的粗糙度，以增大驾驶员及乘员与座椅之间的摩擦阻力，增强乘坐的稳定性。

(3) 采用最经济的结构，尽可能地减少质量。

(4) 必须十分安全可靠，应具有充分的强度、刚度与耐久性。对可调的座椅，要有可靠的锁止机构，以保证安全。

（5）应有良好的振动特性，能吸收从车厢传来的振动。

（6）应具有各种调节结构，可适应不同驾驶员、乘员在不同条件下获得最佳位置，以提高乘坐舒适性。

（二）六向电动座椅

1. 六向电动座椅的构造

如图 8－19 所示，六向电动座椅是用 3 个电动机移动 6 个不同方向，即座椅的整体上、下高度调节和前、后滑动调节，以及前倾、后倾的调节。电动座椅前后方调节量一般为 100～160mm，座位前部与后部的调节量约 30～50mm。全程移动所需时间为 8～10s。电动座椅一般由控制装置和执行机构组成。

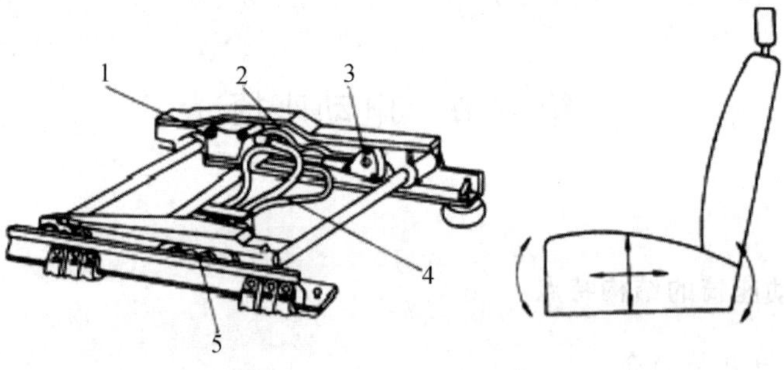

图 8－19　电动座椅调整结构图

1. 前变速器；2. 水平变速器；3. 后变速器；4. 软轴；5. 电动机

（1）控制装置：控制装置接受驾驶员或乘员输入的命令，控制执行机构完成电动座椅的调整。电动座椅组合开关包括前倾开关、后倾开关和四向开关（即上下和前后），如图 8－20 所示。电动座椅组合控制开关有的汽车安装在车门上，有的汽车安装在座椅旁边，使驾驶员或乘员操纵方便。

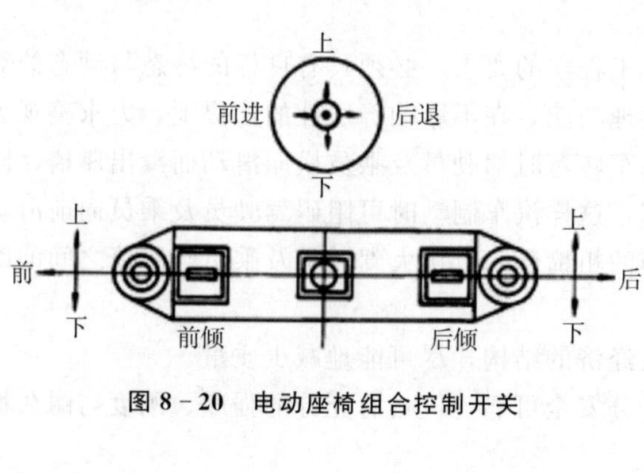

图 8－20　电动座椅组合控制开关

（2）执行机构：执行机构用来完成驾驶员的指令，在传动装置提供动力的前提下完成座椅的调整，以实现座椅的调节。其主要由电动机、传动、调节装置等组成。

①电动机：其作用是为电动座椅的调节机构提供动力。此类电动机多采用双向电动机。即电枢的旋转方向随电流的方向改变而改变，使电动机按不同的电流方向进行正转或反转，以达到座椅调节的目的。电动机的数量取决于电动座椅的类型，通常六向调节的电动座椅装有 3 个电动机。为防止电动机过载，电动机内装有熔断丝，以确保电器设备的安全。

②传动、调节装置：传动装置的作用是将电动机的动力传给座椅调节装置，使其完成座椅的调整。它主要由联轴器、软轴、减速器与螺纹千斤顶或齿轮传动机构等组成。电动座椅动力传递过程是：电动机的动力→软传动轴→减速器→螺纹千斤顶或齿轮传动机构，使座椅按驾驶员或乘员的理想位置进行调节。

2. 电动座椅的工作过程

电动座椅的控制电路如图 8－21 所示，它主要由蓄电池、组合控制开关和 3 个电动机等组成。组合控制开关内部有 4 套开关触点。驾驶员或乘员通过控制开关上的按钮来调节座椅的位置。

（1）电动座椅前倾的调节：电动座椅前倾的调节实际上就是座椅前部垂直的上下调节。

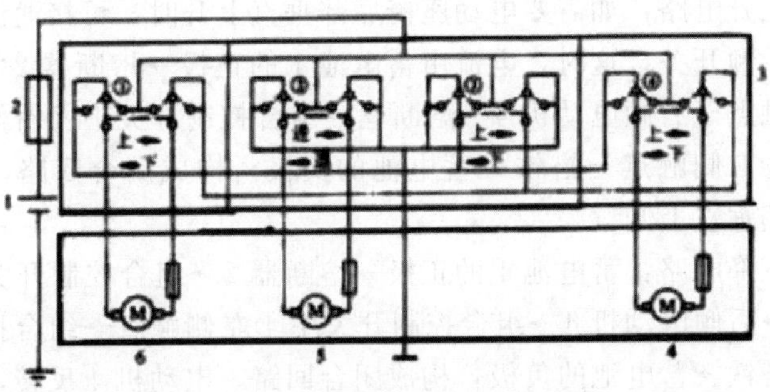

图 8－21　电动座椅电路图

1. 蓄电池；2. 熔断器；3. 控制开关；4. 后高度调节电机；
5. 前进/后退调节电机；6. 前高度调节电机

①前部上升电路：如需要电动座椅前部垂直上升时，可接通调节组合控制开关 3 中的前倾开关。此时电路中电流的流动方向如图 8－22 所示。电流由蓄电池 1 的正极→熔断器 2→组合控制开关中①左侧触点→前倾电动机 6→熔断

丝→组合控制开关中①右侧触点→组合控制开关中③右侧触点→搭铁→蓄电池的负极，构成闭合回路，电动机6转动，座椅前部垂直上升。

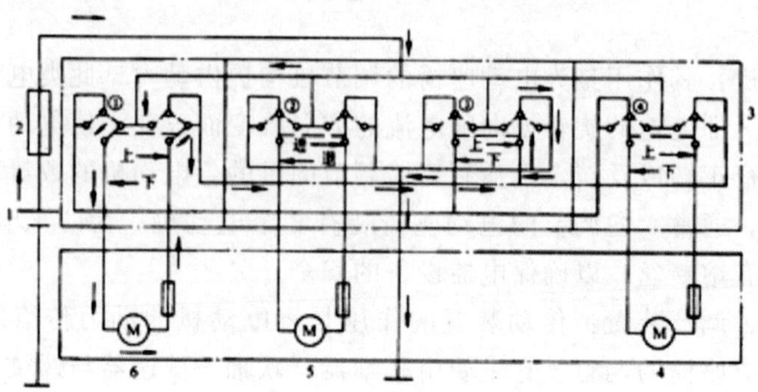

图8-22 电动座椅前部上升时的电流方向

1. 蓄电池；2. 熔断器；3. 控制开关；4. 后高度调节电机；5. 前进/后退调节电机；6. 前高度调节电机

②前部下降电路：电流由蓄电池1的正极→熔断器2→组合控制开关中①右侧触点→熔断丝→前倾电动机6→组合控制开关中①左侧触点→组合控制开关中③左侧触点→搭铁→蓄电池的负极，构成闭合回路，电动机6反转，座椅前部垂直下降。

(2) 电动座椅后倾的调节：电动座椅后倾的调节实际上就是座椅后部垂直的上下调节。

①后部上升电路：如需要电动座椅后部垂直上升时，可接通调节组合控制开关3中的后倾开关，这时，电流由蓄电池1的正极→熔断器2→组合控制开关中④左侧触点→后倾电动机4→熔断丝→组合控制开关中④右侧触点→组合控制开关中③右侧触点→搭铁→蓄电池的负极，构成闭合回路，电动机4转动，座椅后部垂直上升。

②后部下降电路：蓄电池1的正极→熔断器2→组合控制开关中④右侧触点→熔断丝→后倾电动机4→组合控制开关中④左侧触点→组合控制开关中③左侧触点→搭铁→蓄电池的负极，构成闭合回路，电动机4反转，座椅后部垂直下降。

(3) 电动座椅的上/下调节：当需要调节座椅的高度时，驾驶员接通座椅的上升（或下降）的开关③，电动机4和6同时通电同向转动，实现座椅的上、下调节。

①座椅的上升电路：

电机6电路：蓄电池1正极→熔断器2→③左侧触点→①左侧触点→电动

机 6→电动机熔断器→①右侧触点→③右侧触点→搭铁→蓄电池的负极，电动机 6 正转。

电机 4 电路：蓄电池 1 正极→熔断器 2→③左侧触点→④左侧触点→电动机 4→电动机熔断器→④右侧触点→③右侧触点→搭铁→蓄电池的负极，电动机 4 正转。

②座椅的下降电路：座椅的下降电路同上面类似，只是电动机 6 和 4 同时反转。

(4) 座椅前进/后退的调节：

①前进电路：蓄电池 1 正极→熔断器 2→②左侧触点→电动机 5→电动机熔断器→②右侧触点→搭铁→蓄电池的负极，电动机 5 正转，座椅前进。

②后退电路：蓄电池 1 正极→熔断器 2→②右侧触点→电动机熔断器→电动机 5→②左侧触点→搭铁→蓄电池的负极，电动机 5 反转，座椅后退。

（三）自动调节电动座椅

电子控制自动调节电动座椅，如图 8 - 23 所示。这种电动座椅带有记忆功能，它能够将调节后的位置记录下来，作为以后自动调节的基准。驾驶员需要调节时，只要一按开关就可自动调节到理想的位置。

1. 电子控制自动调节电动座椅的组成

电子控制自动调节电动座椅主要由电气控制部分和执行机构等组成。

(1) 电气控制部分：电气控制部分如图 8 - 23 所示。它主要由继电器 3、保护装置 2、控制开关（手动调节开关 4、存储复位开关 5）、电子控制模块 6、位置电位器 7 等组成。继电器 3 的作用是接通和断开控制系统的电路。

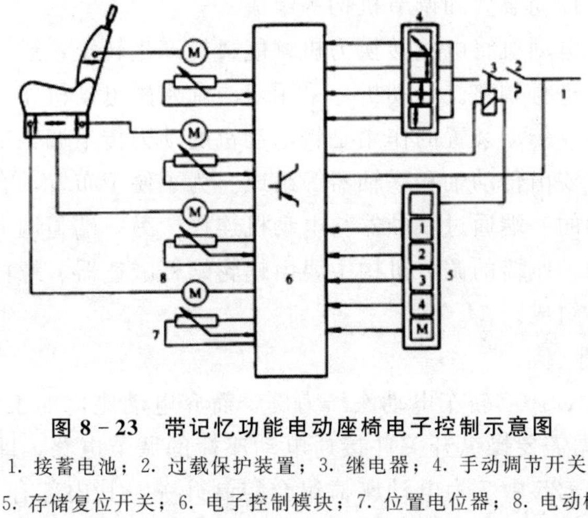

图 8 - 23　带记忆功能电动座椅电子控制示意图

1. 接蓄电池；2. 过载保护装置；3. 继电器；4. 手动调节开关；
5. 存储复位开关；6. 电子控制模块；7. 位置电位器；8. 电动机

①保护装置：保护装置2的作用是防止电气设备过载，保护电气设备的安全。

②控制开关：控制开关安装在驾驶员座椅的左侧，它的作用是控制座椅的调节。由手动调节开关4和存储复位开关5组成。当需要个别调节时，可按开关上的标志进行操作。存储是通过操纵存储开关，将电位器7输送来的电压信号存储在电子控制模块6中，作为以后调节的依据。复位开关的作用是通过操纵复位开关使座椅根据记忆恢复到原来的位置。

③电子模块：主要是用来自动控制座椅的调节。

④位置电位器：如图8－24所示，它主要由壳体、螺杆、滑块、电阻等组成。它的作用是将座椅的位置转变成电压信号输送给电子模块存储起来。其基本原理是，当调节座椅时，电动机将动力传给螺杆使螺杆转动，螺杆又带动滑块在电阻丝上滑移，于是改变了电阻值。根据欧姆定律，电阻值的变化引起电压的变化，当座椅的位置调定后将电压输送给电子模块，驾驶员只要按下存储按钮，就能将选定的调节位置进行存储作为重新调节基准。使用时只要按指定的按键，座椅就会调节到预先选定的座椅位置上。

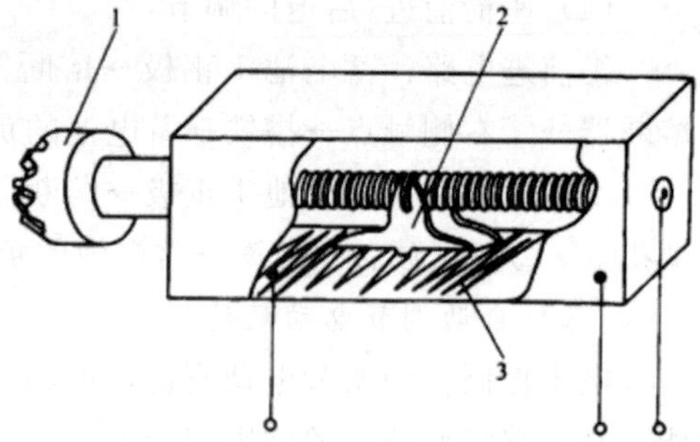

图8－24　电动座椅的位置继电器

1. 齿轮（电动机驱动）；2. 滑块；3. 电阻丝

（2）执行机构：执行机构用来执行驾驶员的指令，以实现座椅的调整。它主要由电动机、传动装置和调节机构等组成。

①电动机：电动机将电能转换为机械能最终产生转矩，通过传动装置驱动调整机构对座椅进行调整。电动机多采用双向式永磁电动机。

②传动装置：传动装置的作用是将电动机的动力传给调整机构，以使座椅实现调节。它主要由传动轴和联轴器等组成。为了便于布置，有的传动轴是软传动轴。传动轴的一端通过联轴器与电动机连接，另一端与调节机构连接。

③调节机构：座椅的调节机构主要由蜗轮蜗杆减速器、螺杆和螺母（千斤顶）以及支承等组成。

2. 工作原理

下面以凌志LS400轿车电动座椅为例，简介电动座椅的工作原理（图8－25）。驾驶员根据需要操纵开关并接通电动座椅的调节电路，即可完成不同的调节功能。图8－25中7为电动座椅组合控制开关，其内部有4套开关触点，从左到右分别是滑动开关、前垂直开关、倾斜开关和后垂直开关。

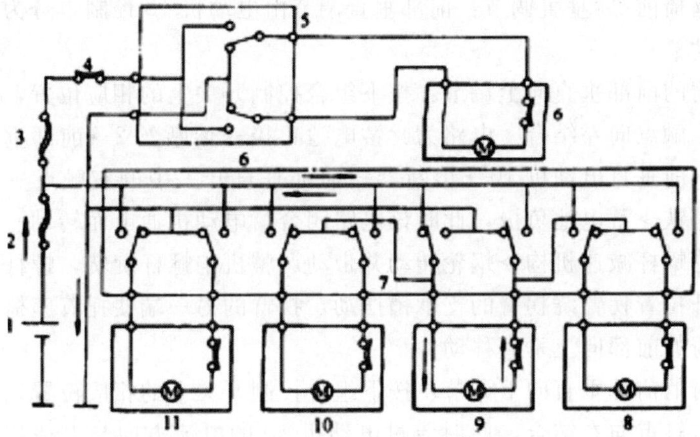

图 8-25　LS400 轿车电动座椅工作原理图

1. 蓄电池；2、3. 熔断丝；4. 开关；5. 腰垫电动机开关；
6. 腰垫电动机；7. 电动座椅组合开关；8. 后垂直电动机；
9. 倾斜电动机；10. 前垂直电动机；11. 滑动电动机

（1）靠背的倾斜调节：

①座椅前倾调节：按下组合控制开关上的相应位置，倾斜开关中的左触点向左结合，如图 8-25 所示。电路为：蓄电池 1→熔断丝 2→倾斜开关左触点→倾斜电动机 9→熔断器→倾斜开关右触点→搭铁→蓄电池负极，构成闭合回路。倾斜电动机通电转动，电动机动力→传动装置→蜗轮蜗杆减速机构→链轮→终端的内外齿轮，驱动靠背向前倾斜。

②座椅后倾调节：如果需要靠背向后倾斜，只需要将开关向与原来相反的方向扳动，其电流就会与原来的方向相反，由于电动机是双向永磁性电动机，所以电流相反时，电动机的旋转的方向也相反，则靠背就会向与原来相反的方向倾斜

（2）电动座椅的前后滑动调节：所谓座椅的前后滑动调节，是指座椅前后移动。

①座椅向前滑动：按下组合控制开关上的相应位置，滑动开关中的左触点向左结合。电路为：蓄电池正极→熔断丝 2→滑动开关左触点→滑动电动机 11→熔断器→滑动开关的右触点→搭铁→蓄电池的负极。滑动电动机通电工作，座椅水平向前滑动。

②座椅向后滑动：若需要座椅向后滑动，滑动开关右触点向右闭合，此时

流过电动机 11 的电流方向与上述相反，电机反转，座椅后移。

(3) 座椅前/后垂直调节：前部垂直调节由电动机 10 控制，分为向上与向下两种运动。

①座椅的前部垂直向上调节：按下组合控制开关上的相应位置，前部垂直开关中的左触点向左结合。电路为：蓄电池正极→熔断丝 2→前部垂直开关中的左触点→前垂直电动机 10→熔断器→前部垂直开关中的右触点→倾斜开关左触点→搭铁→蓄电池负极，此时该电路闭合，电动机通电而转动。电动机的动力→蜗轮蜗杆减速机构→蜗轮转动并带动调整机构螺杆旋转，螺杆上的螺母便带着拉杆拉着拐臂绕拐臂的支承销摆动，拐臂的另一端便托着座椅架向上托起，则座椅的前部向上垂直移动。

②座椅的前部垂直向下调节：按下组合控制开关上的相应位置，前部垂直开关中的右触点向右结合。此时流过电动机 10 的电流方向与上述相反，电机反转，座椅前部垂直向下移动。

(4) 座椅后部垂直调节：

①座椅后部垂直向上调节：按下组合控制开关上的相应位置，后部垂直开关中的左触点向左结合。电路为：蓄电池正极→熔断丝 2→后部垂直开关中的左触点→后垂直电动机 8→熔断器→后部垂直开关中的右触点→倾斜开关右触点→搭铁→蓄电池负极，此时该电路闭合，电动机通电而转动，座椅后部向上移动。

②座椅后部垂直向下调节：按下组合控制开关上的相应位置，后部垂直开关中的右触点向右结合。此时流过电动机 8 的电流方向与上述相反，电机反转，座椅后部垂直向下移动。

(5) 座椅高度的调节：按下组合控制开关上的相应位置，前、后垂直电动机同时通电运动，座椅便整体向上或向下运动。

(6) 腰垫的调节：如图 8 - 25 所示，当腰垫开关 5 上面的触点向上结合时，电路为：蓄电池正极→熔断丝 2→熔断丝 3→腰垫开关 5 上面的触点→腰垫电动机 6→腰垫开关 5 下面触点→搭铁→蓄电池的负极，构成闭合电路。此时，腰垫电动机 6 通电转动，腰垫向一个方向运动。

当腰垫开关 5 下面的触点向下结合时，电路为：蓄电池正极→熔断丝 2→熔断丝 3→腰垫开关 5 下面的触点→腰垫电动机 6→腰垫开关 5 上面的触点→搭铁→蓄电池的负极，构成闭合电路。此时，腰垫电动机 6 通电，腰垫向另一个方向运动。

有的汽车上还设有枕垫，其电路控制原理同上。

二、电动座椅的故障检修

（一）电动座椅的检修（表 8-4）

表 8-4　　电动座椅的检修

作业内容	图解	具体操作方法及要求
1. 车辆准备		技术要求： ①放置驾驶室四件套（脚垫、换挡杆套、座椅套和方向盘套） ②确认换挡杆置于 P 挡，拉起驻车制动器
2. 检查电动座椅有无松动	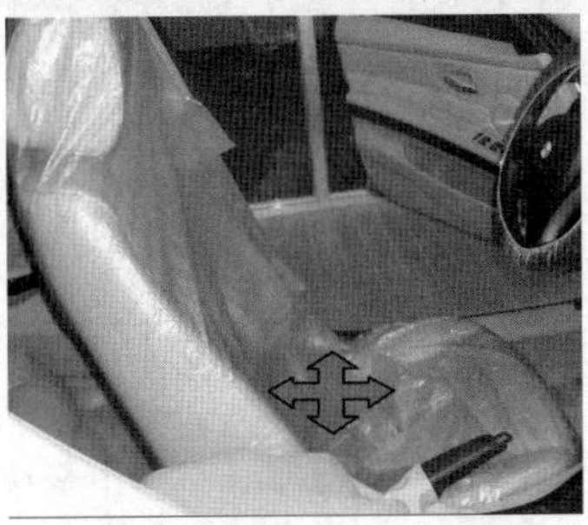	技术要求： ①用手抓紧电动座椅向前后左右轻微地晃动，感觉是否有明显的松动或明显的异响 ②如果有明显的松动，必须紧固电动座椅螺栓并做进一步的检查 易发问题： 用力过大易造成座椅驱动电机的损坏
3. 检查电动座椅功能	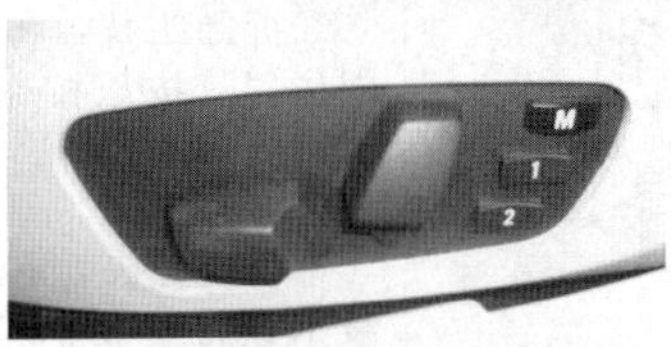 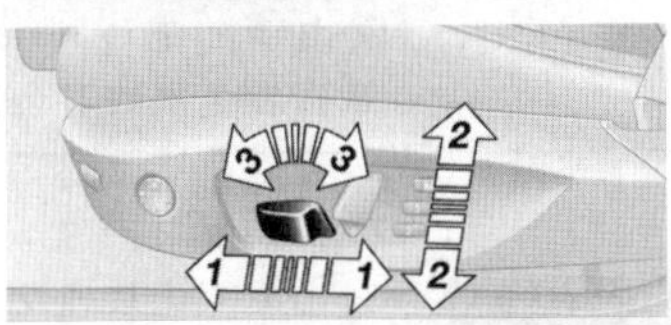	技术要求： 按照图示操作按钮，观察座椅有无变化 1. 纵向移动　2. 垂直移动 3. 倾斜度变化 安全警告： 行车期间不要调整驾驶员座椅，否则可能因座椅意外移动而使汽车失控，并引发交通事故
4. 检查电动座椅功能	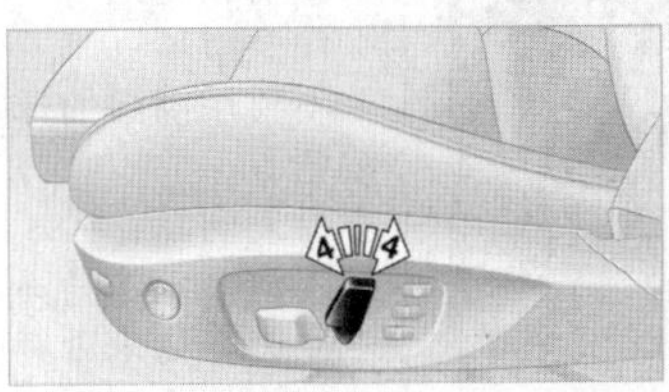	技术要求： 按照图示操作按钮，观察座椅靠背的变化 安全警告： 在行驶过程中，不要把前排乘客座椅的靠背过于向后倾斜，否则发生事故时乘客有滑到安全带下面的危险，导致安全带的保护作用不存在

续表

作业内容	图解	具体操作方法及要求
5. 检查电动座椅位置记忆功能	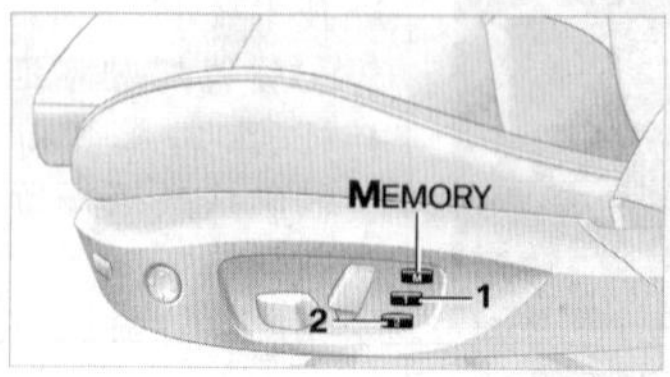	技术要求： 可以存储和调用两个不同的驾驶员座椅位置 ①接通收音机待机状态和点火装置 ②设置所需要的座椅位置 ③按压按钮 M，按钮内的指示灯亮起 ④按压希望的存储按钮 1 或 2，指示灯熄灭 ⑤关闭并再打开点火开关，按压住 1 或 2 看座椅是否按照记忆向目标位置自行调整 安全警告： 在行驶期间不要调用记忆设置，否则会因座椅移动而存在发生事故的危险
6. 检查电动座椅头枕的功能	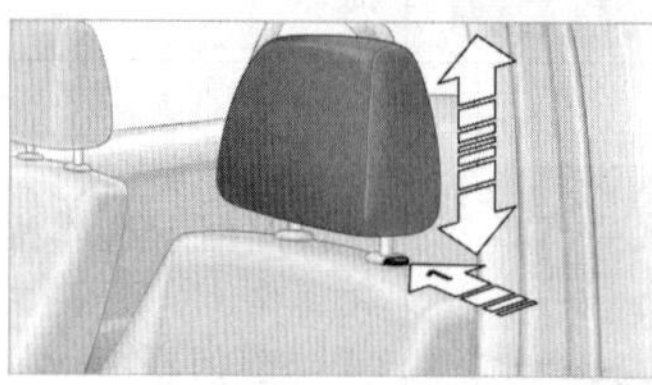	技术要求： ①头枕向上移动：拉 ②头枕向下移动：按压按钮，然后向下按头枕 ③拆卸头枕：将头枕向上拉至极限位置。按压按钮，如箭头 1，然后取出头枕 安全警告： 正确设置头枕在发生事故时可以减小颈椎受伤的危险。调整头枕，使其中间部位基本与耳朵等高，否则在发生事故时会造成人身伤害
7. 5S 工作	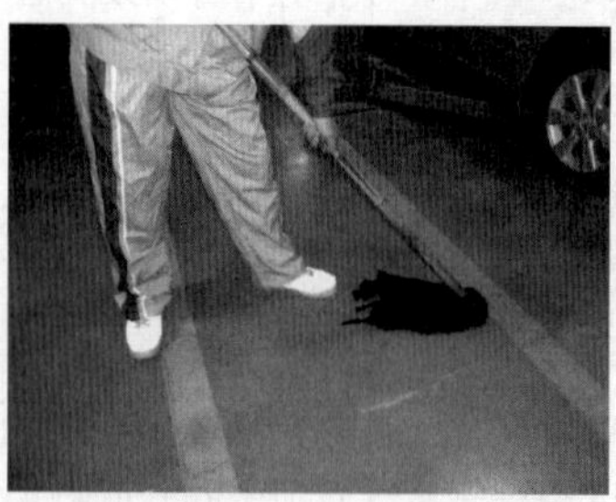	拆卸要求： ①清洁工具和设备，并放回原位 ②整理场地 ③清扫场地 注意事项： 不要用潮湿的抹布清洁电器开关、按钮等 易发问题： ①清洁工作马马虎虎，应付差事 ②废弃物未丢弃或未分类丢弃 ③清洁不彻底、漏项

（二）电动座椅常见故障诊断与排除

电动座椅常见故障有：完全不动作或某个方向不能工作。

电动座椅完全不动作的主要原因有：熔断器断路；线路断路；座椅开关有故障等。可以首先检查熔断器是否断路；若熔断器良好，则应检查线路连接是否正常，最后检查开关。对于有存储功能的电动座椅系统，还应检查控制单元（ECU）的电源电路和搭铁线是否正常，若开关、线路等都正常，应检查控制单元。

电动座椅某个方向不能工作的主要原因是：该方向对应的电动机损坏，开关、连接导线断路。可以先检查线路是否正常，再检查开关和电动机。

第九章　汽车总线系统

第一节　总线系统简介

一、CAN 的基本功能方式和优点

CAN（控制器局域网络）由一根双线导线构成，所有信号通过此双线导线在连接的控制单元之间传递。在车辆中一般使用一根不带屏蔽的对称导线（双绞线）。当两根单根导线相互均匀绞合时，就产生一根这样的对称导线（图 9-1）。

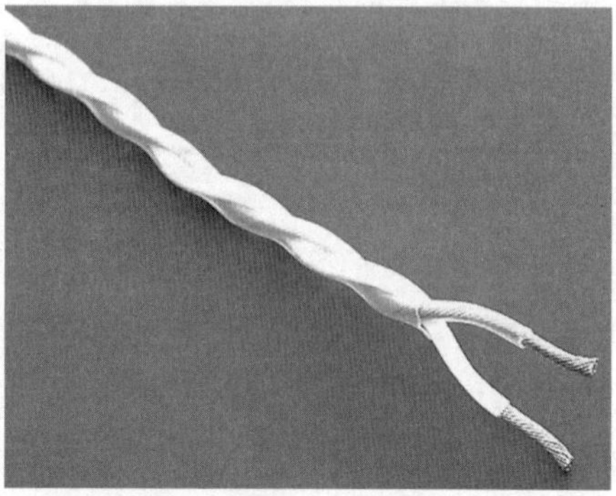

图 9-1　对称的双线数据线

传输以数字形式作为“0”和“1”信号（所谓的位）的序列进行。这时“0”和“1”分别对应于一个在标准或协议中定义的电平。不存在中间值。通过 CAN 传递的信号包含非常广泛且复杂的信息，由“0”和“1”信号排列组成（图 9-2）。

注意：进行 CAN 诊断和系统故障查询时，决定性的不是传递的信息内容，而是要检查总线上的信号电平是否对应于额定值和总线上的信号关系是否正常。如果这里不存在故障，则可认为总线无故障工作，车辆中出现的故障有其他原因。

总线的功能原则上可与通过邮局寄信相比较。

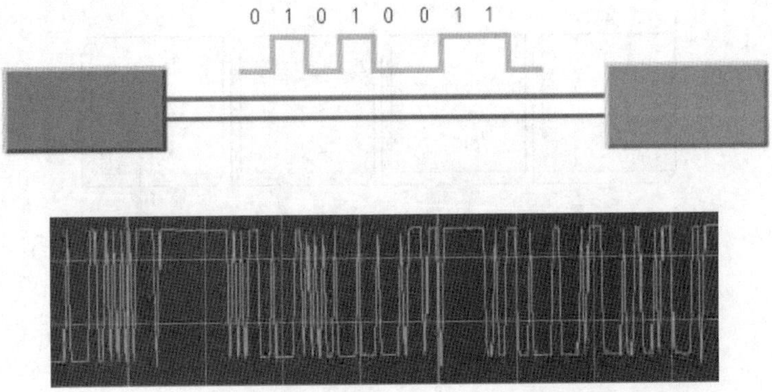

图 9-2　数字信号是“0”和“1”信号的序列

包含写给收信人的信息的信件被插入信封中。在信封上写上地址和发信人。信件被投入邮筒中，不同发信人发给不同收信人的具有不同内容的许多信件被汇集在邮筒中。邮局寄发这些信件，并送达信件上注明其地址的收信人。这是一种把信息从发信人传送到收信人的有效方法。

如果每个发信人都亲自把自己的信件带给收信人，则会导致交通混乱。如果发送例如作为广告宣传品的成批信件，一位发信人向多位收信人发送相同的信息，对此同样可利用邮寄途径的有效方法。

在 CAN 上，发送控制单元（发信人）的信息通过总线传送到接收控制单元（收信人）。借助地址和发信人信息，可把信息分配给正确的控制单元。车辆中的每个控制单元都可通过 CAN 与其他每个控制单元通信。

通过总线系统传送信息具有多重优点。除了减少电线束中的导线和控制单元上的插头连接外，一个控制单元的数据可同时发送到多个控制单元。

在该例中控制单元 B 发送一个规定用于控制单元 A 和 D 的信息。信息通过控制单元 A 和 D 中的滤波器，信息的数据被采用。控制单元 C 中的滤波器识别到，此信息不是规定用于控制单元 C 的，因此不把信息的数据转发到控制器（图 9-3）。

二、CAN 数据传输的抗干扰强度

通过导线进行的数据传输可能受车辆中的不同干扰源影响。

车辆中的典型干扰源是在运行过程中或在通过开关断开或接通电路时产生火花的部件。其他干扰源例如移动电话和发射台，即所有产生电磁波的装置（图 9-4）。

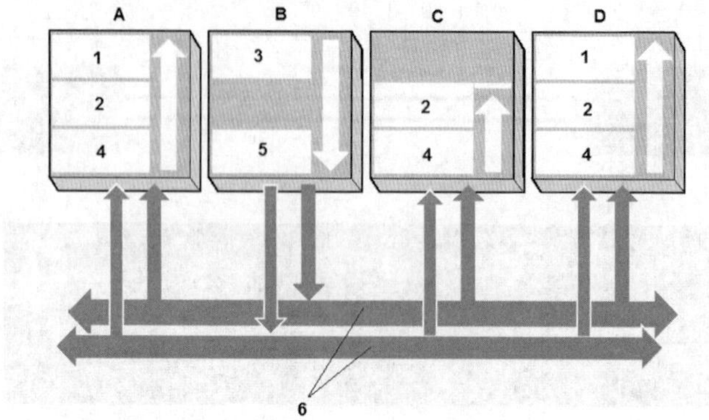

索引	说明	索引	说明
A、B、C、D	控制单元	A、B、C、D	控制单元
1	采用数据	4	接收数据
2	过滤数据	5	发送数据
3	准备数据	6	数据总线导线

图 9-3

为了防止干扰数据传输，数据总线导线被相互绞合。数据的传递方式为，在两根导线上相应的电平反向。如果例如在一根数据总线导线上的电压约为 0 伏，则在另一根导线上的电压约为 5 伏，反之亦然。于是对信号差而言，产生一个比单个信号更大的电压振幅。如果干扰信号影响 CAN 双线数据线，则两根芯线中的每一根都在相同的方向上受到相同程度的影响。因为信息被以推挽方式输入到导线上，每根导线的零位线将因干扰移动相同的量，然而两个电压的偏差保持不变。因此，干扰对要传递的信号没有影响。

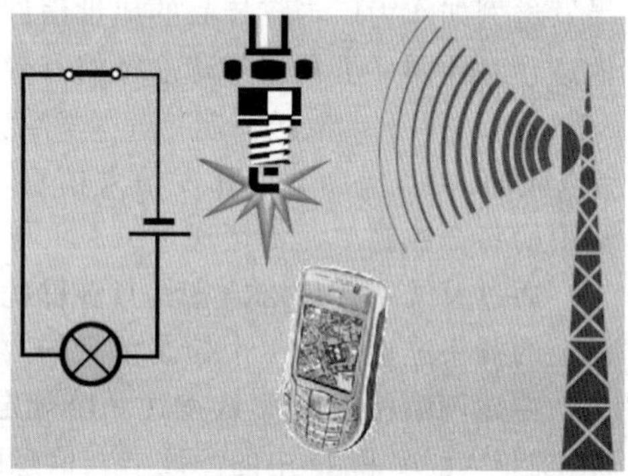

图 9-4 通过导线进行数据传输时的典型干扰源

CAN 的两根导线被称为 CAN 高和 CAN 低（图 9-5）。

三、CAN 数据传输速度

信息通过导线的传输速度受物理性能和与之相关的易受干扰性限制。传输速度取决于 CAN 总线导线的导线长度和电压振幅（信号电平）。数据传输速度以 Bit/s 为单位说明，即在一秒钟内传输的位数。

CAN 规定，在最大导线长度为 40m 时最大速度为 1 MBit/s。传输速度越低，导线长度就可以越长（图 9－6）。

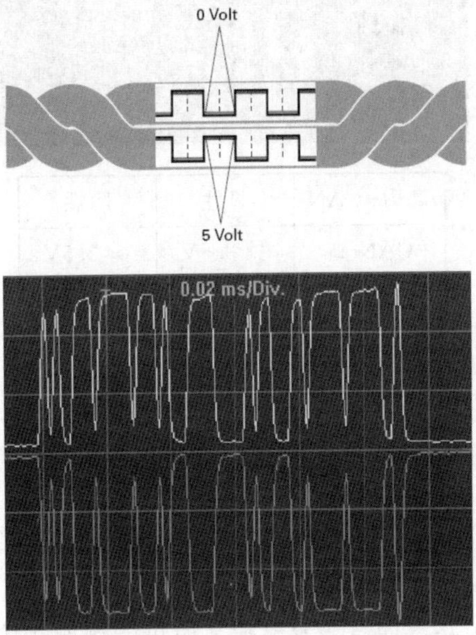

图 9－5　绞合的导线以及 CAN 高与 CAN 低上反向的电平保证数据传输时的抗干扰强度高

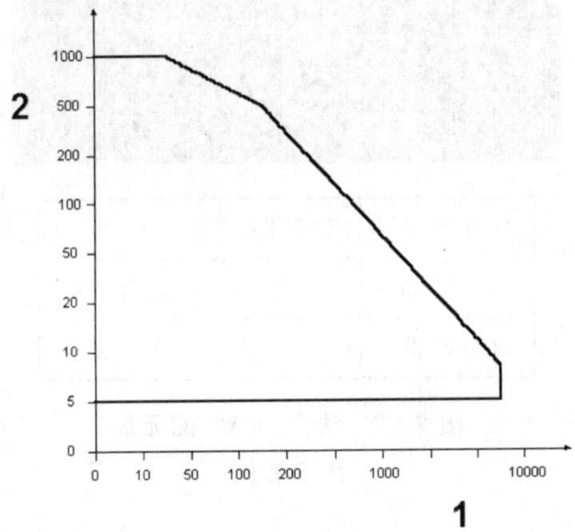

索引	说明
1	最大导线长度（m）
2	传输速度（kBit/s）

图 9－6　导线长度和传输速度之间的关系

有代表性的传输率在 100 kBit/s 到 1 MBit/s 之间。人们要求车辆中的电子系统像事件要求的那样迅速对事件作出反应。这就决定了为了主管控制单元能够及时作出反应，必须非常快地传递重要数据。

特别是在控制和调节驱动装置时会产生重要数据。动力－CAN（动力传动系＝驱动装置）由于这个原因被设计成高速 CAN。用于舒适性和娱乐的，时间要求不急迫的数据通过车身－CAN 传递。

在相应的数据电码中为动力－CAN 和车身－CAN 规定了“0”和“1”信号的电平。如果 CAN 导线的信号处在静止位置，人们就称其为隐性电位。如果传递数据，则每根导线上的电平在隐性静止电位和显性工作电位之间波动（图 9－7、图 9－8）。

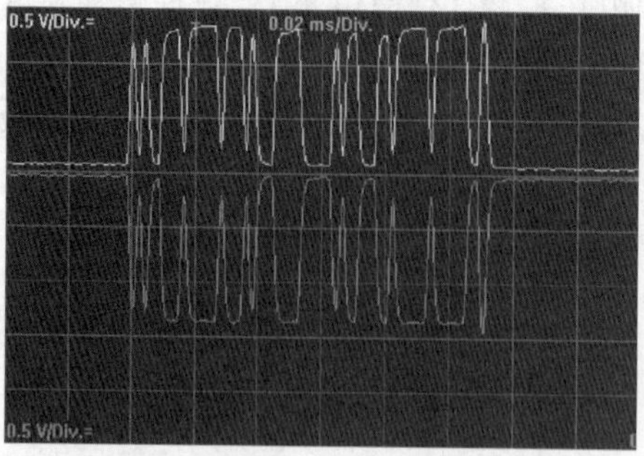

车身-CAN	显性	隐性
CAN 高	⩾ 3.6V	⩽ 1.4V
CAN 低	⩽ 1.4V	⩾ 3.6V

图 9－7　动力-CAN 的无故障示波图

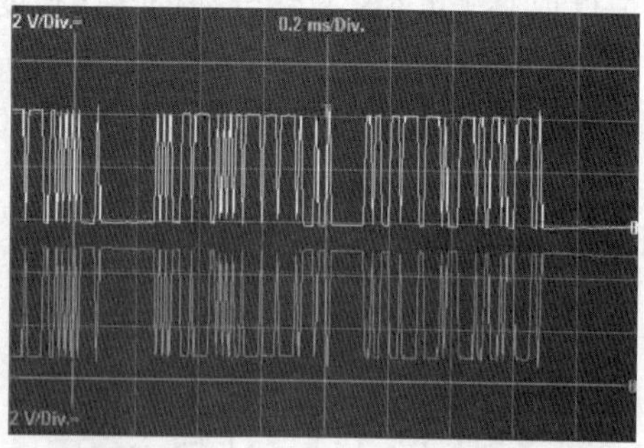

动力-CAN	显性	隐性
CAN 高	⩾ 3.5V	≈ 2.5V
CAN 低	⩽ 1.5V	≈ 2.5V

图 9－8　车身-CAN 的无故障示波图

四、CAN 诊断概述

CAN 一般构造坚固且抗短路。对地短路、对车载网络电压短路和导线相互短路不会损坏控制单元。在最坏的情况下有故障的总线系统失灵。

然而车辆中的总线系统不仅会遭受短路，而且当水汽侵入时可能例如在接地、正极和 CAN 导线之间出现接触电阻。

CAN 的所有故障通常被存储在故障代码存储器中。然而故障记录仅在个别情况下允许简单的诊断。绝大多数时候必须进行详细的检查。

短路和因水汽引起的接触电阻所产生的故障通常只能用示波器可靠诊断。对于用示波器进行的诊断，推荐使用存储器示波器。为了能够同时显示 CAN 高和 CAN 低导线上的信号，此示波器应具有两个通道。

在连接测量导线并调整示波器后，可以切合实际地对显示的示波图进行分析。在分析电平时要注意，在用示波器进行测量时必须考虑一个最大 10% 的测量误差。

在无故障的情况下，在示波图中可看到 CAN 高和 CAN 低的脉冲始终沿相反的方向移动。在查找 CAN 高和 CAN 低时将首先查找隐性电位。在隐性电位时，总线停留大多数的时间。CAN 高是脉冲由隐性电位沿正向成像的通道。对于 CAN 低，导线上的脉冲由隐性电位沿负向成像。

由于车辆的机械振动，必须考虑到可能出现的绝缘故障、电缆断路及插头触点故障。于是就有一个 ISO -故障表（表 9 - 1）。ISO 是“International Organisation for Standardization”（国际标准化组织）的缩写。

表 9 - 1　　ISO 故障表

ISO	CAN - High	CAN - Low
1		断路
2	断路	
3		对 $V_{蓄电池}$ 短路
4	对地短路	
5		对地短路
6	对 $V_{蓄电池}$ 短路	
7	对 CAN - Low 短路	对 CAN - High 短路
8	缺少 R_{term}	缺少 R_{term}

这张 ISO -故障表中包括了 CAN 数据总线可能出现的故障。除此之外还有导线混淆故障，在实际工作中，即使在本不该出现时，这种情况也可能突然出现。

故障 3～8 在动力 CAN 数据总线上可以用万用表/欧姆表来准确判断。

对于故障 1、2 必须使用数字存储式示波器（DSO）来判断。

对于车身 CAN 数据总线来说，只能用数字存储式示波器（DSO）来诊断故障。

ISO -故障 8 不会出现在车身 CAN 数据总线上。

五、CAN 总线导线的维修理念

控制单元通过插头连接在 CAN 上。在插头的压接点中始终只能连接一根导线。这就导致第二根导线必须在一个规定点上连接到 CAN 线束上。在通常情况下这同样通过压接点进行。为了避免在维修 CAN 导线时把新的、可能影响安全的故障无意间引入车辆系统中，CAN 的压接点绝对不能打开和通过维修更新。如果要脱开 CAN 导线，则只允许在与下个压接节点相距 ≥100mm 处进行。CAN 导线的绞合对于 CAN 的干扰影响具有决定意义。只有绞合不受损坏，才能保证 CAN 抗干扰地工作。由于这个原因，在维修 CAN 导线时只允许尽量少地干涉该绞合（图 9 - 9）。

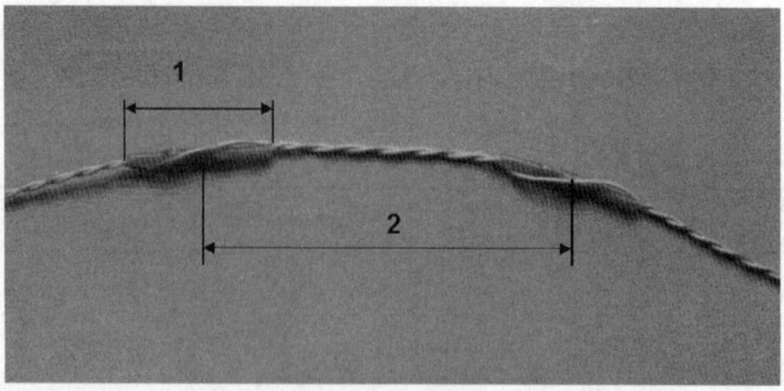

索引	说明
1	绞合只可解开最长 50 mm
2	CAN 导线断开处要与下一个压接节点相距至少 100 mm

图 9-9　CAN 导线的维修理念

第二节　动力总线系统故障诊断

一、动力总线的诊断流程

动力 CAN 数据总线上最常见的故障可以用万用表/欧姆表来诊断，当然，有些故障须使用数字存储式示波器（DSO）来判断。下面的故障查寻树表示的是使用诊断仪和万用表/欧姆表的故障查寻方法（图 9-10）。

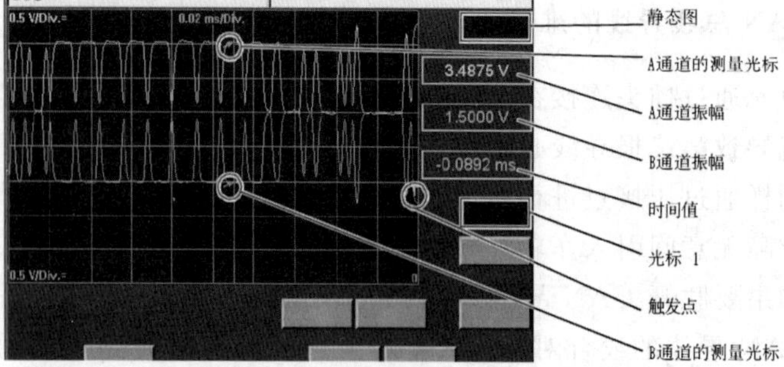

图 9-10　使用诊断仪进行故障查寻

1. 用诊断仪和欧姆表对动力 CAN 数据总线进行故障查寻

动力 CAN 数据总线上最常见的故障可以用万用表/欧姆表来诊断，当然，有些故障须使用数字存储式示波器（DSO）来判断。下面的故障查寻树表示的是使用诊断仪和万用表/欧姆表的故障查寻方法（图 9－11）。

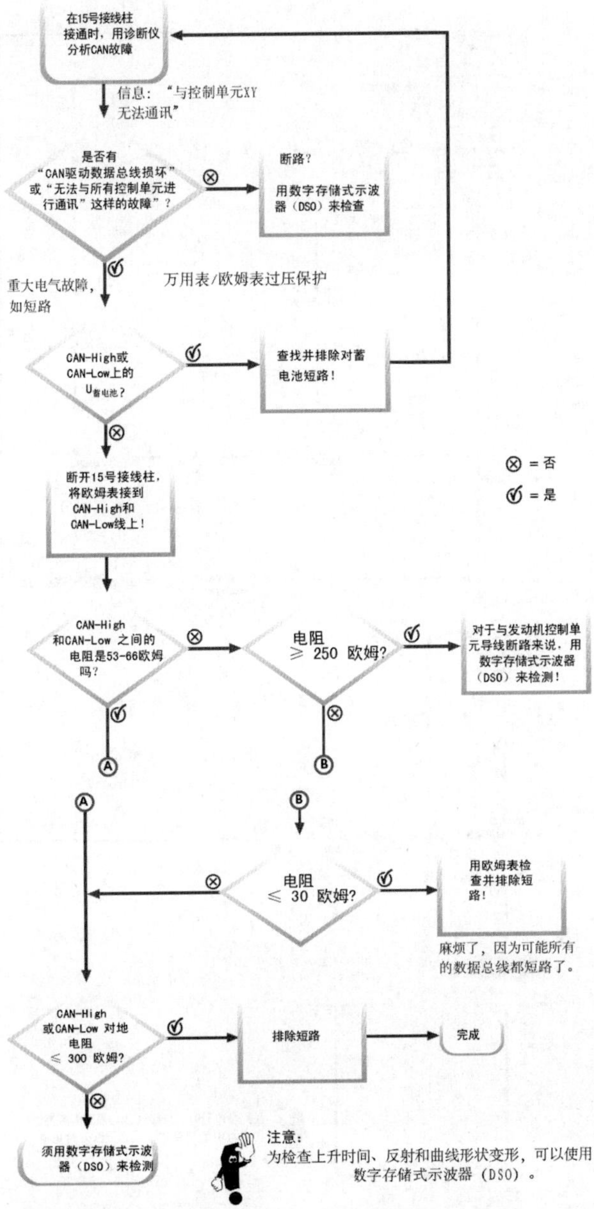

图 9－11　使用诊断仪和万用表/欧姆表的故障查寻方法

2. 用诊断仪和数字式示波器对动力 CAN 数据总线进行故障查寻（图 9 - 12）。

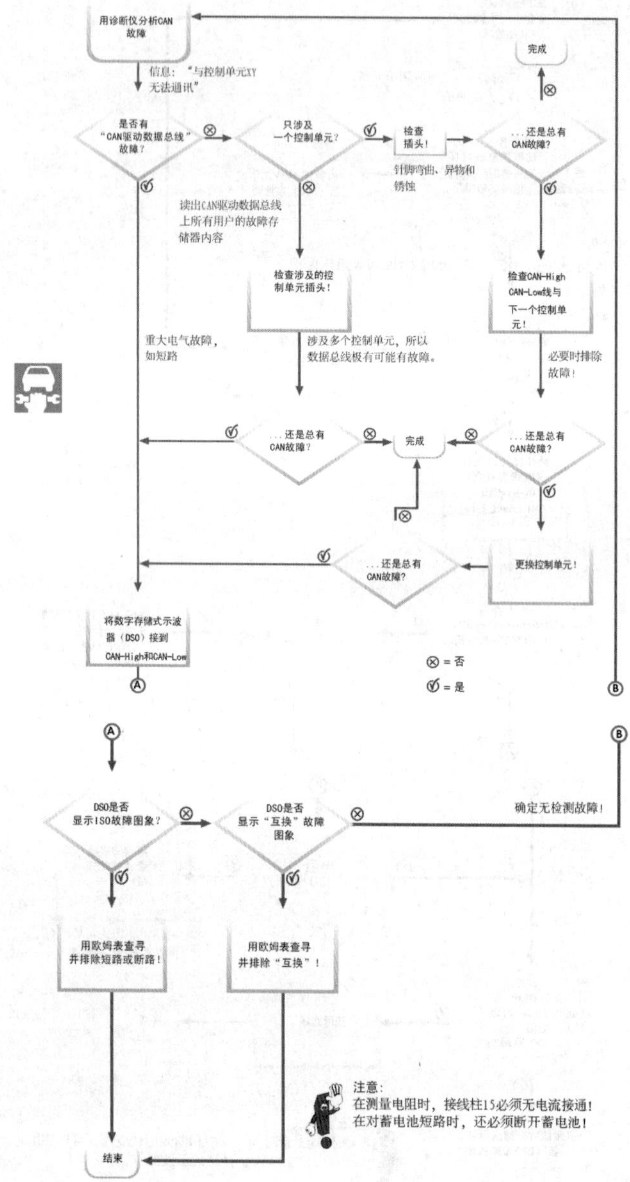

图 9 - 12　用诊断仪和数字式示波器对动力 CAN 数据总线进行故障查寻

二、动力总线的诊断案例分析

1. CAN 数据总线的导线断路故障（以 CAN - Low -线为例）

（1）首先通过诊断仪来读出故障存储器的内容和测量数据块（图 9 - 13）。

测试结果：（发动机控制单元无信号）。

这个故障的一个重要特征就是在 CAN - Low 通道出现高于 2.5V 的电压，在正常工况是没有这个电压的。

这个信号无法通过正常的触发调节（例如通道 A 中 3V）来显示出来，因为这种故障并不是肯定会经常出现的，那么也就无法保证肯定会显示在屏幕上。于是就利用 CAN - Low -线在正常工况时电压不超过 2.5V 来进行触发。在触发电平为 3V 时，触发器被调至通道 B。如果 CAN - Low -线现在断路了，那么这条线上的电压有时会超过 2.5V。

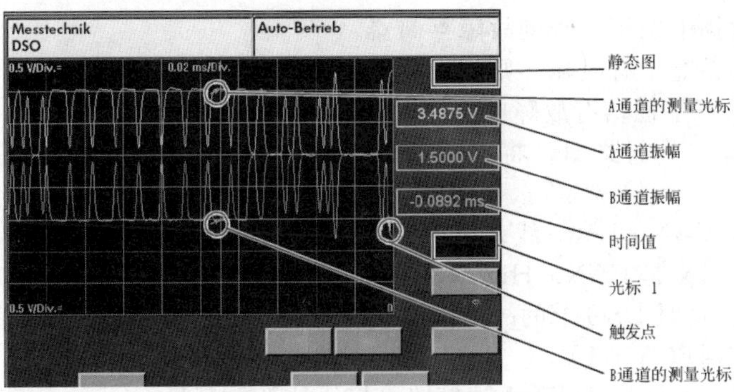

图 9 - 13　使用诊断仪读出故障存储器的内容和测量数据块

（2）测量波形就生成下面的故障图像（图 9 - 14）。

（3）故障显示：发动机控制单元 CAN - Low -线断路（图 9 - 15）。

在本例中，电流无法再流向中央终端电阻通过 CAN - High -线，两条导线电压均接近 5V。

如果还有其他控制单元在工作，那么图中显示出的电平就会与 CAN - Low -线上的正常电压一同在变化

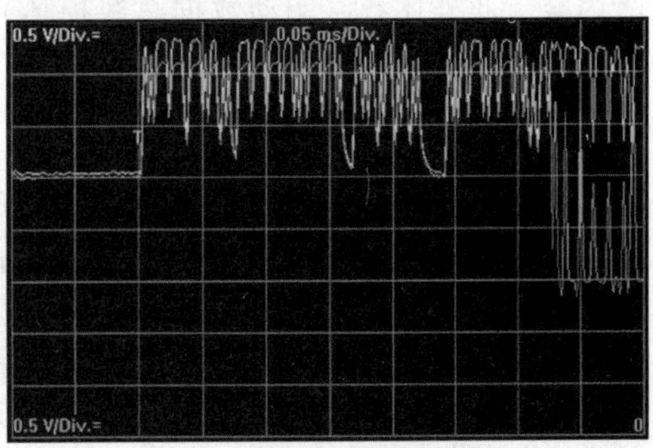

图 9 - 14　故障波形图象

（4）故障查寻的其他方法：

①拔下相应控制单元的插头，检查触点是否弯曲。

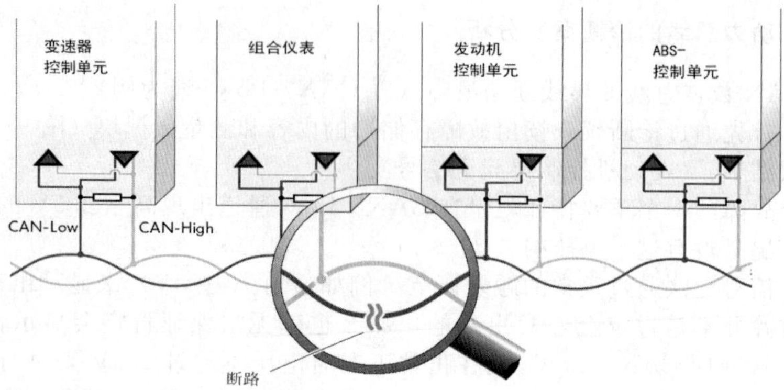

图 9－15　发动机控制单元 CAN－Low－线断路

②再次插上插头，查询故障存储器。

如果还是显示有故障，则：

a. 再次拔下通信有故障的控制单元插头。

b. 查看一下电路图，将与有故障的控制单元直接相连的控制单元插头拔下。

c. 对于 CAN－Low－线来说，检查插头内针脚之间的连接是否断路。

注意：如果是 CAN－High－线断路，那么相应地就得先进行 CAN－High－线的检查。这时 DSO 上的故障图像就向下翻转并处在低于 2.5V 的区域，触发器应调到通道 A 1.7V。

2. CAN－Low－线对蓄电池短路（接线柱 30，12V）

（1）首先通过诊断仪来读出故障存储器的内容和测量数据块。

测试结果：驱动数据总线损坏。故障存储器内记录的是所有控制单元的故障内容。此外还有（驱动数据总线损坏），这个故障内容表示：直接与网关相连的数据总线有短路或断路处。

以上所述的方法是以对蓄电池短路（ISO 故障 3 和 6）为例来说明的，这种方法也适用于对地短路（ISO 故障 4 和 5）、CAN－High 线和 CAN－Low 线之间短路（ISO 故障 7）和终端电阻故障（ISO 故障 8）。

这里将 ISO 故障 3 作为这些短路故障的代表来进行详细讨论。

通过相应的设定，可以用同样的方法在 DSO 上显示出这些故障，但是在本例中说明的却是另一种故障诊断和排除的方法。

注意：短路（ISO 故障 3～7）相对来说较难发现，因为短路可能发生在线束中的任何地方，而使用欧姆表又几乎无法测量，这是因为无法得知短路点处的接触电阻，而且不能通过电阻测量来推断出导线的长度。

（2）测量波形就生成下面的故障图像（图 9－16）。

(3) 故障显示：CAN - Low -线故障在于蓄电池电压（图 9 - 17）。

(4) 故障查寻的其他方法：

①检查一下，看看接接线柱 30 和 15 的导线是否有短路处。

②可能的话可目视检查导线，看是否有短路处。

③分别拔下各个控制单元，看看短路是否仍然存在。

④尽可能将数据总线分成很多段，以便找出短路点。

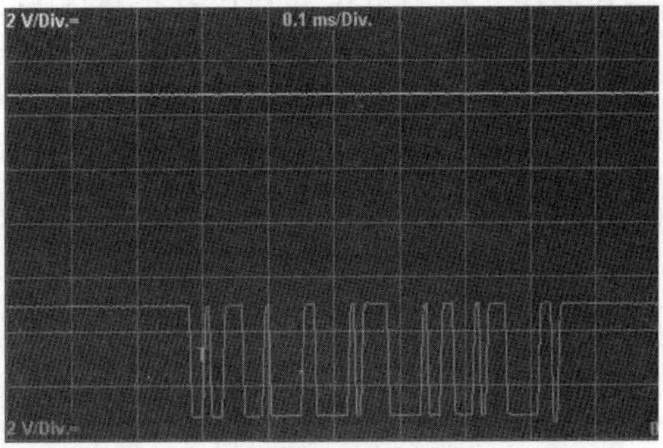

图 9 - 16　故障波形图像

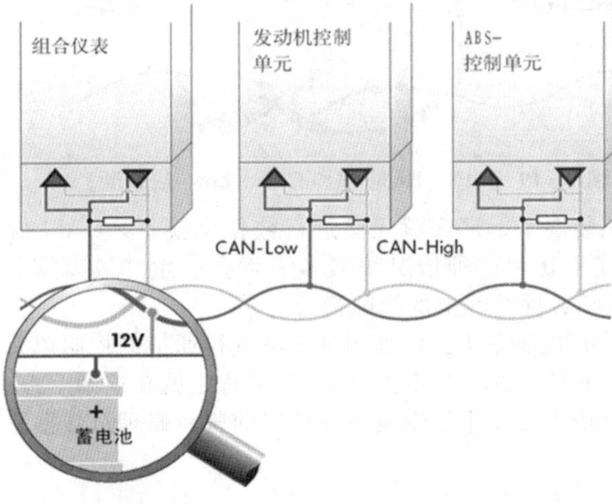

图 9 - 17　CAN - Low -线故障在于蓄电池电压

3. 一个或多个控制单元上的 CAN - High -线和 CAN - Low -线装混了

(1) 首先通过诊断仪来读出故障存储器的内容和测量数据块。

测试结果：发动机控制单元无信号。

(2) 测量波形就生成下面的故障图像（图 9 - 18）。

(3) DSO 上显示：CAN - High 线和 CAN - Low 线装混了。

当线接混时，CAN - Low -线上会出现一条高于 2.5V（静电平）的电压

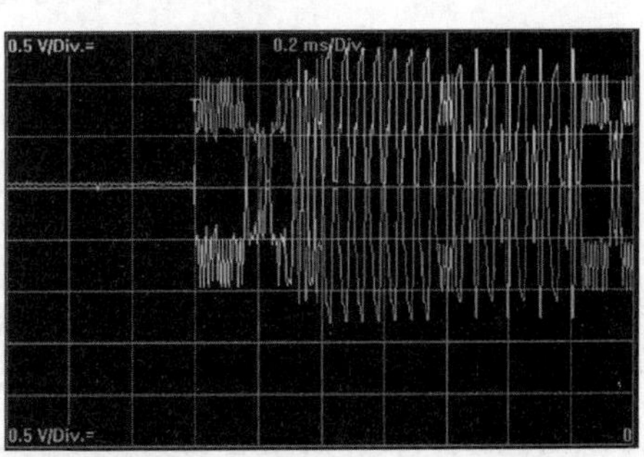

图 9 - 18　故障波形图像

波形曲线，图中也正是利用这个事实来显示的（在 DSO 左侧：CAN - Low -线电压高于 2.5V）。

当一个控制单元或一组控制单元的 CAN - High -线与 CAN - Low -线接混时，暂时在显示屏上不一定能看出有什么差别。出现差别的频率可能非常低，以至于经过很长时间也不会显示出来（图 9 - 19）。

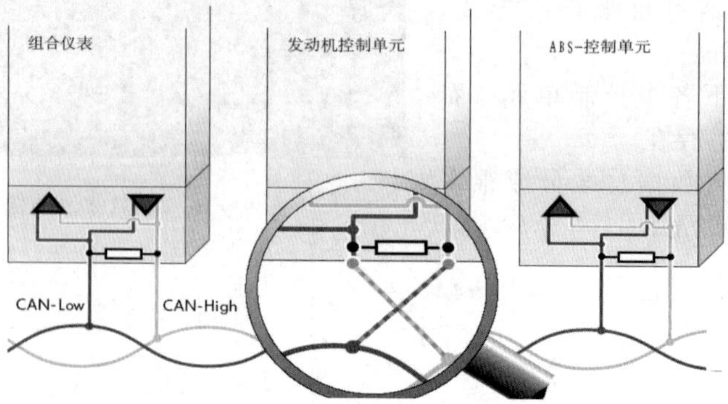

图 9 - 19 CAN - High -线和 CAN - Low -线装混了

如果控制单元装混了，那么就无法进行数据交换了，CAN 信息中断导致控制单元彼此相互干扰，这种情况积累多了就会产生"故障帧"（即 Error-Frames，就是 CAN 数据总线上的故障记录）。

（4）故障查寻的其他方法：仔细测量无法进行通信的控制单元和可以进行通信的控制单元之间的导线（按电路图），故障肯定就在这两个控制单元之间。

注意：这种故障主要发生在安装新件或以前曾经修理过数据总线的导线的情况下。

第三节　车身总线系统故障诊断

一、车身总线的诊断流程

对于车身 CAN 数据总线来说，其故障与动力 CAN 数据总线上的基本是一样的（ISO 故障表）。由于车身 CAN 数据总线中的 CAN 导线彼此毫不相干，由此会出现单线工作方式，另外这两种数据总线的电压值也不相同，这就决定了车身 CAN 数据总线和动力 CAN 数据总线的故障查寻方法是不同的。

对车身 CAN 数据总线也得使用诊断仪来进行故障查寻。

使用诊断仪可以从网关读出故障记录。只有在分析完这些故障记录后仍无法排除故障时，才使用DSO继续查寻故障。如果已经查明故障，必须用万用表/欧姆表反复测量以确定故障的准确位置。进行这些工作时一定要先断开蓄电池。

车身总线系统故障查寻树形图，见图9-20。

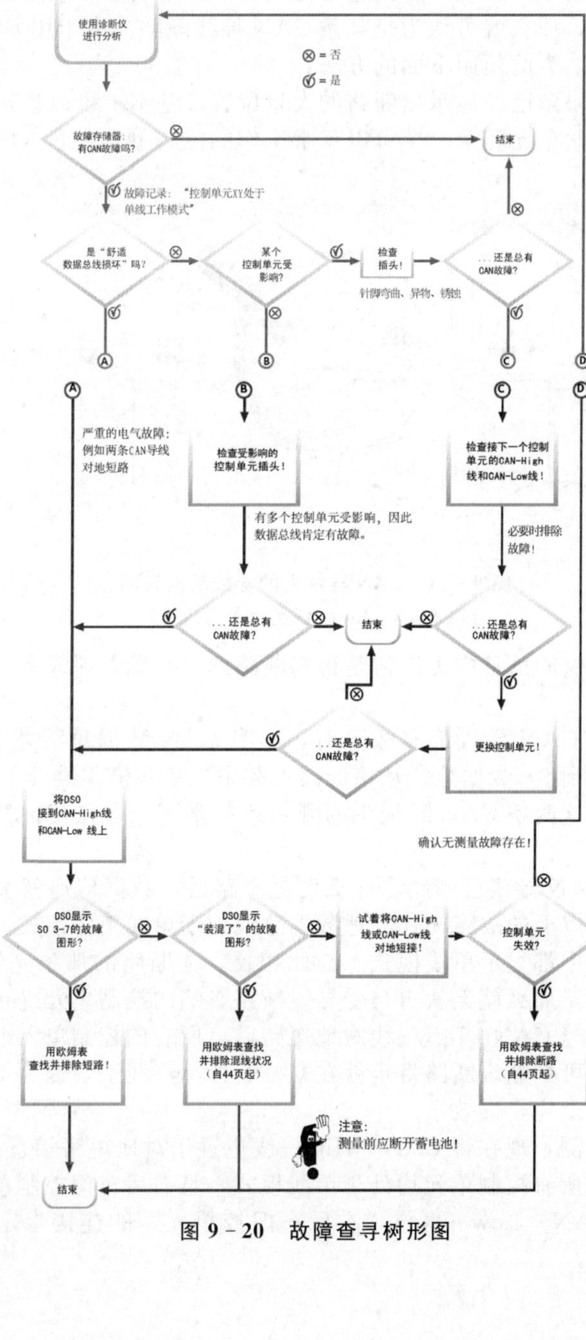

图9-20 故障查寻树形图

二、车身总线的诊断案例分析

1. CAN - Low -线导线断路

对于所有控制单元来说，短路总是会造成数据总线单线故障。如果只是影响几个控制单元，那么就可认为是某条 CAN 导线断路。由于用 DSO 来识别断路故障并不容易，为此须用下面的方法：

在测量数据块中已经显示出断路的大致位置，基本上可以肯定断路处在无法正常工作的控制单元和第一个可以正常工作的控制单元之间（图 9 - 21）。

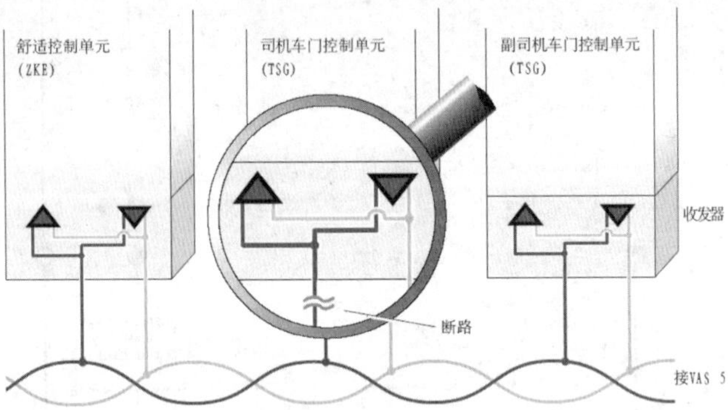

图 9 - 21　CAN 导线上的导线断路说明
（以 CAN - Low -线为例）示意图

由于从诊断仪的信息中无法清楚得知断路到底在哪条导线上，所以在下面会用上这个内容：

只有在两条 CAN 导线都有故障时，车身 CAN 数据总线才会完全失效。一条 CAN 导线断路，数据总线从该断路点起采用单线模式继续工作。

为了能查出这两条 CAN 导线中的哪一条短路了，须在其中的一条线上造成对地短路。

如果某条 CAN 导线已断路，那么使之短路后，数据传递就会以单线模式继续进行。诊断以上的故障为：舒适数据总线处于单线工作模式。所有控制单元在测量数据块中都显示单线模式。与此相反，无断路的那条完好的 CAN 导线如果短路的话，那么就无法再与受导线断路影响的控制单元进行通信了。

在本例中，当 CAN - Low -线对地短路后，所有的控制单元继续以单线模式工作。这样就可判断出断路肯定就在 CAN - Low -线上，因为不然的话，数据总线在断路后就完全失效了。

为了完成检测，现在将 CAN - High -线也置于对地短路状态。

故障显示：所有控制单元均处于单线模式，且右后车门控制单元无法进行通信，因此，CAN - Low -线与“右后车门控单元”的连接肯定存在断路的现象。

然后根据电路图来确定这个内容：右后车门控制单元正常连接在舒适线束上的什么地方；线上正常工作的控制单元中，哪个控制单元离“右后车门控制单元”最近。导线断路肯定就在这两个控制单元之间。

插头是很常见的故障源。

如果已确定了失效控制单元的位置，那么就：

①拔下插头。

②检查插头上针脚是否损坏、弯曲或锈蚀。

③再插上插头。

④检查是否已排除故障。

如果仍未能排除故障，就使用欧姆表来查寻故障：

使用欧姆表查寻故障前应断开蓄电池，因为在测量过程中，舒适数据总线可能会开始工作，这就有可能导致测量结果不准，然后就可以用欧姆表来对断路的CAN导线进行测量了。必须检查导线和插头，必要时要更换。在此例故障中，司机车门控制单元与舒适控制单元上的CAN－Low－线对应的针脚之间无电气连接，因此故障原因肯定在于插头接触不良，或导线断路。如果情况不是这样，那就必须更换控制单元。

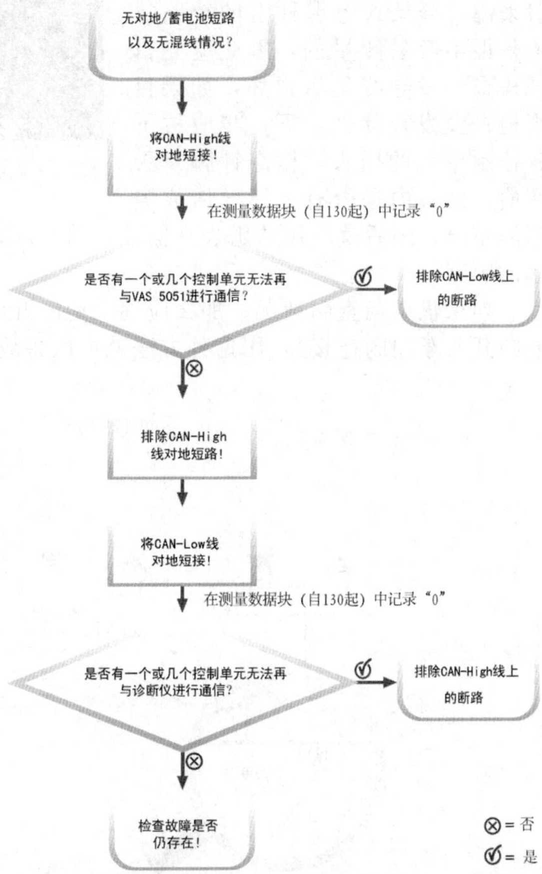

图9－22　ISO故障1和2（单线模式）的故障排除流程

ISO故障1和2（单线模式）的故障排除流程见图9－22。

2. 一条CAN导线对蓄电池电压（接线柱30，12V）短路（以CAN－Low－线为例）

（1）故障显示：舒适数据总线单线模式，其故障波形图像见图9－23。

对于这种故障，典型的情况是：在DSO显示图中，CAN－Low－线上作用有蓄电池电压，且CAN－High－线继续传送CAN－信号（图9－24）。休眠模式与这种 CAN－Low－线对蓄电池电压短路的区别在于：CAN－High－线上的电平恒为 0V，无明显波动。

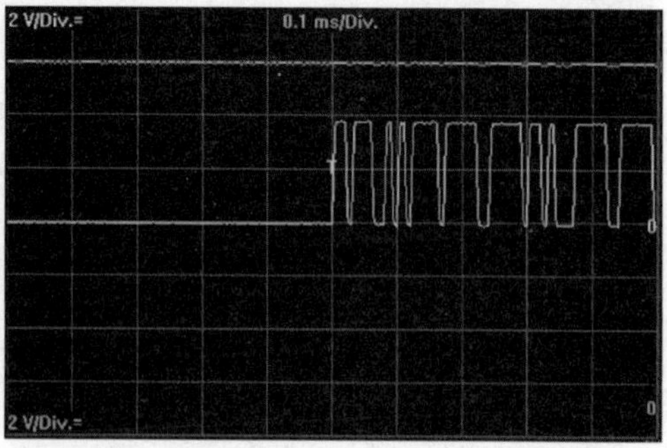

图 9－23　故障波形图像

（2）故障查寻的其他方法：一般来说，分叉式电缆柱上的短路故障是很不容易测量的，因此应先目视检查一下导线是否损坏，如果目视检查没发现什么，下一步应拔下各控制单元的插头，检查针脚是否弯曲、插头内是否有金属丝屑或类似的东西。随后就应用欧姆表来监控短路情况，以便能确定是否是控制单元引起的短路。

如果仍未能查明情况，那么应逐个地断开电缆柱（例如可以先拔下插头以便断开与车门的连接），用这种方法就可以将故障限制在电缆柱的某一部分上。

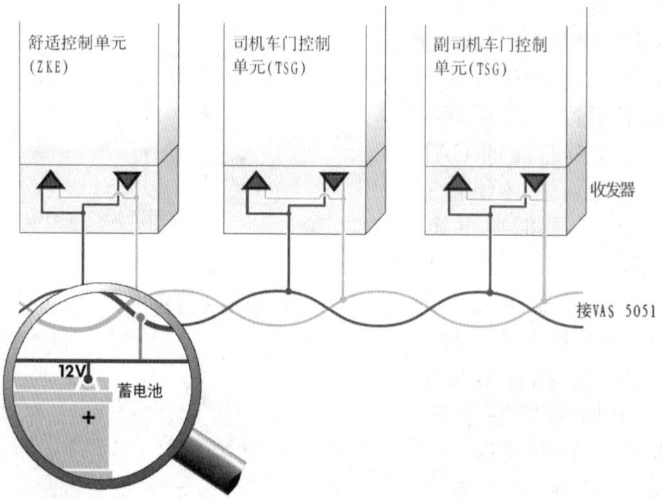

图 9－24　CAN－Low－线与蓄电池电压相连示意图

3. 某条 CAN 导线对地（0V）短路（以 CAN－High－线为例）

（1）故障显示：数据总线处于单线模式，其故障波形图像见图 9－25。

对于这种故障，典型的情况是：在 DSO 显示图中，CAN－Low－线上作用有蓄电池电压，且 CAN－High－线继续传送 CAN－信号。休眠模式与这种 CAN－Low－线对蓄电池电压短路的区别在于：CAN－High－线上的电平恒为 0V，无明显波动。

此处特殊的是接地的 CAN -High -信号（图 9 - 26）。与导线断路不同，这里也没有“正常”CAN -信号！CAN - High -信号一直为 0V。

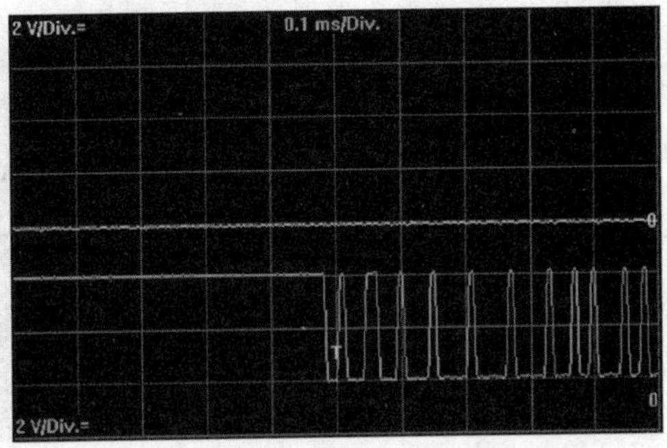

图 9 - 25　故障波形图像

（2）故障查寻的其他方法：一般来说，分叉式电缆柱上的短路故障是很不容易测量的，因此应先目视检查一下导线是否损坏，如果目视检查没发现什么，下一步应拔下各控制单元的插头，检查针脚是否弯曲、插头内是否有金属丝屑或类似的东西。随后就应该用欧姆表来监控短路情况，以便能确定是否是控制单元引起的短路。

如果仍未能查明情况，那么应逐个地断开电缆柱（例如可以先拔下插头以便断开与车门的连接），用这种方法就可以将故障限制在电缆柱的某一部分上。

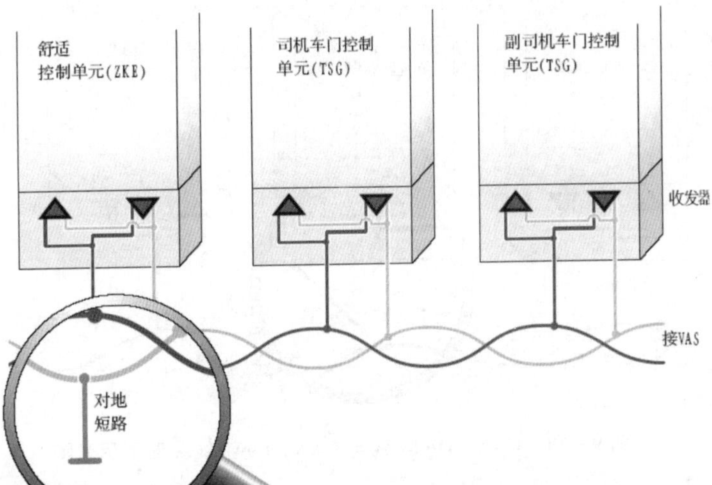

图 9 - 26　CAN - High -线与地相连示意图

4. 一个或多个控制单元的 CAN - High -线和 CAN - Low -线装混

只有当两条 CAN -导线损坏或装混时，车身 CAN 数据总线的通信才会有故障，故障波形图像见图 9 - 27。引人注目的是：隐性电平有一个偏移（在波形图的左边缘）。在隐性状态，某控制单元的导线装混会导致 CAN - High -线上的电压升高和 CAN - Low -线上的电压下降（图 9 - 28）。

故障查寻的其他方法：导线装混总是出现在最后一个能正常工作的控制单

元和第一个不能正常工作的控制单元之间。导线装混的故障大多出现在修理数据总线时，应重点检查这些地方。应根据导线的颜色来进行目视检查。进行故障排除前应断开蓄电池，因为在测量时，车身CAN数据总线可能会开始工作，这就会导致测量结果不准。然后就可以用欧姆表来测量装混的CAN-导线了。在本故障中，司机车门控制单元上的CAN-Low-线的相应针脚与舒适控制单元上的CAN-High-线之间肯定存在电气连接，舒适控制单元上的CAN-Low-线与司机车门控制单元上的CAN-High-线之间也肯定存在电气连接。如果插头装混了，其他控制单元上也会出现这个故障。不管是哪种情况，最好先检查无法联系上的控制单元的插头。

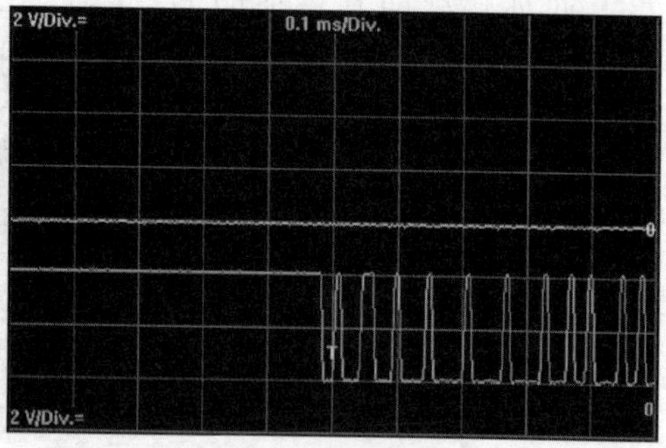

图9-27 故障波形图像

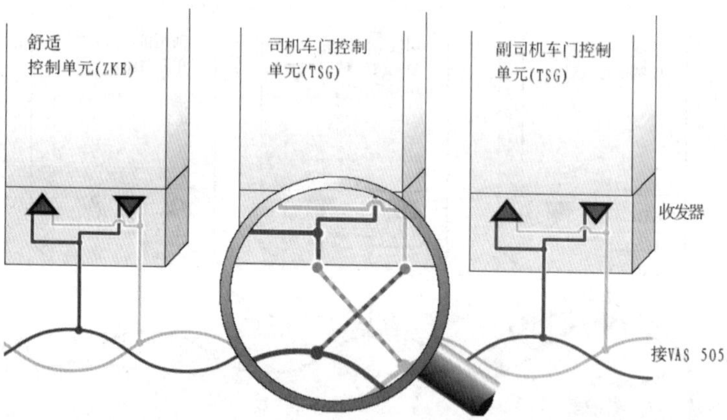

图9-28 CAN-High-线与CAN-Low-线装混了示意图

参考文献

[1] 汪立亮，章宏．汽车电工快速上岗全程图解．北京：机械工业出版社，2014

[2] 蒋智庆．汽车电气设备构造与维修．重庆：重庆大学出版社，2005

[3] 王勇．汽车电气设备构造与维修．北京：机械工业出版社，2003

[4] 天天汽车工作室．轿车电气维修技能实训．北京：机械工业出版社，2003

[5] 汪立亮．新型国产轿车电气维修手册．福州：福建科学技术出版社，2000

[6] 汪立亮，王国荣．上海别克轿车电系故障检测与维修．北京：人民交通出版社，2001

[7] 汪立亮，等．广州雅阁轿车电系故障检测与维修．北京：人民交通出版社，2001

[8] 汪立亮，等．上海帕萨特 B5 轿车电系故障检测与维修．北京：人民交通出版社，2001

[9] 李东江，张大成，等．夏利 2000 轿车维修手册．北京：北京理工大学出版社，2002

[10] 席金波，贾青．一汽奥迪 A6 轿车维修手册．沈阳：辽宁科学技术出版社，2001

[11] 迟日，侯学力．上海通用别克轿车维修手册．北京：机械工业出版社，2002

[12] 赵雨．宝来轿车电控与电气系统检修图解．北京：机械工业出版社，2004